Cartas

Dados Internacionais de Catalogação na Publicação (CIP)
(Câmara Brasileira do Livro, SP, Brasil)

Jung, Carl Gustav, 1875-1961.
Cartas de C.G. Jung : volume III, 1956-1961 / Carl Gustav Jung ; editado por Aniela Jaffé em colaboração com Gerhard Adler ; [tradução de Edgar Orth]. – Petrópolis, RJ : Vozes , 2003.
Título original: Briefe III

1ª reimpressão, 2018.

ISBN 978-85-326-2839-8
1. Jung, Carl Gustav, 1875-1961 2. Psicanalistas – Correspondência 3. Psicologia junguiana I. Jaffé, Aniela. II. Adler, Gerhard. III. Título.

03-0276 CDD-150.1954

Índices para catálogo sistemático:

1. Cartas : Jung, Carl Gustav : Psicanálise : Psicologia 150.1954
2. Jung, Carl Gustav : Cartas : Psicanálise : Psicologia 150.1954

Cartas

Volume 3
1956-1961

Editado por Aniela Jaffé, Zurique
em colaboração com
Gerhard Adler, Londres

Petrópolis

Título original em alemão: *Briefe*

Direitos de publicação em língua portuguesa:
2003, Editora Vozes Ltda.
Rua Frei Luís, 100
25689-900 Petrópolis, RJ
www.vozes.com.br
Brasil

Tradução: Dr. Edgar Orth
Revisão técnica: Dra. Jette Bonaventure
Revisão literária: Lic. Lúcia Mathilde Endlich Orth
Diagramação: Sheilandre Desenv. Gráfico
Revisão gráfica: Nilton Braz da Rocha / Nivaldo S. Menezes
Capa: Renan Rivero
Foto de capa: © Bettmann | Gettyimages

ISBN 978-85-326-2839-8 (Brasil)
ISBN 3-530-40760-7 (Alemanha)

Editado conforme o novo acordo ortográfico.

Este livro foi composto e impresso pela Editora Vozes Ltda.

Sumário

CARTAS
1956-1961

Ao Prof. Eugen Böhler
Zollikon-Zurique

Bollingen, 08.01.1956

Prezado Senhor Böhler,

Ao agradecer sua amável carta pela passagem do ano, não poderia perder a oportunidade de lhe desejar igualmente um Feliz Ano-novo. Gostaria também de dizer-lhe, mais uma vez, o quanto significa para mim o seu interesse por meu trabalho e a oportunidade que o senhor e um benéfico destino me proporcionam para um diálogo proveitoso. Perdoe-me se expresso meu desejo que o senhor dê livre-curso às suas críticas, observações e questionamentos, sem nenhuma consideração pessoal. Como indica sua carta, o senhor se aproxima rapidamente do problema da comoção pessoal, além da temática conceitual puramente intelectual, pela qual o ser humano todo chega à fala com seu pano de fundo incalculável.

O senhor toca neste tema com a ideia do *herói* e de suas consequências inevitáveis do ponto de vista pessoal e coletivo[1]. Com isso o senhor se aproxima por um lado da imagem ideal, fictícia e pessoal e, por outro, da figura central do mito cristão, que foi o guia nesses últimos dezoito séculos e ainda o é, mesmo que de modo inconsciente, até que seja apresentada uma consciência real desse arquétipo. Em última análise, cabe a esta figura o nome ἄνρωπος, bem mais adequado do que "herói", pois expressa mais clara e especificamente a realidade psíquica desse arquétipo. Ao contrário da ficção puramente pessoal e ilusória do herói, esta formulação inclui a história e reproduz assim uma imagem que retrocede ao quarto milênio antes de Cristo (Osíris) e nos oferece uma rica fenomenologia daquilo que eu denomino psicologicamente de *si-mesmo*. A história concreta da vida dessa figura-líder central começa com a tipologia dos deuses, deuses-homens e reis. Mas já cedo, no tempo de Evêmero, o racionalismo tentou impedir a projeção desse simbolismo, mas sem admitir – e isto até os nossos dias – o que aconteceria se deuses e reis fossem reduzidos à proporção do ser humano empírico. O racionalismo, isto é, o evemerismo, não entende que ele apenas subtrai e destrói, como a antiquada extirpação da papeira que, ao remover o tumor, também tirava a tireoide e provocava um cretinismo. Se fosse criativo, teria dado a nós, há muito tempo, um símbolo equivalente ou melhor. Há claras indicações disso no cristianismo primitivo, principalmente nos escritos de João e nos "Atos de João"[2]. Apesar disso tudo, também o mais moderno protestantismo insiste – é preciso dizê-lo – em sua cristolatria e impede o necessário progresso, que significaria a integração ou conscientização desse arquétipo. Em vez disso, a cultura cristã ou a meio caminho cristã do Ocidente é ameaçada pela terrível regressão oriental a um grau pré-histórico do comunismo econômico, por um lado, e pela tirania tribal, ou oligarquia autocrática, por outro, o que corresponde a uma privação de direitos sociais e políticos do indivíduo, isto é, sua escravização. E o Ocidente fica aí de mãos vazias e com alguns ideais esmaecidos e gera com seu racionalismo cego aquela mentalidade que destrói suas próprias raízes. Aumento de produção, melhoria das condições sociais, paz política e soberania da *Déesse Raison* – estes são os *slogans* pelos quais se obrigam tanto o Oriente quanto o Ocidente. Mas a pessoa humana e sua alma, o indivíduo, é o único e verdadeiro portador da vida, que não apenas trabalha, come, dorme, se reproduz e morre, mas que tem um destino cheio de sentido e que o ultrapassa. E para isso não temos mais nenhum "mito".

Esta foi a questão que se levantou ameaçadoramente no ano de 1912, quando coloquei o ponto-final em meu manuscrito *Transformações e símbolos da libido*. A tentativa de responder a ela levou-me diretamente ao inconsciente, pois apenas a própria psique pode dar uma resposta. Por isso saudei mais tarde com satisfação o dito magistral da alquimia: "Rumpite libros, ne corda vestra rumpantur"[3]. Mas com isso se nos coloca uma tarefa e se nos impõe uma *opus* das quais o Ocidente ainda não tem noção. O comunismo tem, ao menos para os bobos, seu quiliasmo, a era áurea do futuro, em que as máquinas trabalham para os homens e em que a pessoa não fica presa ao banco de trabalho, como hoje em dia. Mas, com a utopia comunista, o homem não conseguirá sair da falta de liberdade, da falta de direitos e da burocracia que tudo emperra, se não encontrar o caminho para si mesmo. Para isso é necessária a relativização do racionalismo, mas de modo algum uma renúncia à razão, pois o razoável para nós é o direcionamento para a pessoa interior e para suas necessidades vitais.

Neste sentido, seu sonho[4] tem interesse especial. Os arcos *românicos* são uma indicação estilística daquele tempo significativo após o ano 1000, quando a problemática de nosso tempo teve sua real origem[5].

Alegro-me por poder recebê-lo na próxima quarta-feira. Minha secretária informou-me de sua amável aceitação.

Com saudações cordiais,

Sinceramente seu
(C.G. Jung)

1. O Prof. Böhler citou em sua carta o livro do filósofo e matemático alemão Lazarus Ben David, *Versuch über das Vergnügen* (cerca de 1795), em que é realçado sobretudo o "prazer com os feitos

dos heróis". O livro ajudou-o a ter melhor compreensão dos fatos históricos da Itália, Alemanha e Rússia e de seu pano de fundo arquetípico.

2. Os "Atos de João", em Edgar Hennecke, *Neutestamentliche Apokryphen*, Tubinga, 1924[2]. Jung tinha interesse na figura de Cristo como homem primevo, filho do homem, segundo Adão, "uma totalidade que ultrapassa e envolve o ser humano comum [...] e corresponde à personalidade (si-mesmo) total, que transcende o plano da consciência". Cf. Von den Wurzeln des Bewusstseins, 1954, p. 318s., OC, vol. XI, par. 414s.

3. "Rasgai os livros, para que vossos corações não sejam rasgados". Cf. *Psicologia e alquimia*, OC, vol. XII, par. 564.

4. O sonho tratava da completa destruição dos fundamentos do saber, mas que foram novamente reconstruídos com dois arcos românicos.

5. Cf. carta a Wegmann, de 12.12.1945, nota 1.

To Maud Oakes[1]
Big Sur (Calif.)/EUA

31.01.1956

Dear Miss Oakes,

Pode imaginar o quanto estou admirado com as notícias de seu plano[2], ainda que eu saiba que uma pessoa imaginativa poderia escrever facilmente não só um, mas vários volumes sobre a minha pedra. Todos os livros que escrevi estão nela contidos *in nuce*. O próprio mandala[3] é tão somente uma espécie de hieróglifo, uma alusão a um pano de fundo mais amplo e uma tentativa de expressá-lo de forma mais abreviada. Seu método de expressar seu conteúdo através de sua experiência subjetiva é excelente, aliás é a única maneira correta de ler sua mensagem. Este é precisamente o valor da expressão simbólica: poder ser lido de diversas maneiras por indivíduos diferentes. E se forem corretos, a leitura será correta. Como pode ver, estou preparado para o choque de seu manuscrito sobre aquilo que faz parte decisiva de meu ser mais interior. Peço apenas que tenha paciência com os caminhos vagarosos da idade avançada. *Deo concedente*, a senhorita terá uma resposta. Inshallah!

Sincerely yours,
C.G. Jung

1. Miss Maud Oakes, etnóloga, obras sobre a cultura indiana.

2. Miss Oakes trabalhava num ensaio sobre uma pedra cuboide, que Jung havia enchido de inscrições gregas e latinas na sua residência de férias em Bollingen. Cf. *Memórias*, p. 230s. e também cartas a Oakes, de 11.02.1956 e 03.10.1957.

3. Na primeira face da pedra, Jung esculpiu um círculo, tendo ao centro um *humunculus*.

To B.L. Grant Watson
Notham, Devon/Inglaterra

09.02.1956

Dear Mr. Watson,

O senhor está tocando certamente num fato da maior importância quando começa a questionar a coincidência de uma dedução puramente matemática com fatos físicos, tal como a *sectio aurea* (a série Fibonacci[1]. Minha fonte chama-o Fibo-n*a*cci, e não nicci. Ele viveu de 1180-1250) e, em tempos modernos, as equações que expressam a turbulência dos gases[2]. Ainda não se considerou suficientemente esses paralelismos. É bastante óbvio que deva existir uma condição comum entre o corpo que se move e o "movimento" psíquico, mais do que um simples *corollarium* ou *consectarium* lógicos[3]. Eu falaria de um *corolário irracional* (acausal) da sincronicidade. A série Fibonacci é evidente em si e propriedade de todos os números; ela existe independentemente de fatos empíricos. Por outro lado, a periodicidade de uma espiral biológica ocorre sem a aplicação do raciocínio matemático, a não ser que se pressuponha um ordenamento igual na matéria viva como na mente humana, *ergo* uma propriedade geral da matéria (ou da "energia", ou como quer que se designe o princípio primordial) e consequentemente também dos corpos em geral, que se movem, incluído o "movimento" psíquico[4].

Se este argumento for lógico, então a coincidência de formas físicas e psíquicas e também de eventos físicos e psíquicos (sincronicidade) deveria ser um fenômeno regular, o que, porém, não é o caso, principalmente na sincronicidade. Aqui há uma dificuldade que aponta, ao que me parece, para uma *disposição* aparentemente *arbitrária*, indeterminada ou ao menos indeterminável. Este é um aspecto bastante negligenciado, mas característico, da natureza física: a verdade estatística se constitui em larga escala de *exceções*. Este é o aspecto da realidade sobre o qual insistem poetas e artistas; por isso, a filosofia que se baseia exclusivamente nas ciências naturais é quase sempre banal e superficial; não atinge a verdade, pois falta a todas as exceções improváveis e coloridas o verdadeiro "sal da terra". Uma tal filosofia não é realista, mas uma meia-verdade abstrata que, ao ser aplicada ao ser humano vivo, destrói todos os valores individuais, indispensáveis à vida humana.

A coincidência dos números de Fibonacci (ou *sectio aurea*) com o crescimento das plantas é uma espécie de analogia com a sincronicidade, enquanto esta última consiste na coincidência de um processo psíquico com um evento físico externo do mesmo caráter ou significado. Mas, enquanto a *sectio aurea* é uma condição estática, a sincronicidade é uma coincidência no tempo, até mesmo de eventos que não são sincrônicos (por exemplo, um caso de precognição). No último caso, poder-se-ia presumir que a sincronicidade é uma propriedade da energia, mas, enquanto a energia corresponde à massa, ela é um efeito secundário da coincidência primária de eventos psíquicos e físicos (como a série de Fibonacci). Parece que os *números* formam uma ponte. Os números são inventados e ao mesmo tempo descobertos como fatos naturais, como todos os verdadeiros arquétipos. Ao que eu saiba, os arquétipos são talvez a base mais importante dos fenômenos sincronísticos.

Receio que tudo esteja meio enrolado e muito difícil. Ainda não consigo enxergar a saída desse matagal. Mas tenho a impressão que a raiz do enigma se encontra provavelmente nas propriedades peculiares dos números. O velho postulado pitagórico![5]

Mr. Cook[6] parece ter desenvolvido suas ideias à época mais ou menos em que eu comecei a pensar sobre os *arquétipos* como determinantes inconscientes *a priori* da imaginação e do comportamento, determinantes que são apercebidos conscientemente pela psique humana, sobretudo na forma de imagens ditas mitológicas. Antigamente eu falei de "imagens primordiais" (em *Transformações e símbolos da libido*, 1912. Tradução inglesa: *Psychology of the Unconscious*, 1917).

Na medida em que "carma" significa uma determinante pessoal, ou ao menos individualmente herdada de caráter e destino, representa a manifestação individualmente diferenciada do padrão instintivo do comportamento, isto é, a disposição arquetípica geral. O carma expressaria a herança arquetípica individualmente modificada, representada pelo inconsciente coletivo em cada indivíduo. Eu evito o termo carma, porque ele inclui suposições metafísicas, das quais não tenho prova como, por exemplo, se o carma é um destino que adquiri numa vida anterior, ou se é o resultado de uma vida individual, deixada para trás (por um falecido), e que por acaso se tornou a minha. Para tais suposições não há evidência empírica de que eu tenha conhecimento.

Suas ideias movem-se na direção certa. Boa sorte! A interpretação de seu sonho está mais ou menos completa.

Sincerely yours,
C.G. Jung

1. Fibonacci (Leonardo de Pisa), por volta de 1180-1250, um dos primeiros matemáticos importantes da Idade Média, ocupou-se sobretudo com a teoria dos números. Jung refere-se ao capítulo "Imaginative Fantasy" de um manuscrito de Watson, que foi publicado sob o título *The Mystery of Physical Life*, Londres e Nova York 1964. O capítulo trata da filotaxia, a disposição das

folhas nos galhos e troncos, e as distâncias matematicamente regulares delas. Segundo a opinião de Watson, as distâncias corresponderiam aos números da chamada série Fibonacci.

2. Uma equação, calculada exclusivamente no âmbito matemático, encontrou depois aplicação na turbulência dos gases. Cf. *Aion*, OC, vol. IX/2, par. 413.

3. Dedução que se demonstra facilmente com uma prova.

4. Conclusão lógica.

5. Segundo o teorema de Pitágoras, o número é a essência da realidade. Sobre números, cf. "Um mito moderno", OC, vol. X, par. 777s.

6. Theodore Andrea Cook, *The Curves of Life*, Nova York, 1914. O livro trata, entre outras coisas, da espiral que se pode encontrar em todas as formas da natureza, desde os microrganismos até as nebulosas astrais. O autor conclui para a possibilidade da existência de "determinantes metafísicas", que podem ser comparadas às "determinantes a priori", aos arquétipos de Jung. (A natureza espiral dos microrganismos foi confirmada pelo modelo da molécula DNA, gene da hereditariedade, como descrita por James D. Watson, *The Double Helix* (1969); uma descoberta pela qual ele e seus colegas pesquisadores Francis Crick e Maurice Wilkins receberam o Prêmio Nobel de Medicina e Fisiologia em 1962.)

To Maud Oakes
Big Sur (Calif.)/EUA

11.02.1956

Dear Miss Oakes,

Li com grande interesse sua meditação sobre a pedra[1]. O seu método de ler sua mensagem é adequado e, neste caso, o único para conseguir resultados positivos. A senhorita entende a pedra como afirmação de um mundo mais ou menos limitado de imagens-pensamento. Posso concordar com seu ponto de vista. É possível ler os símbolos dessa forma. Mas, quando esculpi a pedra, não pensei. Somente dei forma àquilo que vi em sua superfície.

Às vezes a senhorita se expressa (no manuscrito) como se meus símbolos e meu texto fossem uma espécie de confissão ou um credo. Por isso parece que eu me esteja movendo nas proximidades da teosofia. Especialmente na América me acusam por causa de meu assim chamado misticismo. Mas como não reivindico de forma nenhuma ser proprietário bem-aventurado de verdades metafísicas, prefiro que atribua aos meus símbolos o mesmo caráter de tentativa que a senhorita atribui à sua explanação. Pode ver que não tenho convicções religiosas ou outras a respeito de meus símbolos. Eles podem mudar amanhã. São meras alusões, eles indicam algo, eles balbuciam e muitas vezes perdem seu caminho. Eles procuram apenas apontar para certa direção, isto é, para aqueles horizontes obscuros para além dos quais está o segredo da existência. Eles não são nenhuma gnose, não são afirmações metafísicas. Em parte são até mesmo tentativas fúteis ou duvidosas de expressar o inefável.

Por isso seu número é infinito e a validade de cada um é incerta. Nada mais são do que humildes tentativas de formular, definir e dar forma ao indizível. "Wo fass ich Dich, unendliche Natur?" (*Fausto*). Não é uma doutrina, mas simples expressão da experiência de um mistério inefável e uma resposta a isto.

Há mais um ponto que gostaria de mencionar: a pedra não é mero produto de imagens-pensamento, mas tem muito de sentimento e de atmosfera local, isto é, tem muito do *ambiente* específico do lugar. A pedra pertence a seu lugar isolado entre o lago e a colina, onde ela expressa a *beata solitudo* e o *genius loci*, a magia dos eleitos em lugar fechado. Poderia estar em outro lugar, mas não pode ser pensada ou propriamente entendida sem a teia secreta de fios que a relacionam com o meio ambiente. Somente lá, em sua solidão, ela pode dizer: *orphanus sum*[2], e somente lá ela faz sentido. Ela está ali por causa dela mesma, e será vista por poucas pessoas. Somente sob tais condições a pedra pode sussurrar seu obscuro conhecimento de raízes antigas e de vidas ancestrais.

Agradeço-lhe por me ter permitido a leitura de seu manuscrito.

Sincerely yours,
C.G. Jung

P.S. Quando a vi em Bollingen, não sabia que era a autora de *Todos Santos*[3], um livro que li com o maior interesse e simpatia; caso contrário teria manifestado minha admiração por sua excelente pesquisa. Faço-o agora com certo atraso.

1. Cf. carta a Oakes, de 31.01.1956 e 03.10.1957.
2. Eu sou um órfão. Assim começa a inscrição da pedra em Bollingen. Cf. *Memórias*, p. 230s. Na alquimia, o *lapis philosophorum* foi denominado "órfão" por causa de sua unicidade, uma denominação que deve ser entendida no mesmo sentido como "solitaire" para uma pedra preciosa. Cf. *Mysterium coniunctionis*, I, par. 13.
3. Maud Oakes, *The Two Crosses of Todos Santos: Survivals of Mayan Religious Ritual*, Nova York, 1957.

Ao Prof. Eugen Böhler
Zollikon-Zurique

23.02.1956

Prezado Senhor Böhler!

Assim que voltei de Tessin encontrei sua amável carta. Será com grande prazer que o receberei na próxima terça-feira (28.02) por volta das oito horas. Fiquei muito interessado em seus sonhos[1]. Os peixes, como símbolos "contemporâneos" dos opostos, têm a tendência de se devorarem uns aos outros, bastando que sejam abandonados à própria sorte. Em última análise, não nos resta outra coisa do que deixar os conflitos entregues à própria sorte na medida em que não nos identificamos ora com um, ora com outro. Tornamo-nos aquilo que acontece no centro. Então estamos na correnteza e precisamos para isso do coração corajoso do guerreiro. [...]

Aproveitei meu tempo livre para estudar em profundidade o *Evangelium Veritatis*, de Valentino[2]. Não é um problema muito simples.

Até breve e cordiais saudações,

Sinceramente seu
C.G. Jung

1. No sonho havia um lago totalmente coberto por um padrão de espinhas de peixes em litígio. Tratava-se de uma revolução, que o sonhador só conseguiu dominar a muito custo. Mas conseguiu êxito quando permitiu que os peixes se devorassem uns aos outros. Num segundo sonho, ele está num campo de batalha e cava na lama à procura do coração de um soldado que havia tombado.
2. Cf. carta a White, de 24.11.1953, nota 18.

To Laurens van der Post
Londres

28.02.1956

Dear van der Post,

Seu amável presente da África chegou em perfeito estado. O arco e as pequenas flechas são encantadores[1]. Não consegui vencer a curiosidade de experimentar a arma de Cupido e posso confirmar seu bom desempenho. Atira a uma boa distância. Agradeço também a fotografia do fabricante. Acompanhei sua interessante viagem através das reportagens publicadas em *Neue Zürcher Zeitung*[2], e ela despertou toda minha saudade antiga de rever a África com sua selvageria divina não explorada e com seus animais e crianças humanas. Eu ao menos vi e saboreei isto – *vita somnium breve* – e que tantas coisas não podem ser repetidas, nem tantos tempos felizes podem ser revocados. Não é de admirar que os pensamentos das pessoas velhas morem muitas vezes no passado, como se estivessem esperando escutar um eco que nunca chega. Sempre de novo tenho de fazer enorme esforço para me separar de coisas que passaram, para prestar atenção às coisas presentes, até mesmo ao futuro, como se me fosse dado viver outra vez nele.

Sou profundamente grato ao senhor por ter-me lembrado de meu fatídico aniversário de oitenta anos. Estou feliz ao menos por ter sido capaz (ainda que não por mérito meu) de poupar à minha esposa aquilo que segue à perda de uma parceira de toda a vida – o silêncio que não tem resposta[3].

Agradeço mais uma vez sua gentileza. Dê minhas respeitosas saudações à Senhora Van der Post. [...]

Yours cordially,
C.G. Jung

1. Van der Post havia enviado a Jung um arco de aproximadamente 15cm de envergadura e uma aljava com as correspondentes pequenas flechas. Acompanhava o presente também uma foto de um jovem bosquímano, agachado perto de uma árvore, que se preparava para disparar uma flecha. "Descobrimos que os bosquímanos usavam um arco especial, o 'arco do amor', que entre eles é mediador do amor entre homem e mulher, como a flecha de Cupido entre os deuses e heróis da Antiguidade. Quando um bosquímano estava amando, entalhava do osso de um antílope órix um arco minúsculo. [...] Pequeninas flechas, feitas da haste muito dura de uma gramínea que cresce perto da água, serviam perfeitamente. [...] Assim armado, saía o bosquímano para surpreender a dama de sua escolha. Quando a encontrava, atirava uma flecha em sua parte traseira. Se, após o choque da flecha, ela a arrancava e quebrava, era sinal de que seu pedido de casamento havia fracassado. Se a deixava intacta, era prova de que havia obtido êxito". Extraído de Van der Post, *The Lost World of the Kalahari*, 1958.

2. Entre 14.10.1955 e 07.01.1956 foram publicados em *Neuen Zürcher Zeitung* seis ensaios de Van der Post com o título "Auf der Suche nach der ältesten Menschenrasse".

3. De uma carta de Van der Post à editora (29.04.1969): "I think the concluding phrase 'the silence that has no answer' deserves a footnote, because three months later I had a much longer letter from Dr. Jung which arrived out of the blue... telling me that the silence had had an answer and that he had that most wonderful dream... of how he entered a very dark empty theatre, and suddenly across the orchestra pit the stage was illuminated and in the centre of the stage sat Mrs. Jung in a wonderful light, looking more beautiful than ever...".

À Dra. Jolande Jacobi
Zurique

13.03.1956

Prezada Doutora,

Peço desculpas pelo atraso de meu relatório. Li com muito interesse o seu trabalho no número comemorativo de *Psyche*[1]. É uma exposição muito boa de meus conceitos, respectivamente dos nomes que empreguei para expressar fatos empíricos. Esbarro, porém, no emprego constante do termo "teoria" ou "sistema". Freud tinha uma "teoria"; eu não tenho "teoria", mas descrevo fatos. Eu não teorizo sobre o surgimento das neuroses, mas descrevo o que existe nas neuroses; também não tenho uma teoria sobre os sonhos, apenas indico o método que uso e os possíveis resultados. Devo enfatizar isto, porque as pessoas sempre esquecem que eu falo de fatos, que descrevo e denomino fatos e que meus conceitos são apenas nomes e não termos filosóficos.

Tenho ainda dois pontos a lembrar: ao final da p. 269 a senhora escreve que as associações "livres" de Freud encontram aplicação no contexto pessoal, mas não no material arquetípico. *Eu não emprego as associações livres*[2], pois são um meio não confiável de encontrar o verdadeiro material do sonho. Como já disse certa vez, um de meus colegas psiquiatras, numa viagem à Rússia, examinou cuidadosamente as inscrições russas no vagão-dormitório, analisou a si mesmo por meio das associações "livres" e descobriu todos os seus complexos. Podemos estar certos neste caso de que os complexos do senhor X. não foram sonhados nas inscrições russas do vagão-dormitório. Isto quer dizer que, por meio das associações "livres", a gente aterriza sempre em nossos complexos, mas isto não significa em absoluto que este seja o material sobre o qual foi sonhado. Na análise dos sonhos procedo de forma circum-ambulatória, tendo em mente a sábia afirmação do Talmud de que o sonho é sua própria interpretação.

P. 274: "A ideia da 'totalidade da psique', que levou Jung mais tarde à concepção do processo de individuação e aos métodos que o tornam eficaz, foi desde o início o fator determinante de sua visão psicológica". Esta afirmação é incorreta. Em primeiro lugar, a ideia da totalidade não me levou à concepção do processo de individuação. O processo de individuação não é uma "concepção", mas designa uma série de fatos observados; e, em segundo lugar, não existe método algum no mundo todo que possa tornar "eficaz" o processo de individuação. Este é a experiência de uma lei natural e pode ser percebido ou não pela consciência.

A "ideia da totalidade" é uma expressão que usei – e só nos últimos anos – para descrever, por exemplo, o si-mesmo. Conceitos não têm muita importância para mim, porque não faço pressuposições filosóficas; por isso nunca parti de uma "ideia da totalidade".

De resto o seu trabalho é bom. Pediria apenas que reconsiderasse os dois pontos que mencionei, porque eles contêm um mal-entendido fundamental.

Saudações cordiais de seu
C.G. Jung

1. "Versuch einer Abgrenzung der wichtigsten Konzeptionen C.G. Jungs von denen Freuds", *Psyche*, Stuttgart, agosto de 1955. Escrito comemorativo pelos oitenta anos de vida de Jung.

2. O método freudiano da "livre-associação" consistia de uma concatenação de ideias ou de ideias repentinas e casuais que se afastam do conteúdo inicial numa direção livre. O método da amplificação, desenvolvido por Jung, só utiliza "associações direcionadas", onde todas se referem

ao conteúdo inicial, cercam-no por assim dizer com ideias repentinas e, assim, manifestam com clareza seu sentido. Cf. C.G. Jung, "Zugang zum Unbewussten", em *Der Mensch und seine Symbole*, 1968; OC, vol. XVIII.

To Fowler McCormick
Chicago (Ill.)/EUA

20.03.1956

Dear Fowler,

O livro de Ruppelt sobre os UFOs[1], que o senhor teve a gentileza de me enviar, era o que eu precisava. Ele confirma as minhas conclusões no artigo em *Weltwoche* 1954[2]. Eu disse ao final do artigo: "Algo é visto, mas ninguém sabe o quê". Esta é precisamente a conclusão a que chegou também Mr. R. Não se sabe ao certo se é um fenômeno natural, ou um artifício inventado por seres semelhantes aos humanos, ou um animal monstruoso vagando no espaço, uma espécie de inseto espacial gigante, ou – em último lugar, mas não menos importante – um fenômeno parapsicológico – em todos os casos um fenômeno atormentador e perturbador. Sou muito grato por sua gentileza. O livro me deu não só grande prazer, mas também informações muito valiosas.

Tivemos aqui um inverno infernal, um tempo que nunca experimentei em toda a minha vida. Causou muitos estragos, mas desde ontem parece que estamos velejando para a primavera, e a natureza começa a tomar o aspecto abençoado de vida nova. Até o momento atual passei incólume por este inverno.

Espero que esteja bem de saúde.

Yours cordially,
C.G. Jung

1. Edward J. Ruppelt, *Report on Unidentified Flying Objects*, Londres e Nova York, 1956.
2. Trata-se do artigo de Georg Gerster "C.G. Jung zu den Fliegenden Untertassen", *Weltwoche*, 09.07.1954. Contém as respostas de Jung, enviadas por carta, às perguntas do Dr. Gerster sobre "discos voadores". As perguntas e a carta de Jung em OC, vol. XVIII.

To Andrew R. Eickhoff[1]
Baltimore (Md.)/EUA

07.05.1956

Dear Mr. Eickhoff,

Muito obrigado por me enviar seu interessante manuscrito sobre Freud e a religião[2]. A verdade histórica é que a atitude de Freud foi negativa com relação a qualquer tipo de religião, sem considerar que ele mesmo afirmou isto em seu escrito sobre este assunto[3]. A crença religiosa era para ele uma ilusão. Quando se trata de fatos reais, não importa se esta ilusão se deve a argumentos científicos objetivos ou a um preconceito pessoal. Sua atitude negativa foi um dos pontos, entre muitos outros, de conflito entre nós. Não importava que fosse uma crença judaica, cristã ou outra qualquer; ele era incapaz de admitir alguma coisa além do horizonte de seu materialismo científico. Fracassei em minha tentativa de fazê-lo ver que seu ponto de vista era preconceito não científico e que sua ideia de religião era prejulgamento. Em nossas muitas conversas sobre este e assuntos semelhantes, ele citou mais de uma vez o "écrasez l'infâme"[4], de Voltaire, e foi a ponto de dizer que sua doutrina da repressão sexual, como razão última de todas as ideias insensatas como, por exemplo, a religião, poderiam ser compensadas, transformando-se em dogma sua teoria sexual. Pensava naturalmente que minhas ideias mais positivas sobre a religião e a importância dela para nossa vida psíquica nada mais eram do que um afloramento de minhas resistências frustradas contra meu pai que era pastor. Na verdade, meu problema e meu preconceito pessoal nunca estiveram centrados em meu pai, mas bem mais enfaticamente em minha mãe. Como o senhor deve ter percebido na leitura cuidadosa das obras de Freud, seu complexo de pai emerge em toda parte, ao passo que o complexo de mãe, igualmente importante, tem um papel bem insignificante. Possivelmente, o senhor acha que eu, sob o influxo de meu complexo de mãe, supervalorizei a importância da religião – uma crítica que eu mesmo considerei seriamente. No caso de um psicólogo, não considero um erro particularmente escusável deixar que um preconceito pessoal determine seu próprio julgamento. Tentei, por isso, ao menos enquanto pude, não esquecer o fato de que meu complexo de mãe pudesse me pregar uma peça; mas se quiser levantar esta lebre, estou certo de que encontrará ouvidos dispostos a escutar sua opinião.

Sempre fiquei surpreso por que exatamente os teólogos são tão entusiastas da teoria de Freud, pois é difícil encontrar algo mais hostil às suas pretensas crenças. Este fato curioso me deu muito que pensar.

Sincerely yours,
(C.G. Jung)

1. Andrew R. Eickhoff designa a si mesmo como "pastor metodista dos Estados Unidos e professor de Religião".

2. "The Psychodynamics of Freud's Criticism of Religion".

3. *O futuro de uma ilusão*, 1927.

4. Estas palavras não eram dirigidas contra a religião em si, mas contra o sistema de ortodoxia privilegiada.

To Fowler McCormick
Chicago (Ill.)/EUA

08.05.1956

Dear Fowler,

Foi um choque para mim saber por sua carta que sofre de uma infecção pulmonar. Espero que não seja muito grave, pois essas coisas normalmente levam tempo e exigem cuidados.

Estou particularmente interessado em sua participação no seminário do Prof. Hiltner[1]. Fiquei agradavelmente surpreso ao ler a recensão dele de meu *Resposta a Jó*; mostra uma compreensão notável. Estranhei apenas sua observação de que sou, em alguns lugares, "esotérico". Escrevi-lhe pedindo exemplos de meu esoterismo. Respondeu-me que, por exemplo, eu usei o termo *hierosgamos* – uma expressão muito frequente na história comparada das religiões e que nada tem a ver com esoterismo. Devo concluir daí que a definição de "esoterismo" na América difere muito do uso europeu da palavra.

Um dos colaboradores de H. contou-me que ele recebeu muitas reações a respeito de "Jó" e que, oportunamente, me informará sobre elas. Tenho grande curiosidade em saber como foi recebida sua apresentação do caso de Jó.

Meus melhores votos de pronto restabelecimento!

Yours sincerely,
C.G. Jung

1. S. Hiltner, professor de Psicologia Pastoral na Universidade de Chicago. Sua recensão "Answer to Job by Carl Gustav Jung" foi publicada em *Pastoral Psychology*, Great Neck, Nova York, janeiro de 1956. No mesmo número foi publicada a carta de Jung a Doniger (novembro de 1955).

A Rudolf Jung[1]

11.05.1956

Prezado primo,

Sua opinião sobre o aparecimento de um carcinoma parece estar certa em parte. Na verdade, vi casos em que o carcinoma se manifesta sob a condição que você imagina, isto é, numa pessoa que, em seu caminho de individuação, para num lugar essencial, ou não consegue vencer certo obstáculo. Infelizmente, ninguém pode fazê-lo em seu lugar. Também não se pode forçá-lo, mas precisa começar um processo de crescimento interior; e se esta atividade espontânea criativa não for realizada pela natureza, então não haverá outra possibilidade do que a fatal. Em todos os casos, trata-se aqui de um profundo não poder, isto é, a constituição está no fim de suas possibilidades. Em última análise, todos ficamos presos em algum lugar, pois somos mortais e permanecemos sendo uma parte daquilo que somos como um todo. A totalidade que podemos atingir é muito relativa.

Assim como o carcinoma pode surgir por razões psíquicas, também pode desaparecer por razões psíquicas. Casos semelhantes foram constatados com certeza. Isto porém não quer dizer que estes casos sejam incondicionalmente acessíveis à psicoterapia ou que se possa impedir seu surgimento através de um desenvolvimento psíquico especial.

Saudações cordiais de seu

Carl

1. Rudolf Jung v. Pannwitz, 1882-1958, cantor de ópera nos palcos da Alemanha e Suíça.

À Senhora R.
Suíça

12.05.1956

Prezada Senhora R.,

Após sua gentileza de me enviar estas excelentes garrafas de Châteauneuf du Pâpe, supus que algumas graças haviam proliferado no seu lado. Mas se continua deprimida e atolada na lama até os cabelos, deve confessar a si mesma que esteve voando alto demais e que, por isso, seria indicada uma dose do mais puro negrume infernal. A situação complicada em que se encontra não é algo que a senhora mesma poderia ter causado. Considere sua situação atual como um banho de lama psíquico, do qual nascerá, após algum tempo, um pequeno sol da manhã. "Maldita seja antes de tudo a paciência", diz Fausto, mas é disto que a senhora mais precisa. Pela sua idade e circunstâncias, a senhora é ainda muito rebelde. A melhor maneira de derrotar o diabo é a paciência, pois ele não tem nenhuma.

Com os melhores votos,

Sinceramente seu

(C.G. Jung)

Ao Prof. Eugen Böhler
Zollikon-Zurique

16.05.1956

Prezado Senhor Böhler!

Muito obrigado por sua amável carta e minhas desculpas por lhe terem arrancado por assim dizer o manuscrito das mãos[1]. Todas as cópias do manuscrito precisam ser corrigidas. Eu aproveitei as suas valiosas sugestões, como o senhor poderá ver no texto impresso.

Suas observações referem-se a algo muito essencial no meu estilo expositivo, do qual eu não tinha consciência[2]. Por décadas fui malcompreendido e mesmo incompreendido, apesar de no início me ter esforçado ao máximo no sentido da "comunicação e persuasão lógica". Mas, devido à novidade de meu assunto e de minhas ideias, esbarrei, por assim dizer, contra uma parede impenetrável em toda parte. Esta é provavelmente a razão por que o meu estilo se modificou no decorrer dos anos, pois passei a dizer só o que era pertinente ao assunto e não perdia mais tempo nem esforço em imaginar o que a má vontade, o preconceito, a ignorância e outras coisas mais pudessem apresentar. Bachofen, por exemplo, fez todos os esforços possíveis para ser convincente. Tudo em vão. Sua hora ainda não havia chegado. Eu me resignei a ser póstumo.

É cedo ainda para falar a um público de maior cultura sobre os "símbolos da autoconcentração". Seria tudo muito incompreensível, pois os fundamentos de uma verdadeira compreensão ainda não estão disponíveis.

Em primeiro lugar e antes de tudo o mais é preciso entender o que o relógio badalou. Isto mostra o seu sonho[3]. Ele começa bem alto na metafísica. Na terra ele já aconteceu. Seu sonho é um epílogo ao meu manuscrito.

Com saudações cordiais,

Sinceramente seu
(C.G. Jung)

1. Trata-se do manuscrito de *Gegenwart und Zukunft*, Zurique, 1957; em OC, vol. X.
2. Em sua carta de 14.05.1956, escreveu o Prof. Böhler: "Em nossa conversa percebi que o senhor, graças à sua perspicaz e abrangente observação e à sua originalidade, acostumou-se a considerar as coisas só (para si), ao passo que eu ainda estou voltado para a comunicação e persuasão lógica".
3. O sonho era: "[...] uma figura invisível veio ao meu encontro (pelo lado esquerdo). Descobriu primeiro a metade do rosto, depois o rosto todo. Era satanás".

À Romola Nijinski[1]
San Francisco (Calif.)/EUA

24.05.1956

Prezada Senhora Nijinski,

Agradeço as linhas do dia 15 passado. Interessou-me tomar conhecimento de suas múltiplas atividades.

A questão das cores ou ausência de cores nos sonhos depende da relação entre consciência e inconsciente: se houver uma situação em que é necessária uma aproximação entre inconsciente e consciência, ou vice-versa, o inconsciente recebe uma acentuação especial, o que pode manifestar-se, por exemplo, no colorido de suas imagens (sonhos, visões etc.), ou em outras qualidades impressionantes (beleza, profundidade, intensidade).

Se a consciência está orientada para o inconsciente de forma mais ou menos indiferente ou tímida, e se não houver nenhuma necessidade imperiosa de contato da consciência com o inconsciente, então os sonhos permanecem sem cor.

É um erro a afirmação de Huxley de que um símbolo não tem cor[2]. Na linguagem altamente simbólica dos alquimistas, o "amarelado", o "avermelhado", o "branqueado", o "ditoso verde" etc. tinham papel importante. A senhora pode aprender muita coisa sobre o simbolismo das cores num outro campo bem diferente – na liturgia cristã. Basta observar o sentido das diversas cores dos paramentos.

A percepção intensa das cores no experimento com mescalina deve-se ao fato de a consciência, no estado de diminuição pela droga, não oferecer nenhuma resistência ao inconsciente.

Com saudações cordiais,

Sinceramente seu
(C.G. Jung)

1. A Senhora Romola Nijinski havia consultado Jung, em 1919, por causa da esquizofrenia de seu marido, o dançarino Waslaw Nijinski.
2. Em *Heaven and Hell*, Londres, 1956, escreveu Aldous Huxley que os símbolos oníricos aparecem na maioria das vezes sem cor e que normalmente os sonhos são em preto e branco.

To William Kinney[1]
Evanston (Ill.)/EUA

26.05.1956

Dear Mr. Kinney,

Ao responder sua carta de 7 de maio devo dizer-lhe que não há resposta fácil ao problema da ética, nem livros que lhe deem orientação satisfatória, ao menos quanto eu saiba. A ética depende da decisão suprema de uma consciência cristã, e a própria consciência não depende da pessoa apenas, mas igualmente da contrapartida da pessoa, isto é, Deus. A questão ética se resume na relação entre a pessoa humana e Deus. Qualquer outra espécie de decisão ética seria convencional, ou seja, dependeria de um código tradicional e coletivo de valores morais. Sendo estes valores gerais e não específicos, eles não se aplicam exatamente às situações individuais, assim como um diagrama esquemático não expressa as variações de fatos individuais. Seguir um código moral significaria um julgamento intelectual sobre um indivíduo, com base numa estatística antropológica. Além disso, fazer de um código moral o supremo árbitro de nossa conduta ética seria substituí-lo pela vontade de um Deus vivo, pois o código moral é feito pelo homem e declarado por ele como lei dada pelo próprio Deus. Naturalmente a grande dificuldade é a "vontade de Deus". Psicologicamente a "vontade de Deus" aparece em nossa experiência interior na forma de um poder de decisão superior, ao qual podem ser dados diversos nomes como instinto, destino, inconsciente, fé etc.

O critério psicológico da "vontade de Deus" é eternamente a superioridade dinâmica. É o fator que decide em última instância quando tudo está dito e feito. É essencialmente algo que não podemos conhecer de antemão. Só o conhecemos após o fato. Só o aprendemos lentamente durante a vida. Precisamos viver intensa e bem conscientemente por muitos anos para entender qual é a nossa vontade e qual é a vontade dele. Se aprendemos sobre nós mesmos e se chegamos a descobrir mais ou menos quem somos, também aprendemos sobre Deus e quem Ele é. Aplicando um código moral (o que em si é algo recomendável), podemos impedir inclusive a decisão divina e, então, a gente erra o caminho. Tente, por isso, viver o mais consciente, conscienciosa e completamente *possível* e aprenda quem o senhor é e quem ou o que é que decide em última instância.

Discuti certos aspectos desses problemas em um de meus livros intitulado *Aion*[2]. Se o senhor não lê o alemão, assim que estiver pronta a tradução, ele aparecerá em inglês nas minhas *Collected Works*, publicadas por Bollingen Press.

Sincerely yours,
(C.G. Jung)

1. Em sua carta, Mr. Kinney se apresenta como "a freshman to Northwestern University, Evanston, Illinois, with the conscious purpose of finding some meaning in life". Sua pergunta era sobre os fundamentos da ética.
2. OC, vol. IX/2, par. 47s. Cf. também "A consciência na visão psicológica", em OC, vol. X.

Ao Eng. Robert Dietrich
Munique

27.05.1956

Prezado senhor,

Muito obrigado pela gentileza de me contar o seu interessante sonho[1]. [...] Os matemáticos não são concordes sobre a questão se os números foram *inventados* ou *descobertos*[2].

"É na multidão do Olimpo que o número eterno tem o império" (Jacobi[3]). Os números inteiros podem ser muito bem uma descoberta dos "pensamentos primordiais" de Deus, como, por exemplo, o significativo número *quatro*, que tem qualidades decisivas. Mas o senhor procura em vão especulações minhas sobre o "desenvolvimento desse princípio ordenador"[4]. Não posso atrever-me a nada sobre este problema transcendental que está notoriamente presente no cosmos. Uma simples tentativa neste sentido seria para mim uma inflação intelectual. Uma pessoa não consegue dissecar os pensamentos primordiais de Deus. Por que os números inteiros são indivíduos? Por que existem números primos? Por que os números possuem qualidades inalienáveis? Por que existem descontinuidades como, por exemplo, os quanta, que Einstein gostaria de ter abolido?

O seu sonho parece-me uma verdadeira e genuína revelação: Deus e o número, como arquétipo da ordem, se inter-relacionam. Assim como o *sentido*, o número está na essência de todas as coisas, como expressão da divindade que se manifestou na Epifania. Este processo continua com idêntico simbolismo na Encarnação (cf. *Resposta a Jó*).

Com elevada consideração,

Sinceramente seu
(C.G. Jung)

1. Trata-se de um sonho longo e complicado sobre números. Um resumo do conteúdo do sonho está na carta a Kiener, de 01.06.1956, P.S. A interpretação muito sumária de Jung foi omitida.

2. Cf. para isso o artigo de Jung "Um experimento astrológico", em OC, vol. XVIII, par. 1.183: "Devo confessar que sou de opinião de que os números foram tanto descobertos como inventados; e, em vista disso, possuem certa autonomia, comparável à autonomia dos arquétipos. Teriam, portanto, em comum com os arquétipos a propriedade de serem preexistentes à consciência, determinando-a, em vez de por ela serem determinados".

3. Karl Jacobi (1804-1851), matemático. São dele os versos: "As coisas que contemplas no cosmos são apenas um reflexo da glória divina, / É na multidão do Olimpo que o número eterno tem o império" (cf. OC, vol. VIII, par. 932).

4. O destinatário havia perguntado, em adendo a seu sonho, sobre a relação dos números, como "princípios universais da ordem", com Deus.

À Hélène Kiener
Estrasburgo/França

01.06.1956

Prezada Senhorita Kiener!

Quanto às suas perguntas eu diria o seguinte:

O "arquétipo Cristo", conforme a senhorita escreve, é um conceito errado. Cristo não é um arquétipo, mas uma personificação do arquétipo. Este corresponde à ideia do *anthropos*, do *homo maximus* ou do homem primordial (Adão Cadmão). Na Índia é Purusha e na China é Chen-yen (a pessoa total ou verdadeira), lá mais como representação de uma meta. O Purusha como criador sacrifica-se a si mesmo; para criar o mundo, Deus se dissolve em sua própria criação. (Esta ideia volta num sonho moderno[1].) A Encarnação realiza-se no fato de Cristo "despojar-se de sua divindade" e assumir a figura do escravo[2]. Assim está preso à humanidade como o demiurgo ao mundo. (Quanto a estar preso o criador à criação, cf. *Resposta a Jó*, identificação com os dois monstros e incapacidade de entender os homens[3].)

O Messias espiritual (em oposição ao terreno)[4], Cristo, Mitra, Osíris, Dioniso, Buda são visualizações ou personificações do arquétipo irrepresentável em si e que eu, com base em Ezequiel e Daniel, chamei de *anthropos*.

O livro de Bernet[5] é ilógico, porque simplesmente não consegue entender que não podemos falar do próprio Deus, mas apenas de uma imagem que temos dele. Com esta turvação epistemológica se enreda em seus próprios laços.

Com saudações cordiais,

Sinceramente seu
C.G. Jung

P.S. A passagem do moderno sonho é: Havia "cinco unidades" que representavam "toda a criação do universo. Mas aconteceu algo que me chocou profundamente. Ele, de cuja existência eterna jamais ousaria duvidar conscientemente, reduziu as cinco unidades a quatro, dissolvendo-se ele mesmo no nada".

1. Cf. P.S. e carta a Dietrich, de 27.05.1956.
2. Fl 2,6s.
3. P. 68s.; OC, vol. XI, par. 635s.
4. Cf. S. Hurwitz, *Die Gestalt des sterbenden Messias*, Zurique, 1958 (Estudos do Instituto C.G. Jung, Zurique, vol. VIII), sobretudo o capítulo "Die Spaltung des Messiasbildes".
5. Walter Bernet, *Inhalt und Grenze der religiösen Erfahrung, eine Untersuchung der Probleme der religiösen Erfahrung in Auseinandersetzung mit der Psychologie C.G. Jungs*, Berna, 1955. Cf. carta a Bernet, de 13.06.1955.

To Warner D. McCullen
Rickmansworth, Herts./Inglaterra

04.06.1956

Dear Mr. McCullen,

A perda da mãe nos primeiros anos da infância[1] deixa muitas vezes traços em forma de complexo de mãe. A influência muito forte da mãe viva tem o mesmo efeito quando está ausente. Em ambos os casos será a causa de semelhante complexo. Uma das principais características do complexo de mãe é o fato de estarmos por demais sob a influência do inconsciente. Como o inconsciente, no caso do homem, tem caráter feminino, parece então, alegoricamente falando, que ele tenha "engolido" a mãe. De fato só há um desenvolvimento embargado do lado feminino do caráter masculino. Isto se manifesta como feminilidade demais ou de menos. Não conhecendo eu sua biografia pessoal, não seria capaz de dizer-lhe qual é o seu caso. No entanto, medo e sentimentos de culpa são características de uma tal condição; são sintomas de adaptação insuficiente, tratando-se sempre de um demais ou de menos. Além disso, fica uma sensação de tarefa a cumprir e que ainda não foi cumprida. Não é importante saber a possível causa originária desse sintoma. A procura da causa é enganosa, pois a existência do medo continua, não porque teve início no passado remoto, mas porque existe uma tarefa pesando sobre o senhor no momento atual; e não sendo ela cumprida, cada dia produz de novo medo e culpa.

A questão, naturalmente, é esta: O que o senhor sente que seja sua tarefa? Onde está o medo lá está sua tarefa! O senhor precisa estudar suas fantasias e sonhos para descobrir o que deve fazer ou onde pode começar a fazer algo. Nossas fantasias pairam sempre no ponto de nossa insuficiência, lá onde um defeito precisa ser compensado.

Agradeço seu amável presente da moeda coreana[2]. A representação do período chinês de Saturno é particularmente bela.

Faithfully yours,
[C.G. Jung]

1. Mr. McCullen escreveu que ele era "a theatrical hypnotist... long interested in depth psychologies". Sua mãe, que o havia amamentado, morreu quando ele tinha 6 anos de idade. Desde então sofreu de sentimento de culpa e medo. Um psicanalista explicou isto como resultado da convicção dele de haver engolido sua mãe.

2. Em sinal de gratidão, Mr. McCullen enviou a Jung uma antiga moeda coreana com uma representação parecida a um horóscopo.

Ao Prof. Benjamin Nelson
Meridian Books
Nova York

17.06.1956

Dear Professor Nelson[1],

Se eu fosse mais jovem aceitaria com grande prazer sua gentil proposta de escrever um ensaio bem compreensível sobre a confusa quantidade de opiniões, causada pela descoberta essencial de Freud: o *enchaînement* psicológico de fenômenos psicopatológicos e de suas consequências para a psicologia normal. Mas, infelizmente, cheguei nesse meio-tempo aos 81 anos com sua inevitável redução de eficiência, sua fadiga e suas restrições necessárias. Além disso, o estímulo da novidade, tão cativante para um escritor, perdeu seu charme, uma vez que já fiz este tipo de trabalho num passado quase esquecido, quando o próprio Freud era uma figura estranha, desconhecida e malcompreendida. Foi apenas na última década que sua psicologia atraiu a atenção do mundo acadêmico e penetrou nas tenebrosidades mentais do grande público. Não era de se esperar que minha crítica (a Freud), meu ponto de vista divergente ou minha simples tentativa de ampliar a pesquisa psicológica fossem compreendidos ou mesmo levados em consideração. Nos 18 ou mais volumes de minhas Obras Completas eu disse tudo o que eu pensava. Qualquer coisa que fosse escrever agora não seria nova nem melhor do que aquilo que produzi há 30 ou 40 anos atrás. Isto ainda não foi lido nem compreendido por meus contemporâneos. Na total ignorância de minha obra, as pessoas se satisfazem com concepções erradas, distorções e preconceitos. Não posso forçar ninguém a tomar a sério minha obra e também não posso persuadir ninguém a estudá-la realmente. O problema é que não construo teorias que podem ser aprendidas de cor. Reúno fatos ainda não conhecidos em geral, nem devidamente apreciados, e dou nomes a observações e experiências não familiares ao pensamento contemporâneo e não condizentes com os seus preconceitos.

Por isso minha principal contribuição ao ulterior desenvolvimento da psicologia do inconsciente, inaugurada por Freud, sofre da considerável desvantagem de que os médicos interessados em psicoterapia não têm praticamente nenhum conhecimento da mente humana em geral, de como ela se manifesta na história, arqueologia, filologia, filosofia, teologia etc., ainda que aqui apareçam inúmeros aspectos da psicologia humana. No consultório médico se revela a menor parte da psique e sobretudo a menor parte do inconsciente. Por outro lado, os especialistas das chamadas disciplinas estão longe de qualquer conhecimento psicológico ou psicopatológico, e o público em geral é totalmente ignorante de conhecimentos médicos e de qualquer espécie de conhecimento bem fundamentado.

Os tópicos em discussão são de natureza muito complexa. Como posso eu popularizar coisas tão difíceis e que exigem uma quantidade inusitada de conhecimentos específicos, para um público que não quer ou não pode se dar ao trabalho de sentar-se e estudar cuidadosamente os fatos contidos em muitos volumes? Como pode alguém expressar o essencial da física nuclear em duas palavras? A comparação da psicologia moderna com a física moderna não é conversa inútil. Apesar de suas concepções diametralmente opostas, as duas disciplinas têm um ponto muito importante em comum, isto é, o fato de ambas abordarem a região até agora "transcendental" do invisível e intangível, o mundo do pensamento puramente análogo. A verdade da física pode ser demonstrada convincentemente pela explosão de uma bomba de hidrogênio. A verdade psicológica é bem menos espetacular e só visível a alguém familiarizado com a ciência e com muitas outras disciplinas, muitas vezes bem remotas; e isto nunca foi considerado do ponto de vista psicológico, a não ser de forma bem superficial e incompetente. (Cf., por exemplo, *Totem e tabu* e *O futuro de uma ilusão*, de Freud.) Eu não tenho conhecimentos de física moderna, mas trabalhei por muito tempo com o célebre físico W. Pauli. O resultado nos satisfez a ambos: existe ao menos uma aproximação clara entre essas duas ciências tão heterogêneas em suas preocupações epistemológicas, isto é, em suas antinomias (por exemplo, luz = onda e corpúsculo), "princípio da indeterminação" de Heisenberg[2], complementaridade de Bohr[3], sem falar dos modelos arquetípicos de representação (cf. Jung e Pauli: *Naturerklärung und Psyche*).

O leitor está muito mais preparado para entender física, ao passo que a psicologia do inconsciente é para ele *terra incognita*, povoada pelos mais absurdos preconceitos e falsas compreensões – o que sempre é o caso quando reina suprema a ignorância. O pior da ignorância é que ela nunca se dá conta de quão ignorante é. Recentemente um teólogo de formação acadêmica acusou-me de esoterismo porque usei a palavra *hierosgamos* (um termo técnico muito conhecido na história comparada das religiões!). Com o mesmo direito poderia acusar qualquer outra ciência de usar conceitos esotéricos, só porque não os compreende. Estas são as coisas com as quais devo lidar. Eu precisaria escrever um livro bem volumoso só para explicar os conceitos básicos de minha psicologia do inconsciente. Na verdade, eu escrevi muita coisa sobre seus pressupostos elementares. Mas o problema é que Freud sozinho já é um naco indigesto que mantém as pessoas ocupadas até o fim de suas vidas. Por que buscar mais complicações? Lembro-me dos anos em que Freud apareceu pela primeira vez em cena e quando travei minhas primeiras batalhas em favor dele. Foi uma quantidade imensa de preconceitos, mal-entendidos e preguiça mental que desabou sobre mim! Levou mais de meio século até ele se tornar aceitável. Nem hoje em dia chegou a ser tão bem entendido que se possa dizer onde suas ideias poderiam ser complementadas ou modificadas, ainda que não haja nenhuma verdade científica que seja a última palavra.

O problema mais caro a Freud foi sem dúvida a psicologia do inconsciente, mas nenhum de seus seguidores mais imediatos fez alguma coisa neste sentido. Por acaso fui eu o único de seus herdeiros que levou avante alguma pesquisa, seguindo as linhas que ele intuitivamente previu. Mas, como as minhas tentativas modestas foram consideradas quase blasfemas, não tive a menor chance de publicar algo com o meu nome que não fosse imediatamente estigmatizado com a marca de Caim. Há necessidade de outra pessoa que queira arriscar sua pele. Só conheço um livro que tentou seriamente abordar a ingrata tarefa de descrever o desenvolvimento da psicologia profunda, incluindo minha própria contribuição, ao menos em seus inícios. Minha última e mais importante obra (na minha opinião) ainda permanece intocada em sua primordial obscuridade. O livro, acima referido, é de Friedrich Seifert, professor de Filosofia(!) em Munique[4]. Dentro de seus limites é um trabalho muito claro e objetivo que pode ser denominado popular. Recomendo-o insistentemente à sua atenção. Ao que parece, ainda não foi traduzido.

Quanto aos meus escritos, menciono 3 artigos sobre Freud: "Sigmund Freud, um fenômeno histórico-cultural", em *Wirklichkeit der Seele*, 1934 (OC, vol. XV); "A divergência entre Freud e Jung", em *Seelenprobleme der Gegenwart*, 1931 (OC, vol. IV) e "Sigmund Freud" (*in memoriam*), em *Basler Nachrichten*, 1º de outubro de 1939 (OC, vol. XV).

O último desses três artigos pode ser de interesse para o senhor.

Sincerely yours,
(C.G. Jung)

1. O professor Nelson escreveu para "Meridian Books", Nova York, um livro com o título *Freud and the 20th Century* (1957) e pediu uma contribuição de Jung. Sugeriu como tema, entre outros: "Jung's ultimate verdict on Freud", ou "Jung's own approach to the understanding of depth dimensions of man's society and culture". A contribuição de Jung deveria conter um apanhado bem claro de suas principais ideias para o leitor comum. Parece que esta proposta desagradou a Jung, bem como a observação de Nelson de que as concepções dele sobre religião, psicologia analítica, psicanálise, teologia etc. só eram conhecidas de poucos americanos. As observações de Nelson eram tão mais surpreendentes porque pouco tempo antes haviam sido publicados no âmbito dos "Meridian Books", edição brochurada, os *Two Essays on Analytical Psychology*, de Jung.

2. "Entre a consciência e o inconsciente existe uma espécie de 'relação de indeterminação', porque o observador não pode separar-se do objeto observado e também porque este é perturbado por aquele, pelo simples ato de observar..." *Aion*, OC, vol. IX/2, par. 355.

3. Cf. carta a Whitmont, de 04.03.1950, nota 2. Cf. também Wolfgang Pauli "Die philosophische Bedeutung der Idee der Komplementarität", em *Experientia*, VI, 2, Basileia, 1950.

4. Friedrich Seifert, *Tiefenpsychologie. Die Entwicklung der Lehre des Unbewussten*, Colônia, 1955.

A uma destinatária não identificada
Suíça

26.06.1956

Prezada Dra. N.,

Somente hoje consigo agradecer sua carta e o livro *Pan im Vaccarès*[1], que eu reservei para as minhas férias. No momento atual, o muito trabalho não me permite este relaxamento.

Interessou-me especialmente o sonho que, em meados de agosto de 1955, previu com antecipação a morte de minha esposa[2]. Provavelmente expressa a ideia de uma perfeição da vida: a soma de todos os frutos, que se arredondaram numa bola, atingiram-na qual um carma. Na bola, a morte assumiu uma forma perfeita; é ao mesmo tempo um símbolo do si-mesmo. A morte trouxe – e provavelmente sempre traz – uma confrontação com a totalidade. Mas talvez nem sempre nesta perfeição. Estes são os pensamentos que me ocorreram em relação ao seu sonho.

Desejo-lhe e também ao seu marido um excelente verão e principalmente à senhora um feliz êxito em seu trabalho e iniciativa. [...]

Com saudações cordiais, permaneço

Sinceramente seu
(C.G. Jung)

1. Joseph d'Arbaud, *Pan im Vaccarès*, Zurique, 1954, traduzido do francês.
2. O sonho se passa no sul da França. A Senhora Jung é atingida por uma bola de fruta. Foi em Maquis e alguém disse: "Se esta bola não tivesse voado lá..."

A uma destinatária não identificada
Suíça

28.06.1956

Prezada senhora!

É difícil aceitar o destino que a senhora me descreveu. Sem considerar o aspecto moral implicado, uma completa aceitação depende muito da concepção que se tenha de destino. Uma visão exclusivamente causal só é admissível no campo dos processos puramente físicos ou inorgânicos. Na esfera biológica, a maior importância cabe ao ponto de vista teleológico, assim também no campo psicológico, onde a resposta só toma sentido quando explica a palavra "para quê". Por isso nada adianta prender-se às causas, pois não podem ser mudadas. É mais conveniente saber como proceder com as consequências, ou que atitude se tem ou se deveria ter em relação a elas. Então surge imediatamente a questão: O que aconteceu teve algum *sentido?* Houve aqui uma intenção oculta do destino, ou interveio a vontade de Deus, ou foi apenas mero "acaso"? Se foi uma provação de Deus, por que deveria sofrer com isso uma criança inocente? Esta pergunta toca num problema que já foi respondido claramente no livro de Jó[1]. A amoralidade de Javé, ou sua notória injustiça, transforma-se na exclusiva bondade de Deus apenas na encarnação. Esta transformação está ligada ao seu tornar-se pessoa humana e só existe *enquanto concretizada através do cumprimento consciente da vontade de Deus no ser humano.* Se isto não se realizar, revela-se não apenas a amoralidade do criador, mas também sua inconsciência, isto é, acontece irrefletidamente o bem e o mal, ou, em outras palavras, não há bem ou mal, mas apenas um acontecer indiferente, que os budistas chamam de corrente nidana, ou seja, a ininterrupta concatenação causal que leva ao sofrimento, à velhice, à doença e à morte. A intuição de Buda, por um lado, e a encarnação em Cristo, por outro, quebram a corrente por meio da intervenção da consciência humana iluminada, que com isso adquire um sentido metafísico e cósmico.

À luz desse conhecimento, o acaso malévolo transforma-se naquele acontecimento que, se tomado realmente a peito, nos permite penetrar, de um lado, nas implacáveis e terríveis imperfeições da criação e, de outro, no mistério da encarnação. O acontecimento torna-se assim a "felix culpa"[2] que Adão assumiu através de sua desobediência. Como diz Mestre Eckhart, o sofrimento é "o cavalo mais veloz que nos leva à perfeição". O privilégio de uma consciência superior é a resposta suficiente ao sofrimento, que sem isso tornar-se-ia sem sentido e insuportável. O sofrimento da criação deixada imperfeita não pode ser abolido pela revelação da boa vontade de Deus nos seres humanos, mas pode ser mitigado e receber sentido.

Com elevada consideração,

Sinceramente seu
(C.G. Jung)

1. As ideias básicas desta carta estão também no livro *Resposta a Jó* (OC, vol. XI).

2. Culpa feliz. A missa da vigília pascal fala da "culpa feliz que mereceu tão grande Salvador". Em latim: "O felix culpa, quae talem ac tantum meruit habere Redemptorem". Cf. carta a Sinclair, de 07.01.1955, nota 2. O conceito de *felix culpa* remonta a Santo Agostinho.

To Elined Kotschnig
Washington (D.C.)/EUA

30.06.1956

Dear Mrs. Kotschnig,

Não é muito simples responder à sua pergunta[1] no espaço de uma carta. A senhora sabe que nós seres humanos somos incapazes de explicar qualquer coisa que acontece fora ou dentro de nós mesmos sem o emprego dos meios intelectuais à nossa disposição. Sempre temos de usar elementos psíquicos semelhantes aos fatos que acreditamos ter observado. Por isso, quando tentamos explicar como Deus criou seu mundo ou como se comporta em relação ao mundo, a analogia que usamos é a maneira como nosso espírito criativo produz e se comporta.

Quando consideramos os dados da paleontologia de que um criador consciente tenha levado talvez mais que um bilhão de anos para criar a consciência, parece-nos que ele percorreu infindos desvios; e se quisermos explicar seu agir, chegamos inevitavelmente à conclusão de que seu comportamento é muito semelhante ao de um ser com, no mínimo, uma consciência bem limitada. Mesmo tendo consciência das coisas existentes e dos próximos passos a dar, parece não ter previsão do objetivo final, nem conhecer os caminhos que levam diretamente a ele. Portanto, não seria uma inconsciência absoluta, mas uma consciência mais fraca. Semelhante consciência levaria inevitavelmente a inúmeros erros e impasses, com as mais cruéis consequências: doença, mutilação, lutas terríveis, isto é, exatamente as coisas que aconteceram e estão acontecendo em todos os campos da vida. Além do mais, é impossível para nós imaginar que um criador, produzindo um universo do nada, estivesse consciente de alguma coisa, pois todo ato de conhecimento se baseia no discernimento; assim, por exemplo, não posso ter consciência de outra pessoa se eu for idêntico a ela. Se não existe nada fora de Deus, então tudo é Deus e, neste caso, é impossível o autoconhecimento.

Não se pode negar que a representação de um Deus que cria uma porção de erros e impasses é catastrófica. Quando a concepção original judaica de um Deus propositado e moral marcou o fim da existência jocosa e sem propósito das divindades politeístas nos arredores do Mar Mediterrâneo, o resultado foi uma concepção paradoxal do ser supremo que encontrou sua expressão na ideia da justiça e injustiça divinas. O reconhecimento de uma desconfiança fatal na divindade levou os profetas judeus a procurar uma espécie de mediador ou advogado, que defendesse perante Deus os direitos da humanidade. Como a senhora sabe, esta figura já foi anunciada na visão de Ezequiel do Homem e do Filho do Homem[2]. A ideia foi levada avante por Daniel[3] e nos escritos apócrifos posteriores, sobretudo na figura do demiurgo feminino Sofia[4] e na forma masculina de um administrador da justiça, o Filho do Homem, no Livro de Henoc, escrito por volta do ano 100 aC e muito popular no tempo de Cristo[5]. Devia ser realmente bem conhecido, pois Cristo chama a si mesmo "Filho do Homem", pressupondo evidentemente que todos soubessem do que estava falando. Henoc representa exatamente aquilo que espera o Livro de Jó de um advogado dos seres humanos diante de um Javé sem leis e moralmente duvidoso. Os rolos recentemente descobertos perto do Mar Morto mencionam uma espécie de figura mística e lendária, o "Mestre da Justiça"[6]. Eu o considero um paralelo de Henoc ou idêntico a ele. Evidentemente Cristo aproveitou esta ideia, sentindo que sua missão era representar o papel do "Mestre da Justiça" e, portanto, o de mediador; e Ele estava diante de um Deus não confiável e injusto que precisava de um sacrifício drástico, isto é, a execução de seu filho, para aplacar sua ira. É curioso que, por um lado, seu autossacrifício significava admitir a natureza amoral do Pai, por outro lado, ensinava uma nova imagem de Deus, isto é, a imagem de um Pai amoroso no qual não há escuridão. Esta antinomia enorme precisa de explicação. Precisava da afirmação expressa de que Ele era o filho de Deus, isto é, a encarnação da divindade no homem. Como consequência, o sacrifício foi uma autodestruição do Deus amoral, encarnado num corpo mortal. Por isso o sacrifício assume o aspecto de um ato altamente moral, de uma autopunição por assim dizer.

Enquanto Cristo é entendido como sendo a segunda pessoa da Trindade, o autossacrifício é a evidência da bondade de Deus. Ao menos enquanto diz respeito aos seres humanos. Não sabemos se há outros mundos habitados em que ocorreu a mesma evolução divina. É perfeitamente imaginável que existam muitos mundos habitados e em diferentes estágios de evolução onde Deus ainda não se tenha transformado pela encarnação. Mas, como quer que seja, para nós seres da Terra a encarnação aconteceu e nós nos tornamos participantes da natureza divina e supostamente herdeiros da tendência para a bondade e, ao mesmo tempo, sujeitos à inevitável autopunição. Como Jó não foi mero espectador da inconsciência divina, mas caiu vítima dessa manifestação extraordinária, também nós somos envolvidos, no caso da encarnação, nas consequências dessa transformação. Enquanto Deus prova sua bondade através do autossacrifício, está Ele encarnado; mas, em vista de sua infinitude e na suposição de que existem diferentes graus de evolução cósmica, não sabemos o quanto de Deus se transformou – se isto não for uma argumentação demasiadamente humana. Neste caso pode-se esperar que iremos contactar esferas de um Deus ainda não transformado, quando nossa consciência começa a se estender para dentro da esfera do inconsciente. Em todo caso, existe uma determinada expectativa neste sentido, expressa no "Evangelium Aeternum" do Apocalipse que traz a mensagem: Temei a Deus[8].

Ainda que a encarnação divina seja um acontecimento cósmico e absoluto, ela se manifesta empiricamente apenas naqueles poucos indivíduos, capazes de consciência suficiente para tomar decisões éticas, isto é, de decidir-se pelo bem. Por isso, Deus só pode ser chamado bom na medida em que é capaz de manifestar sua bondade nos indivíduos. Sua qualidade moral depende dos indivíduos. Eis a razão por que se encarnou. A individuação e a existência individual são indispensáveis para a transformação do Deus criador.

O conhecimento do que é bom não é dado *a priori*; pressupõe uma consciência que saiba discernir. Este já é o problema no Gênesis, onde Adão e Eva precisam primeiro ser esclarecidos para reconhecer o bem e discerni-lo do mal. Não existe algo como o "bem" em geral, pois algo absolutamente bom pode ser absolutamente mau em outro caso. Os indivíduos são muito diferentes, seus valores são diferentes e suas situações variam tanto que não podem ser julgados por valor e princípios gerais. Por exemplo, a generosidade é sem dúvida uma virtude, mas torna-se vício tão logo seja aplicada a um indivíduo que a compreende mal. Neste caso deve haver discernimento consciente.

Sua pergunta sobre a relação entre o ser humano e um Deus paradoxal e inconsciente é de fato um problema sério, ainda que tenhamos o paradigma muito impressionante da piedade veterotestamentária que soube lidar com a antinomia divina. O povo do Antigo Testamento sabia dirigir-se a um Deus não confiável, através de tentativas de propiciação e das repetidas afirmações e invocações da justiça de Deus, mesmo quando estavam diante de indiscutível injustiça. Eles tentavam afastar sua ira e atrair sua bondade. É óbvio que os antigos teólogos judeus estavam sempre atormentados pelo medo dos atos imprevisíveis de injustiça de Javé.

Para a mentalidade cristã, formada na convicção de um Deus essencialmente bom, a situação é bem mais difícil. Não se pode mais amar e temer ao mesmo tempo. Nossa consciência tornou-se muito diferenciada para tais contradições. Somos, portanto, forçados a tomar bem mais a sério o fato da encarnação do que até agora. Devemos lembrar-nos de que os Padres da Igreja insistiram no fato de que Deus se entregou à morte na cruz pelos seres humanos para que nós pudéssemos ser deuses. A divindade fixou morada no ser humano com a declarada intenção de realizar seu bem no ser humano. Por isso somos o vaso ou os filhos e herdeiros da divindade que sofre no corpo do "escravo".

Estamos agora em condições de compreender o ponto de vista essencial de nossos irmãos hindus. Eles sabem que o atmã pessoal é idêntico ao atmã universal e encontraram maneiras de expressar as consequências psicológicas dessa crença. Sob este aspecto temos que aprender alguma coisa deles. Se reconhecermos humildemente que Deus pode manifestar-se de maneiras diferentes, evitaremos o orgulho espiritual. O cristianismo encarou o problema religioso como uma sequência de acontecimentos dramáticos, ao passo que o Oriente tem um ponto de vista estático, isto é, mais cíclico. A ideia da evolução é cristã e – na minha opinião – em certo sentido uma verdade melhor para exprimir o aspecto dinâmico da divindade, ainda que a imotilidade eterna também seja um aspecto importante da divindade (em Aristóteles e na filosofia escolástica antiga). O espírito religioso do Ocidente se caracteriza por uma mudança na imagem de Deus durante os séculos. Sua história começa com a pluralidade dos Elohim, vem então a unicidade e personalidade paradoxais de Javé, depois o Pai bondoso do cristianismo, seguido pela segunda pessoa da Trindade, Cristo, isto é, Deus encarnado no ser humano. A alusão ao Espírito Santo é uma terceira forma que aparece no início da segunda metade da era cristã (Gioacchino da Fiore)[9], e finalmente nos confrontamos com o aspecto revelado pelas manifestações do inconsciente.

A importância do ser humano aumentou com a encarnação. Nós nos tornamos participantes da vida divina e temos de assumir uma nova responsabilidade, isto é, a continuação da autorrealização divina que se expressa na tarefa de nossa individuação. A individuação não significa apenas que o ser humano se tornou verdadeiramente humano, distinto do animal, mas que está para se tornar também parcialmente divino. Isto significa praticamente que ele se torna adulto, responsável por sua existência, sabendo que não só ele depende de Deus, mas que Deus também depende dele. A relação do ser humano com Deus deve sofrer uma mudança certamente importante: em vez de louvor propiciatório a um rei imprevisível, ou oração infantil a um pai amoroso, nossa forma de culto e relacionamento com Deus será uma vida responsável e a realização da vontade de Deus em nós. Sua bondade significa graça e luz, e seu lado escuro é a terrível tentação do poder. O ser humano já recebeu tanto conhecimento que pode destruir o seu próprio planeta. Esperemos que o bom espírito de Deus guie o ser humano em suas decisões, pois depende de sua decisão se a criação de Deus vai continuar. Nada indica mais drasticamente do que esta possibilidade de quanto do poder divino passou para as mãos do ser humano.

Se alguma coisa não ficou bem clara em minha carta, estou pronto a explicá-la melhor.

Sincerely yours,
(C.G. Jung)

1. Mrs. Kotschnig levantou o problema de um Deus criador "inconsciente" e, portanto, ignorante, bem como o da existência de um "Ground of Being, beyond such a demiurge".

2. Ez 1,16s.

3. Dn 7,13s.

4. Pr 8,22s.

5. Cf. carta a Sinclair, de 07.01.1955, nota 13.

6. "Mestre da Justiça" era chamado o líder dos essênios, uma comunidade judaica, semelhante a uma ordem religiosa, nascida por volta do ano 150 aC. Os ensinamentos dos essênios se tornaram conhecidos pelos rolos encontrados em 1947 e mais tarde em Qumran, a noroeste do Mar Morto.

7. Cf. para isso a carta a Evans, de 17.02.1954, nota 5.

8. Cf. Apocalipse 14,6s.: "Vi então outro anjo que voava pelo meio do céu, tendo um evangelho eterno para anunciar aos habitantes da terra, a toda nação, tribo, língua e povo. Ele dizia em voz alta: Temei a Deus..." Jung viu nisso o anúncio de um novo evangelho "que tem por conteúdo o *temor de Deus*, além do amor a Deus" (cf. *Resposta a Jó*, par. 733 e 743, vol. XI das OC).

9. Cf. carta a White, de 24.11.1953, nota 10.

À Marianne Niehus-Jung[1]
Küsnacht-Zurique

Bollingen, 17.07.1956

Querida Marianne!

Muito obrigado por sua amável carta que me alegrou demais. Fico satisfeito em saber que não se entediou em minha casa. Foi uma alegria também para mim poder conversar longo tempo com você.

É verdade que não se pode realizar plenamente aquilo que ainda não existe, pois não sabemos qual é o padrão que uma pessoa ainda viva desempenhará. A morte de mamãe deixou uma lacuna impossível de preencher. É bom neste caso ter alguma coisa agradável para fazer e à qual nos voltamos para afastar o vazio ameaçador. A pedra em que estou trabalhando agora[2] (semelhante à que cinzelei no inverno[3]) me dá estabilidade interior por sua dureza e durabilidade, e seu sentido orienta meu pensar.

Lerei com prazer os manuscritos. Mas acredito que não haja pressa. A construção deve começar amanhã, se chegar a licença[4]. Ainda não tenho informação a respeito.

Você virá eventualmente a Bollingen? Ruth[5] lhe manda lembranças.

Cordialmente
(Seu pai)

1. Cf. carta a Marianne Jung, de 01.07.1919, nota 1.

2. Trata-se de uma pedra comemorativa, que Jung erigiu em Bollingen em memória de sua esposa.

3. Eram três placas de pedra com os nomes dos antepassados paternos de Jung (cf. *Memórias*, p. 236s.).

4. A parte central da "Torre" recebeu mais um andar. Nas *Memórias*, p. 228, se lê: "Depois da morte de minha mulher, em 1955, senti a obrigação interior de tornar-me tal como sou. Na linguagem da casa de Bollingen: descobri de repente que a parte central da construção, até então muito baixa e presa entre as duas torres, [...] representava meu eu. Elevei-a então, acrescentando-lhe mais um andar..."

5. Cf. carta a McCormick, de 22.02.1951, nota 1.

A Ladis K. Kristof
Chicago (Ill.)/EUA

Julho de 1956

Prezado senhor!

O senhor sabe perfeitamente que não sou filósofo, mas empírico. Por isso minha concepção de inconsciente coletivo não é um conceito filosófico, mas empírico. Designo com este termo a totalidade das experiências de "behaviour patterns", à medida que fomentam ou causam a formação de certas ideias. Entendo estas como ideias *míticas* no sentido mais amplo, como podem ser encontradas na mitologia e no folclore, de um lado, e nos sonhos, visões e fantasias de pessoas normais e doentes psíquicos, de outro. A existência e o surgimento espontâneo de semelhantes ideias, independentemente de tradição e migração, permitem concluir que existe uma disposição psíquica universal, isto é, um instinto que causa a formação de ideias típicas. A disposição ou o "pattern" instintivo é hereditário, mas não a ideia em si. Esta consiste de elementos recentes, individualmente adquiridos.

Enquanto a conclusão para uma disposição psíquica universalmente difundida desse tipo está suficientemente garantida pela experiência, não tenho a mesma certeza quanto à questão se existem também "ramificações" transmissíveis hereditariamente, isto é, diferenças especiais e locais, ou racialmente condicionadas[1].

Eu acho perfeitamente possível e até provável que existam realmente essas diferenças (como os insetos sem asas das Ilhas Galápagos[2]), sem considerar os preconceitos teóricos. Mas não encontrei até agora nenhuma prova segura. Para resolver esta questão haveria necessidade de pesquisas bem abrangentes, que ultrapassam em muito as minhas possibilidades. Lamento, por isso, não estar em condições de responder mais claramente à sua pergunta.

O problema da *vinculação* de um povo ou de uma cultura com o inconsciente coletivo não tem nada a ver com a questão da natureza ou da diferenciação do inconsciente coletivo. Conforme pude constatar através de vasta experiência, o hindu e o chinês têm tão pouca relação com o inconsciente coletivo quanto o europeu. Uma relação melhor só a encontramos nos primitivos. O desenvolvimento da consciência acontece às custas da relação com o inconsciente. Os primitivos já desenvolveram certas técnicas para a conscientização do inconsciente, e nas culturas (orientais) elas alcançam alto grau de diferenciação. Nas culturas modernas mais elevadas estas técnicas estão morrendo, e a problemática da relação com o inconsciente coletivo está ficando obsoleta. Foi somente a psicologia moderna que reassumiu este problema em si. Mas é preciso acrescentar que também as religiões, enquanto vivas, nunca deixaram de cultivar a relação com o inconsciente de uma forma ou outra.

Com elevada consideração,

Sinceramente seu
(C.G. Jung)

1. O destinatário havia perguntado se existiam ramificações hereditárias do inconsciente coletivo universal e se as diferenças individuais dos povos se deviam a isto.

2. Cf. carta a Hall, de 06.10.1954, nota 1.

A uma destinatária não identificada
EUA

10.08.1956

Prezada N.,

[...] Fiquei feliz em saber que agora possui casa e chão de sua propriedade. Isto é importante para os poderes ctônicos. Espero que encontre tempo livre para confiar à terra suas tendências de plantar e cuidar de seu crescimento, pois a terra sempre terá filhos, casas, árvores e flores que dela nascem e que celebram o casamento da alma humana com a Grande Mãe – o melhor contrafeitiço para a extroversão sem raízes.

Saudações cordiais à senhora e ao seu prezado marido.

Sinceramente seu
(C.G. Jung)

A um destinatário não identificado
EUA

Agosto de 1956

Dear Mr. N.,

Desculpe o atraso de minha resposta, mas como eu ganho do senhor em dez anos, sou provavelmente dez vezes mais lento.

Sua carta não só me interessou, mas também me impressionou[1]. A escolha de suas esposas foi característica. Elas foram temporariamente encarnações do que chamo de sua *anima*. Não sei se o senhor está familiarizado com meus escritos a ponto de saber sobre o arquétipo feminino que todo homem traz em seu inconsciente. Já a Idade Média sabia desse fato psíquico peculiar e dizia: *omnis vir feminam suam secum portat*[2]. Isto significa na prática que a mulher de sua escolha representa sua própria tarefa, mas que você não entendeu. Há certa habilidade criativa que aparentemente não vem acompanhada de um dom técnico correspondente. Tais pessoas são muito frequentes e não conseguem entender que a pessoa criativa tem que criar e tornar visível, ainda que não seja propriamente capaz disso. Pode ser um(a) pintor(a), mas que não sabe pintar; pode ser um músico que não sabe compor, nem tocar piano. Mas tem que fazer isso apesar de tudo, como o Jongleur de Notre Dame e *ad maiorem Dei gloriam*[3].

"Infelizmente" (para o senhor) suas esposas foram bastante dotadas para realizar o que o senhor teria feito de maneira incompetente, mas o senhor foi demasiadamente racional e também demasiadamente inteligente para não perder seu tempo numa tarefa aparentemente ingrata. Mas sempre houve no senhor a compulsão criativa – ela ficou em paz enquanto funcionava o casamento e alguém tomava conta dela. Mas, depois da morte de sua segunda esposa, ela se manifestou numa forma explosiva incomum, isto é, como batidas, barulhos e coisas semelhantes.

Tornou-se então premente para o senhor realizar a compulsão do inconsciente e seu desejo de produzir imediatamente com os humildes meios ao seu dispor. Não importava a imperfeição da técnica; importavam apenas os conteúdos que queriam vir à luz.

É um problema em si como a energia psíquica pode transformar-se em fenômenos físicos, acústicos. Não sei como isto acontece. Sei apenas *que* acontece. Esta é a explicação não espiritualista que prefiro nestes casos. Isto tem para minha mente a grande vantagem de trazer de volta o problema para o indivíduo vivo.

Sincerely yours,
(C.G. Jung)

1. O destinatário, um americano de 71 anos, descreveu a si mesmo como tendo "survived life's struggle, successfully, financially, through capitalizing a slight gift for writing, utilizing it in journalism and the writing of advertising...", mas teria uma "lazy mind". Contou de seus três casamentos: a primeira esposa, pianista, morreu após 17 anos de casamento supostamente feliz. A segunda esposa era pintora e sua morte (1954) terminou "an idyllic marriage" de 22 anos. Casou-se pela terceira vez com uma atriz. Desde a morte da segunda esposa, ele ouviu e também

sua esposa atual batidas fortes e mais fracas, "raps and taps" no quarto de dormir. Portas se abriam e espelhos caíam. Os fenômenos se repetiam duas a três vezes por semana.

2. Cada homem traz sua mulher consigo. Cf. carta a Jacobi, de 27.09.1946, nota 2.

3. Cf. carta a Jeffrey, de 03.07.1954, nota 2.

Ao Prof. Adolf Keller
Los Angeles (Calif.)/EUA

Agosto de 1956

Prezado amigo,

Minha última carta a você[1] não foi de despedida; apenas dei asas ao meu desgosto pelo fato de você não ter percebido o quanto me esforcei para entender psicologicamente a concepção de Cristo. Agora e sempre sou da opinião de que os teólogos protestantes têm todas as razões do mundo para levar a sério os meus pontos de vista, pois senão pode acontecer aqui a mesma coisa que já aconteceu na China e acontecerá na Índia: as concepções religiosas tradicionais vão perecer devido à sua literalidade, ou serão cuspidas todas sem exceção devido à sua indigeribilidade. Entre nós poderia acontecer o mesmo como na China, onde, por exemplo, um filósofo como Hu Shih[2] tem vergonha de saber algo sobre o *I Ching* e onde se perde o significado profundo do conceito do Tao e, em vez disso, se veneram locomotivas e aviões. Hoje em dia há muito poucos teólogos protestantes que têm ao menos uma vaga ideia do que a psicologia poderia significar para eles. [...]

Saudações cordiais,
Carl

1. Esta carta não foi conservada.

2. Hu-Shih, 1891-1962, filósofo e diplomata chinês, embaixador nos Estados Unidos de 1938-1942. Seu livro mais conhecido é *The Chinese Renaissance*, Chicago, 1934.

To Prof. Henry A. Murray
Boston (Mass.)/EUA

Agosto de 1956

Dear Mr. Murray,

Agradeço muito sua gentil carta. É um grande prazer ouvir algo do senhor após tão longo tempo. Agradeço também seus votos pelo meu aniversário. Minha correspondência com Freud não será publicada em futuro próximo. Deve esperar até que eu tenha saído da tela.

Estou muito interessado no fato de o senhor estar dando conferências sobre minha psicologia. Fico satisfeito em saber que está tendo sucesso com essas conferências. Parece ser um assunto terrivelmente difícil e que eu não consigo perceber quando escrevo meus livros.

É verdade que a Bollingen Press relutou em publicar meu *Resposta a Jó*[1]. Temiam os editores que ela causaria ainda mais prejuízo e irritação contra minhas ideias nada convencionais. Este é outro de meus livros que exige uma reflexão cuidadosa.

Sempre tive vontade de conhecer o Professor Tillich[2], mas nunca se apresentou a oportunidade.

Suas perguntas sobre "individuação" e "indivíduo" são altamente filosóficas e impressionantes. É de todo correto que nunca descrevi uma "pessoa individualizada" pela simples razão de que ninguém entenderia por que descrevo tal caso, e a maioria dos leitores se desesperariam de tanto tédio. Também não sou um grande poeta para poder produzir um quadro de real valor. Um gênio como Goethe ou Shakespeare talvez pudesse descrever a altiva beleza e a perfeição divina de um velho carvalho individualizado, ou o grotesco único de um cacto. Mas se um cientista tentasse fazer o mesmo, ninguém iria entender nem gostar disso. A ciência só se ocupa com a ideia média de um carvalho, de um cavalo, ou de uma pessoa, mas não com sua singularidade. Além disso, é quase impossível descrever um ser humano individualizado, uma vez que não temos ponto de referência fora da esfera humana. Por isso, não sabemos o que é o ser humano. Só podemos dizer que não é um animal, não é planta, não é cristal; mas não se pode dizer o que ele realmente é. Para termos uma ideia do que é o ser humano, precisaríamos de um conhecimento exato dos habitantes de outros planetas, pois então teríamos um termo de comparação com o ser humano[3]. Do ponto de vista da ciência, o indivíduo é desprezível ou mera curiosidade. Mas do ponto de vista subjetivo, isto é, do ponto de vista do próprio indivíduo, ele é o mais importante, pois é o portador da vida, e seu desenvolvimento e aperfeiçoamento são de suprema importância. É vital para todo ser vivo tornar-se sua própria enteléquia e desenvolver-se para dentro daquilo que ele foi desde o princípio. Esta necessidade vital e indispensável de cada ser vivo significa muito pouco, ou mesmo nada, do ponto de vista estatístico, e ninguém de fora pode estar seriamente interessado no fato de o senhor X vir a ser um bom comerciante ou que a senhora Y vai ter seis filhos. O ser humano individualizado é algo muito comum e, por isso, quase invisível. Todos os critérios da individuação são necessariamente subjetivos e estão fora dos propósitos da ciência.

O senhor pergunta: Que sentimentos ele tem e quais os valores, pensamentos, atividades e relações para com seu meio ambiente? Bem, seus sentimentos, pensamentos etc. são os mesmos sentimentos, pensamentos, etc. de qualquer um – bem comuns e totalmente desinteressantes, a não ser que se tenha um interesse especial por determinado indivíduo e por seu bem-estar. Ele estará bem se puder realizar-se da maneira como foi desde o começo. Ele não terá necessidade de ser exagerado, hipócrita, neurótico, ou desagradável de qualquer outra forma. Ele estará "em modesta harmonia com a natureza". Como diz o budismo zen: primeiramente montanhas são montanhas, e o mar é mar. Depois as montanhas não são mais montanhas, o mar já não é mar; e finalmente as montanhas serão as montanhas e o mar será o mar. Ninguém pode ter uma visão e não ser transformado por ela. Primeiramente ela não tem visão alguma e é a pessoa A; depois é ela mesma e mais uma visão = pessoa B; pode acontecer então que a visão influencie sua vida e, se não for completamente idiota, temos aí a pessoa C. Não importa que as pessoas pensem que são individualizadas ou não, elas são exatamente o que são: num caso é uma pessoa e mais uma qualidade desagradável da qual não tem consciência, mas que a incomoda, ou sem ela – inconsciente de si mesma ou, no outro caso, consciente. O critério é a consciência.

Uma pessoa com neurose que sabe que é neurótica é mais individualizada do que uma pessoa sem esta consciência. Uma pessoa que sabe que é uma praga maldita para o meio ambiente é mais individualizada do que a pessoa beatificamente inconsciente de sua natureza etc. O ponto de vista da ciência é bom para muita coisa, mas para o assunto decisivo da individuação não colabora com nada; tem apenas uma certa importância secundária. Se uma pessoa está em contradição consigo mesma e não sabe disso, tem ilusões; mas quando sabe disso, é individualizada. De acordo com Schopenhauer, a única qualidade divina no ser humano é seu humor. Se o papa tem humor, ou se Albert Schweitzer sabe que fugiu do problema europeu, ou se Winston Churchill sabe que tipo de valentão insuportável é capaz de ser, eles são por isso bem individualizados. Mas certamente ninguém está especialmente interessado nessas finesses altamente subjetivas, a não ser que seja um psicólogo, ou alguém farto de seu inconsciente.

Yours cordially,
C.G. Jung

1. Cf. carta a Priestley, de 08.11.1954, nota 2.

2. Paul Tillich, 1886-1965, teólogo evangélico e filósofo da religião. Emigrou em 1933 para os Estados Unidos. Foi professor em Princeton, N.J. e na Universidade de Harvard, Cambridge, Mass. Sua obra mais conhecida é *Teologia sistemática*, 3 vols. 1956-1966.

3. Cf. carta a Serrano, de 14.09.1960.

To Patrick Evans
Ruchwick, near Worcester/Inglaterra

01.09.1956

Dear Mr. Evans,

Agradeço a gentileza de me contar o seu interessante sonho[1]. É notável por sua simplicidade. É o que os primitivos chamariam de "grande sonho". Sua tentativa de interpretá-lo não está errada, mas é uma espécie de linha lateral, ainda que importante. A imagem essencial do sonho – o homem, a árvore, a pedra – parece quase inacessível, mas apenas à nossa consciência moderna que normalmente não está consciente de suas raízes históricas.

A primeira coisa que faria em tal caso é o seguinte: tentaria estabelecer a relação do simbolismo com seus antecedentes históricos, isto é, com as ideias idênticas que tiveram algum papel no passado imediato ou remoto. Tomemos o primeiro item: o homem. Ele nos leva diretamente à Bíblia. Ali o homem é Adão, depois temos o "filho do Homem", que é Cristo. Então temos a ideia do homem primordial como aparece na cabala: Adão Cadmão e a figura do *anthropos*, descrita por Ezequiel, Daniel e no Livro de Henoc.

Esta ideia do homem teve papel importante durante toda a Idade Média e também na filosofia alquimista do século XVIII. O mesmo vale para os outros dois itens: a árvore e a pedra. A pedra ainda está viva na maçonaria. Para maiores informações aconselho o estudo do meu livro *Psicologia e alquimia*, onde encontrará bom material para seus três símbolos. Eu também dediquei um estudo especial ao símbolo da árvore, mas ainda não foi publicado em inglês[2].

Fato interessante é que estes símbolos, independentemente da tradição, voltam nos sonhos de pessoas modernas. São expressões de arquétipos latentes, herdados de tempos imemoriais. A qualidade mais característica do arquétipo é que ele é numinoso, ou seja, ele tem uma espécie de carga emocional que se apodera da consciência toda vez que ocorre uma imagem ou situação arquetípica. Isto explica a impressão bastante inusitada que o sonho causa no senhor.

O homem significa o homem como foi no começo e/ou no futuro, o homem completo ou total.

A árvore expressa desenvolvimento, crescimento a partir de raízes escondidas. Evolução para a totalidade.

A pedra, particularmente na forma da pedra dos filósofos[3], significa a consecução da totalidade e da imutabilidade; e a pedra é um símbolo bem apropriado disso. Conforme certas tradições, Adão foi criado na forma de uma estátua sem vida, mas o segundo Adão[4], isto é, o homem total se tornará uma pedra, mas viva, segundo as palavras do Novo Testamento: "transmutemini in vivos lapides"[5].

Os três símbolos de seu sonho formam o alto das colunas, como títulos, sugerindo que as colunas vazias têm de ser ainda preenchidas com conteúdos.

O tema geral está claro. Pode ser formulado de acordo com as seguintes perguntas: O que é o homem? Qual é o caminho de seu desenvolvimento? Qual é a sua meta? A psicologia do inconsciente pode dizer muita coisa em resposta a essas perguntas. Meu livro *Psicologia e alquimia* e meu pequeno ensaio *Psicologia e religião* podem dar-lhe pistas nesta direção.

O senhor tem razão ao pressupor que estas perguntas têm algo a ver com matemática, isto é, com a teoria dos números; mas primeiramente é preciso entender o simbolismo dos números. Está certo o senhor quando identifica o homem (*anthropos*) com o número 3, ou a pedra com o 5, pressuposto que considere este último como *quincunx*[6] e não como série de unidades numéricas. [...][7]

O fato é que os números preexistindo na natureza são provavelmente os arquétipos mais fundamentais, sendo a matriz de todos os outros arquétipos. Aqui Pitágoras estava sem dúvida na pista certa; nós, modernos, esquecemos este aspecto dos números preexistentes, porque nos ocupamos apenas em manipular os números para contar e calcular. Mas o número é um fator preexistente ao homem, com qualidades imprevistas e que ainda precisam ser descobertas.

Espero que isto traga alguma luz ao seu sonho.

Yours sincerely,
(C.G. Jung)

1. Evans, um professor de 43 anos, viu no sonho um livro com o título *The Philosophy of Analogy and Symbolism*. O conteúdo lhe pareceu "wise and deep and lucid", o que não condizia com a impressão negativa que tivera na verdade de um livro com o mesmo título. No sonho o livro estava aberto numa das últimas páginas. Nesta página havia três colunas vazias com os títulos "The Man", "The Tree", "The Stone". O sonhador identificou o homem com o número 3, a árvore com o 4 e a pedra com o 5.

2. "A árvore filosófica", em OC, vol. XIII.

3. A pedra dos filósofos (lapis philosophorum) pertence às concepções alquimistas da meta e é um símbolo da "pessoa interior". Jung mostra a afinidade ou a identidade das propriedades atribuídas a ela e a Cristo. Cf. "O paralelo lápis-Cristo", em *Psicologia e alquimia*, OC, vol. XII.

4. Segundo a doutrina gnóstica, o Adão antes da queda era designado "segundo Adão"; ele é idêntico ao homem primitivo e perfeito, o *anthropos*.

5. Em alusão à Primeira Epístola de São Pedro 1,4s., lê-se no alquimista Gerardo Dorneo: "Transmutemini de lapidibus mortuis in vivos lapides philosophicos" (Transformai-vos de pedras mortas em pedras filosofais vivas). Cf. *Psicologia e alquimia*, OC, vol. XII, par. 378 e *Psicologia e religião*, OC, vol. XI, par. 154.

6. A disposição do 5 num lado do dado é um *quincunx*.

7. A frase omitida é confusa. No texto original inglês está: "The 4 as Tree means the unfolding of the One in 3, since the Man (*Anthropos*) is the visible manifestation of the original One, i.e., God".

A Fritz Lerch
Zurique

10.09.1956

Prezado Senhor Lerch,

Sua pergunta[1] faz parte daqueles problemas que me intrigam há anos, isto é, a relação da psicologia do inconsciente com as propriedades dos números inteiros, por um lado, e, por outro, com as propriedades da matéria. De início abordei este nó problemático pelo lado puramente epistemológico. Devo antecipar que neste contexto o termo "epistemológico" tem um sabor psicológico, porque, obrigado pela minha disciplina, devo sempre responder ou ao menos ter em mente a pergunta: O que acontece psicologicamente se eu parar no limiar epistemológico ou pronunciar um juízo transcendental? Aqui se verificam reações psicológicas que o epistemólogo até agora não levou em consideração. A razão disso é que ele não conhece a existência de uma psique inconsciente. Quando, pois, meu processo cognitivo chega ao término em algum ponto, isto não significa que o processo psicológico subjacente também tenha chegado ao fim. A experiência mostra que este continua imperturbável. Quando, por exemplo, o físico não consegue ter uma imagem da estrutura do átomo com os dados que possui, apresenta-se a ele incidentalmente, isto é, através de uma atividade inconsciente de associação, um modelo que poderia ser semelhante, por exemplo, ao modelo dos planetas. Esta percepção incidental deve ser considerada uma afirmação psíquica que chamamos de intuição, um produto em comum dos dados externos e da apercepção psicológica. Sempre que a mente pesquisadora se defronta com uma obscuridade, onde os objetos são percebidos confusamente, ela preenche a lacuna com experiências anteriores ou, na falta delas, com material imaginativo, isto é, arquetípico (mítico). Por isso o senhor encontrará na construção das teorias físicas as relações mais estreitas com a psicologia do inconsciente, uma vez que também ela tem as mesmas dificuldades. Nos fundamentos psicológicos reina uma escuridão tão grande e originária que, quando a detectamos, ela é imediatamente compensada por formas míticas. Quando essas compensações se tornam óbvias demais, procuramos contorná-las e substituí-las por conceitos mais ou menos "lógicos". Mas isto se justifica apenas quando estes conceitos exprimem verdadeira e suficientemente aquilo que percebemos confusamente. Mas não é o que acontece na maioria dos casos. Por isso os conceitos limítrofes são em parte de natureza mitológica em ambas as ciências. Este fato seria uma boa oportunidade para um exame epistemológico-psicológico dos conceitos básicos.

Infelizmente não estou em condições de indicar, a partir do lado físico, fatos que apresentem relações claramente perceptíveis ou analogias com fatos psicológicos. Só posso fazer isto a partir do lado psicológico. Falando de modo bem geral, os átomos podem ser descritos como as pedras elementares da construção de natureza física. Além disso existe aqui ainda uma analogia bem problemática na psicologia do inconsciente, isto é, o simbolismo do mandala, expresso em termos medievais como *quadratura circuli*[2]. O modelo dessa experiência se baseia na autorrepresentação espontânea e em forma de quadro desse arquétipo. Foi uma estrutura matemática que me levou pela primeira vez à ideia de que o inconsciente se refere de alguma forma às propriedades dos números inteiros. A fim de visualizar tudo melhor, tentei fazer uma lista das propriedades dos números inteiros, começando com as propriedades matemáticas conhecidas e inquestionáveis. Disso resulta que os números são indivíduos e possuem propriedades que não podem ser explicadas pela suposição de serem unidades múltiplas. É falsa a ideia de que os números foram inventados para contar, pois não apenas são preexistentes ao julgamento, mas possuem propriedades que foram descobertas só no correr dos séculos e provavelmente possuem outras que só virão à luz com o desenvolvimento futuro da matemática. Como todas as bases internas do julgamento, os números são de natureza arquetípica e assim participam das qualidades psíquicas do arquétipo. Este, como sabemos, tem certo grau de autonomia que o capacita a influenciar espontaneamente a consciência. O mesmo se deve dizer dos números, o que nos faz voltar a Pitágoras. Quando contemplamos este aspecto escuro dos números, o inconsciente responde, isto é, ele compensa a escuridão deles por afirmações que eu chamo de "indispensáveis" ou "inevitáveis".

O número 1 diz que ele é um entre vários. Ao mesmo tempo diz que ele é "o um". Portanto é o maior e o menor, a parte e o todo. Eu só faço alusões a estas afirmações; se o senhor examinar a fundo dessa maneira os cinco primeiros números, chegará à notável conclusão de que temos aqui uma espécie de mito da criação que faz parte das propriedades inalienáveis dos números inteiros. Neste sentido, o número prova ser um elemento fundamental não só da física, mas também da psique objetiva.

Constituiria bela tarefa para um matemático reunir todas as qualidades conhecidas dos números e também todas as afirmações inevitáveis sobre eles, o que seria perfeitamente possível até 10, para assim projetar um quadro biológico dos números inteiros. Para o psicólogo a coisa não é tão simples. Sem considerar a questão epistemológica, acima mencionada, suas possibilidades estão ainda no plano das experiências elementares. Podem ser formuladas na pergunta: Quais são as compensações psíquicas quando uma tarefa nos confronta com a escuridão? Aqui seria preciso reunir em primeiro lugar o material necessário em termos de intuições, visões e sonhos.

Não duvido que existam relações bem fundamentais entre física e psicologia e que a psique objetiva contenha imagens que podem iluminar o mistério da matéria. Estas relações se tornam perceptíveis nos fenômenos sincronísticos e na acausalidade deles. Essas coisas são hoje em dia pálidos pressentimentos, e fica reservado ao futuro reunir com muito trabalho aquelas experiências que podem lançar alguma luz nesta escuridão.

Com elevada consideração,
(C.G. Jung)

P.S. Acabo de ver que Rob. Oppenheimer[3] publicou em *The American Psychologist* (vol. XI. 3. 1956) um artigo sobre os dados conceituais da física.

1. Na carta de 12.08.1956, o destinatário faz a Jung a seguinte pergunta: "Até que ponto e de que maneira podem ser usados os fatos psíquicos para a descoberta de novos conhecimentos da física e vice-versa. Em outras palavras, qual a consistência e de que espécie é o vínculo entre a psique e o físico?"

2. Figura de um círculo dividido em quatro partes, ou um quadrado circunscrito por um círculo, a forma primitiva do mandala. Para maior esclarecimento, cf. "História e psicologia de um símbolo natural", em *Psicologia da religião ocidental e oriental*, OC, vol. XI.

3. Robert J. Oppenheimer, físico nuclear americano, 1904-1967. De 1943-1945 diretor do laboratório Los Alamos; de 1946-1952 presidente do comitê consultivo da Comissão de Energia Atômica dos Estados Unidos. O artigo mencionado por Jung é "Analogy in Science", *The American Psychologist*, março de 1956.

Ao Prof. Adolf Keller
Los Angeles (Calif.)/EUA

Setembro de 1956

Prezado amigo,

Estou satisfeito em saber que está bem de saúde e sempre muito ocupado. Desejo-lhe todo o sucesso necessário em seus empreendimentos, sobretudo nas conferências sobre psicologia profunda. Concordo com você que para as pessoas despreparadas *Jó* é um caroço duro. Quem encontra no problema de Jó – sobre o qual também se debruçou William James[1] – demasiado desdém, ironia e outro tipo de lixo é melhor que não leia o livro. Para sua informação, o clube do livro do "Pastoral Guild of Psychology" encomendou de uma só vez 2.500 exemplares para seus sócios[2]. Parece que bom número de teólogos americanos resolveu importunar-se com as ideias de meu *Resposta a Jó* por simples amor à questão.

Pelo fato de simplesmente contornarmos questões desagradáveis nada melhora.

Com meus melhores votos,
Carl

1. William James, *The Varieties of Religious Experience,* 1902, Lecture XVIII: "It's a plain historical fact that they [post-Kantian idealists] never have converted anyone who has found in the moral conception of the world, as he experienced it, reasons for doubting that a good God can have framed it [...] No! the book of Job went over this whole matter once for all and definitively".
2. Cf. carta a Doniger, de novembro de 1955, nota 1.

A Melvin J. Lasky[1]
Der Monat
Berlim-Dahlem

Setembro de 1956

Prezado Senhor Lasky,

Muito obrigado por me enviar os três números de *Der Monat*, com o artigo de James P. O'Donnell "Der Rattenfänger von Hameln" e as réplicas de Hans Scholz e do Dr. E. Schmitz-Cliever[2]. Li tudo com muito interesse e concordo plenamente com as considerações dos dois últimos. Os fatos históricos que O'Donnell apresenta jamais bastariam para o nascimento de uma legenda tão estranha e sinistra.

Se contribuo – a seu pedido – com uma palavra para a discussão, gostaria de enfatizar a realidade de que trata a legenda. Isto fez também H. Scholz e chamou a atenção para o perigo de subestimá-la. Como psiquiatra realço a realidade psíquica que está atuando aqui, isto é, uma força atuante a partir do inconsciente, cuja natureza eu discuti anos atrás no meu ensaio "Wotan"* – aliás um ensaio que nem sempre se gosta de ler. Antigamente certas forças anímicas, às quais estavam entregues as pessoas, eram chamadas deuses, o que tinha a vantagem de que eram objeto da necessária devoção e temor. Wotan é um viandante incansável, um deus antigo de bramidos e tempestades, desencadeador de arrebatamento e paixões. Seu nome significa literalmente "Senhor e causador do furor". Em 1070 escrevia Adam von Bremen[3]: "Wodan id est furor". Seu ser é êxtase; é um espírito sem descanso, uma tempestade que põe em movimento e que causa "movimentos". A estes movimentos pertencem, entre outros, as danças orgiásticas de são João, mencionadas pelo Dr. Schmitz-Cliever; a "história dos movimentos da Idade Média", mencionada por H. Scholz, traz a marca desse espírito perturbador, e faz parte disso também a saída das crianças de Hamelin.

A música serve como meio primitivo para aumentar o arrebatamento, assim como serve para o mesmo fim também o tambor nas danças dos xamãs e curandeiros, ou o som da flauta nas orgias dionisíacas.

Leibniz menciona a dança de São Vito como causa possível dos acontecimentos em Hamelin. Em conexão com isto gostava de chamar a atenção para um fenômeno de arrebatamento coletivo semelhante, mas bem mais perigoso, onde Wotan também deixou sua marca. Trata-se da "marcha do guerreiro furioso" dos seguidores de Wotan, um ataque regular que os levava a uma correria louca e lhes dava forças sobre-humanas. Sofriam desses ataques não apenas pessoas individuais, mas multidões eram arrastadas e submetidas à compulsão da "raiva do guerreiro furioso". Era um "arrebatamento de massas", que outros povos designavam muito bem como "furor teutonicus". A saída das crianças de Hamelin deve ser considerada como um movimento impregnado pelo mesmo espírito de êxtase, ainda que menos brutal. O caçador de ratos pode ser visto como um possesso do "espírito de Wotan" que atraiu para dentro de seu arrebatamento todos os predispostos a tais êxtases – neste caso, as crianças.

Quanto ao desaparecimento das crianças na montanha, deve-se lembrar que as legendas transferem para a montanha aqueles heróis em cuja morte não se pode ou não se quer acreditar e cujo retorno é esperado, com medo ou esperança, para um futuro distante. Para a psicologia esta é uma maneira bem apropriada de dizer que,

* Em *Psicologia em transição*, OC, vol. X, par. 171s. Cf. para o problema aqui tratado também Martin Ninck, *Göter und Jenseitsglaube der Germanen*, Jena, 1947, sobre o capítulo "Vodan--Odin", p. 159s.

apesar de as forças representadas pelas crianças emigradas e desaparecidas terem sumido momentaneamente da consciência, permaneceram vivas no inconsciente. O interior escuro e desconhecido da montanha é um símbolo do inconsciente. Não é preciso dizer que ocorreu realmente um reavivamento dessas forças.

Outro aspecto desse desaparecimento sem vestígios encontramos nos estados de "ausência do mundo", relacionado muitas vezes com os êxtases e sobretudo com a marcha do guerreiro furioso. Segundo a saga, trata-se de um tornar-se invisível ou também de um transporte para outro lugar, às vezes também de uma duplicação, quando, por exemplo, o "ausente" é visto como herói no campo de batalha, mas na realidade está mergulhado em sono de transe. Não se pode recusar de antemão que tais relatos e outros semelhantes tenham a ver com fenômenos parapsicológicos, pois estes estão ligados em inúmeros casos a estados altamente emocionais. Mas até hoje não temos condições de dar uma explicação científica desses fenômenos.

Do ponto de vista psicológico o motivo dos ratos, que parece ter sido acrescentado mais tarde, indica uma conexão do espírito de Wotan com o demoníaco-ctônico, com o diabo. Wotan foi banido pelo cristianismo para o reino do demônio, ou com ele identificado; e este é o senhor dos ratos e das moscas.

A história do caçador de ratos, bem como os "movimentos" medievais, mencionados nas cartas de H. Scholz e do Dr. Schmitz-Cliever, são indícios de um espírito pagão atuando a partir do inconsciente e não domesticado por nenhum cristianismo. Existem ainda outros desses indícios, de natureza mais pacífica – por exemplo, a alquimia – que eu estudei minuciosamente em meus escritos. Quanto mais rapidamente este espírito tomar conta de nossa consciência, tanto menos nossa consciência estará disposta a refletir sobre suas origens e raízes.

Com os melhores votos,

Sinceramente seu
(C.G. Jung)

1. Melvin Jonah Lasky, nascido em 1920, editor da revista *Der Monat*, Berlim, até 1958; desde então um dos editores da revista *Encounter*, Londres.

2. James P. O'Donnell, "Der Rattenfänger von Hameln", *Der Monat*, junho de 1956; Hans Scholz, "Ehrenrettung des Rattenfängers", ibid., julho de 1956; Egon Schmitz-Cliever, "Rattenfänger und Veitstanz", ibid., agosto de 1956. – Esta carta de Jung foi publicada em *Der Monat*, outubro de 1956, sob o título "Wotan und der Rattenfänger, Bemerkungen eines Tiefenpsychologen" (em OC, vol. XVIII).

3. Cônego em Bremen, morreu após 1081; escreveu a chamada *Hamburgische Kirchengeschichte*.

A um destinatário não identificado
EUA

10.10.1956

Dear Sir,

Não sei donde o senhor tirou esta invencionice infantil de que no Tibet dos Lamas vivem os governantes dos acontecimentos do mundo[1]. Seria uma tarefa bem difícil trazer a menor prova possível disso. De qualquer forma, posso dizer que não sou membro dessa organização totalmente fantasiosa. Nunca ouvi falar dela e não seria tão louco a ponto de acreditar nela, mesmo que uma dúzia de sociedades teosóficas declarasse sua fé numa trapaça tão óbvia.

O senhor já encontrou alguma vez um autêntico rimpoché tibetano? Eu já, e era alguém que havia estudado 20 anos em Lhasa[2]. Eles sabem muitas coisas interessantes, mas estão a muitas milhas de distância daquilo que o mundo ocidental pensa deles.

Yours sincerely,
(C.G. Jung)

1. O destinatário havia escrito uma carta meio confusa sobre a atividade de grupos esotéricos, cuja sede principal estava nas montanhas do Himalaia e que comandariam o destino do mundo. Também Jung seria um deles.

2. Rimpoché é o abade de um mosteiro tibetano. Sobre a conversa de Jung no mosteiro de Bhutia Busty, perto de Darjeeling, com o rimpoché lamaíta Lingdam Gomschen (1938), cf. *Psicologia e alquimia*, OC, vol. XII, par. 123.

To H.J. Barrett
Darien (Conn.)/EUA

12.10.1956

Dear Mr. Barrett,

Ainda que meu tempo seja escasso e minha idade avançada um fato real, tenho gosto em responder às suas perguntas. Não são fáceis como, por exemplo, a primeira: se eu acredito ou não numa sobrevivência pessoal após a morte[1]. Não poderia dizer que acredito nela, pois não tenho o dom da fé. Só posso dizer se sei alguma coisa ou não.

1. Sei que a psique possui certas qualidades que transcendem os limites do tempo e do espaço. Em outras palavras, a psique pode tornar elásticas essas categorias, ou seja, 100 milhas podem ser reduzidas a uma jarda, e um ano a poucos segundos. Isto é um fato do qual temos todas as provas necessárias. Além disso, há certos fenômenos *post-mortem* que eu não consigo reduzir a ilusões subjetivas. Por isso, sei que a psique

pode funcionar sem o empecilho das categorias espaço e tempo. *Ergo* ela própria é um ser transcendental e, por isso, relativamente não espacial e "eterna". Isto não significa que eu tenha qualquer tipo de certeza quanto à natureza transcendental da psique. A psique pode ser qualquer coisa.

2. Não há razão alguma para supor que todos os chamados fenômenos psíquicos sejam efeitos ilusórios de nossos processos mentais.

3. Não acho que todos os relatos dos chamados fenômenos miraculosos (como precognição, telepatia, conhecimento supranormal etc.) sejam duvidosos. Sei de muitos casos em que não paira a mínima dúvida sobre sua veracidade.

4. Não acho que as chamadas mensagens pessoais dos mortos devam ser rechaçadas *in globo* como ilusões.

Immanuel Kant disse certa vez que duvidava de toda história individual sobre fantasmas etc., mas, se tomadas em conjunto, havia algo nelas. Isto me lembra fatalmente um professor de teologia católica que, tratando dos sete argumentos da existência de Deus, teve de admitir que cada um deles continha um silogismo. Mas disse ao final: "Admito que, considerados individualmente, podem ser falsos, mas o fato de serem sete deve significar alguma coisa". Eu examino minuciosamente o meu material empírico e devo dizer que, entre muitíssimas suposições arbitrárias, há casos que me fazem titubear. Tomei como regra aplicar a sábia frase de Multatuli[2]: Não existe nada que seja totalmente verdadeiro, nem mesmo esta frase.

Espero ter respondido a contento às suas perguntas.

Yours sincerely,
(C.G. Jung)

1. Cf. o capítulo "Sobre a vida depois da morte", em *Memórias*.
2. Pseudônimo do escritor holandês Eduard D. Dekker, 1820-1887.

To Rev. Dr. H.L. Philp
Yetminster Vicarage
Sherbone, Dorset/Inglaterra

26.10.1956

Dear Mr. Philp,

Muito obrigado por chamar minha atenção para esta nova mistura *Christian Essays in Psychiatry*[1]. A ideia de que eu esteja convertendo, por assim dizer, pessoas para uma nova confissão, o "junguianismo", ou, melhor, para uma "igreja junguiana", é pura difamação. Conheço bom número de pessoas que se converteram à Igreja

Católica após terem sido analisadas por mim. Número menor de católicos, que se haviam tornado indiferentes à Igreja anteriormente, saíram dela completamente e adotaram uma posição mais ou menos semelhante à minha, e que eu designaria como uma espécie de protestantismo de esquerda. Eu estou definitivamente dentro do cristianismo e, tanto quanto sei julgar a mim mesmo, na linha direta do desenvolvimento histórico. Quando o papa acrescenta ao catolicismo um dogma novo e totalmente não histórico[2], eu acrescento uma interpretação simbólica de todos os símbolos cristãos. Ao menos tento fazê-lo. Se a Reforma é uma heresia, também eu sou herege. Nada há que fazer quanto a isso, pois já foi heresia sugerir que a Terra girava em torno do Sol.

Naturalmente é um espinho na carne das Igrejas o fato de eu não pertencer a nenhuma das seitas reconhecidas. Do ponto de vista estritamente católico, faço afirmações deveras heréticas; mas houve muitos reformadores que fizeram o mesmo, incluindo o papa atual que declarou um dogma sem a menor autoridade apostólica[3] e sem mesmo o consentimento de sua própria Igreja, que resistiu abertamente contra semelhante declaração durante ao menos 600 anos de sua história primitiva. O número absoluto de conversões que ocorreram sob minha influência direta ou indireta é insignificante em comparação com o número de pessoas que estão voltando para sua fé original, inclusive os parses que voltam para seu templo de fogo, os judeus que novamente apreciam o sentido profundo de sua religião, chineses e hindus que voltam a compreender o sentido de seu taoismo esquecido e de sua filosofia religiosa. Até esses fatos levaram meus críticos a acusar-me de uma genuína falta de caráter e de traição de minha fé cristã. Todos querem que eu confesse minha crença em certas afirmações metafísicas e lamentam amargamente que eu não satisfaça os seus desejos. O mal deles é que não querem refletir sobre suas próprias crenças. Ao passo que eu, como também alguns Padres da Igreja, insisto que se deve refletir sobre assuntos religiosos e que o caminho para o conhecimento de Deus começa com o conhecimento de nós mesmos. Mas, à semelhança de quase todos, também meus críticos vão querer contornar esta odiosa tarefa do autoconhecimento. Temo, porém, que não chegaremos a lugar nenhum, permanecendo cegos a este respeito. Considero francamente imoral fechar os olhos para a verdade sobre si mesmo. Até aqui sou protestante de alma e corpo, ainda que a maioria dos teólogos protestantes tenha os mesmos preconceitos infantis que têm os padres católicos.

Estou ditando as respostas às suas perguntas[4], mas ainda não terminei.

Sincerely yours,
(C.G. Jung)

1. *Christian Essays in Psychiatry*, ed. por P. Mairet, Londres, 1956.
2. O dogma da Assunção de Nossa Senhora, 1950.
3. Cf. carta a White, de 24.11.1953, nota 13.
4. Antes de Philp ter entrado em contato com Jung, por intermédio do Dr. E.A. Bennet, publicou o livro *Freud and Religious Belief*, Londres, 1956. Planejava outro livro, *Jung and Religious Belief*, e para isso apresentou a Jung uma série de perguntas. Disso resultou uma correspondência entre ambos, mas que para nossa coletânea é muito longa e especializada. Philp publicou as cartas no livro que delas resultou, *Jung and the Problem of Evil*, Londres, 1958, juntamente com algumas cartas de Jung ao Rev. David Cox, que estava trabalhando nesta mesma época no livro *Jung and St. Paul*, Londres/Nova York, 1959. Jung ficou decepcionado com os dois livros e não concordou com o conteúdo de nenhum deles. Suas cartas a Philp e Cox estão em OC, vol. XVIII.

À Dra. Jolande Jacobi
Zurique

06.11.1956

Prezada senhora!

Nesses dias terríveis em que o mal assola de novo o mundo de todas as formas possíveis, gostaria que soubesse que penso muito na senhora e em sua família na Hungria e espero que o anjo vingador passe longe de sua porta[1]. O que aconteceu com a Hungria brada aos céus, e no lado ocidental a estupidez e a cegueira chegaram a um clímax fatal. *De profundis clamavi ad te, Domine.*

Em solidariedade,

Sinceramente seu
C.G. Jung

1. Em outubro de 1956 houve um levante na Hungria, que foi sufocado pelas forças militares russas em 4 de novembro. Dois pequenos escritos de protesto público de Jung estão em OC, vol. XVIII, par. 1456s.

Ao Père Bruno de Jésus-Marie OCD
Paris

20.11.1956

Cher Père Bruno,

Pensei longamente em nossa conversa e cheguei à conclusão de que, assim como a tarefa mais importante do indivíduo é tornar-se consciente de si mesmo, a principal preocupação de um grupo de ilustres personalidades deveria ser tomar consciência de sua importância dentro de uma sociedade maior. Conforme lhe indiquei, o alcance espiritual de sua Academia[1] engloba praticamente todo o Norte, desde o cabo Norte até os Alpes, isto é, todos os países que não foram romanizados, ou só o foram em parte, e portanto só tiveram contato indireto ou esporádico com a cultura mediterrânea totalmente diferente. Na França há uma diferença notável entre o Norte, espiritualmente ativo, e a vida estática do Sul, e que este compartilha com a Espanha e a Itália. Esta situação, característica do Sul, permaneceu estacionária por muitos séculos, depois que um contato inicial foi feito entre os povos do Ocidente e a cultura então florescente do islamismo. Mas depois que o Ocidente assimilou os restos da cultura antiga, que o islamismo ainda administrava na época, estabeleceu-se um estado de coexistência espiritual, não havendo mais contato entre o mundo islâmico e o cristão. Dessa forma as duas culturas ficaram isoladas entre si e já não se fertilizavam mutuamente. O Ocidente, espiritualmente mais irrequieto, isto é, a cultura latina dos países ao norte do Mediterrâneo, encontrou agora um outro oponente – os germânicos, no sentido mais amplo.

Nada possuindo do molde latino, eles, com toda a diversidade de uma ordem social bárbara e tribal se chocaram contra os povos latinos civilizados. Trouxeram consigo uma tradição primitiva que se desenvolveu de modo autóctone, supostamente desde a Idade da Pedra, dentro de suas tribos e que, apesar da curiosidade do bárbaro jovem, nunca sucumbiu por inteiro à influência da cultura latina. A cultura mediterrânea está baseada numa organização política e religiosa de três a quatro milênios, tendo superado há muito tempo as formas sociais mais localmente condicionadas e semibárbaras. Assim, o "esprit latin" tem fundamentos sólidos que garantem uma relativa ausência de problemas da consciência. O homem germânico do Norte, pelo contrário, é importunado pelo desassossego aventureiro e nômade daqueles que têm suas raízes em outro solo que não aquele em que gostaria de morar. Quer ele queira quer não, há um conflito constante nele sobre seus fundamentos. Ele está sempre à procura do que lhe é próprio, pois aquilo que usurpou há mais ou menos 1.500 anos como forma estável de vida não se harmoniza com aquilo que trouxe consigo como usurpador. Seu polidemonismo de outrora ainda não alcançou o nível e a clareza do politeísmo mediterrâneo, e neste estado se viu confrontado de repente com uma religião e cosmovisão que resultaram da decadência do Olimpo e da transformação dos deuses em ideias filosófico-teológicas. O mundo bárbaro, ainda indiferenciado, cheio de sementes de vida de desenvolvimentos futuros e possíveis, naufragou ultrajado, mas não explicado. Não houve ponte de um lado para o outro.

Aqui está, a meu ver, a fonte daquele desassossego germânico que já mais de uma vez procurou violentamente um caminho para a superfície. Aqui está aquela tensão de opostos que fornece a energia para as aventuras físicas e espirituais. Este é o ser humano que, movido por seus conflitos internos, foi realmente o primeiro a descobrir a terra e dela tomar posse. Neste centro de forças antagônicas está sua Academia, em cujo seio se reúnem as cabeças mais representativas da cultura do Norte. Parece-me que sua tarefa mais urgente é criar uma consciência diferenciada desse estado de coisas e difundi-la. Assim prestará aos ocidentais aquele serviço de que o momento atual está mais necessitado – o conhecimento da pessoa humana como ela é, causadora da tremenda confusão espiritual de nosso tempo. Assim que puder enviarei ao senhor um exemplar de meu ensaio *Presente e futuro*[2], que explica melhor o meu ponto de vista.

Saudações cordiais,
(C.G. Jung)

1. Em 1936 foi fundada em Lille a "Académie Septentrionale", com o objetivo de formar um centro cultural para o norte da França e para todos os países limítrofes do Mar do Norte. Père Bruno deveria assumir a presidência. Tinha a intenção de introduzir um curso de "mitologia nórdica" e pediu a opinião de Jung. Havia visitado Jung no dia 17 de novembro.

2. Título alemão *Gegenwart und Zukunft*, 1957, em inglês *The Undiscovered Self*. OC, vol. X.

Jung ditou a carta em alemão, mandou traduzi-la para o francês e a enviou ao Père Bruno.

To Frances Wickes
Nova York

14.12.1956

Dear Mrs. Wickes,

Lamento que tenha estado acamada por longo tempo. A idade é realmente um prazer de dupla face[1]. O decréscimo das forças físicas é um problema ao qual não estamos ajustados e é só a duras penas que aprendemos a tomar pé nas limitações sempre maiores.

Recebi o quadro que me enviou e agradeço muito[2]. É de fato interessante e nada ortodoxo, pois a figura do *Anthropos* está nascendo da água e da terra e sua corporalidade é realçada pelo aspecto decididamente carnal da parte superior do corpo. Notório também é o fato de a cabeça estar cortada pela moldura. E, assim, a ênfase está no corpo. Isto seria perfeitamente compreensível como *Spiritus Mercurialis*, o *Anthropos* dos alquimistas. Este espírito complementa a concepção puramente espiritual [do cristianismo] através da realidade ctônica da criação. Esta [conexão] sacudiria os próprios fundamentos de nosso cristianismo medieval, se as pessoas quisessem apenas *refletir* sobre o que fazem. O quadro poderia ter sido pintado por quem conhecia algo do desenvolvimento secreto de nossa mente inconsciente nos últimos mil anos. O gênio de Dalí transferiu o pano de fundo espiritual do símbolo concreto da transformação para um quadro visível. Isto explica também a representação algo chocante e não ortodoxa de Cristo como herói louro.

Agradeço muito ter-me enviado este quadro rico em conteúdo. Está bem dentro da linha.

Espero que se recupere – qualquer que seja o caso – e tenha melhor saúde no novo ano que se aproxima.

Yours cordially,
(C.G. Jung)

P.S. Estou passando razoavelmente bem; só lamento a inconfiabilidade crescente de minha memória.

1. Mrs. Wickes nasceu no mesmo ano de Jung, em 1875, e foi uma de suas amigas mais antigas.
2. Trata-se da "Última Ceia", de Salvador Dalí.

To H.J. Barrett
Darien (Conn.)/EUA

27.12.1956

Dear Mr. Barrett,

Agradeço sua interessante carta. É de fato uma pergunta significativa, a pergunta sobre o sono e o sonho[1]. Quanto eu saiba, temos consciência no sonho de nossa outra vida que consiste em primeiro lugar de todas as coisas que ainda não vivemos ou experimentamos na carne. Além desse material, apercebemo-nos de coisas que nunca poderemos realizar na carne e nem nesta vida. Coisas que pertenceram ao passado da humanidade e supostamente também ao seu futuro. Muito raramente podemos reconhecer fatos futuros, uma vez que não dispomos de meios, ou de muito poucos, para reconhecer e identificar fatos futuros antes que tenham acontecido, assim como não podemos entender pensamentos que nunca tivemos antes. Todas as coisas que ainda não foram integradas na nossa experiência diária estão num estado peculiar; são como figuras vivas e autônomas, manifestando-se às vezes como espíritos de mortos, às vezes como figuras desconhecidas – por exemplo, a de um sábio chinês –, às vezes como encarnações anteriores. Estas formulações são provavelmente meios auxiliares, fornecidos por nossa mente inconsciente para expressar formas de existência psíquica que realmente não entendemos.

Lamento que meu tempo não permita comentar em detalhes suas experiências. Espero que meus comentários gerais possam ajudá-lo um pouco.

Sincerely yours,
(C.G. Jung)

1. O destinatário havia perguntado onde estaríamos no estado de sono. E havia informado também sobre uma poetisa americana que escrevia imediatamente após acordar, como se recebesse um ditado interior de um velho sábio chinês.

A uma destinatária não identificada
Suíça

02.01.1957

Prezada Doutora,

Muito obrigado pela detalhada carta, cujo conteúdo me interessou bastante. Impressionou-me sobretudo o fato de na discussão entre a senhora e a senhora X. sempre se falar de "Deus", do que Ele faz ou que Ele é. Sinto falta aqui de um reconhecimento explícito do limiar epistemológico. Não podemos falar de "Deus", mas apenas de uma imagem de Deus que se nos apresenta ou que nós fazemos. Podemos apenas dizer, por exemplo: se fôssemos criar um mito, diríamos que "Deus" tem dois aspectos: um espiritual e um ctônico ou, melhor, material. Ele nos aparece como matéria do mundo e como espírito que movimenta o mundo (= vento). Esta é a imagem que fazemos da *prima causa*. Na verdade não conseguimos dizer nada sobre "Deus". Só podemos projetar uma concepção que corresponda à nossa constituição, ou seja, a de um corpo que percebe pelos sentidos e um espírito (= psique) diretamente autoconsciente. Segundo este modelo formamos nossa imagem de Deus.

Quando chegamos à cosmogonia, não podemos afirmar outra coisa a não ser que o corpo do mundo e sua psique são um retrato do Deus que imaginamos. A divisão nesta imagem é um truque inevitável da consciência para tornar-nos conscientes de alguma coisa ao menos. Não se pode afirmar que esta divisão exista de fato no mundo objetivo. Temos muito mais razões para admitir que só existe um mundo em que psique e matéria são uma e a mesma coisa, que só distinguimos por uma questão de conhecimento.

No tocante à encarnação, a ideia da descida de Deus para dentro da natureza humana é um verdadeiro mitologema. O que podemos experimentar empiricamente como subjacente a esta imagem é o processo de individuação, onde se torna claro o pressentimento que temos de uma pessoa maior do que o nosso eu. O próprio inconsciente caracteriza esta pessoa com os mesmos símbolos da divindade, donde podemos concluir que esta figura corresponde ao *Anthropos*, ou seja, ao Filho de Deus ou a Deus representado na forma de um ser humano. O ser humano maior (o si-mesmo) não será idêntico ao ser humano empírico, de modo que o eu seria de certa forma substituído pelo si-mesmo. O si-mesmo torna-se apenas um fator determinante e não é delimitado por aparente conscientização, mas permanece apesar disso uma entidade ideal, isto é, somente imaginada, ficando essencialmente no plano de fundo, assim como nós também imaginamos que a divindade, apesar da criação e encarnação, está presente na totalidade originalmente ilimitada.

No que se refere à integração das partes da personalidade, é preciso ter em mente que a personalidade do eu como tal não contém os arquétipos, mas é apenas influenciada por eles, pois os arquétipos são universais e pertencem a uma psique coletiva sobre a qual o eu não pode dominar. Assim, *anima* e *animus* são imagens que representam figuras arquetípicas que servem de intermediários entre consciência e inconsciente. Ainda que possam tornar-se conscientes, não podem ser integradas na personalidade do eu, pois enquanto arquétipos também são autônomas. Comportam-se novamente como a imagem de Deus que, mesmo objetivando-se no mundo, subsiste também em si, sem detrimento deste, no *Unus Mundus*.

Isto são naturalmente problemas que permanecem indiscutíveis se abstrairmos da epistemologia. Eles se tornam acessíveis só quando nos lembramos constantemente da crítica epistemológica, isto é, quando se esquece que a realidade absoluta só é imaginável psicologicamente. E assim a psique ou, melhor, a consciência introduz na imagem as condições do conhecimento, isto é, a distinção de particularidades ou qualidades que não estão necessariamente separadas no mundo existente em si mesmo. Distinguimos, por exemplo, um mundo orgânico e um mundo inorgânico. Um é vivo, o outro é morto; um tem psique, o outro não. Mas quem garante que no cristal não esteja ativo o mesmo princípio vital como num corpo orgânico? Parece-me que, se levasse em conta o ponto de vista epistemológico, a discussão teórica com a senhora X. poderia ficar bem mais fácil.

Com saudações cordiais,

Sinceramente seu
(C.G. Jung)

To Dr. Michael Fordham
Londres

03.01.1957

Dear Fordham,

Fico contente em saber que seus dois livros estão prontos e vão para a impressão gráfica[1]. Parabéns! Escreverei a introdução logo que possível. No momento estou preso a uma revisão de um ensaio que escrevi na primavera de 1956, que deve ser publicado este mês[2]; mas tão logo tenha terminado este trabalho, tentarei cumprir a minha promessa. Devido à minha idade avançada, já não confio em minhas forças. Eu me canso com facilidade, e temo que minha capacidade criativa esteja enfraquecendo.

Acabei de ler seu ensaio sobre "sincronicidade"[3]. Devo dizer que foi a coisa mais inteligente que se escreveu até agora sobre este assunto. Gostei muito. A experiência com o *I Ching*, que o chamou à ordem quando o senhor quis consultá-lo uma segunda vez[4], também eu a fiz quando, em 1920, tentei uma primeira experiência com ele. Também provocou em mim um choque benéfico e abriu, ao mesmo tempo, perspectivas totalmente novas. Entendo perfeitamente que o senhor prefira enfatizar as implicações arquetípicas da sincronicidade. Este aspecto é sem dúvida da máxima importância do ponto de vista psicológico, mas devo dizer que estou interessado igualmente, e às vezes até mais, no aspecto metafísico dos fenômenos e na questão: Como pode acontecer que até objetos inanimados são capazes de comportar-se como se conhecessem meus pensamentos? Minha formulação da pergunta mostra que isto é uma especulação totalmente paranoide, que é melhor não apresentar em público, mas não posso negar meu ardoroso interesse neste aspecto do problema.

Meus melhores votos para o Ano-novo.

Cordially yours,
(C.G. Jung)

1. *New Developments in Analytical Psychology*, Londres, 1957, com prefácio de C.G. Jung (este em OC, vol. XVIII) e *The Objective Psyche*, Londres, 1958.

2. "Gegenwart und Zukunft", que foi publicado pela primeira vez em *Schweizer Monatshefte*, XXXVI, 12.03.1957; em OC, vol. X, "Presente e futuro".

3. "Reflections on the Archetypes and Synchronicity", em *New Developments in Analytical Psychology*.

4. Após o Dr. Fordham ter consultado o *I Ching* e ter obtido uma resposta, fez nova consulta e teve como resposta o hexagrama 4, "A tolice dos jovens". Ali se diz: "[...] o jovem tolo me procura./ No primeiro oráculo dou informação./ Se perguntar uma segunda ou terceira vez, isto é importunidade./ Quando ele importuna, não dou nenhuma informação" (*New Developments*, l.c., p. 49).

Ao Prof. Karl Schmid[1]
Eidgenössische Techn. Hochschule
Zurique

26.01.1957

Prezado Professor,

Meus sinceros agradecimentos por me enviar sua alocução de reitor, *Neuere Aspekte der Geistesgeschichte*[2]. Já havia feito uma ideia de seu conteúdo num comunicado da *Neue Zürcher Zeitung*, mas não conhecia os detalhes essenciais. A cópia integral de sua alocução preencheu agora todas as lacunas e confirmou minha impressão inicial de que o senhor captou de modo altamente compreensível as implicações socioespirituais de meu trabalho basicamente médico e empírico. Sua definição diferencial da abordagem histórica e psicológica foi para mim muito esclarecedora, e só posso concordar com o que o senhor diz. Devo acrescentar, porém, que isto só se aplica a uma psicologia que se ocupa ainda exclusivamente com as personalidades representativas da civilização e que, portanto, está presa à esfera dos fenômenos individuais. Isto é um aspecto da psicologia que sobressai em primeiro lugar, e é ao mesmo tempo o caminho inevitável que leva aos patamares mais profundos dos quais provieram aquelas potências biológicas máximas que chamamos personalidades. Nestas maiores profundezas apresentam-se as leis mais gerais e se destacam as figuras de maior alcance, que eliminam aquilo que impede o desenvolvimento individual e emprestam à psicologia uma homogeneidade ou uma coerência interna que a promovem para a posição de ciência biológica.

Por estes patamares mais profundos entendo os arquétipos determinantes que estão supraordenados ou subjacentes ao desenvolvimento individual, e que supostamente são responsáveis pelo sentido mais alto de uma vida individual. Vista por este plano, a experiência psicológica não é apenas um contínuo, mas esta abordagem psicológica possibilita também certo conhecimento da conexão interna entre fatos históricos. Os arquétipos têm vida própria que se estende pelos séculos e dá aos éons sua marca específica. Se me permite, gostaria de chamar sua atenção para minha contribuição histórica em meu livro *Aion*. Tentei esboçar ali um pouco da história da evolução do "Anthropos", que já começa nos registros mais antigos do Egito. O material que lá apresentei pode servir para ilustrar estas minhas observações.

Poderia aproveitar esta oportunidade para expressar meu humilde desejo de conhecê-lo pessoalmente? Gostaria de conversar com o senhor sobre estas questões que me parecem de grande envergadura.

Renovo os meus agradecimentos.

Sinceramente seu
(C.G. Jung)

1. Dr. Karl Schmid, nascido em 1907, professor de Literatura Alemã na Eidgen. Technischen Hochschule de Zurique. De 1969-1972 presidente do conselho suíço de ciências. Obras, entre outras, *Aufsätze und Reden*, Zurique, 1957; *Hochmut und Angst*, Zurique, 1958; *Geheimnis der Ergänzung* (dedicado a C.G. Jung), Zurique, 1960; *Europa zwischen Ideologie und Verwirklichung*, Zurique, 1966; *Zeitspuren*, Zurique, 1967. Prof. Schmid era Reitor quando Jung recebeu o título de doutor *honoris causa* em ciências naturais (1955). Cf. Hug, Meier, Böhler, Schmid, *Carl Gustav Jung*, Kultur-und staatswissenschaftliche Schriften, Eidgen. Techn. Hochschule, n. 91, Zurique, 1955.

2. Ibid., n. 99, Zurique, 1957.

A uma destinatária não identificada
EUA

08.02.1957

Dear Mrs. N.,

Muito obrigado por sua amável carta com o gentil conselho. A senhora pode estar certa de que, tendo estudado os evangelhos por longos anos (estou agora com quase 83!), estou bastante familiarizado com os fundamentos de nosso cristianismo. Certamente os tempos do cristianismo primitivo foram maus também, mas não tanto quanto o mundo de hoje. Nossa situação é decididamente pior e temos de aprender coisas com as quais os antigos Padres da Igreja nem sonhavam. Estou preocupado com o mundo como ele se apresenta hoje: sem Deus e espiritualmente desorientado. Na história não há caminho de retorno. Ser otimista significa lançar areia nos olhos do mundo. Não levaria a lugar nenhum, apenas confirmaria as pessoas em sua infantilidade. Elas precisam entender atualmente o quanto tudo depende delas e a finalidade para a qual foram criadas. Quando se está ainda no campo de batalha, não se pode pensar nas boas coisas que poderão acontecer depois.

Sincerely yours,
(C.G. Jung)

Ao Prof. Ernst Hanhart[1]
Ascona

18.02.1957

Prezado colega,

Muito obrigado pelo gentil envio de sua separata, que li com grande interesse. O destino das crianças nascidas de incesto foi muito interessante e esclarecedor para mim. Quanto às perguntas que me fez, lamento não estar mais em condições de vê-lo pessoalmente. Sua carta chegou no momento de minha partida.

A questão da identidade dos tipos psicológicos e fisiológicos é bem complicada. Os tipos de Kretschmer[2] baseiam-se em primeiro lugar em critérios somáticos. Minha tipologia está baseada exclusivamente em premissas psicológicas que nada têm a ver com qualidades fisiológicas ou somáticas. As características somáticas são fatos duradouros e, por assim dizer, imutáveis, ao passo que as psicológicas estão sujeitas a alterações no decorrer do desenvolvimento da personalidade e também nos distúrbios neuróticos. Em alguns casos a classificação sob um determinado tipo pode ser para a vida toda, mas em muitos outros casos ela depende de diversos fatores externos e internos, de modo que a classificação só é válida para determinado tempo. O próprio Freud é um caso desses[3]. Com base num conhecimento mais preciso de seu caráter eu o considerei como tendo sido originalmente um tipo sentimento introvertido com pensamento inferior. Quando o conheci em 1907, este tipo original já estava misturado com neurose. Na observação de um neurótico não se sabe de imediato se estamos observando o caráter consciente ou inconsciente dele. Freud apresentava então, como também mais tarde, a imagem de um pensador e empírico extrovertido. O valor exagerado que atribuía ao pensar, por um lado, e a maneira irresponsável de sua observação, por outro, levantaram minha dúvida quanto a seu tipo. A superestima subjetiva de seu pensar é ilustrada nesta sua frase: "Isto deve estar certo porque eu o pensei". A falta de responsabilidade nas observações manifesta-se, por exemplo, no fato de que nenhum de seus casos "traumáticos" de histeria foi verificado[4]. Ele confiava na sinceridade de seus pacientes histéricos. Quando, em 1909, analisei um pouco mais Freud devido a um sintoma neurótico, encontrei traços que permitiam concluir para um sério dano em sua vida sentimental. Mostra a experiência que nesses pontos um tipo sentimento substitui o pensar como contrafunção e com a correspondente superestima compensadora. A função auxiliar primitiva – neste caso a intuição – é substituída por uma "fonction du réel" algo deficiente. Esta transformação foi descrita pelos franceses como "simulation dans le caractère". Quando a gente chegava a conhecê-lo mais de perto, Freud se caracterizava por uma função sentimento notoriamente diferenciada. Seu "senso de valor" manifestava-se no apreço que tinha por pedras preciosas como nefrita, malaquita etc. Também possuía grande dose de intuição. A imagem superficial que o mundo conhece é a de um pensador e empírico extrovertido que derivava sua cosmovisão da filosofia do cotidiano, o que era considerado moderno.

A mutabilidade do tipo psicológico faz da pergunta sobre sua relação com o tipo somático um problema extremamente complicado. Quando levamos em consideração os resultados do desenvolvimento da personalidade, também se invertem as características mais grosseiras da introversão e da extroversão. Como exemplo serve o caso de um homem com neurose cardíaca (36 anos de idade). Era um tipo declaradamente extrovertido, enquanto sua mulher era introvertida em grau patológico. Eles se divorciaram. Ele se casou com uma mulher extremamente extrovertida, perdeu sua neurose cardíaca e tornou-se um típico introvertido, com a sensação de ser esta sua verdadeira natureza. Era um comerciante bem-sucedido que começou de baixo, mas que com muito trabalho chegou ao topo. Sua disposição originalmente introvertida fora reprimida pela dureza de sua luta e pela sua vontade enérgica, mas em compensação teve de casar com uma mulher introvertida e pagar o preço de uma neurose cardíaca.

Espero que estes meus comentários sirvam para lhe mostrar por que considero a identificação dos tipos somático e psicológico, se não exatamente uma incomensurabilidade, mas ao menos um problema até hoje totalmente sem solução.

Com elevada estima,

Sinceramente seu
(C.G. Jung)

1. Dr. med. Ernst Hanhart, nascido em 1891, professor emérito da Universidade de Zurique. Pesquisador da hereditariedade, havia perguntado a Jung se ele considerava ainda hoje Freud como extrovertido e Adler como introvertido (cf. *Psicologia do inconsciente*, em OC, vol. VII, par. 56s.). Outras perguntas se referiam a uma comparação entre os tipos descritos por Jung e os de Ernst Kretschmer.

2. Ernst Kretschmer, *Körperbau und Charakter*, 24ª ed., Berlim, 1961.

3. Por razões de discrição esta frase e o restante do parágrafo não teriam sido publicados. Mas estas frases já foram publicadas integralmente em *Katalog der Autographen-Auktion*, 23-24 de maio de 1967, J.A. Stargardt, Marburgo, bem como de forma abreviada em *Tagesanzeiger für Stadt und Kanton Zürich*, 27.05.1967. Cf. também carta a Hanhart, de 02.03.1957, nota 2.

4. Em "Estudos sobre histeria", escrito com Josef Breuer, 1895, Freud acreditou piamente nos relatos de seus pacientes sobre seduções sexuais na infância. Em 1897 confiou a seu amigo Fliess "o grande segredo", isto é, "a terrível verdade de que nem todas, mas a maioria das seduções na infância, que seus pacientes lhe haviam revelado e sobre as quais se baseava toda sua teoria da histeria, nunca haviam acontecido". E. Jones, *Sigmund Freud*, I, 1960, p. 313.

To Gus Clarites[1]
Nova York

23.02.1957

Dear Sir,

Nada tenho a objetar que publique minha carta. Chamo sua atenção para o fato de não haver data na cópia que o senhor tem de minha carta a James Joyce. Talvez possa descobrir no original quando a carta foi escrita.

Diga, por favor, ao Dr. Albert que Joyce, durante sua estadia em Zurique, teve entendimentos com Mrs. Edith McCormick, a quem conheci muito bem[2]. Ela [...] absorveu grande quantidade de conhecimento psicológico, e Joyce era um de seus protegidos. Ela conversou com ele e, como falasse principalmente de psicologia, de que estava impregnada, estou quase certo de que ela não perdeu esta oportunidade de lhe dar algumas lições. Contudo, não há evidência a este respeito e não acho que os pontos em *Ulysses* que aparentemente se referem à minha psicologia tenham algo a ver com aquilo que ele ouviu de Mrs. McCormick. Zurique é de fato um lugar onde se fala muito de psicologia e não posso excluir de todo a possibilidade de que ele tenha captado certas ideias de outras fontes a mim desconhecidas. Isto é tudo que posso trazer para as pesquisas do Dr. Albert.

Sincerely yours,
(C.G. Jung)

1. Gus Clarites, secretário do Dr. Leonard Albert, que escrevia um livro sobre James Joyce (*Joyce and the New Psychology*, Ann Arbor, 1957), pediu a Jung, em nome do Dr. Albert, licença para publicação da carta dele ao poeta. Cf. carta a Joyce, de 27.09.1932.
2. Mrs. Edith Rockefeller McCormick, discípula de Jung, sustentou Joyce financeiramente por certo tempo. Ela e seu marido participaram, em 1916, na fundação do clube de psicologia de Zurique.

Ao Prof. Ernst Hanhart
Ascona

02.03.1957

Prezado colega!

Meus agradecimentos por suas observações esclarecedoras. Permita-me algumas anotações ao seu manuscrito[1]. Muito me agradaria se tratasse com discrição minha análise que fiz do caráter de Freud[2]. Confiei ao senhor meu ponto de vista *sub secreto medici*. Uma vez que minha opinião nasceu de um conhecimento mais íntimo dele e ela indica certos panos de fundo delicados para quem tem conhecimento disso, gostaria que predominasse a discrição neste ponto. Assim mesmo já se diz que minha atitude crítica para com Freud provém de uma animosidade pessoal de minha parte. Em vez de usar Freud e Adler como paradigmas, o senhor poderia usar Nietzsche e Wagner como representando o dionisíaco e o apolíneo, ou as descrições de Jordan[3]. Deve-se notar também que não classifico Adler como introvertido e Freud como extrovertido, enquanto pessoas, mas a partir de seu modo de apresentar-se exteriormente. Aqui fica em aberto a questão do verdadeiro tipo pessoal. Conheci Adler pessoalmente muito pouco e por isso quase nada posso dizer sobre sua verdadeira personalidade. Freud, ao contrário, eu o conheci muito bem. Ele era sem dúvida um neurótico. Mostra a experiência que no caso da neurose é extremamente difícil definir o tipo verdadeiro, porque não se sabe de imediato e nem a longo prazo se o que estamos observando é o comportamento consciente ou inconsciente. O pensamento de Freud tinha de fato um caráter extrovertido, isto é, prazer e desprazer no objeto. Adler, por sua vez, tinha um caráter introvertido, pois acentuava decisivamente o poder do eu.

No que se refere à sua questão principal, isto é, o problema dos pequenos, mas decisivos, acasos, quero chamar sua atenção para o fato de que nunca os neguei, mas fiz deles até mesmo objeto de uma pesquisa especial (meu ensaio no livro *Naturerklärung und Psyche*, em coautoria com W. Pauli). Também Adler referiu-se, ao menos de passagem, a semelhantes fenômenos e os alcunhou de "iunctim". Como coincidências cheias de sentido, os pequenos acasos constituem um problema bem especial enquanto ordenações acausais – se posso arriscar semelhante paradoxo.

Quanto à tendência da autopunição, ela precisaria ser despida de seu caráter do eu, por amor à exatidão científica. Como ela opera inconscientemente, não se pode demonstrar nenhuma participação do eu, por menor que seja. Encontram-se, antes, processos objetivos, não escolhidos pelo eu que, em vista da unilateralidade do eu, apresentam um caráter complementar ou compensador. Examinada melhor, a expressão "autopunição" é enganosa, pois insinua uma intenção do eu que na verdade não existe. O que existe de fato parece ser um pano de fundo objetivo e psíquico, ou seja, aquele inconsciente que existe antes e ao lado da consciência, mas independente dela.

Com elevada estima,

Sinceramente seu
(C.G. Jung)

1. "Konstitution und Psychotherapie".

2. Em sua resposta, de 06.03.1957, o Prof. Hanhart prometeu atender ao pedido de Jung, mas também esta carta, como a do dia 18.02.1957, foi entregue a leilão e publicada resumidamente em *Katalog der Autographen-Auktion*, 18-19 de fevereiro de 1969, J.A. Stargardt, Marburgo. Cf. carta a Hanhart, de 18.02.1957, nota 3.

3. Cf. os capítulos "O apolíneo e o dionisíaco" e "Considerações gerais sobre os tipos em Jordan", em *Tipos psicológicos* (OC, vol. VI).

À Aniela Jaffé

18.03.1957

Querida Aniela!

[...] Também aqui o tempo esteve maravilhoso, e isto foi o principal motivo de eu não escrever cartas; em vez disso, terminei a pintura do teto em Bollingen, continuei o trabalho de minha inscrição e – *last no least* – reabasteci minhas fontes, cozinhei boas comidas e encontrei e comprei um vinho excelente. Tudo me trouxe descanso e me curou de diversas chateações. Mas disso não quero falar. Graças a Deus não sei o tamanho da ordem ou desordem da minha correspondência. Minha memória já apresenta os buracos mais espantosos, de modo que me flagro de ter esquecido não só o que fiz, mas especialmente o que não fiz. Portanto, é com um suspiro de alívio que leio em sua carta que, com o bom tempo e o necessário descanso, está se recuperando aos poucos e acenando-me com a possibilidade de voltar a Küsnacht.

Voltei há pouco da intemporalidade de Bollingen e encontrei sua amável carta e o artigo bem interessante de Nowacki[1]. [...] O tema é de grande importância. Mas preciso digeri-lo bem.

Preciso fazer um ponto-final e dizer até logo, na sexta-feira (provavelmente).

Continue a gozar da primavera de Tessin: aqui o tempo mudou.

Saudações cordiais e os melhores votos de seu

C.G.

1. Cf. carta a Nowacki, de 22.03.1957, nota 1.

Ao Prof. Werner Nowacki
Universidade de Berna

22.03.1957

Prezado Doutor!

Não posso deixar de agradecer o gentil envio de seu interessante artigo[1]. Suas ideias retrocedem, mas de forma moderna, para o mundo que me é familiar do *Timeu* de Platão, que foi uma autoridade sacrossanta da ciência medieval – e isto com toda razão! Nossas tentativas modernas de uma visão global, para o que muito contribui o seu artigo, levam na verdade à questão do demiurgo cósmico e do aspecto psíquico do número inteiro.

Do fato de a matéria apresentar sobretudo um aspecto quantitativo e ao mesmo tempo também um qualitativo, ainda que este pareça secundário, o senhor conclui –

com minha total aprovação – que a psique, além de sua natureza evidentemente qualitativa, possui também uma propriedade quantitativa ainda oculta. Matéria e psique constituem neste aspecto o ponto-final de uma polaridade. A parte intermédia, ainda bem desconhecida, constitui a *terra incognita* da pesquisa futura. Aqui se abre a perspectiva de problemas inauditos que o senhor abordou pelo lado físico.

Parece-me que esgotei por enquanto minha munição pelo lado psicológico. Fiquei atolado, por um lado, na acausalidade (ou "sincronicidade") de certos fenômenos de proveniência inconsciente e, por outro, na afirmação qualitativa do número, pois aqui me choco com outros campos em que não consigo avançar sem a ajuda e a compreensão de representantes de outras disciplinas. Neste sentido seu artigo é de valor ímpar e estimulante. Sou-lhe grato especialmente por sua avaliação do "ordenador" transcendente.

Com elevada consideração,
C.G. Jung

1. Werner Nowacki, professor de mineralogia na Universidade de Berna, denomina, em seu artigo "Die Idee einer Struktur der Wirklichkeit" (*Mitteilungen der Naturforschenden Gesellschaft*, nova série, vol. XIV, Berna, 1957) de "imagens primordiais" os chamados elementos de simetria dos cristais. São esses fatores espirituais abstratos que têm um efeito formativo, ordenando o material dado segundo leis e com sentido. Nowacki os compara aos arquétipos e chega à conclusão de que psique e matéria estão ligadas inseparavelmente entre si.

Ao Prof. Eugen Böhler
Zollikon-Zurique

25.03.1957

Prezado Professor,

Quero agradecer-lhe o gentil envio de seu ensaio "Der Unternehmer in seiner persönlichen und staatspolitischen Verantwortung"[1]. Alegrei-me de modo especial com este trabalho porque tem muitos paralelos com o meu ensaio que lhe mandei[2], e isto de maneira totalmente original, donde se vê que o senhor absorveu muito bem o aspecto psicológico e sobre ele trabalhou dentro de sua própria concepção. Impressionou-me sobretudo o nobre etos que transluz em toda parte, o que é raro no restante da literatura. Como o senhor mesmo já constatou muitas vezes, a época atual contenta-se via de regra com a solução intelectual, ou esforça-se ao menos para tudo dominar pela razão, sem dar a mínima atenção ao ser humano tal qual ele é, e muito menos à humanidade como um todo.

Minha secretária leu o seu ensaio com muito interesse e deseja muito ter um exemplar também. Apoio com a maior ênfase este desejo dela, pressuposto que o senhor ainda tenha alguma separata. Uma vez que minha secretária funciona como uma espécie de câmara de compensação das ideias psicológicas, este presente não será perdido e nem cairá em terreno pedregoso.

Tomo a liberdade de enviar-lhe junto com esta um manuscrito que recebi de um doutorando da Universidade de Munique e que trata do aspecto psicológico do dinheiro. Não gostaria de dar meu parecer sem antes ouvir uma opinião de profissional. Ficaria agradecido se o senhor pudesse dar uma atenção a este escrito. Perdoe-me este avanço sobre o seu precioso tempo, mas penso que talvez possua colaboradores que podem ajudá-lo no alívio desta tarefa.

Poderá vir visitar-me no sábado à noite do dia 30, como de costume? Pretendo ir a Bollingen segunda-feira que vem, após uma semana transbordante de trabalho.

Com saudações cordiais,

Sinceramente seu
(C.G. Jung)

1. O ensaio foi publicado na revista *Industrielle Organisation*, caderno I, Zurique, 1957.
2. *Presente e futuro*, Zurique, 1957 (OC, vol. X).

To H.J. Barrett
Darien (Conn.)/EUA

26.03.1957

Dear Mr. Barrett,

Muito obrigado por sua interessante carta[1]. A probabilidade de paralelismos impressionantes entre os indivíduos é bastante grande, uma vez que a possibilidade de divergência e variações é muito limitada devido ao fato de pertencermos à espécie *homo sapiens* e, nesta, à subdivisão do homem branco. Além da enorme semelhança, as diferenças são tão pequenas que são praticamente invisíveis para alguém totalmente de fora. Se, por exemplo, olharmos para um grupo de chineses, eles parecem iguais à primeira vista, e só após exame mais cuidadoso percebem-se diferenças individuais. Pessoas que nascem no mesmo dia, ou na mesma hora são como uvas do mesmo parreiral; amadurecem ao mesmo tempo. Todas as uvas da mesma região produzem quase o mesmo vinho. Esta é uma verdade afirmada pela astrologia e pela experiência desde tempos imemoriais. Por isso é bem provável que o senhor tenha muitas coisas em comum com o Sr. Percy que nasceu no mesmo dia que o senhor. Mas num olhar crítico à sua lista encontrará uma série de pontos em comum não apenas com o Sr. Percy, mas com muitas outras pessoas (por exemplo, o interesse pelo budismo). Há muitas colaborações para o *New Republic*, também há muitos estudantes em Harvard, e assim por diante.

Não vejo nisto um caso de "Doppelgänger" (sósia) – um fenômeno inexplicável para mim –, mas antes um fato tipicamente sincronístico. Não sou tão obtuso para desconsiderar o fato curioso do grande número de coincidências e especialmente o fato impressionante do engolir de um caroço[2], mas acho que existem muitas pessoas nascidas no mesmo tempo que o senhor e cuja biografia tem semelhança igualmente impressionante com a sua. Lembro-me de ter lido sobre um homem que nasceu perto do Palácio de Buckingham no mesmo dia e hora que Eduardo VII. Sua vida foi a mais ridícula e exata caricatura da vida do rei.

Não quero ofendê-lo, mas chamo sua atenção para a astrologia, que já tratou desse fenômeno há mais ou menos 5.000 anos. Não sei se o senhor conhece o pequeno livro que escrevi e publiquei com o físico Prof. W. Pauli, *Nature and the Psyche*, onde procuro esclarecer este tipo de fenômenos. Infelizmente não é um livro muito fácil, mas parece que alguns físicos o entendem.

Recentemente apareceu numa revista suíça um artigo sobre uma coincidência interessante. Um homem estava aniversariando e sua esposa lhe deu de presente um cachimbo novo. Ele foi passear e sentou-se num banco sob uma árvore. Outro senhor idoso se aproximou e sentou ao lado dele, fumando um cachimbo igual. O senhor A. chamou a atenção do senhor B. para o fato de estarem fumando o mesmo tipo de cachimbo, e este disse que estava comemorando seu aniversário e havia recebido o cachimbo de presente de sua esposa. Ele se apresentou, e os dois tinham o mesmo nome: Fritz. – O resto pouco interessa. O senhor A. teve a impressão de que estava em jogo uma inteligência superior. Seria interessante conhecer muito mais sobre a psicologia dos dois senhores e sobre a possível causa de tal coincidência.

Sincerely yours,
(C.G. Jung)

1. Mr. Barrett havia lido a autobiografia do escritor americano William Alexander Percy (1885-1942), *Lanterns on the Levee*, Nova York, 1941, e constatado várias coincidências em parte surpreendentes com sua própria vida. Ambos haviam nascido no mesmo dia. Perguntou a Jung se era possível falar de "Doppelgänger, ou de um "duplo" ("sósia").

2. Tanto o destinatário da carta quanto o autor do livro haviam engolido aos 13 anos um caroço de fruta e ambos ficaram convencidos de que morreriam de apendicite.

Ao Eng. Robert Dietrich
Munique

27.03.1957

Prezado Senhor Dietrich,

Quando uma pessoa sabe, ou pensa que sabe, ela falará de seus conhecimentos, não importando se o objeto de seu conhecimento fica assim desvalorizado ou não[1].

Conteúdos compensadores brotam do inconsciente devido ao fato de terem poder curativo e serem necessários à consciência.

Não há razões para o fato de os números inteiros simples terem certos significados ou qualidades, assim como não há razões para o fato de existirem elefantes e seres humanos. Esses arranjos são simples dados, como os sistemas dos cristais ou as descontinuidades da física, da mesma forma que a criação toda é uma "just so story".

Sua observação de que "as verdadeiras descobertas no campo do saber se tornam sempre mais escassas" me surpreende. Tenho a impressão de que são cada vez mais numerosas e cada vez mais difíceis.

É uma questão irrespondível saber donde derivam as determinantes do ser em geral, por isso me detenho diante dela, sem querer maior conhecimento ou sentir um temor sacrossanto. A epistemologia nos coloca aqui limites absolutos.

Com saudações cordiais,

Sinceramente seu
(C.G. Jung)

1. O destinatário havia perguntado, entre outras coisas, se os conteúdos das camadas mais profundas do inconsciente não perdiam sua força curativa quando trazidas para o campo da consciência.

Ao Dr. med. Walter Cimbal
Hamburgo

28.03.1957

Prezado colega,

Fiquei muito satisfeito em saber que está acompanhando com grande interesse e simpatia os desenvolvimentos no campo da psiquiatria. Mas percebo que o senhor se orientou pelas notícias de jornais. Infelizmente devo dizer-lhe em primeiro lugar que estas notícias[1] não foram veiculadas por mim, mas por gente que não conheço e, em segundo lugar, que elas não são apenas equívocas, mas também em parte frontalmente erradas. Os fatos que estão à base desses boatos são: o Prof. Manfred Bleuler pediu-me para fazer no próximo congresso internacional de psiquiatria em Zurique um relato de *minhas experiências* no campo da esquizofrenia[2]. Dentro dos limites de um relato fiz isto, mantendo-me confinado apenas ao essencial. Nele mencionei apenas de passagem a probabilidade da hipótese de toxina[3]. A possibilidade de uma toxina já estava no ar naquela época, há 50 anos atrás, como o senhor o demonstra em detalhes. Lembro-me bem da reação ao veneno de cobra[4], um assunto que foi discutido muitas vezes na clínica de Bleuler daquela época. Não posso reivindicar para mim nenhuma autoridade neste aspecto. A questão da toxina em si me interessou bem menos do que a relação dela com a psicogeneidade da esquizofrenia. O senhor encontrará tudo isto discutido na cópia poligráfica que lhe envio anexa.

Não posso lamentar que o senhor tenha escrito esta longa e cuidadosa carta, movido por um falso boato, pois ela me trouxe muitas e antigas recordações daqueles tempos auspiciosos e de nossa agradável colaboração[5]. Muitas coisas estavam bem encaminhadas naquele tempo, até que a loucura política rasgou todas as conexões de sentido.

Com agradecimento e saudações cordiais,

Sinceramente seu
(C.G. Jung)

1. No jornal *Die Welt*, de 08.03.1957, apareceu um artigo de G. Mauz que dizia que Jung faria nos próximos dias, na Suíça, uma conferência sobre o tema "Bioquímica ou psicologia".

2. Cf. carta a Bleuler, de 23.03.1955, nota 1.

3. Neste relato sobre "a esquizofrenia", Jung mencionou a possibilidade de um componente tóxico na esquizofrenia. Com isto retoma um assunto que já havia abordado 50 anos atrás e desenvolvido em seu escrito *A psicologia da dementia praecox*, Halle/Saale, 1907 (em OC, vol. III).

4. O Prof. Manfred Bleuler escreveu sobre isto à editora destas cartas (27.04.1971): "Lembro-me bem daquilo a que Jung se referia na passagem que a senhora cita de sua carta: ouvíramos dizer em Burghölzli que surgiam psicoses agudas após uma mordida de cobra. Jung levantou por isso a questão se a toxina da esquizofrenia, por ele teoricamente suposta, poderia ser igual ou semelhante ao veneno de cobra. A pergunta foi respondida negativamente. Ficou patente sobretudo que, segundo sua sintomatologia, as psicoses das mordidas de cobra não eram esquizofrenias, mas deviam ser alinhadas, como tantas outras psicoses, com o tipo de reação agudamente exógeno. Em 1933 ou 1934 o veneno de cobra foi introduzido experimentalmente na medicina contra a neurite, o reumatismo e outras doenças. (Não teve êxito.) Recordando as suposições de Jung, eu empreguei o veneno muitas vezes no tratamento de reumatismo e neurite com pacientes mentalmente sadios e com esquizofrênicos. Ambos os pacientes reagiram da mesma maneira. A pergunta de Jung sobre o veneno de cobra corresponde exatamente à moderna questão se o envenenamento com LSD e mescalina produz um modelo de esquizofrenia. A resposta é não.

5. Cimbal foi secretário da "Internationalen Ärztlichen Gesellschaft für Psychotherapie" e redator do *Zentralblatt für Psychotherapie und ihre Grenzgebiete*, entre 1926 e 1935. Cf. carta a Cimbal, de 02.03.1934.

A Traugott Egloff
Zurique

03.04.1957

Prezado Senhor Egloff,

Muito obrigado pelas amáveis cartas que tanto me agradaram. Seria realmente desejável que minhas ideias fossem expressas de modo que todos pudessem entendê-las. Numa conversa com certas pessoas consigo isto com facilidade, mas depende da pessoa. Uma vez que minha linguagem é reflexo de meu pensamento e sentimento, não consigo, quando me dirijo a um público maior, expressar-me de maneira diferente do que sou; e estou longe de ser descomplicado. Jamais teria conseguido exprimir aquilo que descobri sem uma linguagem altamente diferenciada, que eu tive de ir polindo constantemente para este fim e a tal ponto que não consigo mais falar de outro modo quando tento expressar minhas ideias, a não ser, como já disse, quando se trata de uma só pessoa com a qual posso ter um relacionamento empático. Com o público em geral consigo isto até certo ponto, então recaio na minha linguagem conceitual, generalizadora e bem diferenciada, que é o meio pelo qual e dentro do qual eu posso traduzir meus pensamentos. Quem quisesse fazer aquilo que o senhor sugere deveria estar no mesmo nível e no mesmo meio do público em geral.

O senhor estaria bem qualificado para fazer isso, pois pelas cartas que me escreveu nunca tive a impressão de que a linguagem lhe causasse algum problema. Sei que exatamente neste caso a linguagem não teria saído assim, se ela lhe tivesse dado muito trabalho antes. Mas como diz Horácio em sua *Ars Poetica*, o melhor poema é aquele cuja dificuldade de composição não foi percebida, isto se aplica também aos escritos que vi do senhor, isto é, suas cartas. O senhor se expressa com simplicidade e clareza, e acredito piamente quando o senhor diz que consegue atingir o ouvido e a inteligência de seus semelhantes. Sei muito bem que eu não saberia fazer o mesmo, e a pessoa capaz disso só poderia ser encontrada entre gente igual ao senhor. E por que, pergunto eu, o senhor não toma da caneta e tenta transmitir a um grande número aquilo que eu só sei transmitir a poucos e numa linguagem complicada? Minha linguagem é fácil para mim e para as pessoas iguais a mim, mas são todas pessoas que possuem os mesmos pressupostos necessariamente complicados. Com tais leitores posso me dar o luxo de descrever coisas através de meras alusões; coisas que para outros leitores permanecem totalmente no escuro, pelo simples fato de nunca terem ouvido falar delas. Percebo isto até mesmo entre meus colegas de medicina, para os quais as alusões filosóficas, históricas, das ciências religiosas etc. são o mesmo que chinês. Há de fato necessidade de pessoas, como o senhor, convencidas da ideia e sabedoras por experiência do valor que significa encontrar a expressão certa para que todos a entendam. Gostaria de fazer-lhe com toda a seriedade uma proposta de ao menos tentar uma exposição dos principais pontos de minha psicologia. Estou convencido de que isto está perfeitamente dentro de sua capacidade.

Com saudações cordiais,

Sinceramente seu
(C.G. Jung)

To Dr. Max Rinkel
Massachusetts Mental Health Center
Boston (Mass.)/EUA

Abril de 1957

Dear Dr. Rinkel,

Queira, por favor, transmitir à assembleia inaugural de sua associação os meus sinceros agradecimentos. Aceito como uma grande distinção haver sido nomeado presidente de honra[1]. Devo salientar, porém, que meu ponto de vista quanto a uma solução química dos problemas causados pela esquizofrenia não coincide com o dos senhores, pois eu abordo a esquizofrenia sob o aspecto psicológico. Mas foi precisamente minha abordagem psicológica que me levou à hipótese de um fator químico, sem o qual eu não teria conseguido esclarecer certas particularidades patognomônicas da sintomatologia. Cheguei à hipótese química[2] por meio de um processo psicológico de eliminação e não através de uma pesquisa especificamente química. Por esta razão tenho o maior interesse nas pesquisas químicas dos senhores.

Para colocar as coisas bem claramente: acho que a esquizofrenia tem uma dupla etiologia. Até certo ponto a psicologia é indispensável para explicar a natureza e a causa das emoções iniciais que conduzem a uma mudança no metabolismo. Parece que essas emoções vêm acompanhadas de processos químicos que levam a distúrbios e danos temporários ou crônicos específicos.

Sincerely yours,
(C.G. Jung)

1. Jung havia aceito a presidência honorária de um simpósio sobre "Chemical Concepts of Psychosis" (1-7 de setembro de 1957 em Zurique). O simpósio vinha sendo organizado pelo "Massachusetts Mental Health Center".
2. Cf. carta a Cimbal, de 28.03.1957, nota 3.

Na edição inglesa, esta carta consta como apêndice ao capítulo "A esquizofrenia" (vol. III de Coll. Works).

À Dra. med. Edith Schröder
Medizin. Universitäts-Poliklinik
Würzburg

Abril de 1957

Prezada senhorita e colega,

Em resposta à sua carta de 26 próximo passado, observo que muita coisa importante pode ser dita sobre o tema[1] que se propôs: "A importância da descendência judaica de Freud para a origem, o conteúdo e acolhimento da psicanálise", contanto que o assunto seja tratado em nível bem elevado. Teorias raciais e coisas semelhantes seriam altamente indesejáveis, sem dizer que especulações desse tipo são inúteis. Para uma verdadeira compreensão do comportamento judeu do modo de ver de Freud, haveria necessidade de um conhecimento profundo dos pressupostos especificamente judeus sob o aspecto histórico, cultural e religioso. Como em Freud se trata na verdade de uma tentativa ideológica extremamente séria, haveria necessidade de uma investida igualmente profunda na história do espírito judeu. Semelhante iniciativa ultrapassaria a ortodoxia judaica e nos levaria inicialmente ao hassidismo subterrâneo muito atuante (por exemplo, a seita de Sabbatai Zwi[2]) e a seguir às complicações da cabala, que ainda não foram esclarecidas do ponto de vista psicológico. O povo mediterrâneo, ao qual pertencem também os judeus, não está caracterizado e moldado exclusivamente pelo cristianismo e pela cabala, mas está preso ainda a uma herança viva que a reforma cristã não conseguiu apagar.

Tive o privilégio de conhecer Freud pessoalmente e compreendi que todos estes fatores devem ser levados em consideração para se entender realmente o fenômeno da psicanálise na figura de Freud.

Não sei até que ponto a senhorita tem acesso a estas fontes, mas posso assegurar-lhe que eu mesmo só empreenderia semelhante tarefa com a colaboração de alguém perito em judaísmo, porque infelizmente não possuo conhecimento da língua hebraica.

Quanto à sombra sangrenta que paira sobre a chamada "compreensão ariana do judeu", todo e qualquer julgamento que está abaixo do nível dessas condições que lhe podem parecer pretensiosas demais é um lamentável mal-entendido, especialmente em solo alemão.

Apesar da evidente desconsideração de que fui alvo por parte de Freud, não posso negar a importância dele como crítico cultural e como pioneiro no campo da psicologia. Uma avaliação correta do trabalho de Freud nos leva a campos que não dizem respeito só aos judeus, mas a todos os europeus, campos que tentei esclarecer em minhas obras. Sem a "psicanálise" de Freud eu não teria conseguido a chave da porta.

Lamento só poder apresentar-lhe dificuldades, mas dizer superficialidades seria pior do que calar.

Com a elevada consideração de seu devotado,
(C.G. Jung)

1. Tratava-se do tema da dissertação de doutorado da destinatária. Pouco depois apareceu o ensaio básico de Ernst Simon, "Sigmund Freud, the Jew", em *Publications of the Leo Baeck Institute of Jews from Germany*. Year Book, II, Londres, 1957.

2. Sabbatai Zwi (ou Zewi), 1625-1676, não pertencia ao hassidismo, mas era um místico da cabala, que se fazia passar pelo Messias. Caiu em poder do sultão da Turquia e sob a pressão deste e também pela fé num "caráter por assim dizer sacramental das práticas antinomísticas" converteu-se ao islamismo no final de sua vida. Cf. para isso o capítulo "Sabbatianismus und mystische Häresie", em G. Scholem, *Die jüdische Mystik in ihren Hauptströmungen*, Zurique, 1957.

Ao Professor Eugen Böhler
Zollikon-Zurique

12.05.1957

Prezado Senhor Böhler,

Acabei de ler seu ensaio "Ethik und Wirtschaft"[1] e me apresso em dizer-lhe que me impressionou muito bem. Antes de tudo está ali o calor – para não dizer o fogo – da participação e da intervenção reformadora, cujo etos inflama e arrebata. O senhor conseguiu uma série de formulações excelentes que acenderam em mim diversas luzes como, por exemplo, em relação ao Mercado Comum e o que significa ética social em geral. Sobretudo esta última, que até agora vegetava em minha cabeça como algo nebuloso, tomou forma clara, graças a seu ensaio. O senhor exerce em mim uma psicoterapia altamente benéfica e de uma espécie peculiar: o senhor me transmite a valiosa experiência daquilo que chamo de "cooperação cheia de sentido", uma colaboração em espírito e de fato. Minha solidão, às vezes dolorosa, no tempo chega assim ao fim e eu começo a sentir a qual região do cosmos social eu pertenço.

Por tudo isto, meu melhor agradecimento. Espero e desejo que seu ensaio tenha a maior divulgação.

Com saudações cordiais,

Sinceramente seu
C.G. Jung

1. *Industrielle Organisation*, caderno 4, Zurique, 1957.

A um destinatário não identificado
Suíça

20.05.1957

Prezado senhor,

Peço desculpar o atraso de minha resposta. Estou sempre muito atarefado. Muito obrigado pelo gentil envio de seus desenhos. Trata-se de uma daquelas séries imaginativas que eu sempre pude observar em casos em que foi dada livre-expressão à fantasia inconsciente. Enquanto o senhor partia conscientemente de problemas de arquitetura, constelava uma reação do inconsciente, que é característica em casos semelhantes. Sempre que e onde quer que o senhor se volte de certa forma para o inconsciente, ele raras vezes ou nunca responde com aquilo que se espera, mas é como se a própria natureza respondesse. Sua resposta não se refere necessariamente àquele aspecto da realidade que o senhor tem em vista, mas ela reage sobre a pessoa toda e revela aquilo que a pessoa toda deveria saber; em outras palavras, é a compensação para um conhecimento que falta à consciência. Como se trata da pessoa toda, também a resposta se refere ao todo: é comunicado algo de fundamentalmente importante. Mas semelhante resposta é tão pessoal e atinge tão frequentemente o ponto mais fraco, que ninguém poderia arrogar-se o direito de comentar esta resposta, a não ser dentro de um tratamento analítico. É por essas razões que não penetro mais fundo na natureza da reação. Devo, pois, deixar ao seu critério e à sua reflexão prosseguir na interpretação da afirmação do inconsciente.

Com elevada estima e agradecimento,

Sinceramente seu
(C.G. Jung)

To Mrs. P.
Inglaterra

21.05.1957

Dear Mrs. P.,

Lamento que esteja passando tempos difíceis por causa de X. Aparentemente a senhora ainda não alcançou aquele estado de simplicidade em que poderia aceitar as intenções de ajuda daqueles que sabem menos do que a senhora. Quanto mais souber, mais se afastará do número das crianças que precisam dos pais. Parece-me que há algo de fatídico nos chamados mal-entendidos com X. [...] Tais coisas normalmente acontecem quando chegou o tempo de abandonar o estilo infantil e aprender o estilo adulto, aproximar-se daquelas pessoas e cultivar aquelas relações de que realmente necessitamos. Estou certo de que há entre seus (amigos) alguém com quem possa conversar e se abrir. Não se tem autoridade quando não se pode arriscá-la, e a senhora ficará surpresa ao perceber quão prestimosas podem ser as pessoas que considera inferiores. O próprio papa tem um confessor, que é um simples sacerdote, e não um dos cardeais. Se a senhora está sozinha, é porque se isolou; se for bastante humilde, nunca ficará só. Nada nos isola mais do que o poder e o prestígio. Tente descer, seja humilde e jamais estará sozinha! Eu consegui com muita facilidade ficar perfeitamente sozinho, porque nunca tive a sorte de encontrar um padre confessor superior. Não conseguindo a ajuda necessária de cima, tive de buscá-la embaixo; e o que eu fui capaz de fazer a senhora também o pode. Não espere encontrar grande ajuda em mim; é bem mais fecundo consegui-la indiretamente da senhora mesma, isto é, daqueles que a conseguiram originalmente da senhora.

My best wishes,

Yours,
(C.G. Jung)

To Dr. M. Esther Harding
Nova York

30.05.1957

Dear Dr. Harding,

Sua carta é um lembrete de que não lhe escrevi, como deveria ter feito, sobre seu livro e que não agradeci *expressis verbis* sua gentil dedicatória[1]. Como 90% de nossos pecados são de omissão, não constituo exceção! Na verdade, comecei a ler seu livro em dezembro, mas uma enxurrada de trabalho de todo tipo me inundou e me pôs à deriva. A razão principal é que estava ocupado naquela época com a tradução inglesa de meu ensaio "Present and Future"[2]. Entrementes foi publicado nesta primavera em alemão (*Gegenwart und Zukunft*); vou enviar-lhe um exemplar. A versão inglesa ainda não saiu. Parte sairá em *Atlantic Monthly* e o texto todo só mais tarde.

O pior é que tenho de ler tantos manuscritos e separatas de meus alunos, que não dou mais conta. O peso dos 82 anos se faz sentir. Depois de ter cumprido a tarefa de escrever o ensaio que esperavam de mim, abandonei-me à vã ilusão de que, após ter alimentado o mundo dos homens com o meu ensaio, meu inconsciente haveria de poupar-me, conforme o fez por três anos, isto é, poupar-me de novas ideias. De fato nada aconteceu de novo a partir de dentro, como já tinha acontecido várias vezes antes. Mas apenas havia relaxado a concentração, quando veio de fora sobre mim a pergunta: O que o senhor acha dos discos voadores?[3] Este foi o assunto que me arrebatou logo que terminei os outros trabalhos, e o monte de cartas não respondidas e de manuscritos não lidos voltou a crescer assustadoramente. Desde então estou ocupado neste novo assunto. É um tanto aventureiro e me levou mais longe do que eu esperava. Mas guarde esta novidade para a senhora, caso contrário as pessoas terão ideias estranhas sobre minha senilidade.

Não sei por que estas coisas impopulares exercem uma atração tão fatídica sobre mim. Terminada esta nova tarefa, espero poder dedicar novamente meu tempo livre ao seu livro. No momento não existe nada previsto que me desvie de uma ocupação calma e amigável.

Ouvi alguma coisa sobre certo despertar nos círculos teológicos dos Estados Unidos. Não se pode dizer o mesmo dos teólogos daqui. Preferem a filosofia existencialista, porque está mais na moda e é totalmente inofensiva. [...][4] Nosso cristianismo com sua concepção do *Summum Bonum* esqueceu completamente que um dos principais aspectos da verdadeira religião é o temor. Nenhuma obra de caridade no mundo inteiro pode afastar o terror divino. Nem mesmo conseguiu afastar a bomba H!

Perdoe, por favor, minha negligência. A prerrogativa da idade avançada é ser tolerada.

Transmita minhas saudações a Eleanor Bertine e meus agradecimentos por seu livro[5]. Meus melhores votos para as duas.

Cordially yours,
C.G. Jung

1. M. Esther Harding, *Journey into Self*, Nova York, 1956. A dedicatória: "To Carl Gustav Jung".

2. Em português: "Presente e futuro", em OC, vol. X. Alguns capítulos foram publicados em *The Atlantic Monthly*, sob o título "God, the Devil and the Human Soul", Boston, novembro de 1957.

3. O livro *Um mito moderno. Sobre coisas vistas no céu*, Zurique, 1958 (em OC, vol. X) contém a seguinte dedicatória: "Ao arquiteto Walter Niehus, em agradecimento por me ter motivado a escrever este pequeno livro". Walter Niehus era genro de Jung.

4. Supressão feita pela destinatária.

5. *Human Relationships*, Nova York, 1958. Provavelmente Jung havia recebido uma cópia do original alemão: *Menschliche Beziehungen: Eine psychologische Studie*, Zurique, 1957. Prefácio de Jung em OC, vol. XVIII.

Ao Prof. Gustav Schmaltz
Frankfurt am Main

30.05.1957

Prezado Schmaltz,

Entendo perfeitamente o que deseja[1], mas devo dizer logo que não combina com a minha situação. Faço agora 82 anos e sinto não só o peso de minha idade e o cansaço correspondente, mas também a forte necessidade de viver conforme as exigências interiores dessa idade. A solidão é para mim fonte de água medicinal e que dá sentido à minha vida. Muitas vezes o falar me tortura e preciso de silêncio por vários dias para me recuperar da futilidade das palavras. Sigo em marcha forçada e só olho para trás quando não há mais nada a fazer. Esta jornada já é em si grande aventura, mas nada de que se possa falar muito. O que o senhor imagina como alguns dias de intercâmbio espiritual não o suportaria com ninguém, nem com meus amigos mais chegados. O resto é silêncio! Esta consciência se torna mais clara a cada dia e a necessidade de comunicação desaparece.

Naturalmente ficarei satisfeito em recebê-lo por umas 2 horas à tarde, de preferência em Küsnacht, minha porta para o mundo. Em torno do dia 5 de agosto estaria bem para mim, pois estarei em casa de qualquer modo.

Até lá, cordiais saudações.

Sinceramente seu
Jung

1. Prof. Gustav Schmaltz, velho conhecido de Jung, havia solicitado passar alguns dias em Bollingen para conversar com Jung.

Ao Dr. Erich Neumann
Tel Aviv/Israel

03.06.1957

Prezado Neumann,

Fiquei muito feliz por ter notícias suas e saber que leu minha pequena brochura[1]. Parece que teve boa aceitação, pois uma segunda edição já está a caminho.

Concordamos basicamente quanto à assim chamada *Nova Ética*[2], mas prefiro expressar este espinhoso problema em termos um pouco diferentes. Não se trata realmente de uma "nova" ética. O mal é e sempre será aquilo que não se deve praticar, como se sabe. Mas infelizmente o ser humano se sobrestima a este respeito:

pensa que é livre para escolher entre o bem e o mal. Ele pode imaginar isto, mas, em vista da magnitude desses opostos, é pequeno e impotente demais para escolher livremente e em qualquer circunstância um ou outro. Acontece antes o seguinte: por razões mais fortes do que ele, pratica ou não o bem que gostaria, da mesma forma como o mal lhe sobrevém como uma desgraça.

Ética é aquilo que torna impossível ao ser humano praticar intencionalmente o mal e o força – muitas vezes com pouco êxito – a fazer o bem. Isto significa que ele pode fazer o bem e não pode evitar o mal, ainda que sua ética o leve a testar as forças de sua vontade neste sentido. Na verdade ele é a vítima dessas forças. Precisa admitir que não consegue evitar de todo o pecado, mas, por outro lado, tem a esperança de poder fazer o bem. Mas como o mal é inevitável, nunca sairemos completamente do pecado, e isto é um fato que precisa ser reconhecido. Ele enseja não apenas uma ética nova, mas considerações éticas diferenciadas, como a pergunta: Como agir diante do fato de que não posso livrar-me do pecado? A instrução, contida no lógion de Cristo "Se sabes o que fazes...[3], indica um caminho para a solução ética do problema: eu sei que não quero o mal, mas faço-o assim mesmo, não por escolha própria, mas porque me acomete irresistivelmente. Enquanto pessoa humana sou fraco e combalido, de modo que o mal consegue dominar-me. Sei que o faço e o que fiz, e sei que durante minha vida toda estarei no tormento dessa contradição. Evitarei o mal onde puder, mas cairei sempre de novo neste buraco. Eu me esforçarei, porém, para viver como se este não fosse o caso; farei das tripas coração para agradar o Senhor, como o administrador infiel que intencionalmente apresentou um balanço falsificado[4]. Não faço isto porque queira iludir a mim mesmo ou ao Senhor, mas para que não provoque um escândalo público devido à fraqueza de meus irmãos e conserve de certa forma minha postura moral e dignidade humana. Estarei por conseguinte na posição de alguém que, em meio a uma situação perigosa, sente um medo infernal e gostaria de fugir, não tivesse ele que controlar-se por amor aos outros e fingir coragem para si mesmo e para os outros, a fim de salvar eventualmente a situação. Neste caso não tornei irreal o meu pânico, mas escondi meu bom desempenho atrás da máscara da coragem. É um ato de suprema hipocrisia, portanto outro pecado, mas sem o qual estaríamos todos perdidos. Isto não é nova ética, apenas mais diferenciada e com menos ilusões, mas a mesma que sempre foi.

Essas reflexões sutis, o senhor pode contá-las a Zeus, mas não a um boi. Elas são sutis porque pressupõem condições bem especiais. São válidas apenas para pessoas que reconhecem sua sombra, mas para aquelas que tratam sua sombra como inconveniência passageira ou que, por falta de escrúpulos ou de responsabilidade moral, a suprimem como irrelevante, são oportunidade perigosa de aberrações do julgamento moral. Também são características de pessoas que, devido à sua deficiência moral, possuem uma inflação intelectual correspondente. É possível suavizar alguns conflitos, fechando-se o olho moral ou dando pouca atenção, mas é preciso saber que também isto deverá ser pago, pois "toda culpa se vinga na terra"[5].

Agora estou ocupado com um trabalho que possui bem outro tema, mas a discussão me obrigou a mencionar o problema ético. Não consegui evitar o repúdio à expressão "nova ética", mas sem mencionar nomes[6]. Isto é novamente um daqueles pecados, uma espécie de infidelidade que se impõe qual fatalidade, num momento em que devo proteger da grosseria do entendimento vulgar o aspecto incomparavelmente mais alto de nossa psicologia, e isto para proveito de todos. Neste caso toda a dificuldade está no escorregadio da linguagem. Por isso somos às vezes forçados a espalhar areia que incidentalmente pode cair nos olhos do espectador.

Estou curioso quanto ao uso que está fazendo da história primitiva na psicologia infantil[7]. Lá haveria de fato material ilustrativo.

Estou muito inseguro a respeito da questão sobre pessimismo e otimismo[8] e devo deixar a solução ao acaso. O único que poderia decidir este dilema, isto é, o bom Deus, ocultou-me até agora sua resposta.

Espero que tudo esteja bem com o senhor *dans ce meilleur des mondes possibles. Tout cela est bien dit, mais il faut cultiver notre jardin.*

Cordiais saudações,

Sinceramente seu
(Jung)

1. *Gegenwart und Zukunft*, Zurique, 1957, em OC, vol. X.

2. Erich Neumann, *Tiefenpsychologie und Neue Ethik*, Zurique, 1949. Cf. carta a Neumann, dezembro de 1948.

3. O lógion soa assim: "Neste mesmo dia viu alguém trabalhando no sábado e lhe disse: Homem, se sabes o que fazes, és feliz; mas se não o sabes, és maldito e transgressor da lei". Dito não canônico do Senhor, Codex Bezae Cantabrigiensis ad Luc. 6,4; século V.

4. Cf. Lc 16,1-13.

5. Goethe, *Wilhelm Meisters Lehrjahre*, livro II, cap. 13.

6. Jung trabalhava na época em seu livro sobre os "discos voadores" (cf. carta a Harding, 30.05.1957, nota 3). No "comentário ao sonho 3" discute o problema ético e cita também o dito não canônico do Senhor (acima, nota 3), mas falta uma referência à expressão "nova ética". Supõe-se que Jung tenha riscado mais tarde as frases correspondentes.

7. No livro *Das Kind*, publicação póstuma, Zurique, 1963 (editado por Julie Neumann), Erich Neumann aplica à psicologia infantil teorias expostas em seu livro *Ursprungsgeschichte des Bewusstseins*, Zurique, 1949.

8. Em sua carta de 25.05.1957, Neumann critica o livro de Jung, *Presente e futuro*, como pessimista demais. O processo evolutivo da humanidade, uma individuação coletiva, deveria transcorrer positivamente, mesmo que a evolução só possa alcançar sua meta após longo tempo e muitos desvios.

A Ralf Winkler
Bassersdorf (Cantão Zurique)

05.06.1957

Prezado Senhor Winkler,

Lamento que o senhor tenha batido em vão à minha porta e que minha secretária não lhe soubesse explicar com toda a clareza a verdadeira situação[1]. Entendo muito bem sua necessidade de pessoas e também seu desejo de entrar em contato com pessoas que têm realmente algo a dizer. Com quase 82 anos de idade, posso dizer sem presunção que durante toda a minha vida vi uma quantidade tão grande de pessoas, às quais também ajudei, que meu recolhimento atual parece bem merecido e que precisa ser respeitado. A obrigação de atender os outros tem de ser assumida por aqueles que dispõem de maiores forças do que eu. Isto nada tem a ver com falta de "humanidade" de minha parte, mas apelo ao seu senso de humanidade para compreender minha situação.

Talvez compreenda e sinta algum dia que só a pessoa capaz de realmente e sem amargura ficar sozinha atrai as outras pessoas. Já não precisará procurá-las; virão por conta própria e também aquelas das quais ela mesma precisa.

Com os melhores votos,

Atenciosamente,
(C.G. Jung)

1. O destinatário apareceu, sem hora marcada, à porta da casa de Jung em Küsnacht para apresentar-lhe pessoalmente os seus problemas. Como Jung não o recebesse, acusou-o de "falta de humanidade". Deixou seu endereço na esperança de receber uma carta.

Ao Dr. med. Bernhard Lang
Langenthal/Suíça

08.06.1957

Prezado colega,

Meus sinceros agradecimentos por sua amável carta[1]. Qualquer autor sempre se alegra quando percebe que sua voz foi ouvida. Não se pode desejar nada melhor do que isso. [...]

Quanto a Martin Buber, ficaria grato se o senhor pudesse repetir aquilo que acha que ele tentou provar-me. Não consegui decifrar a palavra[2]. Buber defende erroneamente a opinião de que uma afirmação metafísica é verdadeira ou falsa e não compreende que eu, como psicólogo e psiquiatra, considero aquilo que é dito ou acreditado como simples afirmação da qual, apesar de ser um fato em si, não se pode dizer que seja verdadeira ou falsa. Posso examinar, por exemplo, do ponto de vista psicológico, a afirmação de que Cristo ressuscitou corporalmente na Páscoa, sem contudo dizer que a afirmação seja verdadeira ou falsa. Pode-se dizer de todas as afirmações metafísicas que sua realidade consiste em serem afirmadas, mas de nenhuma se pode provar que seja verdadeira ou falsa. Não pertence ao alcance de uma ciência como a psicologia verificar a verdade ou não de afirmações metafísicas. É um ponto de vista totalmente antiquado, e isto já desde os tempos de Immanuel Kant, pensar que a pessoa humana pode formular uma verdade metafísica.

Isto é e continuará sendo prerrogativa da fé. A fé, por sua vez, é um fato psicológico e nem de longe significa uma prova. Na melhor das hipóteses este fato diz que tal crença existe e que ela corresponde a determinada necessidade psicológica. Como nenhuma necessidade humana é desprovida de fundamento, podemos deduzir que a necessidade de afirmações metafísicas repouse sobre fundamento correspondente, mesmo que este fundamento nos seja inconsciente. Com isto nada é afirmado e nada é negado. Mas é exatamente isto que Buber não entende, pois ele é um teólogo que ingenuamente pensa que aquilo que ele crê deve necessariamente ser assim. Nunca poderemos entender-nos com outras filosofias e religiões se cada um pensar que sua convicção é a única correta. Buber acredita ingenuamente que todos pensam a mesma coisa quando ele diz "Deus". Mas, na verdade, ele pensa em Javé, o cristão ortodoxo pensa na Santíssima Trindade, o muçulmano em Alá, o budista em Buda, o taoista no Tao etc. Cada um se fixa no seu ponto de vista e acredita possuir a única verdade. Por isso advogo a modéstia, a disposição de aceitar que Deus se pode expressar em diferentes línguas. Mas são os teólogos das mais variadas denominações que se lançam nos braços de Deus e lhe prescrevem como ele deve ser, segundo a concepção deles. Isto não leva a nenhuma compreensão entre os seres humanos, da qual tanto necessitamos hoje. Meu aparente ceticismo significa na verdade apenas a tão necessária autolimitação epistemológica, da qual Buber parece não ter a mínima noção. Quando digo que Deus é em primeiro lugar nossa representação dele, isto é distorcido em: Deus "nada mais é do que nossa representação"... Na realidade, porém, há panos de fundo da existência que podemos intuir, mas não transferir para o campo de nosso conhecimento. De qualquer modo, uma ciência séria não pode sucumbir a esta presunção. A conexão com o transcendente é sem dúvida uma necessidade para nós, mas não nos confere qualquer poder sobre ele.

Com elevada consideração,

Sinceramente seu
(C.G. Jung)

1. A carta trata do livro *Presente e futuro* e de seu sentido.

2. A palavra difícil de decifrar da carta do Dr. Lang, escrita a mão, é "imanentismo". A frase refere-se à discussão entre Buber e Jung sobre a questão se Deus é "parte integrante" da psique humana, isto é, imanente a ela, ou se, de acordo com a concepção de Buber, é uma categoria transcendente. Cf. carta a Lang, de 14.06.1957, nota 1.

To Rev. Dr. H.L. Philp
Yetminster Vicarage
Sherborne, Dorset/Inglaterra

11.06.1957

Dear Mr. Philp,

Parece-me difícil responder à sua pergunta sobre "pecado" etc., pois não entendo onde o senhor encontra problemas no meu modo de usar estes termos "teológicos". Peço desculpas, mas falar de "pecado" ou de "mal" faz parte da linguagem comum, ao menos no meu caso. Falo deles de maneira bem simples, de modo que qualquer pessoa entende o que quero dizer. O mesmo acontece quando menciono a "queda". É a história de Adão, conforme a lemos no Gênesis. Por "pecado" entendo uma ofensa contra nosso código moral, por "mal" entendo o demônio preto, sempre operando na natureza humana, e por "queda", a desobediência do ser humano, primordial contra a ordem de Deus e o desvio dela. Esses termos designam situações psicológicas, simples e reconhecíveis, que se repetem continuamente em todas as vidas humanas. A "queda", por exemplo, corresponde à experiência de que toda pessoa se desvia desde o início do caminho prescrito. Sou tentado e até mesmo possuído sempre de novo por forças do mal (como São Paulo), e o pecado se mistura *nolens volens* ao meu pão de cada dia. Isto é expresso em todos os lugares e de todas as formas imagináveis. É mau, por exemplo, pisar na sombra do chefe ou passar por cima de uma pessoa dormindo. É pecaminoso tirar a pele do animal com faca de metal em vez de faca de pedra. Todo aquele que se preocupou com o eterno problema πόθεν τὸ κακόν (donde o mal?) inventou a história de uma ação desastrosa primordial. Uma pessoa moderna, com traços de covardia, vai explicar seu caráter dizendo, por exemplo, que o irmão de seu avô tinha epilepsia, e o psiquiatra acenará com a cabeça: "Eu já lhe disse isto".

Os termos "pecado" e "mal" nunca se apresentam "sem sentido" e não precisam de sistema especial para sua explicação, o mesmo acontecendo com os termos "bom" e "mau", pois são meramente expressões enfáticas de uma reação emocional, negativa, no seu uso coloquial ou de cada dia. No entanto, quando se trata de fortes emoções, podemos esperar sinais inconfundíveis de uma estrutura religiosa, isto é, um sistema "teológico" de referência. Mas qualquer um, contanto que seja louco o bastante, pode dizer "maldito seja Deus", sem estar consciente de uma estrutura especial por trás dos hábitos coloquiais.

Quando falo do "pecado original" entendo aquilo que a doutrina da Igreja chama de *peccatum originale*, o pecado de Adão, isto é, a desobediência do ser humano. Ela se mostra claramente na vida de cada um como desvio inevitável do estado de graça, onde ainda não tinha havido pecado. O pecado começa com o despontar da consciência, que implica também a consciência no sentido moral. Casos em que esta função está ausente são patológicos (insanidade moral).

Evidentemente sou incapaz – como qualquer outra pessoa – de definir o que é o mal em si. Não há nada que às vezes não possa ser chamado de mal. É uma qualificação subjetiva, apoiada num consenso mais ou menos geral. O desvio do nume parece ser entendido universalmente como o pior e mais original pecado.

Espero ter esclarecido minha posição quanto ao problema em questão. O início de outubro está excelente para mim.

Sincerely yours,
(C.G. Jung)

Ao Dr. med. Bernhard Lang
Langenthal/Suíça

14.06.1957

Prezado colega,

Sua carta me deixou pasmo[1]. O que Buber sabe de mim baseia-se exclusivamente naquilo que escrevi e apenas parte disso. Ele entendeu tudo errado porque não conhece nada de psicologia. Segundo meu modo de ver, a psicologia é uma ciência e não mera opinião. Quando se trata, pois, de alguma afirmação metafísica, trata-se do fato de a psique fazer tal afirmação. Uma ciência descritiva dirá portanto: é da natureza da psique fazer semelhantes afirmações, não importando de imediato o seu conteúdo. Até aqui é irrelevante se aquilo que ela afirma é uma verdade ou não. Se, portanto, permanecer dentro dos limites de minha ciência, a verdade estabelecida consiste na minha prova de que tais afirmações são feitas, mas não que elas são verdadeiras ou falsas no sentido filosófico ou religioso. A psicologia pode, além disso, estabelecer a relação em que estas afirmações se encontram para com a vida da psique e distinguir se elas são meras opiniões individuais ou convicções de validade coletiva.

Tomemos como exemplo o conceito de Deus. Ele se fundamenta comprovadamente em pressupostos arquetípicos que por sua natureza correspondem aos instintos. São estruturas dadas e herdadas, isto é, elementos instintivos do comportamento psíquico bem como do pensar. Possuem uma numinosidade natural (isto é, valor emocional) e, por causa disso, certa autonomia. Quando acontece, por exemplo, uma espécie de epifania, trata-se do aparecimento projetado dessa estrutura psíquica, ou seja, de um arranjo imagístico com base na estrutura arquetípica. Por causa da autonomia e numinosidade da estrutura, ela se apresenta como se tivesse vida própria, diversa da minha vida. Diz-se então: Deus apareceu. Mas, após exame mais cuidadoso, o que se pode constatar não é que Deus tenha aparecido, e sim a estrutura de um arquétipo. A ciência só pode ir até ali. Ela não pode ultrapassar este limiar e afirmar que seja o próprio Deus. Isto só pode fazê-lo a fé. Não apelo para esta fé. Considerando a imperfeição humana, satisfaço-me com a verificação de que vi uma imagem divina, mas da qual não posso afirmar se foi o próprio Deus. Fora dessa imagem e de suas qualidades dinâmicas, é impossível para mim dizer qualquer coisa sobre a natureza de Deus.

Quando afirmo (em *Presente e futuro*) que a independência política e social do indivíduo só é garantida pelo sentimento de "estar ele ancorado em Deus", quero dizer que ele anseia pela conexão com esta experiência viva interior. Ninguém em são juízo dirá que a ideia que ele se formou de alguma coisa pela experiência é idêntica à coisa em si. Se afirmasse isto, colidiria imediatamente com o fato de haver milhares de outras opiniões sobre a mesma coisa, algumas semelhantes à sua, outras totalmente diferentes, e isto porque ninguém concorda tanto com o outro a ponto de suas ideias serem idênticas.

Buber desconhece completamente a existência da psique individual. Acredita também que pode preterir toda outra ideia de Deus, porque sua imagem de Deus é *a* imagem de Deus.

Não nego de forma alguma a possibilidade de que nossa estrutura psíquica projete a imagem de algo. Mas não há razão para supor que a imagem psíquica corresponda plenamente, em parte, ou em nada à natureza de seu pano de fundo incognoscível. Não podemos ir além de nossos limites; tudo o que podemos afirmar são nossas ideias. Ninguém pode esquivar-se dessa autolimitação do julgamento humano; ela pertence à limitação da própria natureza humana. A psique tem sua realidade intrínseca, da qual a gente não consegue libertar-se, acreditando em algo. O que eu afirmo não é crença, mas conhecimento, não do próprio Deus, mas dos fatos da psique. Parece que estes são totalmente desconhecidos a Buber, apesar de Platão já haver exposto com magistral clareza todo este problema na alegoria da caverna[2].

Voltando à estrutura psíquica, que projeta as imagens ou faz "afirmações metafísicas", não sabemos em que ela se baseia. Só sabemos que existe alguma coisa. Disso resulta o postulado de que existe algo para além da estrutura psíquica – um "portador", uma *ousia* – sobre o qual simplesmente é impossível e por princípio fazer qualquer afirmação, porque seria novamente apenas uma ideia.

Esperando ter-me expressado com suficiente clareza, subscrevo-me com a alta consideração.

Sinceramente seu
(C.G. Jung)

1. Dr. Lang partiu da afirmação de Buber de que Jung entende "Deus" como um "conceito quase intrapsíquico" e que, portanto, nega um poder transcendente. Mas Lang cita a seguinte passagem de *Presente e futuro* (1957, OC, vol. X, par. 509): "[...] a experiência inequívoca de uma relação personalíssima entre o ser humano e uma instância extramundana, que se apresenta como um contrapeso ao 'mundo e sua razão'", e acrescenta a pergunta se a crítica de Buber procedia, uma vez que a citação não deixava concluir para a concepção de um "Deus imanente", isto é, um Deus (apenas) como componente da psique humana. – Cf. cartas a Lang, de 08.06 e junho de 1957. Sobre Buber, cf. carta a White, de 30.04.1952, nota 5.

2. Livro VII de *A República*.

To Stephen I. Abrams[1]
Chicago (Ill.)/EUA

20.06.1957

Dear Mr. Abrams,

É realmente notável que um jovem de 18 anos tenha planos de trabalhar no campo da parapsicologia. Como você sabe, o trabalho do Professor Rhine é a única abordagem até agora do estudo dos fenômenos parapsicológicos. O método estatístico requer uma organização experimental de natureza bem simples: seu princípio é reunir o máximo de material no menor tempo possível, pois somente grandes números são de algum valor. Isto exige meios apropriados e muitos colaboradores. Se for capaz de inventar uma questão bem simples e um método correspondente, pode continuar neste tipo de pesquisa. Mas é precisamente aqui que está a dificuldade. É muito complicado encontrar tal questão. Devo confessar que quebrei a cabeça com isso, e ainda não superei a dificuldade.

Minha abordagem da parapsicologia foi bem diferente. Em vez de me colocar a questão da verdade estatística em geral dos fenômenos, tentei encontrar uma abordagem psicológica, isto é, responder à pergunta: Sob que condições psíquicas ocorrem os fenômenos parapsicológicos? No entanto, esta abordagem é igualmente difícil porque exige quantidade incomum de conhecimento da psicologia, sobretudo da psicologia do inconsciente. Este conhecimento só pode ser adquirido com trabalho prático neste campo. Como se trata de providências altamente complexas, não é possível chegar a resultados estatísticos comuns, assim como não é possível fazer experiências com fatos complexos que podem estar cheios de variações casuais. Para lidar com fatos tão complicados, há necessidade de certos padrões hipotéticos que sirvam de comparação. Eu os chamo de arquétipos. Para entender este conceito e perceber a atuação dessas estruturas é preciso ter um bom conhecimento de psicologia prática. Se você der uma olhada nos meus outros escritos terá uma ideia do que mais se faz necessário nesse aspecto.

Você estará completamente enganado se pensar que há alguma filosofia por trás disso tudo. Há fatos por trás, mas, devido à falta de conhecimento psicológico, as pessoas não os percebem. Você precisa entender que a parapsicologia é um dos problemas mais difíceis já propostos à mente humana. Até mesmo a física nuclear é mais fácil. O problema da parapsicologia é que ela coloca em questão o próprio vigamento de nossa compreensão e explicação: o tempo, o espaço e a causalidade. Eis a razão por que retornei ao problema de Geulincx e Leibniz[2] para encontrar um possível princípio de conexão diferente da causalidade. O princípio da sincronicidade representa a particularidade essencial de um mundo não estatístico, onde os fatos não são medidos por números, mas por seu significado psicológico.

Eu não diria que é impossível tratar dos problemas da sincronicidade com meios experimentais. O método de Rhine mostra o contrário, mas qualquer passo além dos de Rhine vai complicar a questão da probabilidade e se tornar inviável. Por outro lado, a abordagem pelo lado da psicologia exige uma profunda revolução de nosso pensar científico, principalmente o reconhecimento de todo material casual e fortuito, excluído pela estatística, isto é, exatamente as coisas que vão para debaixo da mesa quando se emprega o princípio estatístico. Mas como existem fatos improváveis – caso contrário não haveria média estatística – ficamos ainda assim no chão firme dos fatos, por mais improváveis que sejam. Foi meu objetivo complementar a óbvia insuficiência da verdade estatística através de uma descrição de fatos improváveis e de sua natureza, ao menos dentro dos limites da psicologia. Compreendi bem cedo que os fatos parapsicológicos estavam interligados com condições psíquicas e não podiam ser realmente entendidos sem a psicologia. Evidentemente continua sendo em nossos dias o problema mais importante mostrar que eles de fato existem, sendo um problema ulterior o *como* eles existem. Isto é tarefa da psicologia do inconsciente.

Quanto eu saiba só há dois modos de se abordar a parapsicologia: um é o método experimental sem a psicologia; o outro é o método psicológico sem recurso a nenhum método estatístico.

Espero ter-lhe dado um panorama geral da situação hoje em dia.

I remain yours,
(C.G. Jung)

1. Como estudante, Stephen I. Abrams trabalhou no laboratório parapsicológico da Duke University, Durham, N.C./EUA, sob o professor J.B. Rhine. Planejava uma pesquisa experimental para comprovar a teoria junguiana da sincronicidade e pediu a opinião de Jung. Em 1961 tornou-se diretor do "Parapsychological Laboratory" na Universidade de Oxford.

2. Arnold Geulincx, 1624-1699, filósofo holandês. Para o problema de Geulincx e Leibniz, cf. carta a Bender, de 12.02.1958, nota 4.

Ao Dr. med. Bernhard Lang
Langenthal/Suíça

Junho de 1957

Prezado colega,

Muito agradeço sua amável carta que me diz que a controvérsia Buber-Jung é um assunto sério para o senhor[1]. E realmente o é, porque aqui desempenha o papel principal aquele limiar que separa duas épocas. Quando falo daquele limiar quero significar a teoria do conhecimento que começou com Kant. Neste limiar separam-se as mentes: aquelas que entenderam Kant e aquelas que não conseguem segui-lo. Não vou entrar aqui na *Crítica da razão pura*, mas tentar esclarecer as coisas de um outro ponto de vista mais humano.

Tomemos, por exemplo, um crente, que possui aquela atitude de fé de Buber. Ele vive no mesmo mundo que eu e parece ser uma pessoa como eu. Mas quando coloco em dúvida a validade absoluta de suas afirmações, então ele me diz que é o feliz detentor de um "receptor", isto é, de um órgão com o qual ele reconhece e ausculta o transcendente. Sou obrigado então a refletir sobre mim mesmo e perguntar se também possuo tal receptor que pode tornar conhecido o transcendente, isto é, aquilo que ultrapassa o consciente e, por isso, é incognoscível *per definitionem*. Mas não encontro nada disso em mim. Descubro, por exemplo, que não sou capaz de conhecer o infinito e o eterno, ou o paradoxal, pois isto ultrapassa minha capacidade. Mas posso dizer: eu sei o que é infinito e eterno; posso até mesmo afirmar que experimentei isto; mas conhecê-lo é impossível, porque a pessoa humana não é um ser infinito nem eterno. Nós só conseguimos conhecer partes, mas não o todo, o eterno e o infinito. Quando, pois, o crente me assegura que eu não possuo o órgão que ele possui, está me alertando para minha humanidade, isto é, para minha limitação, que ele parece não ter. Ele é um ser superior que constata com pesar, por assim dizer, minha deformidade ou mutilação. Por isso falo também dos *beati possidentes* da fé; e é isso que eu reprovo nos crentes desse tipo, isto é, que eles se colocam acima da estatura e limitações humanas e não querem admitir que se vangloriam de uma posse que os distingue das pessoas comuns. Eu começo com a confissão do não saber, do não conhecer e do não poder. Os crentes começam afirmando o saber, o conhecer e o poder. Só existe, portanto, uma única verdade, e quando perguntamos aos crentes qual é esta verdade, recebemos as mais diversas respostas, onde apenas uma coisa é certa: aquele que crê anuncia sua própria e particular verdade; em vez de dizer: a mim parece ser isto, ele diz: é assim, e todos os demais estão *eo ipso* errados.

Sou da opinião de que seria mais humano, mais decente e mais apropriado se nos informássemos prévia e cuidadosamente sobre aquilo que os outros pensam e se nos expressássemos de modo menos absoluto. Seria bem mais conveniente do que professar opiniões subjetivas e condenar as opiniões alheias como erradas. Se não fizermos isto, a inevitável consequência será que apenas nossa opinião subjetiva terá validade, que só eu possuo o verdadeiro receptor e que todos os outros são aleijados porque não possuem um órgão tão importante como a fé. Buber não tem consciência do fato de que exprime sua fé subjetiva quando diz "Deus" e que imagina sob "Deus" algo que os outros não poderiam endossar. O que diria, por exemplo, um budista sobre o conceito que Buber tem de Deus? Minha limitação humana, que não afirma conhecer Deus, só pode considerar relativa qualquer afirmação sobre Deus e coisa semelhante, porque é subjetivamente condicionada – e isto por respeito a meus irmãos, cuja concepção de fé, diferente da minha, tem tanta razão de ser quanto a minha. Na qualidade de psicólogo tentarei levar a sério e entender estas diferenças. Mas nunca considerarei ser uma deformidade, isto é, uma falta de algum órgão, se o outro não partilha da minha opinião. Como poderia entender-me com as pessoas em geral, se me aproximasse delas com a pretensão de absolutismo, próprio do crente? Estou certo de minha experiência subjetiva, mas devo impor-me toda restrição concebível na interpretação dela. Por isso eu me cuido para não me identificar com minha experiência subjetiva. Aliás, considero qualquer identificação desse tipo como grave falta psicológica, indicativo da ausência total de crítica. Por que fui aquinhoado com certa inteligência, se não a uso nesses assuntos decisivos? Em vez de estar feliz e satisfeito com o fato de minha experiência interior, sirvo-me dela apenas para elevar-me, através de minha crença subjetiva, acima de todos os outros que não aceitam minha interpretação da experiência. Não está em discussão a experiência em si, mas a interpretação absolutizadora que dela se faz. Só entramos em contato com um efeito, que nem de longe basta para dar uma ideia da natureza de Deus. Se eu tiver uma visão de Cristo, nem de longe fica provado que era Cristo, conforme nos ensina o bastante a experiência psiquiátrica. Por isso sou extremamente reservado quanto às profissões de fé. A qualquer tempo confesso a experiência interior, mas não uma interpretação metafísica da mesma, pois neste caso estaria reivindicando implicitamente um reconhecimento universal. Ao contrário, devo confessar que não posso interpretar a experiência interior em sua realidade metafísica, pois seu cerne essencial é de natureza transcendental e ultrapassa minha possibilidade humana. Estou naturalmente livre para acreditar algo sobre isto, mas é meu preconceito subjetivo, com o qual não quero importunar os outros e nem posso provar que tenha validade geral. Ao contrário, existem muitas razões para dizer que não seja de validade geral.

Infelizmente devo dizer que tudo o que as pessoas afirmam de Deus não passa de palavreado; ninguém pode conhecer Deus. Conhecer significa ver alguma coisa de tal modo que todos possam conhecê-la; e para mim não significa absolutamente nada se eu professo um conhecimento só meu. Tais pessoas podemos encontrá-las nos manicômios. Considero, portanto, a proposição de que a fé seja um conhecimento como absolutamente enganosa. O que na verdade acontece a estas pessoas (que afirmam semelhante coisa) é que foram subjugadas por uma experiência interior. Fazem então uma interpretação, tão subjetiva quanto possível, e acreditam nela, ao invés de permanecerem fiéis à experiência primordial. Tomemos o exemplo de nosso santo nacional Nicolau (Bruder Klaus): ele vê um rosto profundamente aterrador e o interpreta espontaneamente como Deus; vira e revira isto por tanto tempo até que surja daí a imagem da "Trindade", que ainda hoje está dependurada na Igreja de Sachseln[2]. Esta imagem nada tem a ver com a experiência original, mas representa o *Summum Bonum* e o amor divino que são totalmente diferentes do terror javista de Deus, ou do "fogo da ira", de Böhme. Nicolau deveria ter pregado segundo este rosto: "Deus é terrível". Mas ele acreditou em sua interpretação ao invés da revelação original.

Isto é um fenômeno típico de fé e a partir dele se percebe como surge semelhante "confissão de fé". Pelo fato desse assim chamado conhecimento ser ilegítimo, ele se comporta de modo fanático devido à insegurança interna e produz um zelo missionário para impedir que, pelo concurso de muitos, fique abalada a certeza já bem vacilante da interpretação subjetiva. Mas a certeza da experiência interior produz uma certeza ainda maior do que a interpretação que dela fizermos. Quando Buber diz "minha experiência é Deus", não percebe que está fazendo uma interpretação para forçar todos a terem sua opinião – porque ele mesmo está na incerteza; pois, em vista do grande mistério, nenhum mortal pode garantir que possa dar uma interpretação confiável, caso contrário já não seria mistério. Vê-se com muita clareza que estas pessoas já não possuem nenhum mistério como, por exemplo, aqueles oxfordistas que acreditam que podem por assim dizer chamar Deus ao telefone.

Se me perguntar se faço parte do grupo dos crentes, devo responder "não". Permaneço fiel à minha experiência interior e tenho *pistis* no sentido paulino[3], mas não me atrevo a acreditar na minha interpretação subjetiva, o que me pareceria extremamente escandaloso em relação a meus irmãos humanos. Eu "abomino" a fé de que eu ou um outro esteja de posse de uma verdade absoluta, ou de que eu seja um aquinhoado especial, com um órgão a mais do que as outras pessoas. Considero esta impropriedade, por assim dizer, como um erro psicológico, uma inflação oculta. Quando uma pessoa tem experiências interiores, está sempre em perigo de identificar-se com elas e imaginar que é alguém com dotes especiais ou um ser especial que possui um órgão a mais do que os outros. Percebo claramente que é difícil às pessoas distanciar-se de suas próprias experiências para distinguir entre a experiência como tal e o uso que dela fazem. Se ficássemos apenas com a própria experiência, daí resultariam conclusões bem significativas, que poderiam abalar ao máximo a interpretação. É óbvio que se queira evitar essas consequências e, por isso, minha psicologia crítica é um espinho na carne dessa gente. Também posso confirmar-lhes que considero como objeto da psicologia todas as declarações de fé que, por exemplo, Buber tem em mente, pois são afirmações humanas subjetivas sobre fatos da experiência, cuja natureza real não pode ser penetrada pela pessoa. Essas experiências contêm um verdadeiro mistério, mas não as afirmações que se fazem a respeito delas. Assim, por exemplo, permaneceu um verdadeiro mistério para o irmão Nicolau o que queria significar de fato aquele rosto terrível de Deus.

Gostaria de dizer de passagem que o conceito "transcendente" é um conceito relativo. Transcendente só é aquilo que nos é incógnito, ou além do nosso conhecimento; e do transcendente não se sabe ao certo se é duradouramente inacessível ou só no presente. Muita coisa foi transcendente para a época passada, mas hoje em dia é objeto da ciência. Isto nos deveria tornar cautelosos, sobretudo quando se trata das coisas últimas sobre as quais nada podemos saber. Não se pode afirmar que a fé nos torna capazes de ter um conhecimento semelhante ao de Deus. Nós cremos simplesmente que podemos ser semelhantes a Deus, mas devemos aceitar modestamente que não podemos impor a ninguém esta convicção de sermos semelhantes a Deus. Nunca poderíamos provar que isto não seria uma presunção incrível. Na minha opinião, não passa disso.

Tudo o que lhe escrevi é teoria kantiana do conhecimento, expressa em linguagem psicológica corriqueira. Espero ter assim conseguido atingir o seu ouvido.

No caso de não lhe parecer compreensível o meu conceito de interpretação, gostaria de acrescentar algumas palavras: a interpretação da fé procura representar o conteúdo experimentado de um rosto, por exemplo, como a manifestação visível de um ser transcendental e afirma que esta representação é a verdade absoluta. Contra esta interpretação está o meu ponto de vista que também interpreta em certo sentido. Ele interpreta com base na comparação de *todas* as pressuposições tradicionais e não afirma que assim o próprio transcendente é percebido, mas insiste apenas na realidade do fato de que uma experiência aconteceu e que ela é exatamente assim como foi experimentada.

Eu comparo esta experiência com todas as experiências dessa espécie e chego à hipótese de que no campo do inconsciente teve lugar um processo que se manifesta de várias formas. Tenho consciência de que este processo realmente aconteceu, mas não sei de que natureza ele é: se é psíquico, se provém de um anjo ou do próprio Deus. Estas perguntas devem ficar em aberto, e nenhuma fé vai ajudar-nos a respondê-las, pois nosso conhecimento é incapaz de chegar até lá.

Com a elevada consideração,

Sinceramente seu
(C.G. Jung)

1. A carta de Lang trata novamente da relação Jung-Buber (cf. carta a Lang, de 08.06. e 14.06.1957). Nela incluiu a pergunta se Jung se contava entre os crentes e se sua afirmação de que "a consciência moderna abominava a fé" era uma expressão legítima do cientista sobre o estado atual da consciência, ou se ele mesmo se identificava com ela.

2. Cf. carta a Blanke, de 02.05.1945, nota 8.

3. Por "pistis" entende Jung: "fidelidade (lealdade), fé e confiança numa determinada experiência de natureza numinosa [...]; a conversão de Paulo é exemplo marcante disso" (cf. *Psicologia e religião*, 1940, em OC, vol. XI, par. 9).

À Aniela Jaffé
Zurique

Bollingen, 09.07.1957

Querida Aniela!

Muito obrigado pela longa carta e pelos belos cartões-postais! Está quente aqui embaixo, mas à sombra é perfeitamente suportável. Já posso, inclusive, corrigir algo sobre os UFOs e ditar cartas desagradáveis. [...]

Ao contrário de mim, você se atormenta com o problema ético. Eu sou atormentado por ele. É um problema que não se deixa prender dentro de uma fórmula arquitetada, uma vez que aqui se trata da vontade viva de Deus. Como Ele é sempre mais forte do que eu, sempre me vejo confrontado com Ele: Eu não me precipito nele, mas nele sou precipitado; não lhe oponho resistência, mas sou obrigado a lutar contra, pois o poder de Deus é sempre maior que a minha vontade. Só poderei ser servo, mas com conhecimento e, por isso, posso fazer correções infinitesimais *for better or worse*. Eu dependo do veredicto de Deus, mas não Ele do meu. Por isso não posso discutir sobre ética. Considero isto antiético porque é uma presunção. Deus me coloca diante de fatos com os quais devo me virar. Se Ele não os rejeitar, não o posso eu. Eu só posso interferir no mínimo.

Boas férias!

Seu
C.G. Jung

To Mr. J.G. Thompson
Georgetown/Índias Ocidentais Inglesas

23.07.1957

Dear Mr. Thompson,

Se alguém tem uma visão, não significa que seja necessariamente doente mental. Em certos momentos, pessoas bem normais podem ter visões. Paulo com certeza não era doente mental, nem foi extraordinária sua visão[1]. Conheço bom número de casos de visões de Cristo ou de audição de uma voz interior. Sendo um homem profundamente religioso, era quase de se esperar que São Paulo tivesse tais experiências, pois também recebeu seu Evangelho através de revelação direta[2]. Como mostra a experiência, a figura que alguém vê não é necessariamente idêntica à pessoa com que ele a identifica, assim como o quadro de um artista não é idêntico ao original; mas é óbvio que a visão de Cristo foi uma experiência religiosa da máxima importância para São Paulo.

Sendo eu um homem idoso, não consigo responder todas as cartas. Se tiver mais algumas perguntas importantes para o seu bem-estar espiritual, minha secretária irá respondê-las.

Para cobrir minhas despesas, queira depositar 10 libras na minha conta no Schweizerischen Bankgesellschaft, 99 Gresham Str. London E.C. 11.

Faithfully yours,
(C.G. Jung)

1. At 9,1s.; 22,6s.; 26,12s.
2. 2Cor 12,1s.

À Meggie Reichstein
Zurique

02.08.1957

Prezada Dra. Reichstein,

Muito lhe agradeço o enorme esforço de estudar a fundo o livro de Sumantri Hardjo Rakosa, *Die Vorstellung vom Menschen in der indonesischen Religion als Basis einer Psychotherapie* e fornecer-me um relato tão claro de seu conteúdo. Também facilitou minha tarefa o resumo que a senhora fez das observações dele sobre minha psicologia. Elas me dão uma ideia das limitações da compreensão dele.

A senhora está certa em dizer que o autor não assimilou muita coisa de minhas ideias. Nas suas próprias ideias ele fica preso à concepção tradicional do Oriente. Considera-me equivocamente um filósofo, o que não sou de forma nenhuma. Sou antes um psicólogo e empírico que não vê o sentido da vida na anulação dela em favor de uma chamada "possibilidade de vida transcendente", da qual ninguém sabe como se apresenta. Somos pessoas humanas e não deuses. O sentido da evolução humana está na realização *desta* vida. Ela é rica o suficiente em maravilhas. E não numa separação deste mundo. Como posso realizar o sentido de minha vida se me coloco como objetivo o "desaparecimento da consciência individual"? O que sou sem esta minha consciência individual? Também aquilo que chamei de "si-mesmo" atua apenas graças a um "eu", que escuta a voz daquele ser maior.

Temo que a levei a uma tarefa bem ingrata com o estudo do livro. O fato de a senhora se ter desincumbido com tanta paciência e lucidez foi para mim de grande ajuda.

Com saudações cordiais.

Sinceramente seu
(C.G. Jung)

À Ellen Gregori
Marquartstein (Oberbayern)/Alemanha

03.08.1957

Prezada Senhorita Gregori,

Li com muito interesse o seu ensaio "Rilkes psychologisches Wissen im Lichte der Lehre von C.G. Jung"[1]. Sua exposição e belas citações deixam claro que Rilke bebeu das mesmas fontes que eu, isto é, do inconsciente coletivo. Ele como poeta ou visionário e eu como psicólogo e empírico.

Permita-me algumas observações – precisamente pela estima que tenho ao seu trabalho – que me ocorreram durante a leitura. Não consigo livrar-me da sensação de que Rilke, com seu grande dom poético e sua intuição, nunca foi totalmente uma pessoa de seu tempo. Naturalmente, poetas são fenômenos atemporais, e a falta do moderno nele é uma comprovação de genuína força poética. Muitas vezes, porém, me lembra uma pessoa medieval: ora trovador, ora monge. Sua linguagem e a forma que deu às imagens tem algo de transparente como as janelas das catedrais góticas. Mas ele não tem aquilo que faz a completude da pessoa: corpo, peso, sombra. Seu elevado etos, sua capacidade de abnegação e talvez também sua fragilidade corporal o tenham levado naturalmente para um objetivo de perfeição, mas não de completude. Esta, parece-me, tê-lo-ia quebrado.

Seria bom se alguém ordenasse e apresentasse os dados internos e externos desta vida com a necessária compreensão psicológica. Isto seria realmente de grande utilidade.

Gostaria de agradecer mais uma vez o ensaio e envio-lhe cordiais saudações.

Sinceramente seu
(C.G. Jung)

1. O ensaio de Gregori sobre Rilke nunca foi publicado.

To Betty Grover Eisner, Ph.D.
Los Angeles (Calif.)/EUA

12.08.1957

Dear Mrs. Eisner,

Muito obrigado por sua gentil carta. Experiências com mescalina e drogas semelhantes são de fato bem interessantes, pois descobrem uma camada do inconsciente à qual só teríamos acesso sob condições psíquicas especiais. É um fato que se produzem percepções e experiências como nos estados místicos ou na análise de fenômenos inconscientes, bem como nas condições orgiásticas e de embriaguez dos primitivos.

Não vejo nenhuma felicidade nessas coisas, pois a pessoa simplesmente cai nessas experiências sem poder integrá-las. O resultado é uma espécie de teosofia, mas nenhuma aquisição moral e mental. É o homem eternamente primitivo com a experiência de sua terra de fantasmas, mas nenhum progresso em seu desenvolvimento cultural. Ter visões religiosas desse tipo tem mais a ver com fisiologia e nada com religião[1]. Trata-se apenas da observação de fenômenos mentais que podem ser comparados com imagens semelhantes sob condições de êxtase. A religião é um modo de vida, uma devoção e submissão a certos fatos superiores – um estado de espírito que não pode ser injetado através da seringa nem engolido como pílula. Na minha opinião é um método útil para o bárbaro peiote, mas lamentável retrocesso para pessoas cultas, um simples "sucedâneo" (*Ersatz)*, um substituto fácil da verdadeira religião.

Sincerely yours,
(C.G. Jung)

1. A destinatária havia escrito que para ela o LSD era "uma droga quase religiosa".

A uma destinatária não identificada
Suíça

17.08.1957

Prezada Senhorita Roswitha,

Muito obrigado pelas gentis felicitações por meu aniversário. Tomei conhecimento com muito pesar da doença de seu pai e só desejo que as coisas tomem logo um rumo melhor.

Interessou-me bastante ouvir sobre o êxito de sua conferência. Meu livrinho sobre Jó é evidentemente destinado a pessoas mais velhas e sobretudo àquelas que já possuem certo conhecimento de psicologia. Também é preciso já ter refletido sobre todo tipo de questões religiosas para entender corretamente meu escrito. Pelo fato de haver poucas pessoas que satisfaçam estas condições, ele é entendido erroneamente por muitos. É preciso conhecer algo do inconsciente. Como introdução poderia servir outro pequeno escrito meu, *A psicologia do inconsciente*, e, para o problema religioso, *Psicologia e religião*. Para maior aprofundamento servem os livros *Symbolik des* Geistes e *Von den Wurzeln des Bewusstseins*.

É sem dúvida correto que enfrente primeiro o problema da sociedade; ali aprenderá a conhecer e entender outras pessoas e será obrigada a encontrar uma base comum de entendimento.

Sobre a pergunta do jovem arquiteto – do que significaria para Deus se Ele exigisse cristianismo de nós – respondo que, em primeiro lugar, é preciso entender o que significa cristianismo. Isto é obviamente a psicologia do cristão, e trata-se de um fenômeno complicado que não se pode pressupor conhecido sem mais. E o que pode significar alguma coisa para Deus não o podemos saber, pois não somos Deus. É preciso ter sempre presente que Deus é um mistério e tudo o que dizemos sobre Ele é dito e acreditado por humanos. Nós produzimos imagens e conceitos para nós, e quando falo de Deus sempre me refiro à imagem que as pessoas dele fazem. Mas ninguém sabe como Ele é, pois senão também Ele seria um Deus. Cristo, porém, nos chama a atenção para o fato de termos em certo aspecto parte na divindade, ao dizer "Vós sois deuses"[2]. Sobre isto encontrará muita coisa em *Resposta a Jó*.

Sua pergunta – por que é mais difícil praticar o bem do que o mal – não está bem colocada, porque normalmente é mais fácil praticar o bem do que o mal. É verdade que nem sempre é fácil fazer o bem, mas as consequências de "praticar o bem" são muito mais agradáveis do que as de "praticar o mal", de modo que com o tempo a gente faz o bem e evita o mal por simples razão prática. É claro que o mal se intromete em nossa boa intenção e, para tristeza nossa, nem sempre pode ser evitado. A tarefa então é compreender por que isto é assim e como pode ser suportado. Em última análise, bom e mau são julgamentos humanos; o que é bom para alguém é mau para outro. Mas com isso não ficam abolidos o bem e o mal; este conflito está presente sempre e em toda parte e está relacionado com a vontade de Deus. Trata-se, na verdade, da questão se reconhecemos a vontade de Deus e se queremos cumpri-la.

A outra pergunta – qual o significado que a Bíblia atribui à sociedade – é da maior importância, pois a solidariedade e a vida em comum da humanidade são uma das questões básicas da existência. Mas a questão se complica, pois o indivíduo também deve apresentar-se como autônomo, o que só é possível se a comunidade possui apenas valor relativo. Caso contrário ela submerge e até destrói o indivíduo e, então, ela própria deixa de existir. Em outras palavras: uma verdadeira comunidade só pode ser formada por indivíduos autônomos, que são seres sociais só até certo ponto. Só eles podem realizar a vontade de Deus, colocada em cada um de nós.

Os caminhos que levam a uma verdade comum são muitos; por isso inicialmente cada um deve defender sua própria verdade que, aos poucos, vai sendo reduzida a uma verdade comum, através da troca de ideias. Tudo isto requer compreensão psicológica e empatia com os diversos pontos de vista. Uma tarefa comum para cada grupo que procura uma verdade comum.

Com os melhores votos.

Sinceramente seu
(C.G. Jung)

1. A destinatária da carta era uma jovem de aproximadamente 20 anos de idade.
2. João 10,34.

To Mr. J. Vijayatunga
Nova Delhi/Índia

Agosto de 1957

Dear Sir,

Dei uma olhada no seu interessante livrinho *Yoga – the Way of Self-Fulfilment*[1]. Também li com atenção sua carta. A situação espiritual de vocês na Índia, onde estive aproximadamente vinte anos atrás, antes de ela se tornar independente, é praticamente igual à nossa, ainda que nossa história seja bem diferente. Estamos ambos numa encruzilhada: num tempo em que os caminhos cheios de sentido e traçados no passado se tornaram obsoletos, não importando se bem-vindos ou não, se certos ou errados, verdadeiros ou falsos, o fato é este. Somos confrontados com o ataque de forças destrutivas, ora de um, ora de outro lado. Os dois polos, o par de opostos, são representados pela América e Rússia. Elas não são os verdadeiros agentes, mas as principais vítimas da separação dos opostos na humanidade de hoje, que havia conseguido a unidade do ser no auge da cultura medieval, mas aos poucos foi descendo e, fascinada pelas dez mil coisas, caiu nos opostos. Ela não é mais *nirdvandva*, mas dividida entre os opostos por sua avidez. Partida em duas metades, uma consciente de uma coisa e a outra, de outra coisa, e ambas já não veem seu outro lado.

O rumo do tempo é unilateralidade e discórdia e, por isso, acontecerá a dissociação e separação dos dois mundos. Nada impedirá este fato. Até agora não temos resposta que apele à consciência geral, nada que possa funcionar como ponte. O senhor naturalmente recorre à ioga, raciocinando com acerto que, se ela já foi uma vez o caminho certo, poderia sê-lo também para o nosso tempo. Mas o mundo entrou pelo caminho errado e ninguém mais presta atenção aos caminhos antigos, apesar de continuar válida a verdade sobre a qual se assentam. O mesmo acontece no Ocidente, onde alguns fazem tentativas inúteis para reavivar nossos princípios cristãos, mas estes estão adormecidos.

Contudo, à base do budismo e do cristianismo há uma verdade válida, cuja aplicação moderna ainda não foi entendida.

> "Toda consciência, todo vínculo,
> toda individualidade – tudo acabou,
> cortado pela raiz, como uma
> palmeira sem raízes, transformado em não ser,
> não mais apontando para o futuro.
> Liberto da consciência, dos vínculos,
> da individualidade, está o Tathagata"[2].

"Tathagata"[3] significa literalmente traduzido "quem assim está andando". As palavras descrevem o efeito que devemos suportar para ficarmos livres de nossas ilusões. Com toda a nossa consciência, precisamos aprender a viver, por assim dizer inconscientemente; só assim cumprimos a vontade superior, trilhando o caminho de um Tathagata. Se formos conscientemente um e inconscientemente outro, já não saberemos quem somos. Mas, apesar disso, a gente é, e é Tathagata. Por isso não importa se as mulheres têm filhos ou não, se alguém possui um carro ou não, se alguém é isto ou aquilo – cada pessoa é o si-mesmo, que é maior do que a pessoa. As circunstâncias vão ensinar-nos esta verdade.

My greetings to you!

Yours sincerely,
(C.G. Jung)

1. O livro foi publicado em 1953, em Londres.

2. A citação é tirada do próprio livro de Vijayatunga.

3. Heinrich Zimmer traduz a palavra "Tathagata" como "Aquele que chegou (agata) à verdade (tatha)" (em *Philosophie und Religion Indiens*, Zurique, 1961). É a designação mais elevada de Buda.

Ao Dr. Attila Fáj[1]
Gênova/Itália

Setembro de 1957

Prezado Doutor,

Receba meus agradecimentos pela gentil remessa de seu artigo sobre a questão Madách, publicado no *Osservatore letterario*, e da síntese em alemão "Wort und Wahrheit" em *Monatsschrift für Religion und Kultur*. Não conheço a obra de Madách, *A tragédia do homem*, mas posso entender o seu conteúdo, pelo que o senhor escreve, e imaginar o que significam estas visões para o povo húngaro[2]. O fato é que autênticos poetas criam a partir de uma visão interior que, sendo atemporal, desvela por isso também o futuro, se não as realidades, ao menos simbolicamente. É interessante que se tenha levantado uma voz tão insistente para advertir, na metade do século passado, quando começou propriamente a "época da tecnologia". Como no *Fausto* de Goethe, também aqui parece que o elemento feminino (Eva) sabe a respeito do segredo que pode atuar contra a total destruição da humanidade ou contra o desespero do homem em face de um tal desenvolvimento. Talvez algum dia apareça um poeta com a coragem de dar expressão às vozes das "mães". Só um até agora caiu sob as minhas vistas – e que, além do mais, não tem dimensão mundial como poeta – isto é, o emigrante austríaco Hermann Broch[3].

Com a expressão da mais elevada consideração,

Sinceramente seu
(C.G. Jung)

1. Dr. Attila Fáj, emigrante da Hungria comunista e professor de língua húngara na Universidade de Gênova.
2. Na poesia filosófica do dramaturgo húngaro Imre Madách, 1823-1864, *A tragédia do homem* (1861), Adão e Eva vivem a história futura e a destruição da humanidade como um sonho.
3. Cf. carta a Jaffé, de 22.10. e 26.12.1954.

Ao Senhor A. Gerstner-Hirzel
Bettingen-Basileia

Setembro de 1957

Prezado Senhor Gerstner,

Infelizmente não é possível responder com poucas palavras às suas perguntas; o problema é complicado demais. Queria frisar antes de mais nada que tais desenhos etc., parece que se encontram sempre lá onde se pratica a meditação e outras atividades afins. Estas podem ser psicologicamente resumidas sob o conceito de concentração da atenção (algo assim como "devoção"). A concentração é necessária caso exista a possibilidade ou mesmo a ameaça de um caos psíquico, isto é, caso falte o controle central através de um eu forte ou de uma ideia superior dominante. Esta situação é frequente em sociedades primitivas ou bárbaras; mas também em camadas superiores, quando uma ordem predominante até então se vê afrouxada ou ameaçada de desmoronamento e nova ordem deve ser posta no centro. Nestes casos, ou é apresentada a nova ideia dominante, respectivamente seu símbolo, ou o caótico movimentado e múltiplo é de certa forma domesticado em ornamentos rítmicos. Belo exemplo disso é a arte árabe, que acompanha a nova ordem psíquica de um primitivo até o estado de espírito bárbaro no islã. Na arte budista, bem como nos manuscritos com iluminuras e esculturas célticos, os complicados esquemas e a formação rítmica do pano de fundo e do ambiente têm como objetivo colocar em formas harmônicas o caos sinistro de uma psique desordenada. A este mesmo objetivo servem nos tempos modernos os mandalas, muitas vezes bem complicados, de pacientes neuróticos ou psicóticos, ou de pessoas normais que se defrontaram fatalmente com a desorientação caótica de nossa época. Exemplos disso pode encontrar no livro que publiquei com Richard Wilhelm *O segredo da flor de ouro* e no meu livro *Configurações do inconsciente*. Gostaria de recomendar-lhe também o livro de H. Zimmer, *Kunstform und Yoga im indischen Kultbild* (Berlim, 1926).

Observei entre os modernos especialmente o motivo de trançar, e isto sempre significa um esforço intenso de concentrar ou de suprimir e transformar emoções violentas. Pude constatar em todos os casos semelhantes uma autoterapia eficaz. O mesmo pode valer também para o estado de espírito de monges irlandeses. Também a complicada ornamentação dos mandalas rituais no budismo poderia ser considerada uma espécie de "tranquilizante" psíquico, ainda que esta consideração seja decididamente unilateral. Por outro lado, é preciso observar que a harmonização das linhas em movimento está traçada em redor de um centro ideal, ou o representa diretamente (de modo simbólico), por exemplo uma cruz ricamente ornada. Nas sociedades primitivas os objetos de uso diário eram considerados muitas vezes numinosos e com vida, o que corresponde a uma projeção de processos emocionais. Por isso são muitas vezes objeto de rica ornamentação. Representam deuses do lar, isto é, dominantes autônomas, psiquicamente projetadas.

Podemos imaginar o monge irlandês como alguém com um pé em seu mundo animista de natureza e demônios e com suas paixões intensas, e com o outro pé na nova ordem cristã, orientada para a cruz, que condensa o caos primordial na unidade da personalidade.

Espero ter respondido ao menos vagamente às suas perguntas.

Com elevada consideração,

Sinceramente seu
(C.G. Jung)

1. As perguntas do destinatário da carta referiam-se à possibilidade de uma conexão entre os padrões de trançar, da arte celta, pré-cristã e cristã primitiva (por exemplo, o Evangeliário Lindisfarne, do século VIII) e os mandalas da Índia.

Ao Prof. Karl Oftinger[1]
Zurique

Setembro de 1957

Prezado Professor!

Devido à minha idade avançada e ao cansaço que a acompanha, não tenho mais condições de realizar o seu desejo[2]. Mas pode contar com minha simpatia e compreensão pelo seu projeto. Eu pessoalmente detesto barulho e fujo dele sempre que possível, porque ele perturba a concentração necessária ao meu trabalho e me obriga a fazer um esforço psíquico adicional para impedir que entre. A gente se acostuma a ele como ao excesso de bebida alcoólica, mas no final a gente paga este com uma cirrose hepática e aquele com um desgaste nervoso por esgotamento prematuro da substância vital. Mas o barulho é apenas um dos males de nosso tempo, ainda que o mais chocante. Os outros são o gramofone, o rádio e, recentemente, a praga da televisão. Fui perguntado por uma organização docente por que, apesar da melhor alimentação, não se conseguia dar o programa todo na escola elementar de hoje. A resposta é: falta de concentração, demasiados estímulos de distração. Muitas crianças fazem seus deveres escolares ouvindo rádio. Tanta coisa é aduzida de *fora* sobre as crianças, que não precisam mais pensar no que poderiam fazer por iniciativa própria e que exigiria certa concentração. A dependência infantil do *exterior* é assim fortificada e prolongada até mais tarde, quando não fixada na conhecida atitude de que toda inconveniência deve ser abolida por ordem do Estado. "Panem et circenses" – este é o sintoma degenerativo da civilização urbana, ao qual temos de acrescentar hoje em dia o barulho enervante de nossos instrumentos tecnológicos. A amedrontadora poluição da água, a radioatividade aumentando aos poucos e a sombria ameaça da superpopulação com suas tendências genocidas levaram a um *medo* amplamente difundido, ainda que não conscientizado em geral; *ama-se o barulho* porque ele impede este medo de manifestar-se. O barulho é bem-vindo porque abafa o alarme instintivo interior. Quem sente medo procura companhia barulhenta e pandemônio, que espantam os demônios. (Os meios primitivos correspondentes são a gritaria, música, tambores, pirotecnia estrondosa, sinos etc.) O barulho dá uma sensação de segurança, como a multidão de pessoas; por isso é apreciado e teme-se fazer algo contra ele, pois sente-se instintivamente a magia apotropaica que ele emana. O barulho nos protege da meditação dolorosa, dispersa sonhos ansiosos, assegura-nos que formamos um todo unido e produzimos tal estrondo, que ninguém jamais ousará atacar-nos. O barulho é tão imediato, tão invencivelmente real, que tudo o mais é pálida ilusão. Ele nos dispensa de qualquer esforço de dizer ou fazer alguma coisa, pois o próprio ar treme diante da força de nossa manifestação invencível de vida.

O reverso da medalha é este: não teríamos o barulho se não o desejássemos secretamente. Ele não é apenas inconveniente ou prejudicial, mas um meio inadmissível e incompreensível para um fim, isto é, uma compensação do medo que tem muitas razões de ser. Se houvesse silêncio, o medo levaria as pessoas a refletir, e não se pode prever quantas coisas viriam à superfície da consciência. A maioria das pessoas tem medo do silêncio e, por isso, quando cessa o barulho constante de uma festa, por exemplo, é preciso fazer algo, falar, assobiar, cantar, tossir ou murmurar. A necessidade de barulho é quase insaciável, embora às vezes ele se torne insuportável. Mas sempre é melhor do que nada. No chamado "silêncio sepulcral", a sensação é sinistra. Por quê? Há fantasmas rondando? Dificilmente. O que se teme na verdade é o que poderia provir do interior da pessoa, isto é, tudo aquilo de que fugimos através do barulho.

O senhor assumiu uma tarefa difícil com esta luta tão necessária contra o barulho: seria desejável reduzir o excesso de barulho, mas quanto mais o senhor atacar o barulho, tanto mais entrará no território proibido do silêncio tão temido. O senhor vai privar aqueles sem importância e cuja voz nunca foi ou será ouvida da única alegria existencial e do incomparável prazer que sentem quando podem quebrar o silêncio da noite com o ranger estrepitoso de suas motos e perturbar o sono dos outros com um barulho infernal. Neste momento eles são alguém de importância. O barulho é para eles uma *raison d'être* e uma afirmação de sua existência. Há muito mais pessoas do que se imagina que não se perturbam com o barulho, pois nada possuem em que possam ser perturbadas; ao contrário, o barulho lhes proporciona algo.

Entre esta camada populacional e a inércia das autoridades existe um contrato social inconsciente e um correspondente círculo vicioso: o que um não quer é querido pelo outro.

O barulho moderno é parte integrante da "cultura" moderna, que está orientada sobretudo para fora e para a amplitude e aborrece toda interiorização. É um mal que tem raízes profundas. As prescrições legais existentes já poderiam melhorar muita coisa, mas não são postas em prática. Por que não? É uma questão de moral. Mas ela está abalada em seus fundamentos, e isto se deve novamente à desorientação espiritual em geral. Uma verdadeira melhora só pode vir através de uma mudança profunda de consciência. Acho que todas as outras medidas serão paliativos duvidosos, uma vez que não chegam àquela profundidade onde o mal tem suas raízes e a partir de onde se renova constantemente.

Zola disse muito bem que as grandes cidades são "holocaustes de l'humanité", mas a tendência geral vai nesta direção, porque a destruição é um objetivo inconsciente do inconsciente atual: está assustado com o aumento incontrolável da população e usa de todos os meios para levar a cabo um genocídio amenizado e que não dá na vista. Outro meio, facilmente desconsiderado, é a destruição da capacidade de concentração, isto é, exatamente aquele pressuposto exigido pelas nossas máquinas e aparelhos altamente diferenciados. Sem eles a vida das massas é inconcebível, mas assim mesmo são ameaçados pela superficialidade, falta de atenção e falta de consciência. O esgotamento nervoso, provocado pela inquietação, leva à toxicomania (álcool, tranquilizantes e outros venenos) e com isso a uma menor capacidade produtiva e perda prematura da substância vital, também um meio eficaz de diminuição discreta da população.

Perdoe esta contribuição algo pessimista a uma questão nada agradável de nossa época. Como médico observo naturalmente mais o lado escuro da existência humana do que outros e estou mais inclinado a fazer dos aspectos ameaçadores de nosso tempo objeto de minhas reflexões, do que apresentar razões para considerações otimistas, o que já é feito de sobra por muitas pessoas.

Com elevada consideração,

Sinceramente seu
(C.G. Jung)

1. Dr. Karl Oftinger, professor de Direito na Universidade de Zurique, fundador da "Liga contra o barulho".

2. O Prof. Oftinger havia pedido a Jung que expusesse num artigo sua opinião sobre o problema do barulho.

Ao Pastor Hans Wegmann
Zurique

Setembro de 1957

Prezado Pastor,

Faz muito tempo que desejava responder à sua carta e ao gentil envio de seu sermão, mas este verão foi para mim de muito trabalho, de modo que não consegui realizar minha intenção. Espero que me possa perdoar, considerando minha idade avançada.

Alegrei-me por ver que em seu sermão o senhor chama a atenção para a necessidade de renunciar ao eu e à sua vontade e que, neste aspecto, o senhor apresenta Paulo como grande exemplo. Mas sua colocação me deixa uma pergunta: Como os seus paroquianos começam a distinguir o eu do não eu, quando se trata principalmente das coisas importantes do dia a dia que o senhor menciona? Não podemos pressupor em cada um o gênio religioso de um Paulo. Sei de minha experiência médica que nada é mais difícil do que fazer esta distinção sutil. Nem com a extinção do eu se resolve o caso; e a pessoa que não vive sem refletir sempre se encontra na difícil situação de salvaguardar seu eu e ao mesmo tempo prestar ouvidos ao não eu. Quer parecer-me que ela prova sua humanidade exatamente neste conflito.

Muito me alegrei ao saber que voltou a ler *O segredo da flor de ouro*. O Oriente às vezes sabe as respostas de questões que para nós cristãos parecem insolúveis.

Com renovados agradecimentos e saudações cordiais,

Sinceramente seu
(C.G. Jung)

To Maud Oakes[1]
Big Sur (Calif.)/EUA

03.10.1957

Dear Miss Oakes,

Já que deseja ouvir minha opinião sobre seu ensaio a respeito da pedra, gostaria de dizer que o achei um pouco intelectual demais, pois só considera os conteúdos da inteligência. Mas como já lhe havia chamado a atenção para o *ambiente*, esqueci o tom sentimental tão importante do fenômeno... Se quiser fazer justiça à pedra, deve prestar atenção especial à maneira como ela está inserida em seu meio ambiente: a água, as colinas, a paisagem, a atmosfera especial das construções, as noites e os dias, as estações, o sol, o vento, a chuva e o ser humano que vive perto da terra, mas em constante meditação, sempre consciente de que as coisas são como são. O ar em torno à pedra é cheio de harmonias e desarmonias, de lembranças de tempos do passado remoto, de vistas para dentro de um futuro pouco claro, com reverberações de um mundo distante, porém chamado real, no qual a pedra caiu, vinda de lugar nenhum. Uma revelação e advertência estranhas. Tente viver por algum tempo nesta totalidade e observe o que vai acontecer-lhe.

Sincerely yours,
C.G. Jung

1. Cf. cartas a Oakes, de 31.01. e 11.02.1956.

To John Trinick
Cliftonville, Thanet/Inglaterra

15.10.1957

Dear Mr. Trinick,

Antes de mais nada devo pedir perdão pela demora em pronunciar-me. Meu plano era estudar com atenção e calma o seu manuscrito[1] durante minhas férias de verão. Mas o deus do destino dispôs as coisas de modo diferente e sobrecarregou minhas férias com distúrbios e obrigações de todo tipo; e, além disso, tive de terminar um pequeno livro[2] e perdi algum tempo com o Congresso Internacional de Psiquiatria em Zurique.

Graças à sua generosa permissão de ficar com o manuscrito até agora, pude lê-lo com atenção não apenas uma vez, mas diversas partes mais de uma vez. Semelhante argumentação como seu "interrogatório" exige bastante concentração, pois a leitura não é nada fácil, ao menos em alguns trechos. Isto é naturalmente apenas uma dificuldade externa. A verdadeira dificuldade está na natureza controvertida e enigmática do próprio assunto; isto faz que a leitura seja morosa. Durante a leitura deve-se prestar atenção não só às suas palavras, mas também às reações impetuosas e perturbadoras do inconsciente.

Houve alquimistas que admitiram nunca terem conseguido produzir ouro ou a pedra; também eu devo confessar que não resolvi o mistério da *coniunctio*. Ao contrário, estou sombriamente consciente de coisas que se escondem por trás do problema – coisas que ultrapassam os nossos horizontes. Este pano de fundo começa a agitar-se quando se lê o seu trabalho. Seu estudo erudito me ensinou muita coisa, especialmente sua cuidadosa análise de Irineu Filaletes[3], que realmente merece tratamento especial. Também o meu livro[4] deveria ter dado atenção especial à sua obra, mas ele é um problema à parte, como Andreae e *Die Chymische Hochzeit* (o modelo de *Fausto II*, tratado insuficientemente por Mr. Gray em seu livro *Goethe the Alchemist*). Eu me alegro que o senhor tenha aceito o desafio de Filaletes. Ele é uma personalidade impressionante, e a análise do senhor lhe faz justiça. Fiquei muito impressionado com o trato cuidadoso e sutil que o senhor deu ao material, com seu conhecimento fora do comum e com sua profunda penetração no sentido, implicações e alusões desse problema central da alquimia, a *coniunctio*. É surpreendente que um jovem como Filaletes tenha conseguido fazer uma apresentação tão extraordinária do problema; encontramos, porém, milagre semelhante no caso de Andreae e, até certo ponto, também em Goethe, isto é, nas partes principais do *Fausto*. Para esclarecer devo, por um lado, chamar a atenção para a natureza arquetípica da *coniunctio* e, por outro, para a intuição juvenil dos arquétipos. Quanto mais jovem a pessoa, mais próxima está do inconsciente primordial com seus conteúdos coletivos. Isto é especialmente impressionante quando se estuda aqueles sonhos da primeira infância que ainda são recordados na idade adulta. Os resultados desse estudo são espantosos, pois mostram um conhecimento dos arquétipos inexplicável e inexistente no indivíduo em geral. Acho que algo nesta linha explica a precocidade de Filaletes e de Andreae. O arquétipo não se prende à idade e está sempre presente.

A descrição da *coniunctio* em palavras humanas é tarefa que pode levar ao desespero, pois se está obrigado a encontrar expressões e formulações para um processo que ocorre "in Mercurio"[5] e não no plano do pensamento e linguagem humanos, isto é, não na esfera da consciência discernente. Do lado de cá da barreira epistemológica temos de separar os opostos para chegar a uma linguagem compreensível. Temos de constatar que *a* não é *b*, que em cima não é embaixo, que o bom odor do Espírito Santo não é o *malus odor sepulchrorum sive inferni*[6] e que as *nuptiae spirituales*[7] não são a união carnal dos corpos. Contudo, no acontecimento arquetípico inimaginável, que constitui a base da apercepção consciente, *a* é *b*, mau cheiro é perfume, sexualidade é *amor Dei* tão inevitavelmente quanto a conclusão de que Deus é a *complexio oppositorum*. Os alquimistas estavam mais ou menos conscientes desse estado chocante de coisas, ainda que não tão explicitamente. Normalmente, de modo consciente ou não, tentavam não se comprometer, mas não evitavam alusões simbólicas ou quadros de caráter sedutor. Eles ficavam chocados, por exemplo, com a ideia do *incesto*, mas não temiam usar a expressão, como alguns poetas cristãos, a exemplo de Chrétien de Troyes: "Dieu qui fit de sa fille sa mère"[8].

O fato é que as figuras atrás da cortina epistemológica, isto é, os arquétipos, são uniões "impossíveis" de opostos, seres transcendentais que só podem ser percebidos através da confrontação com seus opostos. Bom só pode ser entendido como "não mau", dia como "não noite" etc. A alquimia tenta expressar o bom, o esplêndido, a luz, o ouro, o *Incorruptibile et Aeternum* pela *materia vilis*[9] e, por isso, se vê obrigada a falar de morte, *putredo, incineratio, nigredo, venenum, draco, malus odor, pestilentia, leprositas* etc.[10]

Uma vez que a *coniunctio* é um processo essencialmente transcendental, isto é, arquetípico, e a nossa atitude mental é ainda essencialmente cristã, enfatizamos o Espírito, o Bem, a Luz, o Acima, o espiritualizado, isto é, o sutil, a pureza, a castidade etc. e separamos tudo isso de seu oposto; contudo somos forçados a mencioná-lo, mesmo que para negá-lo, desprezá-lo ou condená-lo. O oposto está ali porque ele pertence inevitavelmente à realidade transcendental, arquetípica. O bem não pode existir sem o mal, nem *luminositas sine nigredine*[11]. "Mysteria revelata vilescunt"[12]: na tentativa de revelar aquilo que nenhum ser mortal é capaz de entender, distorcemos tudo e dizemos coisas erradas. Em vez de produzir luz, dissimulamos as coisas no escuro; em vez de exaltar o tesouro, nós o expomos ao ridículo e ao desprezo. Em vez de abrir um caminho, nós o obstruímos com um emaranhado de paradoxos. "In Mercurio", espírito e matéria são uma coisa só. É um mistério que ninguém jamais resolverá. Ele é real, mas somos incapazes de expressar sua realidade. Um alquimista disse com muita sabedoria: "Artifex non est magister Lapidis, sed potius eius minister"[13]. Quando o artífice fala, sempre dirá as coisas erradas, ou ao menos coisas que também são erradas. Isto é *neti-neti*[14], em outras palavras: além de nossa compreensão, ainda que seja uma experiência definitiva. Da pedra se diz: "habet mille nomina"[15], o que significa que nenhum nome expressa seu mistério. Sua tentativa de formulá-lo não foi em vão nem fútil; ao contrário, nossos esforços são testemunhos do mistério vivo, tentativas honestas de encontrar palavras para o *Ineffabile*.

O caminho não é uma linha reta ascendente, isto é, da terra para o céu, ou da matéria para o espírito, mas antes uma *circum-ambulatio* e uma aproximação do centro. Não somos libertados deixando algo para trás, mas somente pelo cumprimento de nossas tarefas como *mista composita*, isto é, como seres humanos entre os opostos. O espiritualismo de um Berdjajew[16] e de outros é tão somente o contrário do materialismo, uma metade da verdade. Não existe Deus sozinho, mas também sua criação, isto é, a "vontade de Deus" na terminologia cristã. O *homo sapiens* tem de considerar os dois. Esta foi a grande descoberta da *Mater Alchimia*.

Sua obra deve ser publicada, pois é um elo na *Aurea Catena*[17], que perpassa vinte séculos até o nosso presente alienado.

With all my good wishes,

Yours sincerely,
(C.G. Jung)

1. Mr. Trinick havia mandado a Jung seu manuscrito sobre alquimia com o título *Signum atque Signatum* (O sinal e o assinalado). Tratava-se de uma interpretação da alquimia e foi publicado com o título *The Fire-Tried Stone (Signum atque Signatum)*, Londres, 1967, com a presente carta de Jung como prefácio.

2. "Um mito moderno: sobre coisas vistas no céu" (em OC, vol. X).

3. Irineu Filaletes foi um alquimista inglês do século XVII que às vezes é identificado com o alquimista e místico inglês Thomas Vaughan (1622-1666). A obra principal que lhe é atribuída tem o título "Introitus Apertus in Occultum Regis Palatium" (Entrada aberta no palácio oculto do rei) e foi publicada em *Musaeum Hermeticum*, Frankfurt no Meno, 1689.

4. Em *Psicologia e alquimia* e em outros escritos sobre alquimia, Jung se refere várias vezes a Filaletes, sem contudo dar uma interpretação de sua obra.

5. A *coniunctio*, ou o hierosgamos, realiza-se em plano psíquico arquetípico, pré-consciente, onde os opostos são unidos no paradoxo e ainda não separados pelo pensamento lógico-causal da consciência. Daí a designação "in Mercurio"; pois para os alquimistas Mercurius não era apenas o nome do metal mercúrio, mas também o símbolo da totalidade polar, superior à consciência, que abrange sobretudo o Um e às vezes o Outro. Por isso é considerado um espírito divino, "utriusque capax", capaz das duas coisas.

6. O bom odor do Espírito Santo não é o mau cheiro dos sepulcros ou do inferno.

7. O matrimônio espiritual, o hierosgamos.

8. Cf. carta a Birnie, de 14.05.1948, nota 2.

9. Materia vilis é a matéria sem valor, barata, sinônimo da *prima materia* alquimista, da qual se conseguiriam tirar a "pedra filosofal" e o ouro.

10. Putredo = podridão; incineratio = incineração; nigredo = pretume; venenum = veneno; draco = dragão; malus odor = mau cheiro; pestilentia = peste; leprositas = afecção leprosa, respectivamente "impureza dos metais". Descrição alquimista das escuridões de dificuldades do caminho que leva ao objetivo da "preciosidade difícil de alcançar".

11. E nenhuma luz na escuridão (pretume).

12. Cf. o lema no *Chymische Hochzeit* de Christian Rosencreutz: "Arcana publicata vilescunt et gratiam profanata amittunt" (Mistérios anunciados publicamente e profanados perdem o valor e a graça).

13. O artífice não é o mestre da pedra, mas antes seu servo.

14. Neti-neti: nem isto e nem aquilo. Tirado do upanixade Brihadaranyaka, IV, 5s.: "Como deveria conhecê-lo, através do qual ele conhece tudo isto? Este si-mesmo deve ser chamado de neti-neti..."

15. Ele tem mil nomes.

16. Nikolai Berdjajew, 1874-1948, inicialmente adepto de Marx e da Revolução Russa, saiu da Rússia em 1922, fixando-se em Berlim, e em 1924 foi para Paris, onde fundou uma "Academia filosófico-religiosa". Trinick o cita como uma de suas fontes e lhe dedica um capítulo de seu livro.

17. Cf. carta a Bernoulli, de 05.10.1944, nota 3.

A Martin Flinker
Paris

17.10.1957

Prezado Senhor Flinker,

O senhor teve a gentileza de perguntar-me sobre os trabalhos que faço atualmente e quais os problemas e questões que estão me preocupando. No momento, graças a Deus, não tenho trabalho novo em vista. Os trabalhos que realizei este ano me consumiram bastante força e tempo e espero ter agora um período maior de lazer, sem novas questões que exijam novas respostas.

No terreno político-social é o papel do indivíduo que me interessa sobremaneira. Por mais improvável que possa soar, apenas o indivíduo está qualificado a lutar contra a ameaça hodierna da massificação dos povos. Nesta luta aparentemente desigual, o indivíduo não ocupa de forma nenhuma lugares perdidos, se conseguir levar a sério a antiga exigência cristã de reconhecer a trave no próprio olho e não se irritar com o cisco no olho do outro. Sobre o problema do indivíduo e da massa, com todas as suas implicações políticas e religiosas, eu me pronunciei em meu escrito "Presente e futuro" (em OC, vol. X).

No meu campo de trabalho propriamente dito, a psiquiatria, temos a teoria da esquizofrenia e a questão ainda não resolvida de sua etiologia; abordei esta problemática numa longa exposição no Congresso Internacional de Psiquiatria, neste ano em Zurique[1]. Aqui as novas pesquisas sobre a possibilidade de efeitos de uma toxina me parecem tão interessantes e importantes quanto a continuação das pesquisas sobre as imagens e visões que aparecem nas fantasias dos esquizofrênicos.

Uma vez que de longa data me intriga um assunto de somenos importância, que muitas vezes é ridicularizado ou respondido com um simples dar de ombros, resolvi, após anos de estudo da literatura disponível, interpretar os mitos que se formaram em torno das notícias sobre "discos voadores". Este estudo foi para a gráfica agora sob o título *Um mito moderno: Sobre coisas vistas no céu*. Também ele é expressão daquilo que sempre foi de meu maior interesse e que mereceu minha maior atenção: a concretização dos arquétipos, ou as formas arquetípicas em todos os fenômenos possíveis da vida: na biologia, física, história, folclore e arte, na teologia e mitologia, na parapsicologia e nas manifestações dos doentes mentais e neuróticos, finalmente nos sonhos e na vida de cada pessoa. As formações, mais pressupostas do que realmente conhecidas, de um pano de fundo ininteligível, dão à vida a profundidade que me diz valer a pena vivê-la.

Informe-me, por favor, se vai publicar estas linhas em alemão ou francês em seu Almanaque. Se em francês, gostaria de rever a tradução.

Com elevada consideração,
(C.G. Jung)

1. "A esquizofrenia", originalmente publicado em *Schweizer Archiv für Neurologie und Psychiatrie*, LXXXI, caderno 1/2, 1958. Em OC, vol. III.

A carta foi publicada em alemão no *Almanach* 1958 da Librairie Française et Etrangère Flinker Père et Fils, Paris.

To Stephen Abrams
Chicago (Ill.)/EUA

21.10.1957

Dear Mr. Abrams,

Sua carta leva ao centro de um problema muito complicado[1]. Como cientista tenho minha cautela diante de considerações filosóficas, sobretudo de conclusões que vão além dos limites da experiência. Por exemplo, eu não iria tão longe a ponto de dizer que as categorias de espaço e tempo são definitivamente não objetivas. Preferiria perguntar em que nível ou em que mundo espaço e tempo não são válidos? Em nosso mundo tridimensional eles são certa e inexoravelmente objetivos, mas temos experiências seguras de que ocasionalmente – supostamente sob certas condições – eles se comportam como se fossem relativamente subjetivos, isto é, relativamente não objetivos. Não temos certeza até onde a relatividade pode ir, por isso não sabemos se há um nível, ou um mundo sobre o qual ou dentro do qual espaço e tempo são totalmente abolidos; mas ficamos dentro dos limites da experiência humana se aceitarmos o fato de que é a psique que é capaz de relativizar a aparente objetividade do tempo e do espaço.

Esta conclusão é bastante segura, uma vez que não temos, ao que eu saiba, razões comprovadas para dizer que é a ação do tempo e espaço que capacitam a psique a um ato de precognição. Nós experimentamos tempo e espaço como categorias imutáveis, com exceção dos fenômenos parapsicológicos. Contudo, a teoria da relatividade, de Einstein, mostra que eles não são necessariamente idênticos à ideia que deles fazemos: que o espaço seja curvo e que o tempo dependa necessariamente da posição e da velocidade do observador. Estas considerações reforçam a ideia de sua validade relativa.

A indeterminação do comportamento do tempo e espaço sob a influência psíquica manifestou-se claramente nas experiências parapsicológicas. Concluímos, pois, que devemos contar na psique com um fator não sujeito às leis do tempo e espaço, mas que é capaz inclusive de suprimi-los até certo ponto. Em outras palavras: espera-se que este fator manifeste as qualidades de ausência de tempo e espaço, isto é, de "eternidade" e "ubiquidade". A experiência psicológica conhece semelhante fator; é o que eu chamo de arquétipo. O arquétipo é ubiquidade no espaço e tempo – naturalmente falando-se de maneira relativa. É um elemento estrutural da psique que encontramos em toda parte e em todos os tempos; é um fator no qual todas as psiques individuais são idênticas e se comportam de tal modo como se fossem a psique indivisa que os antigos chamavam de "anima mundi" ou ψυχὴ τοῦ κόσμου [2]. Isto não é especulação metafísica, mas fato observável e, por isso, a chave de inúmeras mitologias, isto é, de manifestações da fantasia inconsciente. Dessa observação não segue que o fator (chamado arquétipo) seja por assim dizer um e o mesmo, tanto fora como dentro da psique. Do ponto de vista psicológico poder-se-ia tratar também de uma semelhança e não de uma unidade essencial. Esta questão não pode ser decidida pela psicologia comum, mas aqui entra a parapsicologia com seus fenômenos-psi, que mostram claramente uma identidade essencial de dois acontecimentos separados como, por exemplo, o ato da previsão e o fato objetivo pré-conhecido. Estas experiências mostram que o fator em questão (o arquétipo) é um e o mesmo dentro e fora da psique. Ou, em outras palavras, não há lado de fora da psique coletiva.

Na nossa vida cotidiana nós nos movemos nos mundos do tempo e do espaço e dentro dos limites da psique individual. No campo do arquétipo nós nos encontramos na psique coletiva, num sistema de mundo onde as categorias de espaço e tempo são relativa ou absolutamente abolidas. Só até aí podemos ir com nossas observações. Para além disso não vejo caminho, pois não somos capazes de funcionar num sistema quadridimensional quando queremos; isto só nos pode acontecer por acaso. Nossos métodos intelectuais só vão até os limites das experiências arquetípicas, mas dentro da esfera arquetípica não somos os objetos que movimentam, mas os movimentados. Por isso, o experimento no sentido ordinário torna-se impossível. Só podemos contar com alguma observação ocasional. Segue-se daí que devemos esperar um arquétipo operativo. Eu examinei cuidadosamente muitos casos parapsicológicos e constatei com satisfação que em muitos casos havia de fato arquétipos operativos. Não poderia dizer: em todos os casos, mas falo de exceções devido ao seu caráter tão incomum. Não gostaria de me alongar sobre este ponto aqui. Quero apenas anotar minha experiência geral: talvez na maioria dos casos estivesse presente um arquétipo, mas há também muitas outras situações arquetípicas em que não se observa nenhum fenômeno parapsicológico, e há também casos de fenômenos-psi onde não se pode demonstrar nenhuma condição arquetípica. Não há regularidade entre arquétipo e efeito sincronístico. A probabilidade de tal relação é supostamente a mesma que a dos resultados de Rhine.

Acho que o senhor está certo ao supor que a sincronicidade, apesar de um fenômeno relativamente raro na prática, é um fator de validade geral, um princípio do universo, isto é, no *Unus Mundus*, onde não há incomensurabilidade entre a assim chamada matéria e a assim chamada psique. Aqui entramos em águas profundas. Eu ao menos devo confessar que estou longe de ter sondado essas profundezas abissais.

Neste contexto chego sempre ao enigma do *número natural*. Tenho a nítida impressão de que o número é uma chave do mistério, uma vez que é tanto descoberta quanto invenção. Ele é quantidade, mas também significado. Para este último indico as qualidades aritméticas do arquétipo fundamental do si-mesmo (mônada, microcosmos etc.) e suas variantes histórica e empiricamente bem documentadas do arquétipo do quatro, o 3 + 1 e o 4 - 1[3].

Parece que estou velho demais para resolver esta charada, mas espero que um espírito jovem aceite o desafio. Valerá a pena[4].

Ouvi boatos sobre a fundação de um clube de parapsicologia na Universidade de Chicago. Aceitarei com satisfação e gratidão ser membro honorário. Não é cedo demais que alguém no Ocidente dê atenção à sincronicidade. Segundo fui informado, os russos já se apossaram de meu ensaio[5].

Sincerely yours,
(C.G. Jung)

1. Segundo a opinião de Mr. Abrams, a pesquisa parapsicológica deveria partir da psicologia do inconsciente. Perguntou a Jung se era correto considerar espaço e tempo como fatores não objetivos.

2. Alma do mundo.

3. Cf. carta a Wylie, de 22.12.1957, nota 3.

4. Neste meio-tempo, Marie-Louise von Franz abordou o problema em seu livro *Zahl und Zeit. Psychologische Überlegungen zu einer Annäherung von Tiefenpsychologie und Physik*, Stuttgart, 1970.

5. Um participante do congresso de física no Japão, em 1953 ou 1954, falou a Jung do interesse dos físicos russos no conceito de sincronicidade. Algo semelhante disse Abrams: Prof. Wasiljew, do Instituto de Psicologia de Leningrado, teria manifestado, em 1963, seu interesse neste princípio explicativo.

To John Trinick
Cliftonville, Thanet/Inglaterra

26.10.1957

Dear Mr. Trinick,

Muito obrigado por sua gentil carta. Ela deixou uma questão em minha cabeça, que acho ser de alguma importância, pois parece que o senhor prefere naturalmente uma interpretação dita cristã do pensamento alquimista, entendendo-o como uma tentativa de espiritualizar as forças ctônicas. Esta interpretação está sem dúvida de acordo com o caráter geral da alquimia medieval.

A própria existência da filosofia alquimista prova que o processo de espiritualização dentro da psicologia cristã não alcançou resultados satisfatórios. É compreensível pois que a alquimia tivesse assumido o problema e acrescentado seu método especial para conseguir o resultado desejado pela doutrina cristã. Assim procedendo, a alquimia chegou a um resultado que na verdade não coincide com o objetivo cristão. Por isso o símbolo cristão ficou sendo mais ou menos uma analogia da pedra, ou a pedra um equivalente de Cristo. O método para este fim foi uma *coniunctio oppositorum*, que não é uma ideia cristã, pois a psicologia histórica cristã pensa antes na supressão do mal do que numa *complexio boni et mali*[1]. A alquimia ousou a ideia de uma certa transformação do mal com a perspectiva de sua integração futura. Neste sentido deu continuidade ao pensamento de Orígenes que, no final, até o demônio seria redimido, um pensamento não apoiado pela Igreja.

Se, pois, o pensamento alquimista coincide no essencial com a ideia cristã em geral, não se consegue ver claramente qual a finalidade de transformar o pensamento cristão nos símbolos alquimistas e por que o objetivo da alquimia é a *Lapis* e não Cristo. Por que afinal falar em *Lapis*? Mas o fato de a *Lapis* ser uma existência diferente da de Cristo mostra que a alquimia tem realmente outro objetivo em mente. Isto é óbvio uma vez que a *Lapis* deriva de uma síntese de opostos, o que o Cristo dogmático absolutamente não é. Por essas razões não posso concordar com a interpretação cristã do processo alquimista. Ao contrário, vejo na alquimia uma tentativa de solução diferente: realizar a união dos opostos que falta na doutrina histórica cristã. De acordo com isso, o espírito predominante da alquimia é *Mercurius utriusque capax*[2] e não a terceira pessoa da Trindade, isto é, o *Summum Bonum*. Isto é um problema dos tempos modernos que projeta sua sombra desde o começo do novo milênio.

Acho que a alquimia nos deixou uma tarefa difícil.

Considere, por favor, meus pontos de vista a este respeito como minha contribuição subjetiva.

Sincerely yours,
(C.G. Jung)

1. União do bem e do mal.
2. Mercúrio capaz de ambas as coisas.

A uma destinatária não identificada
Inglaterra

12.11.1957

Dear Dr. N.,

O que a senhora me contou é uma história típica do que chamo de projeção da *anima* numa mulher e do *animus* num homem. A *anima* é a imagem da alma de um homem, representada em sonhos ou fantasias por uma figura feminina. Simboliza a função do relacionamento. O *animus* é a imagem das forças espirituais numa mulher, simbolizada por uma figura masculina. Se um homem ou mulher estiverem inconscientes dessas forças interiores, elas se manifestam numa projeção.

O psiquiatra a chama "sua igual" e este sentimento de relação mostra que a senhora carrega a imagem de sua alma. Uma vez que é incapaz de vê-la como verdadeira mulher atrás de sua projeção, a senhora parece ser uma "esfinge". Na verdade sua alma é sua esfinge, e ele deveria tentar resolver a charada.

A senhora se engana ao supor que apenas ele precisa de ajuda. A senhora também precisa de ajuda. A senhora se designa a si mesma como mulher de "capacidade intelectual bem comum" que "nunca se aprofundou muito em qualquer assunto metafísico". Como sua história indica, a projeção do *animus* num "psiquiatra de renome internacional" aconteceu porque a senhora gostaria de ter mais conhecimento psicológico. Conhecendo mais sobre a alma e seus mistérios, a senhora poderia livrar-se da fascinação que a faz sofrer. Na segunda metade da vida deveríamos familiarizar-nos com o mundo interior. Isto é um problema geral.

O seu mundo parece ser um mundo feliz. Mas os estranhos acontecimentos mostraram que algo deve ser mudado.

A projeção da *anima* e do *animus* causa fascinação mútua. Os fenômenos que a senhora descreve como "telepáticos" acontecem quando se entra num estado emocional, isto é, quando o inconsciente tem oportunidade de entrar na consciência. A senhora realmente deveria conhecer um pouco mais sobre a psicologia do inconsciente. Ajudaria a senhora a entender a situação que, a propósito, deveria ser entendida. Há um pequeno livro de Frieda Fordham: *Introduction to Jung's Psychology* (Pelican Books), que lhe recomendo.

Faithfully yours,
(C.G. Jung)

To Charles B. Harnett
Springfield (Ill.)/EUA

12.12.1957

Dear Sir,

Seu interesse nas notícias até hoje não esclarecidas sobre os UFOs (= OVNIs) conta com meu total apoio. Se houver algo por detrás, esta história é um sintoma espiritual fascinante de nosso tempo. Respondo às suas perguntas[1] da seguinte forma:

1. Não acredito na existência de UFOs nem a nego. Eu simplesmente não sei o que pensar de sua alegada existência física.

2. A informação de que o público dispõe é tão escassa que não se sabe o bastante para decidir com certeza sobre a existência física desses objetos voadores não identificáveis (OVNIs). O único fato tangível parece ser o eco captado pelo radar, mas fui informado por peritos em radar que tais observações não estão além de uma dúvida razoável. Apesar de todos os relatos sobre observações visuais, é muito difícil obter fatos confiáveis. Ao que se saiba, nunca ninguém tentou seriamente examinar com todo o cuidado a psicologia da testemunha de um OVNI, isto é, empregando todos os meios modernos da análise da personalidade. Nem mesmo se levantou a questão se essas testemunhas não estariam sob a influência de certos conteúdos inconscientes.

3. É questionável até que ponto os OVNIs são fatos físicos, mas é indubitável que são fatos psicológicos. Eles têm uma psicologia bem determinada e cheia de sentido. Fiz dela objeto de uma pesquisa psicológica, cujos resultados coloquei num pequeno livro a ser publicado em breve. O título em alemão é *Ein moderner Mythus von Dingen, die am Himmel gesehen werden* (Rascher-Verlag, Zurique) (Um mito moderno: sobre coisas vistas no céu). Uma edição inglesa deve aparecer em 1958.

Sou absolutamente incapaz de explicar a natureza física dos OVNIs. Nem certeza tenho se se trata de máquinas; poderiam ser qualquer coisa, inclusive animais, mas não ousaria negar afirmações sobre sua realidade física.

4. Esta pergunta foi respondida acima.

5. Quanto à realidade física, muitas pessoas estão ansiosas demais para confirmá-la por qualquer meio disponível. Só tenho competência para dizer algo sob o aspecto psicológico. Aqui eu acho que se daria um importante passo à frente se um psicólogo competente assumisse o trabalho de examinar a mentalidade consciente e inconsciente de testemunhas de OVNIs, para se saber algo sobre a possibilidade de eles serem projeções psíquicas de conteúdos inconscientes.

6. Nenhum comentário especial.

Yours sincerely,
(C.G. Jung)

1. A carta de Mr. Harnett não se encontra no arquivo.

To Philip Wylie[1]
Miami (Florida)/EUA

22.12.1957

Dear Mr. Wylie,

Apesar de seu protesto, quero escrever-lhe, mesmo que seja tão somente para dizer-lhe que sou agradecido por sua gentil carta[2]. Recebi muito menosprezo por parte das pessoas, mas comecei – finalmente – a entender que era castigo por meus próprios erros que iam na mesma direção. Levou tempo demais até eu descobrir a maior coisa, isto é, a pessoa humana, o que ela significa e por quê. Assim, não precisa sentir-se uma exceção. Como todos nós, também o senhor teve parte na grande escravidão que encobriu quase toda a humanidade, sobretudo a ocidental, o assim chamado mundo cristão. A descoberta da pessoa humana é uma grande aventura. Fico feliz e agradecido que um homem como o senhor veja a luz nascer.

Não se preocupe com minha matemática. Sou totalmente "amathematicós" e nunca sonhei acrescentar nada à matemática. Minha relação com ela consiste apenas na equação 3 + 1 = 4[3], um fato psicológico que indica a relação fundamental entre psicologia e matemática. Aqui está – o que pode parecer ridículo a um matemático – o mistério da psicologia. Para o primeiro, o número é um meio de contar; para o segundo, é uma entidade descoberta, capaz de fazer afirmações individuais sob certas condições. Em outras palavras: no primeiro caso o número é um servo, no segundo caso é um ser autônomo. É a mesma diferença que existe entre o general, o professor, o corretor da bolsa de valores, por um lado, e o ser humano, por outro.

Bem, eu lhe agradeço porque o senhor é o único que admite que eu sou a *petra scandali*. Antigamente concluía disso que eu era uma pessoa sumamente desagradável. Nos últimos anos (estou agora nos meus 83) comecei a duvidar, pois encontrei tanto amor e consideração que não tenho motivos para reclamar. Eu não "comi ervas amargas"[4], mas estou estupefato com o poder do preconceito e superficialidade dos "clercs".

Minhas saudações à Sra. Wylie e meus melhores votos de Feliz Ano-novo.

Yours gratefully,
C.G. Jung

1. Philip Wylie, 1902-1971, escritor americano. Jung morou na casa do casal quando falou sobre "Psicologia e religião" dentro do âmbito das "Terry Lectures" na Yale University, em 1937 (cf. carta a White, de 19.12.1947, nota 2).

2. Mr. Wylie havia escrito a Jung que o artigo dele "God, the Devil, and the Human Soul", *Atlantic Monthly*, novembro de 1957, o havia impressionado muito (cf. carta a Harding, de 30.05.1957, nota 2). Também falou de sua admiração pela obra de Jung, depois que interpretou mal por muito tempo a psicologia dele, e enfatizou que as ideias de Jung influenciaram muito seu último livro *An Essay on Morals*, Nova York, 1957. Mandou um exemplar a Jung.
3. A fórmula 3 + 1 = 4 refere-se dentro da psicologia do indivíduo às três funções diferenciadas ou conscientes, que se defrontam com uma função indiferenciada ou inconsciente. A unidade das quatro funções (pensamento, sensação, sentimento, intuição) forma a totalidade da personalidade humana. Na psicologia da religião, a equação desempenha um papel, porque nas manifestações do inconsciente a Trindade cristã é completada muitas vezes através de um quarto elemento "escuro" ou "feminino". Na psicologia como ciência, tempo, espaço e causalidade são completados através do princípio explicativo da sincronicidade. Nas obras de Jung encontram-se várias referências à equação, sobretudo em *Psicologia e alquimia* (OC, vol. XII), *Psicologia e religião* (OC, vol. XI) e "Tentativa de uma interpretação psicológica do dogma da Trindade", em OC, vol. XI – Cf. também carta ao Dr. H., de 17,03.1951, nota 4, e a Imboden, de 30.01.1958, nota 3.
4. Cf. Ex 12,8.

To Mr. T. Yagisawa
Tóquio/Japão

24.12.1957

Dear Sir,

Muito obrigado por sua gentil carta. O senhor é o primeiro representante da nação japonesa do qual ouço dizer que leu os meus livros. Sua carta é, por isso, um fato memorável em minha vida. Isto mostra como é lenta a viagem mental: levou mais de 30 anos para minhas ideias chegarem ao Japão, mas ainda não cheguei à Universidade de minha própria cidade. É mais gratificante e encorajador ainda saber que tenho leitores no Japão porque sei também que a maioria de meus livros é especificamente europeia. É verdade, porém, que tentei demonstrar o caráter universal da psique tanto quanto pude. Mas é uma tarefa quase sobre-humana: "A arte é longa, mas nossa vida é curta". Estou agora com 83 anos de idade e meu trabalho criativo chegou ao fim. Contemplo o pôr do sol.

Agradecido e meus votos de um Feliz Ano-novo.

Yours sincerely,
(C.G. Jung)

1. Mr. Yagisawa havia mandado felicitações de Ano-novo e agradecido a Jung por sua obra.

Ao Dr. Gustav Steiner[1]
Basileia

30.12.1957

Prezado amigo!

Você não errou ao supor que eu estava muito ocupado. Eu me afogo em ondas de papel. Você tem toda razão. Quando envelhecemos somos atraídos interior e exteriormente pelas lembranças da juventude. Há trinta anos meus alunos me pediram que lhes explicasse como chegara à concepção do inconsciente. Atendi ao pedido dando um seminário[2]. Nos últimos anos, vários me sugeriram que escrevesse algo como uma autobiografia[3]. Nunca pude imaginar tal coisa. Conheço muitas biografias com autoenganos e mentiras complacentes e sei bem da impossibilidade de uma autodescrição para que tentasse algo neste sentido.

Recentemente fui perguntado a respeito de dados autobiográficos e descobri nesta ocasião que em meu material rememorativo havia certos problemas objetivos que mereceriam atenção mais profunda. Por isso refleti na possibilidade e cheguei à conclusão de deixar um pouco de lado minhas outras obrigações para que pudesse ao menos tentar dar uma visão objetiva sobretudo aos começos de minha vida. Esta tarefa é tão difícil e incomum que me prometi de antemão não publicar os resultados durante minha vida. Esta medida me pareceu necessária para assegurar a mim mesmo a necessária calma e distância dos fatos. Tornou-se claro para mim que todas as recordações que permaneceram vivas em mim se referiam a experiências emocionais, que provocam no espírito desassossego e paixão; uma condição bem desfavorável para um relato objetivo! Sua carta chegou "naturalmente" no momento em que me resolvera por assim dizer colocar mãos à obra.

O destino quer, porém – como sempre quis –, que tudo o que é externo seja acidental em minha vida e que só o interno seja substancial e determinante. Em consequência disso, também todas as lembranças de acontecimentos externos ficaram apagadas, e talvez as vivências "externas" nunca tenham sido o autêntico ou só o foram à medida que coincidiram com fase de desenvolvimento interno. Muita coisa se apagou dessas manifestações de minha existência exatamente porque eu – percebo isto agora – nunca estive realmente "dentro" delas, ainda que tenha participado, ao que me parece, com todas as forças. Estas são as coisas, no entanto, que constituem uma biografia compreensível: pessoas que alguém encontrou, viagens, aventuras, confusões, golpes do destino etc. Mas, com raras exceções, estes elementos se tornaram para mim fantasmas de que pouco me lembro e que não motivam minha fantasia a nenhum esforço.

Por outro lado, minhas recordações das vivências "interiores" são bem vivas e coloridas. Mas aqui se coloca um problema de descrevê-las; e eu me sinto incapaz de fazê-lo, ao menos por enquanto. Por esses motivos não posso também satisfazer o seu desejo, o que lamento muito.

Com os melhores votos para o Ano-novo, permaneço

Seu velho colega Zofinger
C.G. Jung

1. O Dr. Gustav Steiner foi amigo de Jung durante o tempo de estudos; ambos foram membros da associação de estudantes "Zofingia" em Basileia (cf. também carta a Oeri, de 04.01.1929, nota 1). A carta foi publicada em G. Steiner, "Erinnerungen an Carl Gustav Jung. Zur Entstehung der Autobiographie", *Basler Stadtbuch 1965*, Basileia, 1964, p. 125s. Parte da carta em *Memórias*, p. 13s.

2. Seminário em inglês, de 23 de março até 6 de julho de 1925 (policopiado sob o título *Notes on the Seminar in Analytical Psychology*, Zurique, 1925). Trechos mais longos dele em *Memórias*.

3. Jung havia começado a escrever suas memórias da infância e juventude, que formam os três primeiros capítulos de *Memórias*. Cf. carta a Wolff, de 01.02.1958.

À Aniela Jaffé
Zurique

04.01.1958

Prezada Aniela!

Muito obrigado pelo *News-Letter* e pelos votos de Feliz Ano-novo. Estou contente por você ter feito alguma coisa por X. É de fato um problema: Por que o sofrimento, por que o tormento da morte? Por que tudo o que é bom custa tanto a manifestar-se? Por que a separação dolorosa dos que morrem? Ocasionalmente aparece alguma coisa de bom. Na noite de São Silvestre tive um sonho com minha esposa, que lhe contarei algum dia. Parece que a individuação é uma tarefa impiedosamente importante, em vista da qual tudo o mais vai para o segundo plano. É óbvio que ainda não sei o suficiente sobre isso.

O livro de Hoyle chegou e já o li[1]. É muito interessante ver como um astrônomo colide com o inconsciente e especialmente com o problema dos OVNIs. É pena que meu pequeno livro já tenha sido impresso. Hoyle tem penetração, conhece a doutrina do *anthropos*, tem o conhecimento da matéria, que ele naturalmente confunde com consciência e assim não faz justiça ao problema do sofrimento. Mas é extremamente estimulador.

Estou um pouco cansado, mas as coisas vão indo devagar.

Tudo de bom!

Sinceramente seu
C.G.

1. Fred Hoyle, *The Black Cloud*, Londres, 1957. No epílogo de seu livro *Um mito moderno: sobre coisas vistas no céu* (OC, vol. X), Jung fala da observação de Hoyle. Ele era um famoso astrônomo inglês.

A uma destinatária não identificada

09.01.1958

Dear N.,

Peço sua tolerância para com meu estado mental peculiar. Nesses dias meus pensamentos ficaram presos numa circum-ambulação totalmente incomum – uma ordem vinda de dentro para que escrevesse minhas memórias mais antigas[1]. Esta ordem exige uma nova atitude mental que consiste em aceitar uma espécie de interesse autobiográfico, ao qual resisti violentamente até hoje.

Enquanto lhe escrevo, observo um pequeno demônio que procura tirar-me as palavras e até mesmo os pensamentos; ele os transforma num rio de imagens, fluindo rapidamente e que surge da névoa do passado. São retratos de um menino, desnorteado e espantado com um mundo enganoso, cheio de beleza incompreensível e horrivelmente profana.

Your affectionately,
C.G.

1. Jung começou naquela época a escrever os três capítulos de suas *Memórias*: "Infância", "Anos de colégio" e "Anos de estudo".

Ao Dr. L. Kling[1]
Estrasburgo/França

14.01.1958

Prezado colega,

Sua pergunta sobre sincronicidade e delírios de referência é deveras interessante. Constatei diversas vezes em minha práxis que alguns esquizofrênicos interpretam as experiências sincronísticas como delírios. Uma vez que em esquizofrênicos não raro acontecem situações arquetípicas, pressupõe-se que também ocorram fenômenos correspondentes de sincronicidade, que transcorrem exatamente como nas pessoas ditas normais. A diferença está única e exclusivamente na interpretação. A interpretação do esquizofrênico é doentiamente limitada porque se restringe na maioria das vezes às intenções alheias e à importância do próprio eu. A interpretação da pessoa normal, enquanto ela é possível, consiste no pressuposto filosófico da simpatia de todas as coisas[2], ou em algo semelhante. No caso de sua paciente, trata-se de alguém que precisa pagar seu tributo à natureza ou fazer um sacrifício com sentido semelhante. Provavelmente os sonhos responderão em que isto consiste. Não se deve pensar que sabemos o bom conselho a dar, ou o que deveria ser feito. Ao contrário, devemos tentar descobrir o que o inconsciente quer e ajustar nossa atitude de acordo com ele. Se aparecerem sincronicidades num caso desses, é porque se trata de uma situação arquetípica; onde existem arquétipos constelados, costumam aparecer também fenômenos primordiais de unidade. Portanto, o efeito sincronístico não deve ser entendido como um fenômeno psicótico, mas como fenômeno normal.

O delírio de referência surge como fenômeno consequente do fato de que a situação psíquica não foi corretamente entendida e foi reprimida. Então aquilo que deveria ter sido normalmente a expressão da simpatia de todas as coisas se transforma numa tentativa pseudorracionalista para explicar a falta de simpatia, ou seja, em vez do eros unificador surge um medo diviso ou um ódio, que é seu oposto. O fator doentio é que a participação primitiva em todas as coisas se transforma numa negação por motivos racionais ou de qualquer outro tipo plausível e que esclarecem a inteligência mediana. Mas com isso não se leva em consideração o significado da simpatia. Falta aqui a atitude religiosa que vê na simpatia uma vontade divina, à qual se deve servir com os meios correspondentes. A relação erótica, por exemplo, por mais inconvencional que possa ser, deveria ser entendida como um *opus divinum*, e o sacrifício talvez necessário dessa relação como uma "thysia", uma "imolação cultual"[3].

Essas coisas são difíceis de ensinar a pessoas pouco inteligentes. É indispensável a presença de uma capacidade suficiente de compreensão. Sem um considerável grau de inteligência refinada, essas coisas serão malcompreendidas. Deve-se renunciar de antemão a querer explicar algo disso a colegas com formação científica. A formação científica nem sempre anda paralelamente a uma inteligência superior.

As possibilidades terapêuticas são, por isso, limitadas e a operação toda fica sendo um assunto difícil e delicado. O melhor, portanto, é adaptar-se ao grau de compreensão do paciente. Os sonhos mostram o quanto o senhor pode esperar dele. Nesses casos sigo tateando através dos sonhos e evito cuidadosamente ter boas ideias pessoais a respeito. O importante é que *ele* o entenda e não *eu*.

Na esperança de haver esclarecido a situação, permaneço com cordial estima,

Sinceramente seu
(C.G. Jung)

1. Dr. med. L. Kling, psicólogo analítico.
2. Cf. carta a Whitmont, de 04.03.1950, nota 3.
3. Sobre o sacrifício da missa como "thysia" (imolação cultual), cf. "O símbolo da transformação na missa", em OC, vol. XI, par. 302s.

To Cary F. Baynes[1]
Morris (Conn.)/EUA

24.01.1958

Dear Cary,

Muito obrigado por sua gentil e bela carta. Como estou sempre em dúvida sobre meu material subjetivo, ela me deu um pouco mais de confiança no meu trabalho atual[2]. Ele consiste no fato absolutamente peculiar e inesperado para mim de estar escrevendo a história de meus primeiros anos, com a visão de minha juventude e sem conhecer seu sentido, incapaz de traduzi-la em palavras. Agora tenho as memórias e as palavras, mas sou continuamente perturbado por minha subjetividade. É curioso como a gente tem, por um lado, um sentimento absolutamente certo de valor e, por outro, uma dúvida igualmente certa sobre seu valor. [...]

Hoping you all right, I remain,

Yours very cordially,
C.G.

1. Mrs. Cary Baynes pertencia desde jovem ao círculo de amigos de Jung. Ela traduziu para o inglês a edição de *I Ching*, preparada por Richard Wilhelm, Nova York, 1950.

2. Mrs. Baynes havia lido os primeiros protocolos, nascidos das conversas entre Jung e A. Jaffé e escrito a ele sobre o assunto. Cf. carta a uma destinatária não identificada, de 09.01.1958, nota 1.

Ao Prof. Max Imboden[1]
Basileia

30.01.1958

Prezado Professor,

Antes de mais nada, agradeço a oportunidade que me deu de ler seu ensaio "Die Struktur des Staates als Symbol und als Wirklichkeit"[2]. Infelizmente só agora posso devolvê-lo junto com minha resposta. Na minha idade as coisas vão devagar e eu tenho de esperar por um momento favorável no fluxo de minhas intensas atividades para redigir a resposta após a leitura.

O seu ensaio é estimulante e interessante e conduz à profundeza. Concordo plenamente com sua concepção do caráter simbólico da tríplice composição do Estado[3]. Historicamente considerado, isto tem sua origem no motivo trinitário. Mas, como psicólogo, ocupei-me principalmente com o arquétipo trinitário[4], e por isso me parece que a sequência histórica apenas simula um nexo causal e que, na realidade, o arquétipo trinitário está presente sempre e em toda parte e, assim, forma a base de toda tríade que se manifesta em qualquer estrutura humana. Originalmente talvez tivesse sido assim: a tríade era uma estrutura tanto religiosa quanto política. Isto podemos ver ainda na concepção egípcia da triunidade de Deus, Ka-mutef[5] e o faraó. Esta estrutura foi também historicamente o modelo de Deus-pai, Espírito Santo ou procriador e o Filho = homem no plano religioso. Esta estrutura está na base de todas as doutrinas trinitárias em outros campos. Parece que o arquétipo trinitário caracteriza todas as estruturas humanas conscientes, em estranho contraste com o fato de que este tipo é na verdade uma quaternidade que historicamente é representada muitas vezes como 3 + 1[6], sendo três fatores iguais combinados com um quarto desigual. (Na alquimia isto é conhecido como "Axioma de Maria", onde o quarto elemento significa ao mesmo tempo a unidade de todos[7].)

Como invenção humana, é totalmente natural que a teoria política do Estado tenha uma estrutura trinitária, isto é, uma figura intencionada e criada pelo homem. Mas do ponto de vista da psique natural esta estrutura não é uma totalidade, pois lhe falta um quarto elemento. Como tríade ela não é natural, mas extraída artificialmente da natureza. Falta-lhe alguma coisa. No caso da tríade religiosa, o quarto elemento é obviamente o demônio, uma figura metafísica que falta na Trindade. Se é possível atribuir à tríade certa totalidade, o mesmo pode ser feito ao quarto elemento, isto é, este se opõe como outra tríade inferior à tríade assim dita superior, luminosa ou consciente como, por exemplo, a tricefalidade da Hécate ou do satanás de Dante[8]. O quarto elemento aparece, pois, como inversão do três, isto é, como inversão da soberania de Deus ou do Estado.

No campo puramente psicológico, quatro funções caracterizam a orientação da consciência. Sabemos pela experiência que estas funções se diferenciam em diversos graus nos indivíduos. Em geral, o simbolismo do sonho mostra que três funções são capazes de se tornar conscientes, e que uma quarta persiste irredutivelmente no escuro e se subtrai da diferenciação da consciência, ou lhe oferece as maiores dificuldades. Correspondendo a seu estado inconsciente, ela está contaminada pelo inconsciente coletivo; se, para trazê-la a um uso consciente, quisermos arrancá-la do estado inconsciente, traremos à tona por assim dizer todo o pano de fundo arcaico da psique, pois as duas coisas não podem ser separadas. Isto nos lembra o mito grego de Héracles que, para libertar Teseu, baixou ao submundo; quando quis soltar Teseu da rocha, este estava tão firmemente preso que Héracles provocou um imenso terremoto. Parece-me que este mito descreve a situação atual do mundo. Com o quarto elemento trata-se sempre do todo. Ao mundo como um todo só podemos contrapor uma concepção integral do mundo, e isto nos falta hoje em dia. A consequência disso é a grande divisão entre Oriente e Ocidente. O Ocidente tem o estado trinitário de direito, o Oriente tem a arcaica falta de direito sob um chefe.

Fiquei especialmente interessado no fato de o senhor ter introduzido como quarto elemento o povo. Isto corresponde ao inconsciente coletivo na formulação psicológica. Por isso a situação política da Rússia corresponderia a uma dominação através do inconsciente coletivo. Na psicopatologia isto significa uma psicose. Como o senhor diz muito bem, a inclusão do povo significa logicamente a necessidade de uma integração do todo no indivíduo. Pois sem isso o povo seria apenas massa amorfa como a plebe inarticulada da Rússia. O senhor sabe que neste ponto concordo plenamente com o senhor.

Com renovado agradecimento e elevada consideração, permaneço

Sinceramente seu
(C.G. Jung)

1. Dr. Max Imboden, 1915-1969, professor de Direito Público na Universidade da Basileia. Desde 1965, presidente do Conselho Suíço de Ciências.

2. O Prof. Imboden havia proferido uma conferência no Clube de Psicologia de Zurique (30.11.1957) com o título "Die Symbolik der Staatsstruktur" e enviado a Jung.

3. O Prof. Imboden mencionou em sua conferência as seguintes tríades: monocracia, aristocracia e democracia; legislativo, executivo e judiciário; legitimação racional, carismática e tradicional da autoridade civil. O quarto elemento era formado pelo povo. Segundo Imboden, o positivismo moderno obscureceu o conhecimento secular "segundo o qual a forma da instituição estatal só pode ser entendida como cópia da psique". A tríade dos poderes fundamentais do Estado teria origem arquetípica e representaria uma trindade secularizada" (Citações tiradas do resumo da conferência, feito pelo próprio autor, em *Jahresbericht 1957-1958* do Clube de Psicologia de Zurique).

4. "Tentativa de uma interpretação psicológica do dogma da Trindade", em OC, vol. XI.

5. Ka-mutef ("touro de sua mãe") é a imagem egípcia da força procriadora de Deus, que se une com Deus e com o faraó (como representante de Deus na terra). Deus, Ka-mutef e o faraó formam uma entidade trina (cf. OC, vol. XI, par. 177).

6. Cf. carta a Wylie, de 22.12.1957, nota 3, e ao Dr. H., de 17.03.1951, nota 4.

7. Maria Profetisa (Maria, a judia) pertence ao período alexandrino primitivo da alquimia. Seu axioma "Um torna-se dois, dois torna-se três e do terceiro provém o um que é o quarto" exerceu grande influência sobre o desenvolvimento da alquimia (*Psicologia e alquimia*, OC, vol. XII, par. 26 e 209).

8. *Inferno*, Canto XXXIV, 38.

A Kurt Wolff[1]
Pantheon Books Inc.
Nova York

01.02.1958

Prezado Senhor Wolff,

Muito obrigado por sua gentil carta. A senhora Jaffé me comunicou que lhe havia escrito, dizendo de minha atual ocupação em escrever as memórias de minha infância. De fato assim é. Ao narrar as minhas memórias fiquei com vontade de me aprofundar nelas. Muitas vezes a gente não valoriza bastante aquilo que se traz sempre consigo. Sei que entro em colisão de certa forma com o trabalho da Senhora Jaffé, mas acredito que esta dificuldade pode ser contornada por meio de um espírito de colaboração. Farei a minha parte. Uma vez que tudo está ainda muito fluido, não há nenhum problema de ordem técnica para a impressão gráfica. Este surgirá apenas quando o livro estiver escrito. Eu mesmo não sei até onde me levará a preocupação com minhas memórias da infância. Por enquanto, acho que levarei meu relato somente até o ponto do encontro com minha atividade científica. Para mim todo livro significa por assim dizer um destino e por isso não posso dizer com certeza onde se colocará o limite.

O senhor pode ter certeza de que não tenho tendência de fazer alarde inútil de minha atual ocupação. Sempre observei este princípio em todos os casos em que preparava um livro. Enquanto o assunto está em desenvolvimento, eu me proíbo todas as especulações sobre o futuro do escrito.

Se quiser discutir a situação comigo, sua próxima visita à Europa será um bom momento. Por ora não tenho razões para marcar uma data precisa.

Recebi uma carta muito gentil de Cary[2], onde se manifesta positivamente sobre o que leu, e eu já lhe respondi.

Por enquanto receba minhas saudações cordiais.

Sinceramente seu
C.G. Jung

1. Kurt Wolff, 1887-1963, editor da Kurt Wolff Verlag, Leipzig, mais tarde Pantheon Books, New York, onde foram publicados até 1967 os livros da "Bollingen Series". Ele convenceu Jung a contar a Aniela Jaffé suas memórias que mais tarde foram publicadas no livro *Memórias, sonhos e reflexões de C.G. Jung*. Para entender o surgimento do livro, cf. *Memórias*, p. 11s.

2. Cf. carta a Baynes, de 24.01.1958.

Ao Prof. Hans Bender[1]
Institut für Grenzgebiete der
Psychologie und Psychohygiene
Friburgo na Br./Alemanha

12.02.1958

Prezado colega,

Sua nota introdutória à sincronicidade[2] é muito própria até o ponto em que o senhor fala do "efeito sincronístico procurado". Este efeito, se me permite a observação, não foi procurado, mas encontrado, e foi encontrado provavelmente porque o experimento estava arranjado de tal forma que as restrições estavam reduzidas a um mínimo, ou seja, foi deixado amplo espaço para o jogo do acaso. Quando se deixa ao "arranjo sincronístico" um espaço de jogo muito pequeno[3], o jogo do acaso fica limitado e o "efeito" sincronístico é coibido. O fenômeno sincronístico de meu experimento consiste em que a expectativa clássica da astrologia se confirmou nos três casos, o que representa uma improbabilidade extraordinariamente grande, ainda que os números individualmente considerados não sejam significativos. Em princípio, este resultado nada tem a ver com a astrologia em geral, mas poderia ocorrer igualmente em qualquer outra estatística. O experimento astrológico é por sua natureza um golpe do acaso; se não o fosse, seria de cunho causal. Mas ele é causal apenas em grau mínimo. Poderíamos rejeitá-lo como simples *lusus naturae*, se ninguém admitisse o chamado acaso. O psicólogo que lida com os fenômenos do inconsciente sabe que estes "acasos" notáveis acontecem de preferência no ambiente das condições arquetípicas, e que isto tem muitas vezes a aparência de que a disposição psíquica interna se reflete numa outra pessoa, num animal ou em circunstâncias, graças a uma disposição paralela, simultânea e causalmente independente. Por isso acontecem os fenômenos que acompanham os casos de morte: o relógio para, um quadro cai da parede, um copo se quebra etc. Até agora estes fenômenos foram explicados *ad hoc* e cunhados com nomes de telepatia, *clairvoyance*, precognição, psicocinese etc. Com isso nada se explica, mesmo que alguns desses fenômenos sejam comparados com o radar. Nunca ouvi falar de uma onda de radar que pudesse captar um ponto no futuro. Por isso é melhor não apresentar tais analogias *ad hoc*, no sentido dessas hipóteses especiais da fantasia, mas reunir todos esses fenômenos que ultrapassam o âmbito da probabilidade física sob o aspecto uniforme do golpe cheio de sentido do acaso e examinar sob quais condições emocionais acontecem essas coincidências; ou, então, demonstrar, seguindo Rhine, a presença desses fenômenos com os maiores números possíveis. Minha dúvida está nas condições psíquicas de sua ocorrência, e eu rejeito uma explicação energética semifísica.

Espero ter-me expressado com clareza. Se me permite uma observação ulterior: não há sentido algum em estudar casamentos. Poderíamos igualmente observar um ninho de abelhas e, sob determinada condição psíquica, anotar estatisticamente o número das abelhas que chegam e vão, ou então contar o número de pedrinhas que caem numa avalanche. É óbvio: quando se escolhe uma disposição da experiência que deixa a menor chance possível ao acaso, então naturalmente – se for feito com cuidado – surgirão o mínimo possível de acasos, isto é, foi impedido o aparecimento de um efeito sincronístico.

Parece muito difícil formar um quadro da conexão lateral de acontecimentos, proposta por Geulincx-Leibniz e livrar-nos da hipótese da causalidade[4]. Acasos também são acontecimentos e, se não o fossem, a causalidade seria um axioma. Coincidências significativas são um problema tremendo, que não se pode sobrestimar. Isto foi percebido tanto por Leibniz quanto por Schopenhauer, mas eles responderam errado à pergunta, porque partiram de uma causalidade axiomática[5].

Com saudações cordiais e agradecimentos,

Sinceramente seu
(C.G. Jung)

1. Dr. Hans Bender, professor de Psicologia na Universidade de Friburgo na Brisgóvia, diretor do Institut für Grenzgebiete der Psychologie und Psychohygiene. Fez pesquisas parapsicológicas. Editor de *Zeitschrift für Parapsychologie und Grenzgebiete der Psychologie*, Friburgo na Brisgóvia.

2. Trata-se da "nota introdutória" ao artigo de Jung: "Ein astrologisches Experiment". Ambos foram publicados, juntamente com esta carta, na revista acima citada, vol. I, 2, 3, 1957-1958. Jung escreveu posteriormente este artigo para explicar o capítulo "Ein astrologisches Experiment" em seu ensaio sobre a sincronicidade, pois esta era muitas vezes mal-entendida e tomada no sentido de uma confirmação da causalidade astrológica tradicional. O experimento consistia numa comparação de horóscopos de pessoas casadas. O posfácio a "Ein astrologisches Experiment" foi publicado em OC, vol. XVIII.

3. Bender havia concluído um estudo de paralelismo entre horóscopos de casados e de separados no seu Institut, em que o material foi recolhido em vista de um procedimento já predeterminado, isto é, para não dar nenhum espaço ao arranjo sincronístico. Não houve resultados significativos.

4. A conexão lateral de Geulincx-Leibniz refere-se à coordenação significativa de psíquico e físico: "Deus criou desde o começo cada uma dessas substâncias (alma e corpo) de tal forma que, seguindo apenas suas leis peculiares, [...] concordasse com a outra, mesmo que entre elas houvesse uma influência recíproca" (Leibniz, *Kleinere Philosophische Schriften*). Como Leibniz fosse influenciado nessas questões pelo filósofo holandês Arnold Geulincx (1624-1699), Jung menciona os dois juntos. Cf. OC, vol. VIII, par. 927s. e 938. Cf. cartas a Bender, de 06.03. e 10.04.1958.

5. Cf. carta a Bender, de 06.03.1958.

À Baronesa Vera von der Heydt[1]
Londres

13.02.1958

Prezada e digna senhora,

Minha observação sobre a ressurreição[2] é simples alusão a uma espécie de fraseologia popular que soa assim: Por sua ressurreição, Cristo nos demonstrou de certa forma que também nós ressuscitaremos. E assim nos mostrou que a esperança na imortalidade é uma crença justificada – como se ninguém tivesse acreditado na imortalidade anteriormente. Isto é com certeza um ponto de vista leigo, que se pode facilmente derrubar com argumentos teológicos. Mas é por isso mesmo que ela persiste entre o povo, como a teoria marxista, refutada centenas de vezes, mas que não impede que milhões de pessoas tenham convicções comunistas. Também é opinião geral que o acontecimento do Oriente tenha um sentido geral e não seja opinião apenas local que se dê aos discípulos uma prova ocular da existência do Senhor. Isto é correto no sentido bíblico do texto, mas não corresponde de forma alguma ao ponto de vista em geral.

Como psicólogos não nos ocupamos com a questão da verdade, se uma coisa é historicamente correta, mas com forças vitais, com opiniões vivas, que determinam o comportamento humano. Se estas opiniões são falsas ou verdadeiras, isto é outro assunto. Um crítico, por exemplo, me acusou de ter escolhido um texto menos importante, como o Amitayur-Dhyana-Sutra, pois haveria textos páli muito melhores para explicar a essência do budismo. Mas, no Japão e nas regiões budistas da Mongólia, esta sutra goza da mais alta autoridade e é muito mais conhecido do que o Cânon-páli. Por isso achei mais importante comentar esta sutra do que a posição, sem dúvida correta, do cânon. O mesmo acontece com a doutrina cristã: se quisermos discuti-la na sua forma atual, só podemos fazê-lo tomando as opiniões em vigor, e não na base das melhores edições críticas dos textos e das melhores explicações teológicas, porque, neste caso, estaríamos fazendo teologia, e isto eu não faço de forma nenhuma. Estou interessado na pessoa humana real, aqui e agora, exatamente como num artigo como *Presente e futuro*.

Com saudações cordiais e elevada consideração,

Sinceramente seu
(C.G. Jung)

1. Baronesa Vera von der Heydt, psicóloga analítica, Londres.

2. Trata-se da seguinte frase: "Se compreendermos, por exemplo, a ressurreição de Cristo de maneira simbólica e não literal, obteremos interpretações diversas que não entram em choque com o saber nem prejudicam o sentido da afirmação". Cf. "Presente e futuro", em OC, vol. X, par. 521.

Ao Prof. Karl Schmid
Bassersdorf-Zurique

25.02.1958

Prezado Professor!

Desculpe meu longo silêncio! Fiz uma leitura atenta das duas gentis remessas[1]. O senhor não imagina o estímulo que representa para mim quando alguém se atreve a fazer um uso significativo de minhas ideias. Desculpe-me por apresentar em primeiro lugar este ponto de vista egocêntrico. Não estou acostumado a isto, e me pergunto se eu realmente tenho "contemporâneos".

Estive muito interessado em seu "Versuch über die schweizerische Nationalität", um assunto ao qual dediquei certa reflexão. E isto, por assim dizer, necessariamente, porque me procurei informar nos outros países sobre minha condição de suíço. Graças à minha natureza preconceituosa, segui a pegada primitiva que designava a posição de um grupo humano primitivo.

Na minha juventude fiz uma descoberta, que foi confirmada muitos anos depois pelos habitantes da savana do Monte Elgon. Encontramos lá pessoas que nunca tinham visto gente branca. Tivemos de comunicar-nos com eles através de três línguas. Perguntamos os seus nomes. Eles deram os seus nomes individuais; isto foi inesperado, pois todas as tribos que havíamos encontrado até então se haviam designado com o nome de suas tribos, mesmo sem serem perguntados. Com algum empenho e com idas e vindas, deram uma resposta obviamente confusa, que levou meus acompanhantes negros a rir à vontade. Meu guia, um somali preto, me disse que os "nativos" eram tão bobos que não sabiam os seus nomes. Disseram que se chamavam "o povo que está aqui". Eu achei isto muito esclarecedor.

Em minha juventude "analisei" a Suíça a partir de quatro direções: da Alemanha, do Franche-Comté, do Vorarlberg e da planície da Lombardia. A partir dos pontos mais altos da Floresta Negra vê-se por sobre o Reno uma grande planície entre o Jura e os Alpes; a partir da França anda-se por ondulações levemente ascendentes até os precipícios que dão nesta planície. A partir da Itália passa-se por sobre a crista dos Alpes que formam por assim dizer a abertura da concha, e da parte do Leste fecham a ovalidade o Lago de Constança, os vales do Reno e o Landquart. As pessoas sentadas na concha e em seu redor são os suíços, e aí estou eu. O fato de falarmos eventualmente outra língua, devido à vizinhança, é natural e pouco significa em vista do oprimente fato da casa de caramujo. Somos "o povo que está aqui" e não precisamos de nome. Por acaso chamam-se "suíços". É claro que nem mesmo lhes restou a antiga denominação "Helvetii". Nenhum outro povo poderia viver aqui, pois teria então os espíritos errados dos ancestrais, que vivem no solo e são os suíços autênticos.

Este sentimento primordial parece-me o começo de todas as coisas. Tudo o que acontece "lá fora" reproduz-se no "respectivo" suíço, que é meu vizinho ou que mora comigo na mesma casa. Via de regra aprendo dele o que acontece lá fora. Por mais estranho e incompreensível que pareça, não é antagonicamente hostil. Pode-se falar com ele sobre isto, pois como suíço, ou seja, como co-habitante da concha, só está possuído disso pela metade e apenas condicionalmente louco. Pode ser até mesmo o meu primo, cunhado e "de nossa família" etc. E assim, todo o que vem "de fora" é dividido entre 2 ou 3 e balanceado por um "outro lado". Por isso somos uma espécie de pedra de tropeço para todas as loucuras e extravagâncias do mundo exterior. Sentados que estamos no centro da concha, somos os "filhos da mãe". Por isso diz a antiga tradição astrológica que nosso signo zodiacal é Virgem. Mas não há unanimidade neste ponto, pois outra versão diz que é Touro. É um signo masculino e criativo, mas *terreno* como Virgem. Este velho conhecimento psicológico formula o fato de que o germe encerrado na mãe é criativo, que um dia será vasculhado, conforme o senhor o demonstrou com outras palavras e exemplos convincentes. A morosidade, a pertinácia, a teimosia e tudo o mais que se atribui ao suíço caracteriza o elemento feminino de Virgem. Por outro lado, o elemento masculino de Touro designa a força impulsiva de novos rebentos e organização futura. A união de (♍) e (♉) indica que o *principium individuationis* é uma conciliação suprema dos opostos, o que o senhor também proclamou na confusão do tempo atual, ao menos para aqueles que o podem perceber. Sou grato ao senhor de modo especial por isso. É sumamente delicado, mas também muito importante, a ponto de eu não poder negar o meu desejo de que se discuta entre nós suíços a construção de um monumento incontestável ao *esprit Helvétien*, que sirva de sinal luminoso para o desgoverno do mundo ocidental e que ilumine, antes de mais nada, nossa própria escuridão. Daqueles "de fora" não se pode esperar muita coisa, ao menos por enquanto. Os suíços não possuem primos ou primas que falem outra língua e que vivam na concha da παμμήτωρ[2], a *genetrix omnium*.

Fiz rica colheita de seu ensaio e espero que seu livro tenha ávidos leitores.

Com renovado agradecimento,

Sinceramente seu
C.G. Jung

1. K. Schmid, *Aufsätze und Reden*, 1957 e *Neuere Aspekte der Geistesgechichte*, 1957.
2. Mãe de tudo.

Ao Prof. Hans Bender
Institut für Grenzgebiete der
Psychologie und Psychohygiene
Friburgo na Br./Alemanha

06.03.1958

Prezado colega,

Segundo seu desejo, revi as provas paginadas do livro. Concordo com o senhor quando diz que se deveria colocar entre parênteses a palavra "efeito", ou evitá-la de vez[1].

Tudo o que se pode repetir experimentalmente é causal por necessidade, pois o conceito de causalidade se baseia neste dado estatístico. Se examinarmos criticamente, por exemplo, os experimentos de Rhine, não podemos fugir da conclusão de que, na medida em que são repetíveis, contêm um fator causal. Cremos que este fator causal pode ser encontrado na condição emocional conhecida, isto é, na situação arquetípica. A reprodução experimental de uma situação arquetípica deve ser explicada de forma causal, pois não há outra possibilidade de explicá-la nem mesmo razão para isso. Nesta condição ocorre uma síndrome que não se pode explicar causalmente; ela não acontece por necessidade ou regularmente, mas com certa frequência que ultrapassa apenas a simples probabilidade. Não se pode entender causalmente que espaço e tempo sejam reduzidos por essas ocorrências significativas e casuais. Isto acontece de modo mais evidente na precognição. Se conseguirmos produzir experimentalmente uma situação arquetípica, criamos uma possibilidade para tais ocorrências, mas não uma necessidade. Segundo a opinião de Leibniz e Shopenhauer essas conexões laterais de eventos seriam eventos necessários, isto é, deveriam acontecer sob determinadas condições; mas isto não condiz com a experiência[2]. Os experimentos de Rhine mostram que a probabilidade deles é menor que a probabilidade matemática. Esta situação é deveras complicada e, a cada passo, existe o risco de se recair numa concepção causal. Existe também a possibilidade – e isto deve ser sempre considerado – de haver certos fatores físicos que nos são desconhecidos até agora. Considerando nosso estado atual de conhecimentos, parece-nos impossível reverter a causalidade, como no caso da precognição, em que o futuro causa um presente que parece não existir. Note-se, porém, que *Heisenberg* considera imaginável uma inversão do curso do tempo no microcosmos[3]. Mas o microcosmos coincide com o inconsciente. A hipótese de uma estrutura de ordem se adapta bem à teoria de Leibniz-Schopenhauer, segundo a qual devem ocorrer correspondências nos pontos de interseção entre os meridianos e os paralelos. Mas, como dissemos, não há evidência disso. Tudo indica, ao menos segundo minha experiência, que às vezes ocorrem correspondências inegáveis, que eu chamo de "sincronísticas", devido à sua simultaneidade temporal, isto é, sua *coincidentia*.

Quanto ao horóscopo tenho sérias dúvidas se pode ser entendido como fenômeno puramente sincronístico, pois há conexões indubitavelmente causais entre os aspectos dos planetas e os poderosos efeitos da radiação dos prótons[4], ainda que haja muita obscuridade no que diz respeito aos seus efeitos fisiológicos.

Aproveito a oportunidade da carta de minha secretária para autorizá-lo expressamente a publicar minha primeira carta, bem como utilizar eventualmente esta segunda[5].

Com elevada consideração,

Sinceramente seu
(C.G. Jung)

1. Cf. carta a Bender, de 12.02.1958, nota 2.

2. Para Leibniz, Deus é o causador de um sincronismo absoluto dos acontecimentos psíquicos e físicos. Cf. carta a Bender, de 12.02.1958. Também Schopenhauer fala de um sincronismo absoluto, que ele chama de "admirabilíssima *harmonia paraestabilita*". A questão da "simultaneidade daquilo que não está vinculado causalmente, que nós chamamos de 'acaso'", ele a responde com o auxílio de um modelo de pensamento: os graus de latitude de um globo ilustram os acontecimentos simultâneos e formam conexões laterais entre os elos causais que, por sua vez, são irradiados pela vontade transcendente, pela *prima causa*, como os meridianos de um polo. Devido às conexões laterais, os meridianos causais estão numa relação respectiva de simultaneidade. (De "Über die anscheinende Absichtlichkeit im Schicksale des Einzelnen", em *Parerga und Paralipomena*, I, 1891.) Jung objeta que, segundo Schopenhauer e Leibniz, isto são "sistemas de ordem", onde é pressuposta a validade absoluta da causalidade e, assim, a simultaneidade dos acontecimentos internos e externos se torna regra absoluta. Ele mesmo parte da validade estatística da causalidade, motivo pelo qual se deve contar com acausalidades. Elas representam como, por exemplo, os fenômenos por ele denominados "sincronísticos", prováveis exceções, mas não "acontecimentos necessários". Cf. *Naturerklärung und Psyche*, 1952, p. 10s. e 83s.; OC, vol. VIII, par. 828s. e 927s.

3. Cf. W. Heisenberg, *Das Naturbild der heutigen Physik*, Hamburgo, 1956, p. 34: "[...] deveríamos contar com a possibilidade de que experiências sobre fenômenos em pequenos ambientes de espaço e tempo mostram que certos processos ocorrem aparentemente de forma inversa no tempo do que sua correspondente sequência causal".

4. Cf. carta a Jaffé, de 08.09.1951, nota 2.

5. A presente carta não foi publicada.

To Rev. Dr. L.L. Philp
Yetminster Vicarage
Sherborne, Dorset/Inglaterra

10.03.1958

Dear Mr. Philp,

Suas perguntas me deixaram estupefato[1]. Acho que está mais do que claro para todos por que me preocupo com a teologia: meus pacientes me colocam centenas de questões teológicas, esperando ansiosos por uma resposta que não conseguem de seus padres ou pastores. Como o senhor sabe, também eu não consegui resposta sobre a identidade da concepção de Deus do Antigo e do Novo testamentos[2].

O arquétipo é a interpretação psicológica do *teologúmenon* "Deus", e isto tem a ver obviamente com a teologia. Muito me interessa o ensinamento teológico porque tenho de lidar seriamente com os questionamentos prementes de meus pacientes e – *last but not least* – com os meus próprios. É evidente que nossa teologia cristã não se baseia "em toda a experiência religiosa". Nem mesmo considera a experiência ambivalente do Deus do Antigo Testamento. Baseada na fé, só é condicionada remotamente pela experiência arquetípica imediata. Se conhecessem esta experiência, os teólogos não teriam a mínima dificuldade de entender minha argumentação.

O senhor conhece melhor do que eu as discussões e dores de parto que o dogma da Trindade teve de enfrentar para chegar à existência. Não há nenhuma evidência evangélica ou apostólica para este dogma, com exceção da fórmula τρισάγιον[3]. Pode-se dizer apenas que foi uma experiência arquetípica, pois trata-se de uma imagem pré-cristã, pagã, da célebre ὁμοουσία[4] de Deus-pai, Ka-mutef e Faraó[5]. Este foi o antiquíssimo modelo egípcio da Trindade, sem falar das numerosas tríades pagãs. Se bem me lembro, o termo ὁμοούσιος[6] apareceu pela vez primeira no gnóstico egípcio Basílides.

É precisamente no dogma da Trindade que se pode ver com clareza a influência do arquétipo na formulação teológica. Outro exemplo impressionante é Ártemis, a Magna Mater de Éfeso, que ressurge como θεοτόκος no Concílio de Éfeso[7] e é glorificada como "regina coeli"[8] e "domina omnium rerum creatarum"[9] e como verdadeira "Dea Natura" na *Assumptio B.V.*

Por outro lado, o dogma da Trindade, como existe hoje em dia, é o exemplo clássico de uma estrutura artificial e de um produto intelectual, a ponto de nenhum teólogo reconhecer ou admitir até agora sua origem na teologia egípcia. Não se trata, pois, de uma experiência cristã original, mas talvez de uma reminiscência obscura. Não sabemos quando desapareceu completamente o conhecimento dos hieróglifos, mas é bastante provável que durou até o tempo dos ptolomeus[10] ou mais tempo ainda.

Devo admitir que não entendi o objetivo de suas perguntas. Por que, afinal, discutimos sobre questões teológicas?

Sincerely yours,
(C.G. Jung)

1. Perguntas do Rev. Philp: a) Qual a relação entre a imagem arquetípica de Deus e o Deus da teologia? b) Por que Jung se preocupa com a teologia? c) A teologia não se baseia numa experiência de toda a religião, que inclui o arquétipo de Deus? Philp disse também que, segundo sua concepção, a "doutrina da Trindade" se baseava numa experiência de Deus dos primitivos cristãos e que não era apenas uma formulação teológica.
2. Cf. carta a Bernet, de 13.06.1955.
3. Três vezes santo. Invocação de Deus como "santo, santo, santo": Isaías 6,3.
4. Consubstancialidade.
5. Cf. carta a Imboden, de 30.01.1958, nota 5.
6. Consubstancial (ao Pai).
7. No Concílio de Éfeso, 431, a Virgem Maria foi elevada à condição de θεοτόκος, "deípara".
8. Rainha do céu.
9. Senhora de todas as coisas criadas.
10. Os ptolomeus reinaram no Egito de 323 a 30 aC.

A um destinatário não identificado

13.03.1958

Prezado Senhor N.,

Muito obrigado pela gentil carta de 07.02.1958. O senhor entendeu muito bem que a experiência da *anima* leva consequentemente a um alargamento de nossa esfera experimental. A *anima* é uma representante do inconsciente e, por isso, uma mediadora, assim como é devidamente designada "mediatrix" a *Beata Virgo* no dogma da Assunção. Se, por um lado, seduz para uma intensificação da vida, por outro nos abre os olhos para o aspecto religioso da vida. Aqui o senhor encontra toda a problemática atual e principalmente a questão que levantou da natureza da vivência religiosa. Para grande parte da humanidade atual bastam a Igreja e a fé eclesial. Mas outra parte exige a experiência persuasiva primordial. Pelo fato de ser eclesial, a teologia sabe pouco disso e desenvolve contra isso uma compreensível resistência. A experiência primordial não se interessa por pressupostos cristãos de natureza histórica, mas consiste de uma experiência imediata de Deus (por exemplo, Moisés, Jó, Oseias, Ezequiel e outros) que "convence" porque é avassaladora. Mas não é fácil falar sobre isso. Pode-se dizer apenas que devemos chegar de alguma forma à beirada do mundo ou ao final de suas possibilidades para podermos partilhar do horror ou da graça de semelhante experiência. Ela é de tal natureza que se entende que a Igreja seja um lugar de refúgio ou proteção para aqueles que não conseguem suportar o fogo da presença divina. Há um *lógion* que soa assim: "Quem está junto de mim está junto do fogo, quem está longe de mim está longe do reino"[1].

Eu acho que compreendo o cristianismo eclesiológico, mas os teólogos não me compreendem. Sua *raison d'être* consiste precisamente na pertença a uma Igreja e a minha, no entendimento do ser indefinível que chamamos "Deus". Possivelmente não há outro compromisso do que aquele da "coexistência", onde cada um aceita o outro. Além do mais, volta sempre de novo a alegria do caminho estreito e íngreme, pelo qual passa a minoria, e do caminho largo, por onde passa a maioria. Mas isto não significa que a minoria vai para o céu e a maioria necessariamente para o inferno.

Para onde quer que se volte nossa necessidade de conhecimento, encontramos os opostos, que determinam em última análise a estrutura do ser. O centro é a mônada indivisível do si-mesmo, a unidade e totalidade do sujeito que vivencia.

Com saudações cordiais,

Sinceramente seu
(C.G. Jung)

1. Dito não canônico do Senhor, transmitido por Orígenes em *Homilia in Jeremiam*, 20, 3. O *lógion* se refere a Isaías 33,14.

Ao Dr. Daniel Brody[1]
Rhein-Verlag
Zurique

18.03.1958

Prezado Senhor Brody,

Sinto-me obrigado a recomendar à sua atenção a reunião de ensaios de Toni Wolff. Como presidente, por longos anos, do Clube de Psicologia de Zurique, a autora teve oportunidade ímpar de conhecer o ambiente da psicologia analítica de todos os lados e um sem-número de casos particulares, isto é, de representantes de quase todas as nações europeias e dos povos anglo-saxões. Seu círculo de conhecidos e amigos estendeu-se por continentes e, como assídua correspondente, manteve contatos com eles durante toda sua vida. Além disso, sua atividade prática no campo da psicologia deixou-lhe pouco tempo para o trabalho literário, cujo produto foi impresso apenas em parte e deixou de chegar a um público mais amplo. Neste volume estão reunidos seus escritos completos[2]. Eles são notáveis não só pelo conteúdo intelectual, mas também pelo fato de a autora ter experimentado pessoalmente o desenvolvimento da psicologia analítica desde o ano fatídico de 1912[3] até o passado mais recente, estando pois em condições de narrar suas reações e participação imediata. Por isso seus ensaios têm valor também de documentação. Mesmo quem não conheceu pessoalmente a autora terá a impressão, a partir da leitura desses ensaios, da versatilidade e profundeza de sua personalidade espiritual. Tenho certeza de que não apenas os muitos amigos dela, que lamentam sua morte[4], ficarão satisfeitos com a publicação de seus ensaios completos, mas também muitos outros que se interessam pela problemática da psicologia analítica.

Recomendações à sua esposa!

Saudações cordiais,
(C.G. Jung)

1. Dr. Daniel Brody,1883-1969, jornalista húngaro, redator-chefe, em Budapeste, do *Neuen Pester Journal,* mais tarde (1929) assumiu a Rhein-Verlag, onde foram publicados os *Eranos-Jahrbücher,* de 1933-1969.

2. Trata-se da reunião de ensaios, publicados na Rhein-Verlag, 1959, sob o título *Studien zu C.G. Jungs Psychologie.* Prefácio de Jung em OC, vol. XVIII.

3. O ano do rompimento entre Jung e Freud.

4. Toni Wolff havia morrido em 1953. Cf. carta a Kirsch, de 28.05.1953.

A F. Fischer, dipl. El.-Ing.
Zurique

23.03.1958

Prezado Senhor Fischer,

Em resposta à sua carta de 18 de março posso informá-lo de que estou a par da colaboração do Prof. Pauli com Heisenberg, mas não dos pormenores desta colaboração, o que é perfeitamente compreensível. Infelizmente não estou em condições de manifestar-me sobre a fórmula de Heisenberg[1], em primeiro lugar porque, como disse, não estou a par dos pormenores e, em segundo lugar, porque não estaria capacitado a acompanhar o argumento matemático. Eu deduzo da natureza puramente estatística da causalidade o fato de que devem existir fenômenos acausais, uma vez que a estatística em geral só é possível onde existem também exceções. Por razões heurísticas pode-se considerar como compensadora esta relação do esperado para o inesperado. Não seria improvável que uma fórmula integral contivesse claramente o princípio da quaternidade, mas, devido ao meu desconhecimento do assunto, não ouso fazer afirmações neste sentido. Por outro lado, é óbvio para mim que a sincronicidade significa a contrapartida indispensável da causalidade e, como tal, pode ser considerada compensadora[2]. A maioria das oposições que ocorrem na natureza são compensadoras neste sentido. Na realidade este "modelo de mundo" significaria uma revolução imprevisível na nossa compreensão do mundo. Esta revolução já começou de qualquer forma com a colocação dessa pergunta, ainda que não possa ser respondida com certeza por enquanto.

Com elevada consideração,
(C.G. Jung)

1. Trata-se da pergunta sobre a fórmula de Heisenberg de uma "einheitlichen Feldtheorie".
2. O destinatário havia perguntado se causalidade e sincronicidade eram conceitos que se compensavam mutuamente. Cf. para tanto OC, vol. VIII, par. 950s.

To Cottie A. Burland
West Molesey, Surrey/Inglaterra

07.04.1958

Dear Dr. Burland,

Muito obrigado pelo envio de seu interessante relato sobre o mandala do tempo, de Féjervary Mayer[1]. Infelizmente sou de todo leigo *in rebus mexicanis* e admiro sua compreensão do antigo simbolismo mexicano. Mas meu conhecimento geral e não específico do simbolismo me permite apreciar o notável paralelismo entre o velho México e o resto do mundo, incluindo o inconsciente do homem moderno da Europa. O esquema subjacente da *quaternio*, isto é, a fórmula psicológica de uma *dynamis* primordial (*prima causa*) para deuses e sua mitologia, assim como para espaço e tempo, é um problema psicológico de primeira ordem. Procurei tratar dele muitas vezes, sobretudo em meu livro *Aion* (ainda não traduzido para o inglês). Os primeiros passos nesta direção podem ser encontrados no livro *O segredo da flor de ouro*. Admito que seja um assunto difícil, mas é um fenômeno básico em muitas religiões.

Fico satisfeito em saber que gosta do *I Ching*. A mente europeia acha difícil muitas vezes seguir os movimentos do "Tao". Neste aspecto, a análise dos sonhos me ajudou muito e também me ensinou a considerar a psique como entidade objetiva e não apenas como produto volitivo de minha consciência. O auge da *hybris* europeia é a frase: "faire un rêve". Mas, na realidade, nós parecemos antes ser o sonho de alguém ou de alguma coisa independente de nosso ego consciente, ao menos em todos os momentos fatídicos.

Sincerely yours,
(C.G. Jung)

1. Mr. Cottie Burland escrevia na época um comentário sobre o "Codex Laud" que, juntamente com o "Codex Féjervary-Mayer", é um dos manuscritos mexicanos mais antigos, anterior a 1350 dC (*Introduction to Codex Laud*, Graz, 1966). O Codex Féjervary, agora em Liverpool, Free Public Museum (Mayer-Collection), contém o famoso "mandala do tempo" (cf. Símbolos da transformação, OC, vol. V, par. 611). Trata-se de uma representação mandaliforme das quatro direções do tempo, com seus deuses e com um calendário completo, representado por signos e pontos. No meio está o deus do fogo. Provavelmente o calendário se baseia nas fases da Lua, onde, segundo pesquisadores mais recentes, o número de signos e pontos deve ser ligado aos dias de uma gravidez normal. Cf. W. Krickberg, *Altmexikanische Kulturen*, Berlim, 1956, p. 258 e 271. Burland comparou as figuras mandaliformes mexicanas com as de outras culturas, sobretudo com as ilustrações da obra de Hildegard von Bingen, *Scivias* (Codex de Wiesbaden). Cf. também a pedra-calendário mexicana em *Psicologia e alquimia*, fig. 41.

Ao Prof. Hans Bender
Institut für Grenzgebiete der
Psychologie und Psychohygiene
Friburgo na Br./Alemanha

10.04.1958

Prezado colega,

Muito obrigado pelo gentil envio de seu relato sobre as observações de OVNIs. Vou lê-lo o quanto antes e devolvê-lo em seguida.

A explicação do fenômeno astrológico é na verdade um assunto complicado. Não estou de forma nenhuma inclinado a dar uma explicação "ou-ou". Eu costumo sempre dizer: numa explicação psicológica só há a alternativa: ou *e* ou! Parece-me ser este o caso também na astrologia. Como o senhor diz muito bem, a explicação mais aproximada parece ser a concepção paralelística. Ela coincide com a teoria das correspondências colaterais de Geulincx-Leibniz, que se encontra formulada de modo mais claro em Schopenhauer (*Über anscheinende Absichtlichkeit im Schicksale des Einzelnen*)[1].

Minha objeção contra esta teoria é que ela pressupõe uma causalidade estrita, isto é, baseada numa causalidade axiomática. Consequentemente ela (a correspondência paralelística) deveria ser segundo uma lei. Isto é assim com números muito grandes, conforme demonstrado por Rhine. Mas é tão raro que só ultrapassa um pouco os limites da probabilidade matemática. Daí podemos concluir que ela fica dentro da probabilidade no âmbito dos números menores: portanto, não como fenômeno segundo uma lei, conforme mostra também a sua comparação entre o relógio da torre e o relógio de bolso[2]. Acertamos o nosso relógio de bolso pelo relógio da torre, o que significa uma dependência causal, assim como acontece na monadologia de Leibniz, onde originalmente o mesmo criador dá corda a todos os relógios monádicos.

O conceito de sincronicidade descarta esta "harmonia praestabilita", ou seja, este paralelismo. E a razão é muito simples: se este último princípio fosse válido, deveria haver um número bem maior e mais regular de correspondências do que na realidade existe. Ressalvado o direito ao erro, tem-se a impressão de que esses golpes do acaso são muito raros. Ainda que não possamos imaginar uma conexão causal por lei e, por isso, necessária entre um acontecimento e sua determinação no tempo (horóscopo), parece que tal conexão existe, pois nela se baseia a interpretação tradicional do horóscopo, o que pressupõe e estabelece certa regularidade de fenômenos. Mesmo que atribuamos apenas sentido limitado ao horóscopo, já estamos pressupondo uma conexão necessária entre o fato e a constelação astral.

Acresce ainda que toda a nossa determinação astrológica do tempo não corresponde a nenhuma verdade na constelação astral, pois o ponto vernal, que desde Hiparco foi fixado artificialmente em 0º de Áries, já passou há muito tempo de Áries para Peixes[3].

Por conseguinte, a distribuição das casas é puramente fictícia, e isto elimina a possibilidade de uma conexão causal com as posições reais dos astros, sendo pois meramente simbólica a determinação astrológica do tempo. Mas assim é mantida a distribuição rudimentar em relação às verdadeiras estações do ano, o que é muito significativo para o horóscopo. Há, então, por exemplo, nascimentos primaveris e outonais, que têm papel especialmente importante no mundo animal. Ao lado das influências das estações, há também as flutuações das radiações dos prótons, que possuem comprovadamente influência considerável sobre a vida humana. Isto são influências a serem explicadas causalmente e que falam a favor da existência de conexões astrológicas segundo uma lei. Eu estaria propenso a incluir a astrologia entre as ciências naturais, se isto tudo se confirmar.

Por outro lado existem casos, na observação astrológica, em que há dúvida de se manter a validade de uma explicação puramente causal. Casos de predições surpreendentes me causam a sensação de um golpe significativo do acaso ou de uma coincidência, pois a afirmação parece exigir demais da possibilidade de uma explicação causal por sua extrema improbabilidade, e só por causa disso prefiro aduzir a explicação pelo princípio da sincronicidade. Exemplo histórico disso seria a presumível coincidência do nascimento de Cristo com a tríplice conjunção de reis[4] no signo de Peixes no ano 7 aC (cf. *Aion*, par. 130).

Como disse, a astrologia parece exigir várias hipóteses, e eu sou incapaz de optar por um "ou-ou". Teremos de nos decidir provavelmente por uma explicação mista, porque a natureza não faz caso da limpidez das categorias intelectuais.

Se quiser, pode utilizar essas observações em seus trabalhos.

Esperando ter transmitido claramente ao senhor a minha perplexidade, permaneço,

Sinceramente seu
(C.G. Jung)

P.S. Tomo a liberdade de enviar-lhe, juntamente com esta, um exemplar de meu livrinho *Um mito moderno*.

1. Cf. carta a Bender, de 06.03.1958, nota 2.
2. Trata-se da comparação apresentada por Leibniz e Geulincx de que corpo e alma se comportam como dois relógios sincronizados. Em sua carta a Jung (05.04.1958), o Professor Bender havia escrito como interpretação da astrologia: poderia ser explicada como fenômeno sincronístico, ou haveria uma "interpretação com base numa estrutura de ordem que provavelmente deveria ser entendida em sentido paralelo, como na relação muitas vezes citada entre o relógio da torre e o relógio de bolso, ficando em aberto o *tertium* dirigente".
3. Cf. carta a Baur, de 29.01.1934, nota 1.
4. No ano 7 aC aconteceu três vezes a conjunção dos planetas Saturno e Júpiter no signo de Peixes. Jung a interpretou como a união dos opostos mais extremos. Cf. *Aion*, OC, vol. IX/2, par. 130s.

Ao Dr. med. F. v. Tischendorf
Zentralblatt für Verkehrs-Medizin
Bad Godesberg/Alemanha

19.04.1958

Prezado colega,

O senhor me coloca uma questão um tanto embaraçosa[1]. Quando se trata do "caráter nacional", até as pessoas mais inimagináveis se tornam melindrosas e às vezes chega-se ao ponto de afirmar que tal coisa não existe.

Assim como não queremos reconhecer nossa própria sombra, odiamos profundamente reconhecer os lados sombrios da nação, atrás dos quais gostamos de nos esconder. Em todo caso, observações sobre o caráter nacional são pouco apreciadas, sobretudo quando verdadeiras, e combatidas de todos os modos. Acresce que não existe ainda uma psicologia a partir do ponto de vista da nacionalidade, ou está apenas engatinhando. Necessária seria para tanto uma cabeça que não só não estivesse obcecada por seu próprio preconceito nacional, mas que estivesse em condições de ver objetivamente outras nacionalidades, isto é, não a partir de seu próprio preconceito nacional. Esta condição é mais rigorosa e, por isso mesmo, muito difícil de ser encontrada.

Na qualidade de suíço tenho por natureza o coração dividido em quatro; e por causa da pequenez de nosso país somos obrigados a entrar em contato com ao menos quatro nações vizinhas, ou quatro complexos culturais. Enquanto sou de certa forma internacional e bem relacionado com o mundo anglo-saxão, tendo aprendido alguma coisa sobre os povos exóticos, poderia ter a pretensão de dizer algo que fosse pertinente. Por outro lado, devo reconhecer que a pequenez do suíço só pode ser preservada graças a um preconceito nacional. Nós experimentamos a nacionalidade como um fator peculiar que difere essencialmente do sentimento nacional de outros povos. A firmeza do preconceito depende do fato de se pertencer a uma pequena ou grande nação. Esses preconceitos são de proporções inevitáveis e, diria mesmo, supra-humanas. Esta é também a razão por que não surgiu ainda nenhum trabalho proveitoso sobre a psicologia nacional.

Considerando especialmente o "comportamento no trânsito", uma abordagem psicológica deveria ocupar-se primeiramente da psicologia do acidentado e do causador do acidente e, só em segundo lugar, ver as condições mais gerais a que se deve atribuir o comportamento do indivíduo. As causas sobretudo pessoais de distração e negligência provêm de uma série de atitudes mais ou menos típicas, bem conhecidas da caracterologia. Menos conhecidas são as causas que não têm traços caracterológicos ou comportamentais, mas que correspondem a pressupostos gerais. Aqui entramos no campo dos pressupostos da psicologia dos povos, da consciência geral do direito, das ideias religiosas etc. O estudo dessas condições leva necessariamente a observações sobre as diferenças nacionais.

Um dos pontos mais importantes neste sentido é a atitude de cada um para com a emocionalidade, ou seja, até que ponto o afeto é controlável ou deve ser controlado. O inglês acredita que é possível controlar as emoções e educa seus filhos de acordo com isso. Ter afetos revela "bad taste" e "bad education". O italiano cultiva os afetos e os admira, razão pela qual se tornam inofensivos e, no máximo, absorvem demasiado tempo e interesse. O alemão se sente justificado em sua irritação masculina;

o francês gosta de analisar racionalmente seus afetos, para não precisar levá-los a sério. O suíço de boa formação não se sente seguro para manifestar suas emoções. O indiano – se influenciado pelo budismo – costuma irrealizar seus afetos através da recitação de um mantra. Vi no Ceilão, certa vez, dois camponeses se chocarem com suas carroças. Em outra parte do mundo isto levaria a uma discussão infindável. Mas lá o assunto foi resolvido pela recitação do mantra "aduca anatmã": transtorno passageiro – sem alma.

O grande número de acidentes de trânsito – praticamente o mesmo em todos os países – mostra que nenhuma dessas atitudes é um paliativo suficiente. Apenas a maneira com que estes acidentes ocorrem ou são resolvidos mostra certa diferença.

Com exclusão dos ingleses e budistas, ninguém se dá conta de que o afeto é um estado de emergência. O fato notório de que o inglês se sente em casa em qualquer parte do mundo vem expresso nesta conversa entre um austríaco e um inglês. O austríaco disso ao inglês: "Vejo que o senhor é um estrangeiro aqui". O inglês respondeu: "Of course not, I'm British!" (Absolutamente não, eu sou inglês). Este tipo de preconceito pode fazer com que um motorista seja imprudente e desatento. O alemão se sente estrangeiro em toda parte porque sofre de um sentimento nacional de inferioridade. Ele se deixa impressionar demais por usos e costumes estrangeiros e, devido a isso, precisa protestar contra, fazendo com que se torne odioso. O italiano mente em nossa cara porque não quer causar má impressão. O francês bem educado é extremamente gentil para manter os outros à distância. O americano é um problema em si. Seu preconceito nacional é ser o mais inofensivo possível, ou assim parecer; tem a desagradável tarefa de assimilar povos primitivos e por isso precisa confiar em grau máximo em si mesmo para escapar do contágio. Consequentemente está sempre animado pelos melhores motivos no que se refere ao sentimento nacional, mas profundamente inconsciente de sua própria sombra.

Por esses exemplos dá para ver que se configuram os mais diversos *aperçus*, mas a todos falta sistemática, porque o assunto é vasto demais. O preconceito nacional vai além do indivíduo e é respondido por compensações pelo inconsciente coletivo, surgindo para a razão intelectual uma dificuldade quase insuperável. Disso resulta a velha ideia de que todo país ou todo povo tem seu anjo, assim como a terra também tem uma alma. Da mesma forma como as nações dirigem sua própria vida, também a compensação inconsciente tem sua existência própria, que se manifesta num desenvolvimento especial de símbolos. Isto se vê no desenvolvimento religioso e político como, por exemplo, no abandono da monarquia e dificuldades para estabelecer a democracia; ou, como na Inglaterra, a conservação da monarquia e um desenvolvimento mais suave da democracia. Os franceses, por exemplo, ainda não se refizeram de seu regicídio. Para a Alemanha, como para a França, a democracia não significa um vínculo, mas uma liberação de interesses regionais, o que corresponde a uma condição infantil. O fato de se poder estender esses *aperçus ad infinitum* mostra que o problema é incômodo.

Graças à minha profissão e clientela, tenho conhecimento bastante profundo do homem moderno e nacional. Mas, exatamente por isso, não poderia trazer este problema ao debate geral. Se a psicologia do indivíduo ainda está num estágio inicial, quanto mais a psicologia das nações, sem falar da psicologia da humanidade em geral. Estamos longe de poder postular teoremas realmente válidos em geral, muito menos de um sistema. Ainda que eu, desconsiderada a minha idade, conseguisse cumprir a tarefa que o senhor me propõe, este *tour de force* ficaria sem realização devido à dificuldade do problema que ultrapassa minha competência. De qualquer forma acho muito interessante que o senhor tenha reconhecido claramente a existência desse problema. A mim acontece o mesmo que ao velho Moisés que só pôde lançar um rápido olhar à terra de problemas etnopsicológicos.

Com elevada consideração,
(C.G. Jung)

1. A pergunta do Dr. v. Tischendorf referia-se à relação entre "caráter nacional e comportamento no trânsito". A carta de Jung foi publicada no *Zentralblatt für Verkhers-Medizin, Verkhers-Psychologie und angrenzende Gebiete*, IV, 3, 1958.

Ao Dr. James Kirsch
Los Angeles (Calif.)/EUA

29.04.1958

Dear Kirsch,

Thank you for your letter and the additional information about the Guatemala UfO![1] I am glad to have made an understatement and not the contrary. (Percebo agora que estou respondendo em inglês, absolutamente desnecessário para o senhor, mas isto se deve ao fato de eu estar ultimamente falando mais inglês do que alemão. *O quae mutatio rerum!*)

É característico que nos sonhos sejam os russos que enviem os OVNIs (discos brancos), pois a Rússia representa o outro lado, complemento do Ocidente.

Desejo-lhe êxito e paciência em seus colóquios religiosos. Conheço poucos teólogos que sabem a diferença entre *imagem* e *original* e a levam a sério. And what about the psychologists? *Vae scientibus*!

Eu estou indo razoavelmente bem, envelhecendo sempre mais.

Saudações cordiais de seu fiel
C.G. Jung

1. Em dezembro de 1956, o Dr. Kirsch observou no céu da Guatemala um OVNI; uma pequena bola reluzente que não se mexeu por várias horas. Em plena luz do dia muitas pessoas se acotovelavam para ver o fenômeno. Dr. Kirsch tinha consigo uma máquina fotográfica, mas em sua excitação esqueceu de bater uma foto. Isto reforçou em Jung a impressão de que os OVNIs "não são particularmente fotogênicos". Enquanto o fenômeno continuava no céu, Dr. Kirsch foi para casa e escreveu a Jung. Como "informação complementar" disse que duas empregadas guatemaltecas observaram por mais tempo o OVNI a partir do jardim da casa. Segundo disseram, o objeto se moveu de repente com grande velocidade e ficou bem visível no céu entre dois galhos de uma árvore, mas o Dr. Kirsch não conseguiu ver isto, por mais que o tentasse. Cf. "Um mito moderno. De coisas vistas no céu", OC, vol. X, par. 613.

To Rev. Morton T. Kelsey
Monrovia (Calif.)/EUA

03.05.1958

Dear Mr. Kelsey,

Muito obrigado por sua gentil carta[1]. Eu a apreciei deveras porque é a primeira e a única que recebi de um teólogo protestante (dos Estados Unidos) que leu *Jó*. Devo admitir que não mereço consideração. Por isso mesmo valorizo muito seu empenho em escrever-me. A psicologia do livro de Jó parece da maior importância para a motivação interna do cristianismo. Há muito me admirava o fato de que nos comentários existentes até hoje nenhum tenha as conclusões necessárias – ao menos ao que eu saiba. Manifestações ocasionais de raiva míope não me surpreendem. O que causa espanto é a indiferença e apatia quase totais dos teólogos.

Como o senhor percebe, discuto a imagem presumidamente antropomórfica de Javé e não utilizo julgamentos metafísicos. Por causa desse ponto de vista metodológico, tenho a necessária liberdade para criticar. A ausência de moralidade humana em Javé é uma pedra de tropeço que não pode ser desconsiderada; o mesmo vale da natureza, isto é, da criação de Deus: ela não nos dá razão suficiente para crermos que seja finalística ou razoável no sentido humano. A gente se engana quanto à razão e aos valores morais, isto é, quanto às duas características principais da mente humana madura. Por isso é natural que a imagem de Javé ou a concepção da divindade seja completamente desacreditada: é a imagem de uma força personificada e brutal, de uma mente não ética e não espiritual, que em sua contraditoriedade mostra traços de bondade e generosidade ao lado de impulsos violentos de poder. É a imagem de uma espécie de demônio-natureza e, ao mesmo tempo, de um chefe primitivo elevado a uma grandeza colossal, exatamente a concepção que se poderia esperar de uma sociedade mais ou menos bárbara – *cum grano salis*[2].

A imagem deve sua existência não a uma invenção ou formulação intelectuais, mas antes a uma manifestação espontânea, isto é, a uma experiência religiosa como a de homens como Samuel[3] e Jó e, por isso, permanece válida até hoje. As pessoas ainda perguntam: É possível que Deus permita tais coisas? Também o Deus cristão precisa ser inquirido: Por que deixaste teu filho único sofrer por causa da imperfeição de tua criação?

A imagem de Deus corresponde à sua manifestação, isto é, este tipo de experiência religiosa produz tal tipo de imagem. Não há imagem melhor em qualquer parte do mundo. Por isso Buda colocou a pessoa "iluminada" acima dos deuses bramânicos mais elevados.

Esta imperfeição chocante da imagem de Deus precisa ser explicada ou entendida. A analogia mais próxima dela é nossa experiência do inconsciente: é uma psique, cuja natureza só pode ser descrita por paradoxos: é tanto pessoal quanto impessoal, moral e imoral, justa e injusta, ética e não ética, muito inteligente e ao mesmo tempo estúpida, muito forte e muito fraca etc. Este é o fundamento psíquico que produz a matéria-prima de nossas estruturas conceituais. O inconsciente é um constituinte da natureza que nossa razão não consegue entender. Só consegue esboçar modelos de uma compreensão possível e parcial. O resultado é muito imperfeito, mesmo que nos orgulhemos de ter "penetrado" os mais íntimos segredos da natureza.

A verdadeira natureza dos objetos da experiência humana está encerrada ainda em completa escuridão. O cientista não pode atribuir à teologia uma compreensão maior do que a qualquer outro ramo do conhecimento humano. Sabemos tão pouco sobre um ser supremo quanto sabemos sobre a matéria. Mas há tão pouca dúvida sobre a existência de um ser supremo quanto sobre a existência da matéria. *O mundo do além é uma realidade*, um fato experiencial. Apenas não o entendemos.

Sob essas circunstâncias é permissível admitir que o *Summum Bonum* é tão bom, tão superior, tão perfeito, mas tão remoto que está além de nossa percepção. Mas com o mesmo direito é permissível admitir que a realidade última é um ser que representa todas as qualidades de sua criação, com suas virtudes, razão, inteligência, bondade, consciência, e *seus opostos* – um completo paradoxo à nossa compreensão. O último ponto de vista corresponde aos fatos da experiência humana, ao passo que o primeiro não consegue explicar a existência óbvia do mal e do sofrimento. πόθεν τὸ κακόν?[4] Esta antiquíssima questão não fica respondida a não ser que se admita a existência de um ser (supremo) *que é principalmente inconsciente*. Este modelo explicaria por que Deus criou um ser humano dotado de consciência e por que procura seu objetivo nele. Nisto concordam o Antigo e o Novo testamentos e o budismo. O Mestre Eckhart assim o expressa: "Deus não é bendito em sua divindade, Ele precisou ter nascido no ser humano"[5]. É isto que acontece em Jó: *O Criador vê a si mesmo através dos olhos da consciência humana* e esta é a razão por que Deus teve de tonar-se homem e por que o homem foi progressivamente dotado com a perigosa prerrogativa da "mente" divina. Temos isto nas palavras "Vós sois deuses"[6], mas o homem assim mesmo ainda não começou a conhecer-se. Ele precisa de autoconhecimento a fim de estar preparado para enfrentar os perigos da *incarnatio continua*[7]; ela começou com Cristo e a difusão do Espírito Santo sobre seres pobres, quase inconscientes.

Ainda olhamos espantados para os acontecimentos de Pentecostes, em vez de olhar para frente, para a meta à qual o Espírito nos quer levar. Por isso a humanidade está completamente despreparada para as coisas que virão. O homem é compelido por forças divinas para maior consciência e conhecimento, distanciando-se cada vez mais de seu pano de fundo religioso, porque não o entende mais. Seus mestres e líderes religiosos ainda estão hipnotizados pelo início de um novo éon da consciência, ao invés de entendê-lo e ver suas implicações. O que se chamava antigamente de "Espírito Santo" é uma força de impulsão, criando maior consciência e responsabilidade e, assim, mais rico conhecimento. A verdadeira história do mundo parece ser a encarnação progressiva da divindade.

Preciso parar aqui, ainda que gostasse de prosseguir neste tema. Estou cansado e isto significa alguma coisa quando se está velho.

Agradeço mais uma vez sua gentil carta.

Yours sincerely,
(C.G. Jung)

1. Rev. Morton Kelsey, pastor da Igreja Episcopal São Lucas em Monrovia, Califórnia, escreveu a Jung sobre sua reação positiva ao livro *Resposta a Jó*.

2. Cf. para tanto *Transformações e símbolos da libido*, 1912, p. 59s. *Tipos psicológicos*, OC, vol. VI, par. 521s.

3. Cf. 1Sm 3.
4. Donde o mal?
5. Cf. *Tipos psicológicos*, OC, vol. VI, par. 456s.
6. Jo 10,34.
7. Cf. carta a Evans, de 17.02.1954, nota 5.

Ao cand. fil. H. Rossteutscher
Berlim-Charlottenburg/Alemanha

03.05.1958

Prezado Senhor Rossteutscher,

Suas reflexões são bastante filosóficas[1]. Eu não pertenço a esta categoria; sou apenas um empírico que se contenta com modelos provisórios. Mas espero que tal modelo tome conta suficiente da natureza do fenômeno em questão. Uma característica que dá na vista é a ausência de uma causalidade demonstrável, ou a impossibilidade de uma hipótese causal. Com isto cai por terra o conceito de "efeito" e, em seu lugar, entra a simples constatação da coincidência que não precisa ter nenhum significado causal.

Uma segunda característica é a equivalência de sentido, que faz com que a simples coincidência pareça uma conexão. Por isso escolhi o nome de sincronicidade, que ressalta a relativa simultaneidade, complementada pela conjetura da simultaneidade significativa.

Como o senhor vê, minha hipótese não é nenhuma explicação, mas uma denominação que leva a sério, porém, o fato de que a causalidade é uma verdade estatística que pressupõe necessariamente exceções. O termo "sincronicidade" é sobretudo uma proposta de denominação e ao mesmo tempo a evidência de um fato empírico, isto é, da coincidência significativa. Isto é para o empírico um modelo provisório, não estando excluída a possibilidade de outras hipóteses como, por exemplo, o "efeito recíproco" de que o senhor fala. Eu me oporia no máximo ao termo "efeito", pois tem um sabor causal. Estarei disposto a aceitar, a qualquer tempo, o conceito de um efeito recíproco, desde que alguém demonstre com meios empíricos como ele surge.

O senhor menciona o arquétipo como fundamento. Realmente é possível demonstrar um fundamento arquetípico na maioria dos casos de coincidência significativa. Mas com isso não se expressa nenhum nexo causal, pois, ao que sabemos do arquétipo, ele é um conteúdo psicoide do qual não podemos afirmar que exerça influência também sobre fatos externos. Só temos uma remota conjetura de que configurações psíquicas sigam como consequência às formas fundamentais dos acontecimentos (arquétipo "psicoide"). Mas isto é uma possibilidade que permanece em campo aberto.

Com elevada consideração,

Sinceramente seu
(C.G. Jung)

1. H. Rossteutscher, estudante de filosofia, propôs, entre outras coisas, considerar o conceito "efeito recíproco" como fundamento de ulterior pesquisa dos fenômenos sincronísticos. Ele cita a observação de Pauli sobre "o incontrolável efeito recíproco entre observador e sistema observado" que "invalida a concepção determinista dos fenômenos, pressuposta pela física clássica" (W. Pauli, "Der Einfluss archetypischer Vostellungen auf die Bildung naturwissenschaftlicher Theorien bei Kepler", em Jung-Pauli, *Naturerklärung und Psyche*, 1952, p. 165).

Ao Prof. Karl Kötschau
Bad Harzburg/Alemanha

16.05.1958

Prezado colega,

Na Ásia Oriental não há psicologia com este nome[1], mas uma filosofia que consiste inteiramente daquilo que nós chamaríamos psicologia. Consequentemente também não há nenhuma psicanálise, pois aquilo que, por exemplo, a análise freudiana se esforça por descobrir já está incluso em todo pensamento oriental. Sua suposição de que a ordem global foi abandonada em sua maior parte no Ocidente concorda perfeitamente com os fatos. De acordo com isso, no Oriente deveria reinar o maior bem-estar. Mas não é o que acontece, pois a atitude globalizante, que é para nós da maior importância, representa para o Oriente um peso colossal em relação à totalidade, o que se reflete até nos mínimos detalhes. Tive certa vez uma conversa com Hu Shi, então embaixador do Kuomintang[2] em Washington, e um dos filósofos mais representativos da China. Percebi que ele estava completamente exausto após duas horas de conversa, ainda que eu só tivesse colocado algumas questões bem simples sobre determinados assuntos. Percebi também que esta forma questionante se mostrava especialmente difícil para ele. Era como se eu lhe pedisse uma haste de capim e ele me trouxesse cada vez o prado inteiro, o que tornava compreensível seu cansaço. Eu tinha de extrair cada vez o detalhe de um todo colossal.

Para nós este modo globalizante de ver as coisas tem naturalmente algo de maravilhoso. Mas para o oriental, resulta daí uma separação curiosa do mundo dos detalhes particulares, que nós chamamos realidade. Ele é tão oprimido pela totalidade, que não consegue captar os detalhes. Por isso ele tem profunda necessidade de dominar o concreto – o que explica a incrível transformação que ocorre no Oriente – atuando a *gadget*-mania americana sobre ele como um bacilo. Nossa paixão infantil por carros e aviões cada vez mais velozes é para ele um sonho arrebatador. Não é de admirar, pois, que a velha sabedoria chinesa esteja desaparecendo mais rapidamente do que a apatia filosófica da ioga na Índia. Já me aconteceu mais de uma vez que asiáticos orientais cultos redescobrissem o sentido de sua filosofia ou religião através da leitura de meus escritos. A penetração mais profunda nas peculiaridades do espírito asiático oriental provém da filosofia zen, que visa solucionar o problema oriental em nível de nossa escolástica.

Por esta razão o diálogo com o Oriente é tão difícil para nós e para eles. Sobre este assunto o livro de Lily Abegg é um dos mais instrutivos que conheço[3].

Com cordial estima,

Sinceramente seu
(C.G. Jung)

1. Prof. Kötschau perguntou se havia psicanálise na Ásia Oriental. Levantou a hipótese de que o homem ocidental precisava da psicologia e da psicanálise porque, ao contrário da Ásia Oriental, havia abandonado a ordem global.

2. Kuomintang é o partido comunista chinês, criado por Sun Yat-sen (1866-1925). Cf. carta a Keller, de agosto de 1956, nota 2.

3. Lily Abegg, *Ostasien denkt anders*, Zurique, 1949. Prefácio de Jung em OC, vol. XVIII.

Ao cand. phil. H. Rossteutscher
Berlim – Charlottenburg/Alemanha

20.05.1958

Prezado Senhor Rossteutscher,

Minhas observações sobre o conceito do "efeito recíproco"[1], como pressuposto causalístico, não significam obviamente que no campo das experiências parapsicológicas não se considere o efeito recíproco ou causalidade. A explicação depende apenas da experiência. É bem possível que casos, que hoje entendemos como sincronísticos, amanhã se apresentem como causais numa forma antes imprevisível. Devo confessar, porém, que eu não esperaria tal surpresa no caso da precognição. O exemplo clássico do efeito recíproco é sem dúvida a complementaridade. Se ficasse patente que os fenômenos sincronísticos em sua maioria são, por sua natureza, efeitos recíprocos, a expressão sincronicidade seria totalmente supérflua. Mas esta prova ainda não foi efetivada e, como afirmei, é altamente improvável na precognição. Por outro lado, sabemos com suficiente certeza que também a chamada lei causal é uma verdade estatística e que, portanto, deve haver exceções, onde, por exemplo, uma explicação causal tenha apenas 40% de validade e os outros 60% caiam na categoria da acausalidade, como os fenômenos da precognição.

Evidentemente não haveria fenômenos parapsicológicos, cuja natureza pressupõe um efeito recíproco, se fosse excluído de antemão um efeito desses. Mas não temos atualmente – esta é a minha premissa – nenhuma base empírica suficiente para dizer que o fenômeno parapsicológico se fundamenta em todos os casos no efeito recíproco. Com isso não se diz que não haja nele algum efeito recíproco, mas apenas que não é o fator decisivo. Fundamento assim minha hipótese de um princípio de ocorrências que não se baseia na causalidade, mas na identidade do sentido. Esta questão toda deve ser preservada da especulação filosófica, se possível. Só a experiência pode ajudar-nos daqui para frente.

Com elevada consideração,

Sinceramente seu
(C.G. Jung)

1. Cf. carta a Rossteutscher, de 03.05.1958.

To Ceri Richards
Londres

21.05.1958

Dear Sir,

Mrs. F. fez a gentileza de trazer-me seu quadro; fico-lhe muito agradecido[1]. Veio como grande surpresa para mim. Devo confessar, porém, que não tenho empatia alguma com a arte moderna, a não ser quando entendo o quadro. Isto acontece às vezes, e é o caso de seu quadro. Do ponto de vista apenas estético, apreciei a delicadeza das cores. O fundo (madeira) indica matéria e, assim, o meio em que a coisa redonda se encontra e com o qual contrasta. A coisa redonda é uma de muitas. Surpreendentemente está cheia de corrupção comprimida, abominação e força explosiva. É mera substância negra, que o velho alquimista chamava *nigredo*, isto é: negritude, entendida como noite, caos, mal e essência da corrupção, mas também a *prima materia* do ouro, do sol e da eterna incorruptibilidade. Entendo seu quadro como uma confissão do mistério de nosso tempo. Muito obrigado!

Yours sincerely,
C.G. Jung

1. Ceri Richards, 1903-1971, pintor galês, deu a Jung um estudo em giz e aquarela, base de um futuro quadro a óleo com o título "Afal Du Brogwyr", "Maçã preta de Gower" (Gower é um condado galês, já mencionado nas sagas do rei Artur). Conforme Ceri Richards, o quadro significava para ele "the great richness, the fruitfulness and great cyclic movement and rhythms of the poems of Dylan Thomas. The circular image [...] is the metaphor expressing the sombre germinating force of nature – surrounded by the petals of a flower, and seated within earth and sea..."

Ao Prof. J.E. Schulte
Maastricht/Holanda

24.05.1958

Prezado colega,

Não é do meu feitio fazer afirmações sobre coisas que não posso provar. Tenho boas razões para dizer que grande parte das chamadas observações de OVNIs são projeções. Em meu livro deixo em aberto a questão se todas as observações ficam assim suficientemente explicadas ou se algumas observações de OVNIs se baseiam numa realidade inexplicável. Mas também é possível fazer projeções sobre esta realidade. Digo sempre que para uma projeção deve haver também o correspondente prego em que possa ser dependurada.

O "aparecimento maravilhoso" – caso se trate de algo assim – é de espécie bem outra do que as curas maravilhosas de Lourdes. Não duvido dessas últimas, ainda que eu nunca tenha estado em Lourdes. Enquanto medicamente verificáveis, não as considero "projeções". Nem o termo projeção é o mais indicado para explicar estas curas. "Efeito de sugestão" seria o mais apropriado. Efeitos de sugestão não são atos de conhecimento, como o são as OVNI-projeções.

No caso dos OVNIs não há fatos reais para serem melhor investigados e, por isso, sua verificação é uma questão em aberto e ainda não respondida. Na minha opinião eles não são conquistas tecnológicas de origem humana.

Fico-lhe antecipadamente grato pela separata que vai enviar-me.

Com cordial estima,

Sinceramente seu
(C.G. Jung)

Ao Dr. Gerhard Adler
Londres

03.06.1958

Prezado Doutor!

Foi uma atitude muito amável, e não menos responsável, de sua parte, ter pego na caneta e dado a devida resposta a este tagarela[1]. Gostei muito que um de meus alunos tivesse tomado minha defesa e sobretudo num assunto tão espinhoso. Minha tarefa de dizer coisas impopulares já é bastante difícil, de modo que não há necessidade de aumentar o monte dos preconceitos.

Meu cansaço, próprio da idade, e meu esquecimento aumentam devagar, mas constantemente, e eu me sinto *procul negotiis* por esta ou aquela razão, enquanto o mundo tudo faz para não me conceder o *otium cum vel sine dignitate*. Felizmente, desde o "mito"[2] nenhuma ideia nova me atormenta. A propósito: John *Wyndham*, "The Midwich Cuckoos, 1957" é uma boa história de discos voadores e ainda acrescenta o Espírito Santo em nova versão[3].

Muito agradecido e com saudações cordiais,

Sinceramente seu
C.G. Jung

1. O psicanalista americano A.D. Parelhoff publicou na revista *New Statesman*, Londres, 17.05.1958, longa carta em que atacou Jung devido à atitude em relação ao nacional-socialismo e às suas "teorias antissemitas". A resposta detalhada de Adler apareceu na mesma revista, de 24.05.1958. Ele mostrou os erros de tradução, os mal-entendidos e as deturpações de Parelhoff e deu ao mesmo tempo uma descrição correta da atitude de Jung para com o nacional-socialismo.

2. *Um mito moderno. De coisas vistas no céu*, 1958.

3. Este livro foi apenas indicado para uma edição inglesa num "Suplemento".

To Dr. Edward J. Steiner
Cincinnati, Ohio/EUA

05.06.1958

Dear Dr. Steiner,

Não há dúvida de que seria excelente método ter uma máquina para gravar as vozes dos espíritos. Infelizmente não há caso de gravação em que espíritos se prontificam a servir de pessoas-teste. Tudo o que podemos produzir como vozes de espíritos são as vozes dos médiuns; e aqui o grande problema é saber se os conteúdos comunicados vêm dos espíritos ou das fantasias inconscientes do médium ou de outro membro do círculo[1]. Não iria tão longe a ponto de negar a possibilidade de um médium transmitir uma comunicação de um espírito, mas não sei como alguém pode provar isto, pois tal prova está fora de nossa possibilidade humana. É correta sua ideia de que todo tipo de fenômeno precisa representar determinada quantidade de energia – ao menos segundo o nosso conceito de energia. Ela é certamente verdadeira para o mundo de conexões causais; mas suponhamos, só para argumentar, um ordenamento de fatos acausais; isto também é possível, uma vez que a própria causalidade é uma verdade estatística e não um axioma. Neste caso tentaremos em vão captar ainda que seja apenas um *quantum* de energia. Toda a questão dos chamados "fenômenos ocultos" não permite nenhuma ingenuidade. É um grande desafio para a mente humana.

Sincerely yours,
C.G. Jung

1. Entrementes foram examinados fenômenos acústicos paranormais pela parapsicologia, cuja interpretação apresentava as mesmas dificuldades indicadas por Jung. Cf. H. Bender, "Zur Analyse aussergewöhnlicher Stimmphänomene auf Tonband", em *Zeitschr. f. Parapsychologie und Grenzgebiete der Psychologie*, XII, 4, Friburgo na Br. 1971.

Ao Prof. Karl Schmid
Bassersdorf (Zurique)

11.06.1958

Prezado Professor,

A Senhora Jaffé apresentou-me as questões que o senhor lhe colocou em sua gentil carta[1]. As questões são de tal ordem que eu mesmo tenho de respondê-las; peço desculpas por intrometer-me na discussão sem ser convidado.

Sua dificuldade tem a ver com a verdadeira natureza do pensamento empírico; quando, por exemplo, o senhor levanta a questão do "arquétipo organizador", temos aí uma questão de natureza filosófica e especulativa e está longe do pensamento empírico, que se ocupa em primeiro lugar com fatos, ainda que o empírico também tenha curiosidade e tendência especulativas. Eu mesmo não me coloco esta questão, porque tem pouco fundamento nos fatos, e não saberia respondê-la. Antes de mais nada temos de verificar os fatos da chamada "organização". Experimentalmente chegamos apenas ao ponto de estabelecer a hipótese de que em muitos casos estão presentes modelos arquetípicos reconhecíveis e que toda a realidade dos fatos parece estar construída de acordo com eles. Isto é uma constatação formal, como o é também, por exemplo, a caracterização como "sincronicidade". Nada de substantivo se diz sobre a natureza dessa organização; em outras palavras: não se propôs nenhuma hipóstase teológica ou de qualquer outra espécie especulativa. Por isso afirmo também que o arquétipo é uma configuração em si irrepresentável que é possível constatar empiricamente de muitas formas. O arquétipo da "mãe", por exemplo, pode manifestar-se em inimaginável número de formas, mas permanece constante a característica comum da ideia de mãe. Em outros casos é o "pai". Contudo o arquétipo é sempre de natureza objetiva, pois é um esquema representativo que existe *a priori*, sempre e em toda parte idêntico a si mesmo. Ele pode manifestar-se como a imagem da mãe concreta, mas também pode ser uma sofia ou matéria que, como o nome indica, já contém a ideia de mãe, mesmo que se trate de um conceito, por assim dizer, científico.

O arquétipo é, pois, uma modalidade que representa formas visuais e a sincronicidade é outra modalidade que representa fatos. Não se pode sem mais submeter o conceito dos fatos ao conceito das concepções formais, uma vez que forma e fato não coincidem. Também não se pode definir o conceito de sincronicidade como um arquétipo, mas apenas como uma modalidade *sui generis*, distinta deste conceito. Este conceito diz que existe uma conexão, mas não de natureza causal. A conexão consiste em primeiro lugar no fato da coincidência e em segundo lugar no fato do paralelismo de sentido. Trata-se de coincidências significativas. Seria, portanto, confuso querer unir essas questões bem diferentes uma da outra.

O empírico só fala daquilo cuja existência ele pode comprovar com bastante certeza e, a partir desse ser existente, procura tirar características para aquilo que ainda é desconhecido. É possível afirmar, pois, do inconsciente = desconhecido, que um de seus aspectos é o arquétipo. Quanto ao dinamismo ou ao acontecer do inconsciente pode-se afirmar que existe a característica ulterior da sincronicidade; ou, dito em outras palavras, que os arquétipos têm algo a ver com a sincronicidade. Esses dois aspectos estão unidos pela hipótese de que os fenômenos sincronísticos se correlacionam muitas vezes com constelações arquetípicas. Até aqui vão as constatações que posso tirar da experiência.

À medida que as duas modalidades (arquétipo e sincronicidade) pertencem em primeiro lugar ao campo do psíquico, justifica-se a conclusão de que sejam fenômenos psíquicos. Mas à medida que os acontecimentos sincronísticos incluem não só formas psíquicas, mas também físicas, de fenômenos, justifica-se a conclusão de que as duas modalidades transcendem o campo do psíquico e pertencem de alguma forma também ao campo físico. Pode-se expressar isto também em outras palavras: que há uma relatividade das categorias psíquicas e físicas, isto é, uma relatividade do ser e da existência aparentemente axiomática do tempo e do espaço.

A expressão "tipo" só é aplicável aos arquétipos, pois eles são realmente típicos. Mas para a sincronicidade não se pode aplicar a expressão, pois a única coisa típica que se pode estabelecer com relação a ela é a coincidência significativa. Enquanto o arquétipo designa o sentido como típico, isto não é o caso na sincronicidade; até onde chega nossa experiência, só podemos constatar na sincronicidade por enquanto uma variedade ilimitada de fenômenos, ainda que se possa designar como típicos certo número de acontecimentos sincronísticos. Foram selecionadas por isso também designações típicas como, por exemplo, telepatia, precognição, clarividência etc. Mas estas designações não são tipos significativos, como no caso dos arquétipos.

Por isso é fácil responder à sua pergunta sobre a "liberdade" do inconsciente: a liberdade se manifesta na não predição dos fenômenos sincronísticos. Ela só é possível quando não há vinculação causal, o que é o caso *per definitionem* na sincronicidade.

Tempo e espaço são categorias existentes para o empírico, bem como a causalidade; e esta só é possível dentro das categorias de tempo e espaço. O empírico não pode imaginar que elas sejam apenas categorias mentais, não tendo existência própria. Mas sabe que a causalidade é mera verdade estatística e que, portanto, deve haver exceções, isto é, casos legítimos de natureza acausal, onde tempo e espaço são relativos, ou estão ausentes, e assim mesmo alguma coisa acontece. A pesquisa mostrou que se verificam acontecimentos incondicionais ou absolutos no âmbito das constelações arquetípicas e na forma de coincidências significativas.

É inimaginável que tivesse existido um mundo antes do tempo e do espaço, pois o que se pensa a respeito de um mundo é ele estar ligado a tempo e espaço e, portanto, à causalidade. O máximo que se pode fazer é imaginar que há exceções estatísticas desse mundo.

A sincronicidade não é um nome para designar o "princípio ordenador", mas, assim como a palavra "arquétipo", é a designação de uma modalidade. Com isso não se pensa algo substancial, pois foge ao nosso conhecimento o que é a psique, ou o que é a matéria. A física moderna está em situação semelhante, pois não consegue fazer nenhuma afirmação válida sobre o substancial. Ao menos não na mesma medida em que o faz sobre as modalidades, que podem ser expressas através de comparações, enquanto nos falta, por exemplo, uma forma de visualizar a natureza da luz, ou só podemos captá-la mediante um paradoxo, isto é, através de ondas e corpúsculos.

Quanto menos pudermos afirmar o que seja a psique ou a matéria, tanto menos podemos conhecer o chamado "princípio ordenador". Podemos, evidentemente postular que existe "algo" por trás desses fenômenos, mas com isso nada se consegue de novo, pois é impossível imaginar como se constitui este "algo" para se manifestar uma vez como causalidade e outra vez como sincronicidade. Li há pouco que os físicos modernos cunharam um nome para isso: a assustadora palavra "Universon", que é ao mesmo tempo "Kosmon" e "Antikosmon". Essas extravagâncias não levam a nada. Começa aqui a mitologia. Eu cesso com minha especulação quando não tenho mais possibilidades de ideias, e espero por acontecimentos de qualquer espécie como, por exemplo, sonhos, onde me são oferecidas possibilidades de ideias que, neste caso, não se originam de minha especulação preconcebida, mas da insondável atuação da própria natureza. O resultado é uma legítima mitologia e não uma arbitrária fantasia-*Universon*. É bem legítimo colocar-se a pergunta sobre o que é aquilo que carrega as qualidades do arquetípico e do sincronístico, portanto a pergunta, por exemplo, sobre a natureza da psique ou da matéria. Esta necessidade natural é a ocasião legítima para ulteriores conceitualizações que, devido à natureza abrangente da questão, não devem proceder apenas do intelecto consciente, mas por assim dizer da pessoa toda, isto é, também do inconsciente coparticipante. Os alquimistas medievais, por exemplo, concluíram sobre a unidade da natureza humana a partir de seu princípio "unus est lapis" e consideraram a síntese da pedra como estando em harmonia com a síntese dos componentes humanos, equacionando, pois, o "vir unus" com o "mundus unus" (microcosmos = macrocosmos. Na Índia: atmã-purusha pessoal e atmã-purusha suprapessoal). Esta especulação de longo alcance é por assim dizer uma necessidade psíquica, que pertence à nossa "higiene mental", mas que no campo da verificação científica deve ser considerada pura mitologia.

Trata-se de uma necessidade psíquica fazer afirmações míticas como "Universon", "matéria" e "antimatéria", mas não se logra com isso nenhum conhecimento cientificamente responsável. Se falo ocasionalmente de um "ordenador", é pura mitologia, pois não disponho no momento de nenhum meio para ir além do simples ser-assim do fenômeno sincronístico. O mesmo se aplica à chamada natureza "conhecedora" das coisas (a biologia tem vários exemplos desse tipo). "O conhecimento absoluto, que é característico dos fenômenos sincronísticos, conhecimento não transmitido pelos órgãos dos sentidos, serve de base à hipótese do significado subsistente em si mesmo, ou exprime sua existência. Esta forma de existência só pode ser *transcendental*, porque, como no-lo mostra o conhecimento de acontecimentos futuros ou espacialmente distantes, situa-se num espaço psiquicamente relativo e num tempo correspondente, isto é, em um contínuo espaço-tempo irrepresentável" ("Sincronicidade: um princípio de conexões acausais", em *Naturerklärung und Psyche*, Zurique, 1952, p. 91). Também esta afirmação é mitologia, como todos os postulados transcendentais. Mas esta afirmação especial é um fenômeno psíquico que também está na base da consciência "sem sujeito" da filosofia iogue.

Espero ter respondido de algum forma estas questões difíceis.

Sinceramente seu
C.G. Jung

1. Em prosseguimento à leitura da obra de A. Jaffé, *Geistererscheinungen und Vorzeichen*, Zurique, 1958, o Prof. Schmid colocou, entre outras, a questão do arquétipo ordenador dos fenômenos parapsicológicos e de sua natureza. Outra questão dizia respeito à possibilidade de se falar de um "arquétipo da sincronicidade".

À Senhora K. Neukirch
Zwickau/Alemanha Oriental

13.06.1958

Prezada Senhora Neukirch,

Claro que é possível sonhar com o Sol. Um exemplo: uma senhora que se tratava comigo sonhou que viu um nascer do Sol. Viu o Sol nascendo, com a metade escondida atrás de minha casa. Acima dele, como que escrita no céu, estava a palavra latina *exorietur*, que significa "ele vai nascer".

O caso é que uma grande luz lhe nasceu durante o tratamento. O surpreendente é como alguém pode chegar à ideia de que não se pode sonhar com o Sol!

Com especial consideração,

Sinceramente seu
(C.G. Jung)

To Dr. Michael Fordham
Londres

14.06.1958

Dear Fordham,

Não posso vangloriar-me de ter uma teoria própria sobre a hereditariedade. Compartilho das opiniões gerais sobre ela. Estou convencido de que as aquisições individuais sob condições experimentais não são herdadas. Mas não acredito que esta afirmação possa ser generalizada, pois mudanças em casos individuais devem ter sido herdadas, caso contrário não teria havido mudança alguma na filogênese; ou seríamos obrigados a admitir que uma nova variedade ou nova espécie foi formada pelo criador, a cada vez, sem hereditariedade.

Evidentemente há migração e transmissão verbal de arquétipos, exceto nos casos em que indivíduos reproduzem formas arquetípicas fora de qualquer influência externa (bons exemplos encontramos nos sonhos infantis!). Sendo os arquétipos formas instintivas, seguem um padrão universal, a exemplo das funções do corpo. Seria altamente miraculoso se não fosse assim. Por que a psique seria a única coisa viva fora das leis da determinação? Nós seguimos padrões arquetípicos como o pássaro tecelão. Isto é bem mais provável do que a ideia mítica da liberdade absoluta.

É verdade que coloquei de lado a biologia válida em geral até agora. E isto por boas razões! Sabemos ainda muito pouco sobre a psicologia humana, para estabelecer uma base biológica para nossas concepções. Para fazê-lo deveríamos saber bem mais sobre a psicologia do inconsciente, e o que sabemos sobre a consciência não pode ser ligado diretamente aos pontos de vista biológicos. A maioria das tentativas nesta direção são antes especulações fúteis. As conexões reais com a biologia estão exclusivamente na esfera do inconsciente, isto é, no âmbito das atividades instintivas. Obtemos, por um lado, da análise de casos individuais o material necessário e, por outro, da pesquisa histórica e comparada. Somente com este trabalho podemos estabelecer a existência de certos padrões instintivos que permitem uma comparação com os fatos da biologia.

Para nosso propósito é indiferente se os arquétipos são transmitidos pela tradição e migração, ou pela hereditariedade. É uma questão totalmente secundária, pois não há dúvida de que os fatos biológicos correspondentes, isto é, os padrões instintivos nos animais são hereditários. Não vejo razão para dizer que o ser humano seja exceção. A suposição, portanto, de que os arquétipos (psicoides) sejam hereditários é bem mais provável do que a suposição de serem transmitidos por tradição. Normalmente os instintos não são ensinados. O preconceito pueril contra os arquétipos hereditários deve-se em geral ao fato de se pensar que os arquétipos sejam representações; mas na realidade são preferências ou "penchants", gostos e desgostos[1].

De fato não há evidência de representações hereditárias (ainda que nem esta afirmação seja segura), mas temos muitas provas da existência de padrões arquetípicos na mente humana. Como explicar por exemplo o fato de uma criança sonhar que Deus está partido em quatro? A criança, que é de uma família pequeno-burguesa de pequena cidade, nunca teve a menor possibilidade de ouvir ou entender a palavra "barbelo", que significa "no quatro está Deus"[2].

A dúvida sobre a existência dos arquétipos é simples questão de ignorância e, por isso, um lamentável preconceito. Por muitas razões científicas, a existência dessas estruturas é bem mais provável do que sua não existência. Minhas razões não são filosóficas, mas estatísticas.

Espero ter explicado a contento a questão.

I remain,

Yours cordially,
(C.G. Jung)

1. Sobre a relação entre arquétipo e representações arquetípicas, cf. carta a Devatmananda, de 09.02.1937, nota 1.

2. Barbelo, uma figura feminina, estava no centro das doutrinas e culto de muitas seitas gnósticas dos primeiros séculos do cristianismo. Em hebraico, Barbke Floka, "no quatro está Deus", ou "Deus é o quatro". Jung trata desse sonho aqui mencionado em seu ensaio "Zugang zum Unbewussten", em *Der Mensch und seine Symbole,* Olten-Friburgo na Br. 1968, p. 69s.

A Kurt Wolff
Nova York

17.06.1958

Prezado Senhor Wolff,

Muito obrigado por sua carta de 3 de junho.

Não é possível atender ao seu pedido de eu me estender minuciosamente sobre a psicoterapia, pois sobre o tema escrevi muita coisa do ponto de vista científico, e tudo isto para uma biografia. Eu teria de expor um rico material empírico que foi da maior importância para mim, mas a discrição médica proíbe-me de usar este material. Parte dessas pessoas ainda vive e, em todo caso, possuem familiares que poderiam facilmente identificar de quem se trata, se minha exposição for fidedigna. Devo ser muito cauteloso neste aspecto.

Quanto ao meu encontro com William James, é preciso considerar que só o vi duas vezes e que conversei com ele no máximo por uma hora, mas não houve troca de correspondência com ele. Além da impressão pessoal que dele tive, devo muito a seus livros. Conversamos principalmente sobre seus experimentos com Mrs. Piper[1], que já são conhecidos, e nada falamos de sua filosofia. Eu estava particularmente interessado em conhecer a opinião dele sobre os chamados "fenômenos ocultos". Admirei a cultura europeia dele e a abertura de sua natureza. Era uma personalidade distinta e a conversa com ele foi sumamente agradável. Foi muito espontâneo, sem afetação e pomposidade, e respondeu às minhas perguntas e objeções de igual para igual. Infelizmente já estava doente na época e não foi possível exigir muito dele. De qualquer forma, foi o único espírito ilustre, além de Th. Flournoy, com o qual pude manter uma conversação descomplicada. Cultuo, pois, sua memória e sempre que possível me lembrarei do exemplo que ele me deu.

Em meu livro sobre os tipos falei longamente de James[2]. Se quisesse tributar a James o devido valor do meu ponto de vista atual, seria preciso um ensaio à parte, pois é impossível retratar uma figura desse porte em poucas palavras. Seria uma superficialidade imperdoável ousar fazê-lo.

Lamento que minha biografia, assim como a concebo, seja em muitos aspectos diferente de outras. Sem expressar julgamentos de valor, é quase impossível para mim lembrar dos milhões de detalhes pessoais e posteriormente supervalorizá-los de tal forma que sejam relatados outra vez e com toda seriedade. Sei que há pessoas que vivem de sua biografia já em vida e se comportam como se já estivessem num livro. Para mim a vida foi algo a ser vivido, e não falado. Além disso, meu interesse sempre esteve preso a poucas coisas, mas muito importantes, das quais não podia falar, ou que tinha de carregar comigo até que ficassem maduras para serem ditas. Também fui persistentemente tão malcompreendido que perdi todo desejo de lembrar-me de "conversas importantes". Deus me perdoe – mas o próprio Goethe pareceu-me um pavão empertigado quando li as conversas de Eckermann. Sou como sou, um autobiógrafo ingrato.

Com saudações cordiais,

Sinceramente seu
(C.G. Jung)

1. Cf. carta a Künkel, de 10.07.1946, notas 5 e 6.
2. Cf. *Tipos psicológicos*, OC, vol. VI, cap. 8.

To Dr. Herbert E. Bowman
University of Oregon
Eugene (Oregon)/EUA

18.06.1958

Dear Dr. Bowman,

Muitíssimo obrigado por sua carta amável e confortante[1]. Creia-me: há poucas desse gênero em meu acervo.

Quanto à sua pergunta "Por que o si-mesmo continuou indescoberto?", devo confessar que foi do editor americano a felicidade desse título. Eu nunca teria pensado nisso, pois o si-mesmo não está realmente indescoberto, mas apenas ignorado e malcompreendido; mas para o público americano parece ter sido o termo exato. O si-mesmo é conhecido na filosofia antiga e moderna do Oriente. A filosofia zen se baseia essencialmente no conhecimento do si-mesmo. Ao que eu saiba, Mestre Eckhart foi o primeiro na Europa em que o si-mesmo começou a ter papel importante. Depois dele, alguns dos grandes alquimistas alemães assumiram a ideia e a transmitiram a Jacob Boehme, Ângelo Silésio e outros espíritos afins.

O *Fausto* de Goethe alcançou quase a meta da alquimia clássica, mas infelizmente a última *coniunctio* não se realizou, isto é, Fausto e Mefistófeles não puderam realizar sua unicidade.

A segunda tentativa, o *Zaratustra* de Nietzsche, permaneceu um meteoro que nunca chegou à Terra, uma vez que a *coniunctio oppositorum* não se realizou e nem podia realizar-se. No curso de meus estudos psiquiátricos e psicológicos defrontei-me com este fato óbvio e, por isso, comecei a falar de novo do si-mesmo.

Durante 1.900 anos fomos admoestados e ensinados a projetar o si-mesmo em Cristo, e dessa maneira bem simples foi isto retirado do empírico – para alívio dele – e assim foi-lhe poupado fazer a experiência do si-mesmo, ou seja, a *unio oppositorum*. Ele está numa ignorância bem-aventurada sobre o significado desse termo. Se estiver interessado nas peripécias secretas do desenvolvimento espiritual do homem do Ocidente, gostaria de indicar-lhe meu livro *Aion* (Rascher-Verlag, Zurique, 1951). Nele encontrará dois ensaios: um de M.-L. von Franz que trata da transição do espírito antigo para a forma cristã[2]: e outro de minha autoria, sobre a transformação do espírito cristão até o final do éon cristão. (A edição inglesa está a caminho e será impressa por Bollingen Press, Nova York.)

Agradeço novamente seu gentil interesse.

Yours sincerely,
(C.G. Jung)

1. Mr. Bowman escreveu sobre *The Undiscovered Self*, Londres/Nova York, 1958 (em português: "Presente e futuro", OC, vol. X), entre outras coisas, o seguinte: "It's the book that I would have liked to have written, on the subject that seems to me the only really important one in our days".

2. Marie-Louise von Franz, "Die Passio Perpetuae", em Aion, 1951. O ensaio contém uma interpretação psicológica e histórico-contemporânea de sonhos e visões de Santa Perpétua, martirizada em 257, baseada num relato atribuído a Tertuliano sobre o fim de Santa Perpétua e de seus amigos.

To Carol Jeffrey
Londres

18.06.1958

Dear Mrs. Jeffrey,

Entendo que esteja preocupada pelo fato singular de tantas mulheres serem frígidas. Eu constatei o mesmo, e devo dizer que fiquei impressionado também. Jamais tinha pensado numa frequência tão grande desse fenômeno. Como a senhora sabe, meus colegas da psicoterapia se esforçaram por explicar nos consultórios a frigidez com base em suas experiências. Eu encarei o problema de um ponto de vista diferente, ainda que tivesse lidado muito com isso em minha práxis. Em minhas viagens por países exóticos, tentei reunir o máximo de informações possível e cheguei à conclusão de que, na maioria das mulheres, o orgasmo estava ligado à expectativa e/ ou ao medo da gravidez. Mas em número bastante elevado de casos o orgasmo está ligado a um relacionamento bem peculiar, nada tendo a ver com a gravidez. Pode-se caracterizar esses dois tipos de mulheres: um como "mães casadas" e outro como "amigas e amantes". Estas do segundo tipo estarão normalmente insatisfeitas no casamento e vice-versa. Neste sentido, a prostituição é fenômeno natural. Isto é bem patente nas tribos primitivas onde a lei matrimonial é severa e sua burla é um prazer todo especial. Praticamente toda mulher tem não só a oportunidade, mas também a satisfação de ter relações sexuais ilícitas.

Eu mesmo tive a experiência de um caso incrível: um povoado de mais ou menos 400 pessoas foi totalmente infectado pela sífilis no espaço de 3 semanas, depois de uma mulher ter ido a um mercado distante e ter sido infectada. Vista de fora, esta tribo parecia da maior respeitabilidade. *Partout comme chez nous*! Já disse Santo Agostinho – se não me engano – que somente três entre cem virgens se casam em estado virginal. Estatisticamente considerado, o casamento aumenta a necessidade da licenciosidade, não só porque o casamento se desgasta, mas também por causa de certa necessidade psíquica, associada à natureza hetera do objeto sexual.

Quem é mulher e mãe não pode ser hetera ao mesmo tempo, isto é uma triste verdade; e o secreto sofrimento da hetera é não ser mãe. Há mulheres que não se destinam a ser mães biológicas, mas elas fazem renascer o homem no sentido espiritual, desempenhando uma função da maior importância. O homem é uma estrutura muito paradoxal, com duas tendências principais: os instintos biológicos e animais de propagação e o instinto cultural do desenvolvimento psíquico. Por isso a prostituição foi em muitos lugares um importante componente do serviço religioso, haja vista a instituição das hieródulas. Isto não é uma perversidade, mas encontra sua continuidade na instituição hodierna do "salon" francês. É um *affaire* refinado e da maior importância social.

A partir de minha experiência posso recomendar-lhe uma atitude a mais antipreconceituosa possível. Eu me proíbo um pensamento em números estatísticos porque prejudica o julgamento. Eu trato cada caso o mais individualmente possível, pois a solução do problema só acontece nos casos individuais e nunca por meio de leis e métodos gerais. Em nenhuma outra parte se aplica tão bem o provérbio latino "quod licet Jovi non licet bovi" do que nesses assuntos espinhosos. Permanece válido eternamente! O que é remédio curativo para um, é veneno para outro. Não se consegue levar uma vida saudável e completa com princípios e regulamentos gerais, porque é sempre o indivíduo que a carrega. A solução começa conosco mesmos, e se a gente souber como proceder no caso próprio, também saberá como proceder no caso alheio. Não há princípio válido em geral, e a afirmação psicológica só é verdadeira quando é possível transformá-la em seu oposto. Por isso uma solução simplesmente impossível para mim pode ser a adequada para outra pessoa. Não sou o árbitro do mundo. Deixo para o Criador a tarefa de refletir sobre as variedades e paradoxos de sua criação.

Sincerely yours,
(C.G. Jung)

À Senhora R.
Suíça

28.06.1958

Prezada Senhora R.,

Se pensa que uma experiência da totalidade é o mesmo que uma "irrupção dinâmica do inconsciente coletivo" está redondamente enganada. A experiência da totalidade é, ao contrário, um assunto extremamente simples, onde a senhora se sente em harmonia com o interior e o exterior. Quando tiver alcançado esta simplicidade, não se deixará perturbar pelas circunstâncias familiares desagradáveis de seu filho nem pela perda de seu "livro de vozes". As suas raízes não estão neste livro de vozes, nem a senhora é seu filho, que precisa ter e terá sua vida própria, ainda que a senhora esteja ligada a ele. Todo o necessário deve ser vivido; basta que a senhora esteja bem consigo mesma e suporte sem revolta o que aí está. A senhora precisa sempre dizer a si mesma: assim é, e nada posso fazer. Tudo o que será ou deverá ser acontecerá sem sua participação, e a senhora precisa apenas manter-se viva para transpor a escuridão da existência humana. Uma participação muito intensa no mundo exterior e uma concepção muito dinâmica do mundo interior baseiam-se essencialmente em seus desejos, intenções e vontade, que a senhora deveria empurrar para um plano secundário, em benefício daquilo que realmente lhe diz respeito: sua autoafirmação no caos do mundo.

Com os melhores votos,

Sinceramente seu
(C.G. Jung)

Ao Dr. med. Wilhelm Bitter[1]
Stuttgart

12.07.1958

Prezado colega,

A questão do superego freudiano é complicada pelo fato de que neste conceito não há uma distinção clara entre decisão ética consciente e reação habitual, virtualmente inconsciente por parte da consciência. O que ele descreve como superego é a atividade de um complexo que, desde os tempos antigos, encontrou sua expressão no código moral e, por isso, faz parte seguramente da consciência geral e tradicional. Quando Freud procura as origens da reação moral na disposição hereditária das pessoas, isto está em contradição com sua hipótese de que tais reações provêm das experiências das hordas primitivas, onde o pai primordial criou a situação-Édipo através de sua própria disposição. Ou foi a tirania do pai primordial que criou a moralidade, ou, se ela já estava implantada na natureza humana, também já estava no pai primordial que, por sua própria natureza, trazia a lei moral dentro de si. Esta questão não pode ser resolvida empiricamente, pois é muito improvável que tenha existido um pai primordial, e nós não estávamos presentes quando aconteceram as primeiras reações morais.

"Experiência antiquíssima, filogenética" é mais ou menos aquilo que eu chamei de inconsciente coletivo. Freud rejeitou abertamente meu ponto de vista, o que complicou ainda mais a situação. Para ele, a consciência é uma aquisição humana. Eu, ao contrário, sou da opinião de que mesmo os animais têm consciência – os cães, por exemplo – e há muitas experiências neste sentido, pois os conflitos de instintos no plano animal são bastante conhecidos.

A hereditariedade de instintos é fato conhecido, mas a hereditariedade de características adquiridas é controversa. Caso Freud for da opinião de que as vivências, isto é, as experiências conscientes devem ser herdadas, então isto está em contradição com a experiência em geral e também com sua própria suposição de que a consciência deriva das vivências dos ancestrais. É claro que se pode defender a opinião de que a moralidade – conforme o expressa a palavra *mores* – provém de memórias conscientes e, portanto, transmitidas por tradição. Mas então não pode ser ao mesmo tempo um instinto herdado. Se for um instinto herdado, as vivências respectivas não são um começo, mas efeitos do instinto.

Parece que citei o exemplo de Zschokke, em seu livro *Selbstschau*[2], porque ele demonstra a natureza infecciosa do sentimento de culpa. Não sei se isto evocou no próprio Zschokke um sentimento de culpa. Algumas verdades psicológicas podem ser estabelecidas por métodos científicos, outras não. Ainda que a afirmação da imortalidade seja um fato em si, não é maior prova da imortalidade do que qualquer outra afirmação mitológica. A única coisa certa é que as pessoas fazem tais afirmações. Esta é a única validade delas e a única possibilidade de abordá-las cientificamente. Só podemos constatar que o animal ser humano faz essas afirmações e que elas têm um valor psicológico muito grande. Essas afirmações são antropomorfas e não se pode deduzir se elas têm alguma base metafísica. Nunca poderemos ultrapassar os limites epistemológicos.

Espero que nos encontremos no próximo Congresso[3].

Com cordiais saudações,

Sinceramente seu
(C.G. Jung)

1. Prof. Dr. med. Dr. phil. Wilhelm Bitter, 1893-1974, psicoterapeuta, fundador da Stuttgarter Gemeinschaft "Arzt und Seelsorge", bem como da maioria das organizações psicoterapêuticas alemãs do pós-segunda guerra. Autor, entre outras, das seguintes obras: *Die Angstneurose*, 2ª ed., Berna, 1971, e *Der Verlust der Seele*, Friburgo na Br. 1969. Os dois primeiros parágrafos desta carta foram publicados em *Gut und Böse in der Psychotherapie*, editado por W. Bitter, Stuttgart, 1959, p. 56s.

2. Heinrich Zschokke, 1771-1848, conta no livro *Eine Selbstschau*, 3ª ed., Aarau, 1843, que estava sentado diante de um rapaz numa estalagem e percebeu com um olho interno o furto que este rapaz havia cometido um pouco antes. Chamado às falas, o rapaz, muito surpreso, confessou tudo. Jung publicou este relato em *Das Gewissen*, Zurique, 1958 (Estudos do Instituto C.G. Jung VII).

3. Primeiro Congresso Internacional de Psicologia Analítica, Zurique, 7-12 de agosto de 1958.

To Dr. Kurt R. Eissler[1]
Sigmund Freud Archives
Nova York

20.07.1958

Dear Dr. Eissler,

Como o senhor sabe, estipulei que minha correspondência com Freud não fosse publicada antes de 30 anos depois de minha morte, mas posteriormente fui solicitado de diferentes lados a permitir – enquanto for competente para isso – que a publicação de toda a correspondência fosse antecipada[2].

Semelhante mudança de minha vontade não é coisa simples. Em primeiro lugar, não conheço o seu pensamento sobre isso e, em segundo lugar, eu não poderia permitir uma publicação antecipada sem fazer uma revisão de minhas cartas, que nunca foram escritas pensando numa divulgação maior. Muitas delas contêm material não corrigido e bastante questionável, como acontece no decurso de uma análise; certo número de pessoas, que eu não gostaria de magoar de modo algum, aparecem sob um enfoque unilateral ou duvidoso. Este material tem a proteção do *secretum medici*. Essas pessoas ou seus descendentes vivem ainda.

Ficaria grato se me desse sua opinião sobre o assunto, especialmente se concorda com a publicação antecipada, sob a mais severa discrição e sem risco de difamação[3].

Faithfully yours,
C.G. Jung

1. Kurt R. Eissler, psiquiatra, psicanalista, diretor dos Arquivos Sigmund Freud, Nova York.

2. Cf. Prefácio da editora, vol. I, p. 9.

3. Da resposta do Dr. Eissler a Jung (13.08.1958) percebe-se que ele mesmo não havia lido a correspondência. Mas recomendou a publicação daquelas cartas que tratavam de questões científicas.

To Edward Thornton
Bradford, Yorks/Inglaterra

20.07.1958

Dear Thornton,

Temo que a pergunta que me fez esteja além de minha competência[1]. É uma pergunta sobre o destino em que o senhor não pode ser determinado por nenhum julgamento ou influência de fora. Via de regra defendo o ponto de vista de que nos movemos em dois mundos, pois recebemos duas pernas, e não devemos esquecer que espírito é pneuma, que significa "ar em movimento". É um vento que pode levantar facilmente a pessoa da terra firme e carregá-la para ondas incertas.

Por isso é bom ficar ao menos com um pé na terra firme. Ainda estamos no corpo e, portanto, sob a lei da matéria pesada. É igualmente verdade que a matéria não movimentada pelo espírito é morta e vazia. Diante dessa verdade geral é preciso ser flexível e reconhecer todas as exceções possíveis como acompanhamentos inevitáveis de todas as normas. O espírito em si não é mérito algum e tem um efeito peculiarmente irrealizável se não for contrabalançado por seu oposto material. Por isso pense mais uma vez e, quando sentir bastante chão sólido sob os pés, siga a inspiração do espírito.

My best wishes!

Yours cordially,
(C.G. Jung)

1. Mr. Thornton havia perguntado se devia renunciar à sua profissão de comerciante em benefício de seus interesses espirituais. Cf. a autobiografia de E. Thornton, *The Diary of a Mystic*, Londres, 1967.

To Richard F.C. Hull
Ascona

15.08.1958

Dear Hull,

A questão dos termos "representation" e "idea" para exprimir "Vorstellung" e "Idee" do alemão é de fato uma dificuldade séria. Falando *grosso modo*: o que os ingleses chamam "idea" seria em alemão "Vorstellung". Mas a palavra inglesa "representation" não contém nada daquilo que possa expressar a palavra "Idee". Em alemão esta expressão conservou o significado primitivo de um *eidos* transcendental, respectivamente de *eidolon*, quando se torna manifesto. Na maioria dos casos em que uso o termo "Vorstellung", a palavra inglesa "idea" seria a equivalente. Onde falo de "Idee", sempre significa algo similar como em Kant e Platão. Em todo caso, quando falo de "Vorstellung", entendo praticamente o contrário do que exprime a palavra alemã "Idee". Parece recomendável explicar numa nota especial que a palavra alemã "Idee" é entendida no sentido platônico ou kantiano e não em seu sentido coloquial inglês. Por isso o termo "representation" se torna algo redundante e poderia ser praticamente evitado. É mais importante produzir um texto inglês legível e de fácil compreensão do que complicá-lo com finesses demasiadamente filológicas ou filosóficas. A palavra alemã "Idee" pode ser traduzida muitas vezes por "imago", quando esta expressão é entendida ou definida como estrutura do pensamento. Como "Idee" arquetípica, a *imago* pode ser herdada, mas a imagem arquetípica perceptível não é idêntica à estrutura herdada do pensamento, que admite um número indefinido de expressões empíricas. Devo deixar a seu tato e critério traduzir adequadamente a intenção de meu texto.

Sincerely yours,
(C.G. Jung)

To James Gibb
Corinth (Ontário)/Canadá

01.10.1958

Dear Mr. Gibb,

Muito obrigado por sua interessante carta[1]. Na verdade, é assim como o senhor diz: pode-se falar de um reservatório do bem e um reservatório do mal. Mas esta afirmação é um pouco simples demais, porque bem e mal são opiniões humanas e, por isso, relativas. O que é bom para mim pode ser mau para outro e vice-versa. Apesar de bem e mal serem relativos e, portanto, não válidos em geral, o contraste existe e eles constituem um par de opostos fundamentais para a estrutura de nossa mente. A oposição bem-mal é uma experiência universal, mas sempre é preciso perguntar: De quem é a experiência? Isto é uma grande dificuldade. A situação seria simples se pudéssemos fazer afirmações gerais sobre o bem e o mal. Poderíamos nesse caso designar com precisão as coisas boas e as más. Mas, como isto não acontece, coloca-se a questão do indivíduo humano. O indivíduo é o fator decisivo, pois é ele que declara uma coisa como sendo boa e outra como sendo má. Não importa o meu julgamento ou de outra pessoa qualquer; é exclusivamente o indivíduo em questão que decide se uma coisa é boa ou má para ele. Por isso nossa atenção deve voltar-se para o indivíduo que decide e não para o problema do bem e do mal, que não podemos resolver para os outros.

Esta é a razão por que não se pode falar a nações inteiras o que é bom para elas. Só podemos encorajar o indivíduo a tomar decisões éticas, esperando um consenso geral. O que uma nação toda faz é sempre o resultado daquilo que muitos indivíduos fizeram. Também não se pode educar uma nação. Só é possível ensinar ou mudar o coração do indivíduo. É verdade que uma nação pode ser convertida para coisas boas ou más, mas neste caso o indivíduo está agindo meramente sob uma sugestão ou sob a influência da imitação e, por isso, seus atos não têm valor ético. Se não se muda o indivíduo, nada é mudado. Isto ninguém gosta de ouvir; e, porque é assim, minhas sugestões de auxílio não entram no ouvido de uma nação. Diz-se que não são populares. Em outras palavras, não concordam com o gosto do povo. Ele as porá em prática quando todos as praticarem. E cada um espera que o outro seja o primeiro a agir. Por isso ninguém começa. Somos por demais modestos, preguiçosos ou irresponsáveis para admitir que podemos ser os primeiros a fazer a coisa certa. Se todos sentissem a mesma coisa, haveria ao menos uma grande maioria de pessoas pensando que a responsabilidade é coisa boa. Sob essas circunstâncias os piores males da humanidade já teriam sido resolvidos. [...]

Chamo sua atenção para um pequeno livro que escrevi há pouco e que contém algumas ideias sobre este mesmo tema. Trata-se de *Answer to Job*. Pode encontrá-lo no volume *Psychology and Religion* (Bollingen Series, Nova York) ou como brochura, editada na Inglaterra (Routledge and Kegan Paul, Londres).

Sincerely yours,
(C.G. Jung)

1. Mr. Gibb, que se apresentou a Jung como "um simples trabalhador" e lhe pediu que relevasse a deficiência de sua carta, escreveu-lhe sobre sua ideia de um "reservatório do bem" e um "reservatório do mal". Perguntou-lhe sobre alguma possibilidade de oposição ao poder do mal nos tempos atuais, de modo que recebessem ajuda as nações e o indivíduo.

To Charles H. Tobias
Boston (Mass.)/EUA

27.10.1958

Dear Sir,

Um passarinho me contou que o senhor está completando 70 anos de vida[1]. Ainda que não o conheça pessoalmente, acredito que esteja feliz com esta façanha. Significa muito! Posso afirmá-lo com certa autoridade, pois já atingi os 84 anos e com relativa boa forma. E quando olho para trás – como o senhor provavelmente o faz neste dia festivo e de congratulações – vejo a longa fila de 5 filhos, 19 netos e 8 a 9 bisnetos (este último número não é bem exato porque a intervalos frequentes cai mais um do céu). Costuma-se dizer que aos 70 começa a juventude madura que, em certos aspectos, não é tão agradável quanto a infância, mas, em outros, é mais bonita. Esperemos que em seu caso se confirme a segunda parte da frase.

Yours cordially,
(C.G. Jung)

1. O filho do destinatário, que Jung não conhecia, pediu-lhe que mandasse uma mensagem de congratulações a seu pai pelos 70 anos, pois Jung era um dos homens ilustres que seu pai sempre havia admirado.

À Mrs. P.
Inglaterra

03.11.1958

Dear Mrs. P.,

Quando se insinuam ao seu redor sintomas de poder no trabalho que faz, então diminua seu próprio poder e deixe que os outros tenham maior responsabilidade. Isto lhe ensinará uma lição muito sadia. Eles aprenderão que maior poder e maior influência acarretam maior sofrimento, como a senhora está aprendendo nas condições atuais.

Não se deve asseverar o próprio poder enquanto a situação não for tão perigosa que precise de violência. O poder que é asseverado continuamente atua contra ele próprio e é afirmado quando alguém teme perdê-lo. Não se deve ter medo de perdê-lo. Ganha-se mais paz através da perda do poder.

Cordially yours,
(C.G. Jung)

To Harold Lloyd Long
Chicago (Ill.)/EUA

15.11.1958

Dear Sir,

As interpretações depreciativas do inconsciente devem-se normalmente ao fato de que o observador projeta seu primitivismo e sua cegueira para dentro do inconsciente. Persegue assim o desejo secreto de proteger-se contra as exigências inexoráveis da natureza no sentido mais amplo da palavra.

Como diz o termo "inconsciente", nós não o conhecemos. É o desconhecido do qual podemos dizer tudo o que queremos. Mas nenhuma de nossas afirmações será necessariamente verdadeira. A razão por que o inconsciente nos aparece numa forma tão desagradável é que nós temos medo dele, e nós o ultrajamos porque temos esperança de, por este método, nos livrarmos de seus atrativos. Admito que o inconsciente seja uma charada para qualquer um que se ponha a refletir sobre ele.

Sincerely yours,
(C.G. Jung)

Ao Prof. Karl Schmid
Basserdorf (Zurique)

08.12.1958

Prezado Senhor Schmid!

Impedido por uma série de circunstâncias, somente hoje consigo agradecer o livro de sua autoria *Hochmut und Angst*[1], mas depois que tomei conhecimento de seu conteúdo. Estou ainda sob o impacto dos tesouros nele contidos, tão vastos que é preciso esforço para captá-los em sua totalidade.

Tenho a primeira edição inglesa de *40 Fragen von der Seele*, de Boehme, 1647. Neste livro há um mandala ou "Eye of the wonders of Eternity or Looking Glass of Wisdom", que contém o ser humano, Deus, o céu e o inferno[2]. Seu livro é um *looking glass of wisdom* que não só espelha as inúmeras facetas do nosso mundo atual, mas que é também uma lupa inteligente e interpretativa que torna palpável e compreensível aquilo que quase não se pode captar. O senhor coloca um espelho diante do mundo, onde ele pode ver sua própria imagem ou, melhor, poderia, se o leitor benevolente não pensasse na maioria das vezes: "É verdade! As pessoas são assim – os outros". Parece que muito poucos sabem que eles mesmos são os outros. O que dizer então dos malevolentes? Muitos hão de concordar que autoconhecimento e reflexão são necessários, mas poucos consideram estas necessidades válidas para si mesmos.

Como crítica da cultura europeia, seu livro vai fundo, por exemplo as páginas 139 e 140[3]. Sobre isto poderia ser dito mais alguma coisa. A qual pergunta respondeu o fenômeno do nacional-socialismo, que abalou o mundo, e o que ele significa para a alma alemã, não só para esta, mas também para a alma da humanidade, sobretudo da ocidental? O Oriente foi revolvido por ele até os fundamentos. Mas qual é a reação do Ocidente? Ele não se dá conta de que ficou devendo a resposta. Supostamente são os russos que não nos deixam tempo para isto. Ficamos atolados numa defensiva desnorteada. Seu livro é, pois, extremamente atual. Só desejo que seja lido e que alguém comece a tirar conclusões. Isto foi antigamente assunto dos alemães, mas a Alemanha de hoje, que se considera uma colônia dos Estados Unidos, dá poucos sinais de esperança neste sentido.

Na minha idade avançada foge-me o mundo tridimensional e eu só observo de longe o que se diz e se faz, em 1958, neste um dos mundos possíveis. É um processo histórico interessante que – no fundo – já não me diz respeito. Mas sou agradecido por ouvir outra voz que assume a função daquele que clama no deserto.

Em união cordial,

Sinceramente seu
C.G. Jung

1. Zurique 1958.
2. Cf. *Gestaltungen des Unbewussten*, 1950, quadro 3, após p. 96 e OC, vol. IX/1, figura referente ao par. 534.
3. As páginas tratam, entre outras coisas, dos panos de fundo intelectuais do nacional-socialismo, do predomínio da irracionalidade sobre as leis da razão.

Ao Dr. James Kirsch
Los Angeles (Cal.)/EUA

10.12.1958

Prezado colega,

Muito grato por sua gentil e interessante carta de 2 de dezembro. A experiência satori de seu amigo Dr. K.[1] é uma típica visão-mandala. Quando pessoas no Oriente afirmam que tiveram uma experiência sem imagem, devemos ter sempre em mente que o relato é em geral altamente não psicológico. É de tradição que semelhante experiência seja sem imagem, e por isso afirmam que a experiência foi sem imagem. Prova da impossibilidade de ter sido sem imagem é o fato de as pessoas se lembrarem de algo bem-definido. Se tivesse sido totalmente sem imagem, não poderiam jamais dizer que se lembravam de algo, pois a lembrança é a imagem de algo que existiu. Mas o oriental não faz esta simples reflexão, da mesma forma que afirma ter chegado a um estado sem imagem quando experimentou uma iluminação. Ele sabe que foi um estado sem imagem, e basta isto para já ser uma imagem; mas as pessoas não entendem isto. Nunca consegui convencer um indiano disso: se não estiver presente um ego consciente, também não pode haver uma lembrança consciente. A comparação com o sono profundo, do qual não resta lembrança alguma, também se refere a um estado em que nenhuma lembrança pode surgir, porque nada foi percebido. Mas na experiência satori algo foi percebido, isto é, que houve uma iluminação ou algo semelhante. E isto é uma imagem definitiva que pode ser comparada com a tradição e com ela ser harmonizada. Considero, pois, esta afirmação de um estado sem imagem como não crítica e não psicológica, que procede de uma ausência de diferenciação psicológica. Esta ausência explica também por que nos parece tão difícil entrar em verdadeiro contato com esta gente; e não é por acaso que a única pessoa a lhe dar uma resposta satisfatória seja um psicólogo observador. É simplesmente incompreensível que um acontecimento possa ser afirmado quando não há ninguém para percebê-lo. Este "ninguém" que afirma é sempre um ego. Se não há ego, nada pode ser percebido. Também entre nós se verificam tais afirmações; um cristão, por exemplo, pode afirmar que foi salvo por Cristo, quando é fácil provar que ele, na verdade, não foi salvo de nada. Apenas experimentou uma mudança de mentalidade e vê certas coisas de modo diferente do que outrora. Mas a situação continua a mesma como antes. [...]

Com meus melhores votos para o novo ano, permaneço

Sinceramente seu
C.G. Jung

1. Dr. K., psiquiatra japonês e amigo do Dr. Kirsch, trabalhou quatro anos com um analista em Nova York.

Ao Dr. med. Kenower W. Bash[1]
Abassia Mental Hospital
Cairo/Egito

12.12.1958

Prezado colega,

Muito obrigado por sua exposição[2]. Concordo com ela. Só pediria que dissesse explicitamente que o aspecto "mitológico" em minha psicologia significa "atitude religiosa". Ao ler meus escritos o senhor certamente percebeu que uso de subterfúgios, mas falo clara e explicitamente que a consideração dos paralelos mitológicos aponta para uma atitude religiosa. A ausência de uma visão global (religiosa) é o que muita gente lamenta hoje em dia; diz-se que é exatamente isto que falta hoje, ao contrário dos tempos antigos, quando se tinha ainda uma visão geral que fornecia um apoio para as dificuldades da vida. Foi o Iluminismo que destruiu este apoio ao reduzir a visão global a nada mais que mitologia. Na linguagem moderna a mitologia significa simplesmente "não é nada", pois os mitos são irreais. Todo o meu esforço vai no sentido de mostrar que o mito é algo muito real, porque nos liga às bases instintivas de nossa existência.

O astrônomo Hoyle[3] nos dá um belo exemplo neste sentido: ele diz que a astronomia não pode provar a existência de Deus e, portanto, não há nenhum Deus, mas escreve um romance em que uma nuvem cósmica representa precisamente este Deus.

Há que haver muito cuidado no uso da palavra "mitologia", porque ela nos pode conduzir a um choque com o argumento infantil e amplamente difundido do Iluminismo.

Com saudações cordiais,

Sinceramente seu
(C.G. Jung)

1. Dr. med. Kenower W. Bash, naquela época "Medical Officer of the World Health Organization" no Cairo. Depois professor de psiquiatria em Berna.

2. K.W. Bash, "Mental Health Problems of Ageing and the Aged", a pedido do Expert Committee on Mental Health of the World Health Organization, em *Bulletin World Health Organization*, 21, 1959.

3. Cf. carta a Jaffé, de 04.01.1958, nota l.

À Baronesa Vera von der Heydt
Londres

22.12.1958

Prezada e digna senhora,

Sua pergunta provém certamente de um ambiente onde soam muitas palavras. Não se pode esclarecer a verdadeira situação apenas com conceitos, mas com a experiência interior correspondente. Com os conceitos entra-se num beco sem saída, porque eles não são ideias filosóficas, mas simples nomes das experiências. Por isso, quando se fala a partir do lado experimental, as coisas que antes pareciam confusas se tornam de repente claras. O que denominei "imaginação ativa" pode tornar-se necessária em algum estágio da análise.

É óbvio que nem toda análise leva à individuação, isto é, toda análise está a caminho da meta longínqua da individuação. Também é óbvio que toda introspecção naquilo que eu chamo de sombra é um passo no caminho da individuação, sem que se deva chamar isto de processo de individuação[1]. Vemos aqui claramente como um conceito como individuação fica demasiadamente limitado ou ampliado, e então surgem obscuridades que na verdade não existem.

Nessas sutilezas conceituais todos têm e não têm razão. Assim, por exemplo, o ponto de vista de A., de que a "imaginação ativa" começa quando a transferência foi completamente analisada, é uma afirmação incorreta.

Dessas discussões se vê o que me espera depois que me tornei póstumo. Então tudo o que foi fogo e vento será espírito e reduzido a preparados sem vida. Os deuses serão enterrados em ouro e mármore e os simples mortais como eu, em papel.

Com meus melhores votos para o Natal e o Ano-novo, permaneço

Sinceramente seu
(C.G. Jung)

1. Jung entende aqui por individuação o desenvolvimento natural do indivíduo; por processo de individuação o respectivo desenvolvimento, enquanto observado e estimulado pela consciência. Em seus escritos usa os dois conceitos como sinônimos.

To Richard F.C. Hull
Ascona

27.12.1958

Dear Hull,

Sua sugestão de traduzir o subtítulo de *Mysterium coniunctionis* como "An Inquiry into the Fission and Fusion of Psychic Opposites in Alchemy" é bastante inteligente. É audaciosa e, em certo sentido, correta. Esta ideia é tão criativa que não posso responsabilizar-me por ela. Sugeriria que o senhor explicasse numa nota de rodapé sua tradução de minha despretensiosa terminologia "Trennung und Zusammensetzung"[1]. Eu o parabenizo por esta interpretação feliz de meu abrandamento. Pessoalmente estou convencido da analogia básica entre descobertas físicas e psicológicas. Discuti muitas vezes este problema com o falecido Prof. Pauli, que também estava fascinado pelo que chamava de reflexo do espelho, pois ele é a causa da existência de dois mundos que estão unidos na verdade pelo *speculum*, pelo que está no meio dos dois. O Prof.

Fierz disse muito bem no funeral de Pauli: especulação vem de *speculum*. Por isso a "especulação", uma forma bem típica de compreensão, torna-se o verdadeiro centro do mundo, a base do *Unus Mundus*. Sob este aspecto sua tradução é justificável. Tem minha aprovação, contanto que escreva um prefácio do tradutor, defendendo esta tradução interpretativa. (Provavelmente o senhor terá de submeter sua inovação também ao editorial Olympos. Eu não me sinto suficientemente capaz.)

A ideia de um quarto volume de *Mysterium coniunctionis* não é ruim[2], mas acho que já foi antecipado em boa parte pela psicologia freudiana. Freud tinha um fascínio especial pelo lado escuro da pessoa, isto é, por todos aqueles fatos que perfaziam o conteúdo do "mysterium iniquitatis", o mistério da sombra. Sem a ênfase dada por Freud ao lado escuro do ser humano e ao caos de seus apetites ctônicos, eu não teria encontrado o acesso ao "mysterium coniunctionis".

O "mysterium iniquitatis" está representado na literatura moderna em toda uma biblioteca de psicopatologia sexual, criminologia, histórias de detetives etc. e também em toda a literatura freudiana. Não precisa de maior esclarecimento. A única coisa lamentável nessa produção literária é que ninguém parece reconhecer o mistério. O destino quis que eu o reconhecesse como tal.

Aproveito a ocasião para desejar-lhe um feliz Natal e um bom Ano Novo e para agradecer-lhe o imenso trabalho que vem prestando com suas traduções. Sua brilhante sugestão mostra-me outra vez que sua participação no trabalho é mais do que profissional. Ela é viva.

Yours cordially,
C.G. Jung

1. Richard F.C. Hull não acatou a sugestão de Jung. Jung, por sua vez, mudou de opinião e escreveu duas semanas depois (11.01.1959) a Hull o seguinte: "Refleti melhor sobre sua sugestão. É muito inteligente e eu me senti tentado a adotá-la. Mas 'fission and fusion' são muito específicos para expressar o sentido bem geral dos termos lógicos 'analysis and synthesis'. Não quero dizer mais do que significam estas duas últimas palavras. Gostaria de evitar sobretudo alusões desse tipo (sobre a física), pois certamente seriam interpretadas de forma negativa. Infelizmente tenho de contar sempre com a costumeira crítica hostil". – O subtítulo inglês de *Mysterium coniunctionis* ficou: "An Inquiry into the Separation and Synthesis of Psychic Opposites in Alchemy".

2. Hull havia proposto, por brincadeira, a Jung escrever um quarto volume, exclusivamente sobre casos negativos, como exemplo de um "mysterium iniquitatis".

To Rev. Morton T. Kelsey
St. Luke's Episcopal Church
Monrovia (Calif.)/EUA

27.12.1958

Dear Mr. Kelsey,

Muito obrigado por sua gentil carta[1]. Minha interpretação começa com a última frase de seu sonho:

É mais fácil um ministro eclesiástico
É mais fácil um camelo
Comprometer-se com a religião
Passar pelo fundo de uma agulha
Do que um médico...
Do que um rico...

Por que quebrou seu meio de transporte? Eis a pergunta que está na base de minhas considerações. Por que precisou de um meio de transporte? Para ir a uma conferência minha com o senhor X. Por que me convidou para a Califórnia? Para falar comigo sobre o senhor, em vez de falar sobre religião, pois "é mais fácil um ministro" etc. Assim, o caminho do médico parece o mais difícil, pois sua riqueza mundana pavimenta o chão do inferno, para ficar no âmbito de sua parábola.

Isto é uma charada. O senhor sabe que sou um de fora, incrédulo, que faz perguntas ingênuas, como por exemplo: Por que precisa falar com um médico? Ou, por que prefere falar com ele, mesmo confiando totalmente num *Soter*[2], o maior de todos os santos? O senhor disse que sua experiência tinha sido de "salvação", uma experiência "de ser salvo por algo que tinha suficiente poder de salvar e suficiente vontade de exercer tal poder. Tudo isto eu sei e é tudo o que eu preciso saber". Por que deveria alguém, que é capaz de passar pelo fundo de uma agulha, buscar conselho junto ao homem rico, que trilha o caminho largo? É claro que é apenas um sonho. Mas foi o senhor que o fez, ou quem foi que lho deu?

Acho que há boas razões para examinar com mais atenção o seu sonho, por mais ínfimo e sem importância que pareça. Eu concluiria dele que alguma coisa de alguma forma não está em ordem.

Não sei se o senhor se dá conta da grande semelhança entre a formulação de sua experiência salvadora e a doutrina cristocêntrica do moderno protestantismo. Do ponto de vista psicológico houve um notável deslocamento religioso do centro de gravidade, isto é, do triuno *Pater Panton*[3] para o Filho e Soter e homem histórico, que originalmente era um terço da divindade, mas que agora é o ponto central e o fundamento quase único da religião protestante. O protestantismo descartou praticamente todo o dogma original e também o rito, concentrando-se exclusivamente em Cristo, o salvador. Segundo minha humilde opinião, a situação é aquela que deveria ser, pois mostra que o protestante fez a experiência de um princípio redentor ou guia, que se manifesta na psique humana. Foi chamado de instinto, intuição e inconsciente. "Nome é som e fumaça", diz o *Fausto*, de Goethe. Contudo, esses nomes apontam para algo fundamental, para uma grandeza que atua secretamente e que afeta o ser humano todo. Por isso a ciência, que atua de fora para dentro, do conhecido para o desconhecido, chamou-a de si-mesmo, em oposição ao *ego*, que é apenas o centro da consciência.

Devido à sua natureza humana, Cristo é a parte acessível da divindade, e seu ser apreensível empiricamente corresponde à experiência acima mencionada. O médico diz: "Cristo é outro nome para o si-mesmo", e o ministro eclesiástico diz: "O que você chama de si-mesmo é na verdade Cristo em cada pessoa. *Christus intra nos*. A Ele podes confiar todas as tuas dificuldades. Ele as tomará sobre si". O médico diz: "Isto é sem dúvida belo e bom. Mas qual é a causa de todas as perturbações e embaraços de que devemos ser redimidos? E, além disso, o teu Cristo é só luz sem nenhuma escuridão? Mas o si-mesmo se apresenta em duas cores: branco e preto. Furtivamente vai te levando para o caminho certo, mas muitas vezes pode seduzir-te para a escuridão. Em geral segue ao bem não o melhor, mas o pior. Não podes escapar do pecado. Qual é a situação do mundo depois de 2.000 anos de cristianismo?"

Não é preciso mostrar o mundo em geral; basta a gente olhar para si mesmo. Quem pode afirmar com certeza que está *salvo*? Às vezes um ato da graça nos tira do buraco, mas da próxima vez entramos de novo no lamaçal. Parece até que existe uma ligação secreta entre pecado e graça, como se cada pecado trouxesse também o aspecto da *felix culpa*. Como disse acima, o si-mesmo projeta uma sombra. Mas Cristo não. Ele não pode ser identificado com o si-mesmo como um todo, mas apenas com o lado luminoso.

Javé dá vida e morte. Cristo dá vida, inclusive vida eterna, e nenhuma morte. Ele mostra em relação a Javé um claro aperfeiçoamento. E isto devido ao fato de ser tanto homem sofredor quanto Deus. Por sua aproximação do ser humano aperfeiçoa-se o caráter moral do *auctor rerum*. Cristo é a garantia da bondade de Deus. É o nosso advogado no céu, o "Deus contra Deus" de Jó.

Isto significa que o ser humano aprendeu algo: quando escolhe o bem, evita certa coisa que poderia ter consequências desastrosas sem sua decisão moral consciente. Conseguiu tanta consciência que pode decidir e escolher com liberdade. Onde predomina a inconsciência não há liberdade e a pessoa se torna vítima dos opostos. Este é o grande ensinamento de Cristo: Ele escolheu a luz e afastou a escuridão; o mesmo pode fazer o ser humano e, assim, escapar dos opostos – *até certo ponto*. Este é o problema que se coloca em nossos dias: Aonde chegaremos com nossa crença na onipotência de nossa vontade e na liberdade absoluta de nossa escolha? São dons de Deus, mas que podem afastar-nos demais de nossas amarras terrenas e de nossa realidade inexorável. Deus é luz *e* escuridão, o *auctor rerum* é amor *e* ódio. E nós rezamos sempre de novo: "Não nos deixeis cair em tentação".

A consequência é que nós, pessoas modernas, estamos dissociados e não reconhecemos mais nossas origens. Eis a razão por que o bom cristão ainda precisa de médico e por que seus sonhos aconselham uma consulta.

Desculpe esta longa carta! Só queria dar-lhe uma ideia de como faço uma interpretação.

Sincerely yours,
(C.G. Jung)

1. Revdo. Kelsey havia visitado Jung, em outubro de 1958, em Küsnacht. Depois disso ele sonhou: estava a caminho de Los Angeles para ouvir uma conferência de Jung, quando encontrou outro ministro eclesiástico, o senhor X. O Revdo. Kelsey quis levar consigo o senhor X., mas o meio de transporte quebrou. Depois o sonhador resolveu não falar com Jung sobre questões teóricas da religião, mas sobre si mesmo. Seguiu-se uma conversa em que Jung usava um jaleco branco. Em resumo, a conversa foi: é mais fácil um ministro eclesiástico comprometer-se com a religião do que um médico. Literalmente: "It is easier for a minister to be commited to religion than a doctor..." Jung coloca estas palavras ao lado das de Mt 19,24: "É mais fácil um camelo passar pelo fundo de uma agulha do que um rico entrar no céu".

2. Para o Revdo. Kelsey, a experiência mais importante de Deus não era o "summum bonum", o bem supremo, mas o Soter, o Salvador. Sobre isto ele escreveu a Jung.

3. Pai de todas as coisas.

To Mr. A. Tjoa e Mr. R.H.C. Janssen
Leiden/Holanda

27.12.1958

Dear Sirs,

Suas perguntas[1] me lembram uma admirável discussão de que participei em Londres por ocasião de uma sessão conjunta da "Mind Association" e da "Aristotelian Society"[2]. O tema foi: As almas individuais são conservadas em Deus ou não? Não posso dizer aos senhores como se parece uma pessoa que tem plena consciência de si mesma, nem do que será dela. Nunca vi nenhuma delas; e se tivesse visto, não poderia entendê-la porque eu mesmo não estaria completamente integrado. Até aqui sua pergunta é escolástica, como a célebre pergunta sobre "quantos anjos cabem na ponta de uma agulha". Integração no sentido empírico desta palavra significa completude e não perfeição.

Na qualidade de médico vi muito mais do que outros a miséria e a dissociação profundas das pessoas em nossos dias. Tive de ajudar inúmeras pessoas a ter um pouco mais de consciência de si mesmas e a considerar o fato de que elas consistiam de muitos componentes diferentes, luz e escuridão. É isto que se chama integração: tornar-se explicitamente aquela pessoa que se era desde o começo. A doutrina zen diz: "Mostra-me seu rosto que você tinha no começo".

Ser integrado ou completo é uma tarefa tão formidável que ninguém ousa colocar outros objetivos, como a perfeição. Assim como, por exemplo, o médico comum nunca imagina nem espera fazer de seu paciente um atleta ideal, o médico psicólogo não sonha com a possibilidade de forjar santos. Está muito satisfeito se conseguir realizar – em si e nos outros – um indivíduo bastante equilibrado e mais ou menos sadio mentalmente, não importando o quanto está longe da perfeição. Antes de perseguir a perfeição, devemos ser capazes de viver como pessoas comuns, sem automutilação. Se uma pessoa, após sua humilde completude, ainda achar em si energia suficiente, poderá começar sua carreira de santo. Nunca me julguei com capacidade para ajudar alguém neste caminho.

Num caso de criminalidade, estou certo de que o processo de completude trará à luz o fato de que se trata de um criminoso, mas esses casos não chegam até o médico. Eles encontram seu próprio caminho. Mas é bem possível que uma pessoa se considere criminosa e a análise mostre que ela não é. Tal pessoa procura a ajuda médica, mas não o verdadeiro criminoso.

Posso dar-lhes um conselho? Não se deixem levar por palavras, somente por fatos.

Sincerely yours,
(C.G. Jung)

1. Os destinatários, dois estudantes de psicologia, perguntaram a Jung sobre a natureza da "integração" ou "individuação": se ela pressupunha as qualidades de um santo, uma superioridade sobre os demais, ou simplesmente a liberdade e firmeza interiores, sem conteúdo moral ou caracterológico, de modo que também o criminoso pudesse ser integrado e individualizado.

2. "Joint Session" da "Aristotelian Society", da "The Mind Association" e da "The British Psychological Society" no Bedford College, Universidade de Londres, 1914.

À Claire Scheuter[1]
Die Tat
Zurique

10.01.1959

Prezada Senhorita Scheuter,

Não é fácil responder em poucas palavras à sua pergunta sobre as reações inconscientes que podem influenciar o plebiscito do dia 1º de fevereiro[2]. Como base de uma predição precisaríamos ter uma estatística que nos mostrasse a frequência e a intensidade da resistência masculina contra uma posição emancipada da mulher. Infelizmente é impossível obter tal estatística sem uma pesquisa Gallup entre grande número de homens. Estamos presos a estimativas bem vagas que, por sua vez, estão sujeitas aos nossos preconceitos.

A julgar pela nossa experiência médica da psicologia do casamento e das relações entre os sexos em geral, pode-se contar com uma resistência considerável. O julgamento, dito objetivo, de muitos homens é influenciado em larga escala por ressentimentos inconscientes, preconceitos e resistências, de modo que o ponto crucial desse plebiscito será: Quantos homens olharão para dentro de si mesmos e pensarão com toda a seriedade se seu voto é objetivo ou dependente de sua disposição emocional? Sendo o autoconhecimento uma das artes mais difíceis, não é de se esperar que muitos façam esforço de examinar sua consciência e considerar até que ponto sua decisão depende da relação subjetiva com o mundo feminino. O prestígio masculino, que é da maior utilidade para o homem ganhar o sustento, é uma coisa delicada, mas por outro lado suas fraquezas, sua suscetibilidade emocional, sua sugestionabilidade por influência da mulher são tão grandes que precisa esforçar-se muito para pesar bem a importância desses fatores. Além do mais, foi dada pouca importância, na preparação do plebiscito, ao aspecto eminentemente psicológico do evento todo. Toda honra seja dada aos argumentos racionais. Mas numa questão dessas, eu diria, entram em jogo antes de tudo as imponderáveis irracionais de natureza psicológica.

Com elevada consideração,

Sinceramente seu
(C.G. Jung)

1. Claire Scheuter, redatora da página feminina no jornal de Zurique *Die Tat*.

2. A carta de Jung foi publicada em *Die Tat*, de 23.01.1959. A proposta de conceder às mulheres o direito de votar e serem votadas não foi aprovada naquela data. Só em 1969 foi introduzido em todos os cantões da Suíça o direito das mulheres ao voto.

Ao Dr. H.A.F.
Suíça

16.01.1959

Prezado Doutor,

Muito obrigado por sua gentileza de me contar o seu sonho bem interessante[1]. Chamou-me a atenção o fato de o senhor considerar desde o começo muito importante este sonho. Ele o é realmente, pois retrata um fenômeno que se repete hoje em todos os lugares possíveis do mundo, nas mais diversas formas. Por exemplo, o motivo da "abdução" aparece em relatos, que são cridos por muitas pessoas, em que os ocupantes de OVNIs convidam gentilmente algumas pessoas a entrar na nave e fazer uma viagem ao redor da Lua, ou para Vênus ou Marte. Os ocupantes desses objetos voadores são pessoas muito bonitas e "mais altas", ou seres espirituais, como anjos. Esses relatos fantasiosos têm o mesmo valor de um sonho desse tipo, ao qual pertence também o seu. O pássaro significa o ser dos ares, o volátil, o espírito (no sentido químico "espírito" é volátil, mas também designa o Espírito Santo). O sentido físico e espiritual estão unidos no *Spiritus Mercurialis* alquímico. O pássaro é um mensageiro dos deuses, um *angelus*. Com esta imagem indica-se uma atividade "do além"; ela se refere à sua consciência que assim deve chegar a um nível "mais alto"; tirada portanto da esfera banal do dia a dia ou, em outras palavras, afastada do mundo racional do intelecto. Em sonhos paralelos, é a abdução para o além[2], isto é, o "mundo dos espíritos", ou a iluminação no sentido de uma *metanoia* através da intervenção de "seres mais altos".

Eu mesmo tive um sonho em que um OVNI se aproximou de mim e era como a lente de uma lanterna mágica, cuja imagem projetada era a minha realidade. Sugere-se com isso que eu sou, por assim dizer, a figura da meditação criada por um iogue meditando[3]. Este iogue seria uma figura transcendental, semelhante ao meditativo do texto chinês de *O segredo da flor de ouro* (cf. Richard Wilhelm e C.G. Jung, *O segredo da flor de ouro*, figuras da p. 103-125).

A queda é uma indicação de que algo vindo do céu, isto é, do "além" para a Terra é sentido como uma espécie de catástrofe. Em outros paralelos, é fogo que cai sobre a Terra, como derramamento do Espírito Santo em forma de línguas de fogo. Produz fumaça e névoa, isto é, um obscurecimento e perturbação da consciência, um distúrbio de nossa orientação cosmovisual, eventual pânico e psicose coletiva, uma espécie de queda dos anjos com suas consequências apocalípticas. Estes simbolismos, que ocorrem hoje em dia em todos os lugares possíveis, dão origem a um quadro do final dos tempos com suas concepções escatológicas: fim do mundo, vinda do reino de Deus ou do salvador do mundo etc.

Para terminar, ainda uma pergunta: O senhor permitiria que eu publicasse o seu sonho numa segunda edição de meu livrinho sobre os OVNIs?

Com elevada consideração e renovado agradecimento,

Sinceramente seu
(C.G. Jung)

1. O sonhador avista um cisne voando, que ele quer fotografar. De repente o pássaro despenca para o chão e deixa um rastro de fumaça atrás de si, como um avião em chamas. Então muda a cena. Aproxima-se, vindo do céu, um aparelho semelhante a um helicóptero. O sonhador sabe que vieram buscá-lo e, como é um fato inevitável, ele entra na nave. Como uma sombra, avista duas figuras que são "tipos mais altos de pessoas". Elas vêm de outro mundo, sabem muito mais que o sonhador e são "totalmente justas".

2. Cf. "Um mito moderno: Sobre coisas vistas no céu", em OC, vol. X, par. 589s.

3. Em *Memórias*, p. 279 e 280, Jung conta o mesmo conteúdo como dois sonhos distintos, de sentido semelhante: do primeiro deduz-se que ele era a "projeção" da lente de uma lanterna mágica voadora; do outro se deduz que ele era a figura meditativa de um iogue em profunda concentração. O iogue tinha os traços fisionômicos de Jung.

4. O sonho não foi publicado.

À Verena Ballmer-Suter
Basileia

24.01.1959

Prezada Senhora Ballmer,

Não consigo acreditar que alguém diga que sou contra o direito de voto das mulheres por medo de que se instale a masculinização. Sempre me impressionou profundamente a firmeza e tenacidade da natureza feminina, que permanece a mesma por milênios, e não posso admitir que o direito feminino ao voto realize tal milagre. Se uma mulher se "masculiniza", isto acontece certamente por razões outras que não a afirmação política. Naturalmente uma mulher pode masculinizar-se na atividade política, mas também em qualquer outra atividade; mulheres e mães, por exemplo, que poderiam ter na opinião geral um destino feminino satisfatório, tiranizam o marido e a família com um *animus* machista manifesto, sem que tenham direito a voto. Uma mulher pode ter, de uma forma totalmente feminina, uma opinião bem-fundamentada de seu ponto de vista, sem a menor ofensa à sua natureza. O fato de ela poder ter convicções e intuições é uma propriedade humana em geral e não algo específico do homem. Em todos os tempos houve mulheres sábias e inteligentes que foram procuradas por grandes homens para conselhos. Há muitas mulheres que têm êxito na vida pública sem renunciar à sua feminilidade. Ao contrário, o êxito delas se deve precisamente à sua inquebrantável feminilidade. Só encontramos a desagradável forma de poder do *animus* feminino quando o sentimento feminino natural não chega a expressar-se ou é expresso de modo inferiorizado. Como disse acima, isto pode ocorrer em qualquer situação da vida e nada tem a ver com o direito de votar das mulheres.

Com saudações cordiais,

Sinceramente seu
(C.G. Jung)

A Traugott Egloff
Zurique

26.01.1959

Prezado Senhor Egloff,

Muito obrigado por sua carta de votos de feliz Ano-novo, que respondo com certo atraso. Suas considerações sobre a sombra[1] estão absolutamente certas e baseadas em observações corretas. A numinosidade da sombra baseia-se em última análise no aspecto escuro de Deus, o *deus absconditus*, que se faz ouvir hoje com bastante clareza.

Nos últimos tempos andei pensando às vezes no senhor e tinha vontade de saber como estava passando. Por isso sua longa carta me alegrou muito.

Faço votos que tenha um Ano-novo bem feliz.

Sinceramente seu
(C.G. Jung)

1.O destinatário havia escrito a Jung sobre sua "espantosa constatação" de que a sombra, apesar de seu caráter ruim, lhe inspirava certa veneração, misturada com admiração.

A Dieter Meyer
Wiesbaden/Alemanha

26.01.1959

Prezado Senhor Meyer,

O sintoma que o senhor descreve[1] é um caso típico de "sentiment du déjà vu". Chamamos isto comumente de alucinação de memória. É certo que estes casos também aparecem no estado de cansaço, mas, considerando a natureza do sintoma e sobretudo quando isto acontece habitualmente, parece-me tratar-se de outra coisa, isto é, de uma previsão real – seja num sonho ou simplesmente quando se está dormindo – de situações que em si são completamente triviais e das quais a gente não se lembra depois, mesmo que se tenha o "sentiment du déjà vu". Esta interpretação me parece muito apropriada, se houve de fato uma previsão consciente. Os fenômenos de PES (percepções extrassensoriais) são mais frequentes do que se imagina. Eles indicam uma qualidade do inconsciente que está em parte fora das categorias de tempo e espaço. Os experimentos de Rhine, realizados com grande número de pessoas, demonstraram isso cabalmente. Não há nada de apavorante nisso, pois experiências desse gênero fazem parte da normalidade.

Com elevada consideração,

Sinceramente seu
(C.G. Jung)

1. O destinatário, um jovem cantor de 24 anos, descreveu experiências em que "reconheceu" como conhecidas coisas e situações que ele nunca tinha visto ou vivido antes.

A um destinatário não identificado
Suíça

26.01.1959

Prezado Senhor N.,

Muito obrigado por me dizer alguma coisa sobre o progresso de sua obra[1]. Como o senhor diz, ela faz de fato exigências consideráveis à nossa constituição. Ela vai ao limite, mas não além. A maioria das pessoas não consegue alcançar seu destino sem certa possessão, e enquanto isto não acontece é melhor não libertar as pessoas de seus demônios. Se isto acontecesse, teria ocorrido apenas uma amputação.

Quanto a seu sonho de 06.01.1959[2]: "Sujeira" está sempre relacionada com grandeza. É uma compensação necessária. Por sermos tão pequenos, o contato com o grande sempre traz a ameaça da inflação. E então os sonhos falam de sujeira e miséria. Isto acontece para que fiquemos embaixo e não sejamos arrastados para a amplidão pelo grande vento do mundo. O jogo divino é considerado, sob o ponto de vista exclusivamente humano, uma doença, uma lepra, que ameaça perigosamente o vínculo com a sociedade humana. Recomenda-se, pois, não fazer grandes discursos sobre isso e conduzir o trabalho em segredo.

Desejo-lhe muitas felicidades e uma boa constituição.

Sinceramente seu
(C.G Jung)

1. A carta do destinatário informava sobre seu "processo de individuação" e sobre os 400 quadros mais ou menos em que ele o representou. Precisaria talvez de "constituição de um elefante" para levar a cabo o processo.
2. O sonho aconteceu num quarto vazio de uma casa miserável, com "paredes sujas".

A uma destinatária não identificada
Alemanha

26.01.1959

Prezada Senhora N.,

Deduzo de sua carta que tem um desejo e um plano de fazer alguma coisa[1]. Isto é bem compreensível e útil, pois é assim que aprendemos a maioria das coisas. A senhora escreve que gostaria de "fazer falar o arquétipo da filha". Pode fazê-lo a qualquer hora, desempenhando o papel daquela filha que, na sua concepção, é o equivalente da *Regina Coeli* da Igreja católica, e assim falar e dizer aquilo que tem a dizer em sua identificação com esta filha. Não entendo bem quando diz que está "procurando o lugar certo". Não faz sentido a senhora achar que está sendo esperada em outro lugar qualquer. Pode estar certa de que não está sendo esperada e, não obstante, pode dizê-lo. Quem quiser falar dessas coisas deve estar disposto a contá-las a seu fogão[2], que nem mesmo pode fazer um aceno de entendimento. Sobretudo não pode esperar poder "colaborar" de alguma forma, pois onde encontraria em nosso tempo e sociedade uma pessoa que soubesse expressar o que só sua unicidade soube expressar? Esta é a joia que não se deve perder. Mas na colaboração, isto é, no "teamwork", a perda é mais rápida. Só é possível conservá-la na medida em que se suporta a solidão que lhe é própria. Esta é a disposição que o mundo espera em seu mais íntimo.

Com saudações cordiais,

Sinceramente seu
(C.G. Jung)

1. A destinatária planejava fazer alguma coisa para minorar o sofrimento e os conflitos do mundo. No "arquétipo da filha" ela viu a contrapartida protestante da "Regina Coeli" católica. Ela desejava que este arquétipo falasse através dela.
2. Nos contos de Grimm, a princesa, "guardiã dos gansos", conta ao fogão seus sofrimentos.

A Traugott Egloff
Zurique

09.02.1959

Prezado Senhor Egloff,

Agradeço sua gentil carta. Ela me informou, acalmou e de forma nenhuma me aborreceu, pois sempre me interessa saber como um homem se vira com sua *anima*. Reconhecer a sombra, eu chamo de prova de maestria; não são muitos os que conseguem fazer a peça de mestre com a *anima*.

Saudações cordiais,
(C.G. Jung)

À Gertrud Rohde-Heussner
Berlim

11.02.1959

Prezada e nobre senhora,

Meu melhor agradecimento por sua amável carta. Interessou-me saber que pode aproveitar o meu modo de ver as coisas e pensar sobre elas.

A diferença entre os dois modos de pensar[1] já me ocorreu há mais tempo e, para meu uso doméstico, denominei de bidimensional um deles e de tridimensional o outro. Deve sua forma "redonda" ao fato de sempre circum-ambular numa aproximação infinda do ponto central. Este centro deve ser criado paradoxalmente, como a senhora diz muito bem, apesar de sempre ter existido.

Agradeço por me ter dado notícias sobre o livro de Ringbom[2]. Encontra-se há bastante tempo na biblioteca de minha esposa, que estudava e fazia uma pesquisa sobre o Graal até sua morte em 1955. Este trabalho foi concluído há pouco por uma aluna minha e será publicado em breve na editora Rascher, de Zurique[3].

Com elevada consideração,

Sinceramente seu
(C.G. Jung)

1. A Senhora Rohde-Heussner escreveu a Jung sobre sua experiência de dois modos de pensar: um lógico e outro alógico ("redondo"), e ela viu isto confirmado nos escritos de Jung. Cf. para isso "As duas formas de pensamento", em *Símbolos da transformação*, 1951 (OC, vol. V).

2. Lars-Ivar Ringbom, *Graltempel und Paradies*, Estocolmo, 1951.

3. Emma Jung-Marie Louise von Franz, *Die Graalslegende in psychologischer Sicht*, Zurique. 1960.

Ao Pastor Tanner
Kronbühl (St. Gallen)

12.02.1959

Prezado senhor Pastor!

Antes de abordar a pergunta que me fez, gostaria de agradecer seu gentil interesse por minhas opiniões.

A discussão sobre uma "fé sem religião[1]" é, como o senhor observa muito bem, um assunto complicado, pois é preciso definir antes o que se entende por "religião". Eu evidentemente só posso definir este conceito do ponto de vista psicológico, e esta definição está na base de tudo o que eu digo sobre "religião". Eu distingo entre "religião" e "confissão"; a primeira é geral, a segunda é específica. Os antigos derivavam *religio*[2] de *relegere* ou *religere* = ponderar bem, levar em consideração, observar (por exemplo na oração). Cícero[3]: religiosus ex relegendo; religens = temente a Deus. Um conscientiae scrupulus[4] tem religio. Religio est iustitia erga deos (Cíc.)[5]. Divum religio i.e. religio erga deos (Lucr.)[6]. Conficere sacra Cereris summa religione[7]. Os Padres da Igreja, por exemplo Santo Agostinho, derivam religião de *religare* = unir de novo: religio ex eo dicta est, quod nos religat Deo[8], e: religio vera ea est, qua se uni Deo anima, unde se peccato velut abruperat, reconciliatione religat[9].

Esta última interpretação vem, por um lado, da ideia judaica do casamento com Deus[10], ao qual é possível ser infiel, e, por outro, do caráter de Javé, isto é, de sua injustiça, que leva no tempo helenista à concepção de um *advogado*, prefigurado já em Jó, que representa a humanidade na corte celeste, tanto em Daniel quanto e especialmente no Livro de Henoc (séc. I). A distância entre Deus e o ser humano é tão grande que Javé se vê obrigado a colocar uma embaixada entre os homens – o embaixador é seu próprio filho – e mandar uma mensagem a eles (o Evangelho). Ao mesmo tempo, Cristo é o mediador com o título *filius hominis* e, como em Daniel e Henoc, é portanto um advogado.

A concepção judaica da relação religiosa com Deus como um contrato legal (aliança) foi substituída na concepção cristã por um relacionamento de amor, que é também um aspecto do casamento com Deus. Mas também a aliança de amor sofre a ameaça de afastamento e ruptura.

Em oposição a estas concepções judaicas e cristãs está a concepção pagã da Antiguidade: lá os deuses são pessoas mais elevadas e encarnações de forças sempre presentes, cujas vontades e caprichos precisam ser respeitados. Seus *numina* precisam ser bem compreendidos, propiciados por sacrifícios, assim como os príncipes de outrora eram cativados por presentes. Aqui a religião é uma postura atenta, cuidadosa, precavida, prudente, inteligente e calculista para com os poderes superiores;

não há vestígio algum de contrato legal ou sentimental que pode ser rompido como um casamento.

Está claro que a ideia do casamento de Deus é um desenvolvimento posterior e especial, ao passo que a forma original é sem dúvida melhor caracterizada pelo significado de *relegere*. Prefiro esta interpretação de *religio*, porque está mais de acordo com os resultados da psicologia em geral.

Por *religião* entendo, pois, uma espécie de atitude que considera cuidadosa e conscientemente certos sentimentos, ideias e eventos e reflete sobre eles; por "fé", ou *confissão* entendo uma sociedade organizada que professa coletivamente uma crença específica ou um determinado modo de agir ético. Dever-se-ia substituir, pois, a expressão "fé sem religião" por "religião não confessional (não eclesial)", portanto um exercício não organizado, não coletivo e inteiramente individual da "função religiosa". (Entendo por esta última uma fidelidade, uma entrega ou uma submissão a um fator superior ou a um princípio "convincente" – *religio erga principium*.) Esta tendência é característica da humanidade atual, sobretudo dos jovens. A razão desse fenômeno singular eu a vejo no fato de as pessoas estarem um tanto *cansadas de crer* e esgotadas pelo esforço de terem que aderir a ideias que não entendem muito bem e que portanto lhes parecem indignas de fé. Esta dúvida é reforçada pelos acontecimentos de nossa época. Acontecem coisas perante as quais o público se pergunta: É possível que um mundo, onde isto acontece, seja governado por um Deus bondoso, um *Summum Bonum*? Nosso mundo desmorona inclusive por estar dividido em duas partes por uma cortina de ferro. Numa das partes a atividade religiosa é desencorajada e oprimida, sendo o "príncipe da mentira", o diabo, que na nossa metade perdeu toda substância ao evaporar-se numa simples *privatio boni*, foi elevado, por razões de estado, ao princípio supremo da ação política. Esses fatos têm uma consequência altamente sugestiva sobre os cristãos que professam a fé coletiva. Sempre que uma *crença* é preferida, exigida ou esperada, aumenta infalivelmente a *dúvida* e, assim, nasce uma vulnerabilidade da fé em alguns pontos determinados.

Por isso esses pontos de fé precisam ser purificados, tornados mais fáceis, ter removidos os empecilhos maiores, isto é, aqueles componentes "mitológicos" especialmente escandalosos para o racionalismo. Os esforços de Bultmann vão nesta linha. Onde eles podem ou devem parar é muito questionável. Cristo como "redentor" é, por exemplo, um mitologema de primeira ordem, bem como o "Filho de Deus", o "Filho do Homem", o "Filho da Virgem" etc. A "fé sem religião, ou a "religião sem confissão" é simplesmente uma consequência lógica que fugiu do controle de Bultmann.

Mas se o crente sem religião pensa que se livrou da mitologia, está enganado: não chega a lugar nenhum sem o "mito". Por sua própria natureza, a *religio* exige sempre um *erga* (para com), não importando se o acusativo pertinente é um "Deus", um "redentor", uma ideia filosófica ou um princípio ético; é sempre uma afirmação "mítica", ou transcendente. Isto é também naturalmente o caso em que o último princípio é chamado matéria. Somente os mais ingênuos acham que isto é o contrário de mitologia. Basicamente, a "matéria" é simplesmente uma divindade materna de natureza ctônica, e parece que o falecido papa teve certo pressentimento disso (cf. para tanto a segunda Encíclica sobre o dogma da Assunção[11]).

A tendência antimitológica deve-se claramente ao fato de que se tornou difícil manter nossas concepções de fé tipicamente míticas até agora. Elas exigem hoje em dia grande esforço para crer. Nos séculos anteriores, com seu conhecimento bem mais limitado da natureza, isto não era o caso. Não se exigia o *sacrificium intellectus* para haver a fé no milagre, e o relato do nascimento, vida, morte e ressurreição do salvador podia servir ainda de biografia. Tudo isto mudou radicalmente nos tempos atuais, sob a influência constrangedora do racionalismo científico. O fato de a geração mais jovem se ter afastado da mitologia parece uma consequência natural da premissa: houve um cansaço no esforço exagerado da obrigação de crer, porque o objeto da fé já não convence naturalmente. A doutrina da Trindade, da natureza divina do redentor e da encarnação pelo Espírito Santo, os milagres de Cristo e sua ressurreição não levam à fé, mas à dúvida. Um dogma depois do outro vai caindo. A "mensagem do crucificado e ressuscitado" já não é compreendida, mas é, no máximo, considerada um ensinamento intuitivo da ética, ao qual se atribui certa utilidade prática. Daqui para a opinião de que certos princípios éticos também podem ser adquiridos sem os acessórios "mitológicos", é apenas um passo.

Mas para pessoas de sentimentos religiosos este racionalismo não satisfaz, pois elas têm um pressentimento obscuro de que a ética precisa de outro fundamento, diferente daquele que lhe garante a razão com cara de Janus. A "razão" não é necessariamente ética, nem a inteligência. Essas pessoas religiosas experimentam na religião um relacionamento indispensável de eu-tu, o que não existe incondicionalmente numa decisão racional baseada num julgamento condicionado pelo eu. Elas se reservam, portanto, um relacionamento pessoal com Cristo, como se pode ver claramente no desenvolvimento cristocêntrico do protestantismo atual. Esta concepção de fé pressupõe apenas *um* mitologema: a presença e existência contínua e viva do ressuscitado. Para muitas pessoas religiosas modernas também esta concessão ao mito é elaborada, e elas se contentam com um teísmo na maioria das vezes vergonhosamente velado, que tem um mínimo de carga mítica tradicional. Além disso só existem substitutos como ideias teosóficas exóticas, ou outros ismos regressivos, que culminam ao final no materialismo, onde se sucumbe à ilusão de se haver escapado de qualquer objeto mítico.

Com esta "desmitologização" mais ou menos radical cessa também a *comunicação religiosa*. O mito é sobretudo um fenômeno social: é narrado por muitos e ouvido por muitos. Ele dá uma imagem à vivência religiosa que por sua natureza não tem imagem, dá-lhe uma forma para expressar-se e, assim, torna possível a vida comunitária, ao passo que uma vivência religiosa meramente subjetiva, sem uma imagem mítica tradicional, permanece inarticulada e não social e, quando faz alguma coisa, fomenta uma *vida espiritual eremítica*.

Ainda que o eremita não represente um tipo exemplar de vida, a solidão da experiência religiosa pode ser e será uma fase inevitável e necessária de transição para todo aquele que procura a experiência essencial, isto é, a experiência religiosa *primordial*. Somente isto constitui o verdadeiro e inabalável fundamento de sua vida interior de fé. Uma vez atingida esta certeza, não se permitirá ficar com ela só para si. Sua realização transborda em comunicação, e comunicação exige linguagem. Mas que linguagem escolherá? Naturalmente aquela que é entendida em geral. Por razões práticas não inventará uma língua nova, que lhe traria apenas complicações, sendo tachado de excêntrico incompreensível, mas vai servir-se forçosamente do mito já existente de longa data, para através dele expressar-se – em nosso caso, o mito cristão – mesmo correndo o risco de o acusarem de estar colocando vinho novo em odres velhos. Enquanto sua experiência individual estiver viva, partilhará das características de qualquer vivente, ou seja, não estagnará, mas, em constante fluxo, trará à luz sempre novos aspectos. O velho mito, que contém coisas ainda mais velhas e primordiais, permanece o mesmo, o que representa uma propriedade essencial de todas as formas de religião; sofre apenas uma nova interpretação. Assim, por exemplo, a Reforma não foi a repristinação da Igreja primitiva, mas nova interpretação que não pôde prescindir de um desenvolvimento histórico do passado, assim como a Renascença não foi apenas uma renovação da Antiguidade.

A experiência sem imagem e sem preconceito que o homem moderno pretende fazer vai levá-lo à modesta conclusão – a não ser que atribua a si mesmo qualidades de profeta – de que, apesar de toda numinosidade da experiência, sempre é apenas uma experiência subjetiva. Se tiver conhecimento bastante, reconhecerá que sua experiência não é única em sua substância, mas que já foi observada em muitos outros casos. Também não terá dificuldade de entender que experiências desse tipo pertencem à natureza da psique em todos os tempos, não importando a que Deus causador sejam atribuídas. Podemos ir além de nossa psique com a imaginação e a fé, assim como podemos ir além do mundo tridimensional com a fantasia. Mas *conhecimento* só podemos ter diretamente do psíquico, mesmo que pretendamos ter *certeza* de que uma experiência sem imagem foi um fato objetivo – um fato, porém, que nunca poderá ser provado.

Ouve-se hoje em dia algumas pessoas dizer que algo é "simplesmente" psíquico, como se houvesse algo que *não fosse psíquico*. Quando afirmamos que alguma coisa está presente, devemos ter necessariamente uma representação dela. Se não a tivermos, então será no mínimo inconsciente a nós. Neste caso não seremos capazes de afirmar ou provar qualquer coisa a seu respeito. A presença de objetos depende totalmente de nossa representação, e "representação" é um ato psíquico. Mas hoje em dia dizer "simplesmente psíquico" equivale a dizer que é "nada". Além da psicologia, só a física moderna teve de reconhecer que nenhuma ciência pode progredir sem a psique.

Por mais de 100 anos o mundo se viu confrontado com o conceito de um inconsciente e por mais de 50 anos, com um estudo empírico dele; mas só poucas pessoas tiram as devidas conclusões. Ninguém percebeu que sem uma psique reflexiva não há mundo e que, por conseguinte, a consciência é um segundo criador do mundo[12]. Os mitos cosmogônicos não descrevem o início absoluto do mundo, mas o surgimento da consciência como a segunda criação.

Os mitos descrevem processos e desenvolvimentos psíquicos. Como eles, enquanto ainda estão em estado inconsciente, se mostram inacessíveis a qualquer mudança arbitrária, têm uma influência compulsiva sobre a consciência como condições preexistentes. Esta influência não é abolida nem corrigida por qualquer condição ambiental. Desde sempre foi considerada um *daemonium*. Nenhuma razão consegue conjurar este fato empírico.

Se estes arquétipos – conforme denominei os fatos preexistentes e preformadores da psique – forem considerados como "simples" instintos ou como demônios e deuses, isto em nada altera o fato de sua presença atuante. Mas faz grande diferença se os subvalorizarmos como "simples" instintos, ou os supervalorizarmos como deuses.

Essas novas concepções permitem uma nova compreensão da mitologia e de sua importância como expressão de processos intrapsíquicos. A partir disso é possível obter também uma nova compreensão do mito cristão e sobretudo de suas afirmações aparentemente escandalosas e contrárias a toda razão. Se o mito cristão não ficar obsoleto – o que seria uma liquidação de não pequenas consequências – impõe-se uma interpretação de orientação mais psicológica, que poderia salvar o sentido e a existência do mito. É grande o perigo de sua destruição total, quando os próprios teólogos começam a demolir o mundo clássico das ideias míticas, sem colocar em seu lugar uma nova possibilidade de expressão.

Peço desculpas, senhor Pastor, pela prolixidade incomum desta carta. Considerando a importância de sua pergunta, meu esforço é pequeno. Estou um tanto cansado com meus 84 anos, mas tenho interesse em nossa cultura que corre o risco de perder suas raízes sem a continuidade da tradição. Senti o pulso do homem moderno de todos os continentes da Terra há quase 60 anos. Aprendi muito sobre as necessidades de nosso tempo e, por isso, levei a sério a gravidade de sua pergunta.

Com elevada consideração,

Sinceramente seu
(C.G. Jung)

1. A pergunta se refere ao conceito empregado sobretudo por Dietrich Bonhoeffer (1906-1945) de "fé sem religião".

2. Cf. carta a Cogo, de 21.09.1955, nota 3.

3. Em *De natura deorum*, II, 72, Cícero deriva o adjetivo "religioso" do verbo *relegere* = considerar cuidadosamente.

4. Escrúpulo de consciência.

5. A religião é a justiça para com os deuses. Cícero, *Partitiones oratoriae*, 78.

6. *Divum religio* significa devoção para com os deuses. Lucrécio, *De rerum natura*, 6, 1276.

7. Cumprir os sagrados ritos de Ceres com a maior reverência. Cícero, *Pro Balbo*, 55.

8. A palavra religião deriva daquilo que nos une a Deus. Agostinho, *Retractiones*, I, 13, 9.

9. A verdadeira religião é aquela pela qual a alma se reconcilia com o único Deus do qual se havia separado pelo pecado. Agostinho, *De quantitate animae*, 36.

10. Cf. Os 2,21: "Eu te desposarei para sempre..."

11. Cf. carta a Sinclair, de 07.01.1955, nota 9.

12. Cf. carta a Neumann, de 10.03.1959.

To Cleone C. Wadsworth
Washington (D.C.)/EUA

14.02.1959

Dear Mrs. Wadsworth,

Muito obrigado por me enviar o resumo de sua entrevista[1] e sobretudo pelo maravilhoso arranjo de flores. Ele trouxe toda a primavera para dentro de casa.

Como regra geral, não gosto de relatórios sobre as conversas comigo. Assim como o médico é obrigado a ser discreto e guardar segredo, também o paciente, mesmo que tudo lhe pareça muito inocente. É como pintar um quadro. O autor se coloca dentro dele. Se quiser usar de qualquer maneira o conteúdo da conversa, por favor faça-o sem grande alarde. A bons amigos seus, de cuja discrição tem certeza, pode mostrá-lo, mas comentando que se trata de um quadro que a senhora pintou. Há nele um certo subtom sutil, pelo qual não sou responsável.

Hoping you are always in the best of spirits, I remain,

Yours sincerely,
(C.G. Jung)

1. Mrs. Wadsworth havia mandado a Jung um resumo da conversa que tivera com ele.

To Stephen I. Abrams
Parapsychology Society, Reynold's Club
The University of Chicago
Chicago (Ill.)/EUA

05.03.1959

Dear Mr. Abrams,

Muito obrigado por suas notícias interessantes. Impressionou-me o fato, do qual não tinha conhecimento, de que Kammerer se suicidara logo após a publicação de seu famoso livro[1]. O caso parece semelhante ao de Silberer, que se suicidou depois de ter trilhado um novo caminho[2]. Ambos contam com minha total simpatia. Eu sempre me admirei de ter podido lutar pelo meu caminho no jângal hostil.

Estou muito interessado na tese que mencionou sobre minha experiência astrológica. Surpreende-me o fato de essas pessoas não se terem lembrado de me mandar um exemplar, pois isto é praxe nos círculos científicos[3].

A natureza da PES é um problema realmente difícil. As experiências PES[4] são às vezes repetíveis e às vezes não. Isto mostra que nesses processos não há uma qualidade psíquica constante. Sob certas condições ela aparece como que do nada e sob outras condições parece que nem existe. Mesmo pessoas com o dom da clarividência funcionando normalmente sofrem sob a lei dessa limitação: não conseguem usar seu dom em benefício próprio.

Temos de admitir que nos defrontamos aqui com um comportamento totalmente novo e estranho dos fatos. A questão do fator condicionante é o que mais me chama a atenção. A única contribuição positiva que posso dar a este respeito é a observação de que existe a constelação de um arquétipo na maioria dos casos de sincronicidade. Isto é o máximo que posso dizer sobre a psicologia da sincronicidade. O arquétipo tem a mesma qualidade peculiar que os números naturais, os quais, por um lado, são fenômenos psíquicos subjetivos e, por outro, possuem existência objetiva. Assim como há equações que coincidem *a posteriori* com fatos físicos, também há fatos físicos que coincidem *a posteriori* com representações arquetípicas.

Parece-me que todo arranjo experimental que desconsidera a presença dessa disposição arquetípica, ou que presume ser a PES uma qualidade constante, seria mais ou menos estéril. Mas existe certa possibilidade de demonstrar por meio desses experimentos o que a PES não é. Sem dúvida, um método *per exclusionem* tem seus méritos. Parece-me que a questão de aprender ou desaprender tem muito a ver com a condição autônoma mencionada. Parece que os fatos, que fundamentam os fenômenos sincronísticos, têm certo comportamento que se expressa em condições subjetivo-psíquicas e, ao mesmo tempo, objetivo-físicas. Isto é de fato uma grande charada. [...]

Sincerely yours,
(C.G. Jung)

P.S. Eu estava enganado, pensando que já havia respondido sobre o artigo que me enviou. Às vezes acontece que me ocupo com algo em pensamento e acho que resolvi o assunto. O seu artigo, mesmo em sua segunda edição, é muito difícil. Ouvindo-o, sem lê-lo, eu seria incapaz de entender seu conteúdo. Uma das dificuldades está no fato de que seus ouvintes provavelmente não conseguiram compreender o que eu entendo por “arquétipo”. Percebe-se que nem mesmo o senhor tem suficiente clareza, e seus ouvintes não têm a mínima noção do que se trata. Para entender o fenômeno peculiar do arquétipo é preciso ter muita experiência prática; por exemplo, a qualidade numinosa, tão indispensável para o reconhecimento de um arquétipo, é um imponderável indefinível, semelhante à expressão do olho humano, que é indubitável, mas indescritível. A representação arquetípica não é idêntica ao arquétipo em si e deve ser entendida como formulação simbólica do instinto; assim só nos resta como via de acesso à compreensão do arquétipo a observação de uma dada situação de instinto. O arquétipo faz parte da vida instintiva da pessoa e como tal funciona numa esfera em sua maior parte inconsciente e possui portanto todas as qualidades de uma psique fora de todas as categorias que tornam possível qualquer consciência. Ele não está aqui nem acolá; não é presente, nem passado e nem futuro. Não se localiza em parte alguma; e isto explica por que se manifesta exteriormente (ectopsíquico) bem como interiormente (endopsíquico)[5]. É um e o mesmo, ainda que dividido em dois ou mais fatos independentes que apresentam o mesmo sentido. Estamos lidando obviamente com algo além de qualquer expectativa tradicional de nosso pensar racional. Um estudo cuidadoso e experimental do *I Ching* traz via de regra um material muito instrutivo.

1. Paul Kammerer, 1880-1926, cometeu suicídio quando constatou, após a publicação de seu livro, *Die Vererbung erworbener Eigenschaften*, 1924, que os fatos em que se baseou foram falsificados – provavelmente por uma terceira pessoa. Possivelmente outros motivos concorreram para o suicídio. Cf. Arthur Koestler, *The Case of the Midwife Toad*, Londres, 1971. Jung só conheceu de Kammerer o livro *Das Gesetz der Serie*, 1919.

2. Cf. carta a Neumann, de 22.12.1935, nota 2.

3. Cf. carta a Watson, de 09.02.1956; cf. também *Aion*, OC vol. IX/2, par. 413.

4. Jung se refere a uma pergunta de Abrams que, em sua experiência com PES, queria levar em consideração o fator da aprendizagem.

5. Cf. *Fundamentos da psicologia analítica*, as Tavistock Lectures, 1935, Zurique, 1969, par. 20: "A ectopsique é um sistema de relacionamento dos conteúdos da consciência com os fatos e dados originários do meio ambiente. [...] A endopsique, por outro lado, é o sistema da relação entre os conteúdos da consciência e os processos que, segundo nossa suposição, transcorrem no inconsciente".

A uma destinatária não identificada
EUA

05.03.1959

Dear Mrs. N.,

É difícil expressar meu sentimento diante da terrível notícia da morte prematura de seu filho. [...] A vida é de fato um mistério. Às vezes ela começa com um sonoro *não* à sua própria existência, cujo único objetivo parece estar em seu fim. Nesses casos só resta perguntar: O que existiu antes e o que virá depois? Às vezes vem um sonho que traz a resposta. Mas, na maior parte das vezes, ficamos na maior escuridão a respeito dos motivos e sentido da vida individual. Mesmo a nossa própria existência parece uma longa corrente de acontecimentos, só iluminada em parte pela consciência, permanecendo no escuro o que existiu antes do começo e o que vem depois do fim.

My deep sympathy!

Yours sincerely,
C.G. Jung

A uma destinatária não identificada
Suíça

06.03.1959

Prezada Senhora N.,

Agradeço ter-me contado seus sonhos sobre OVNIs. Entendidos como fenômenos psicológicos, os OVNIs são uma compensação da nossa insegurança neste mundo. São de certa forma uma assertiva de uma conexão com o extramundano.

Como regra geral confirma-se o princípio de que o paciente sempre empaca lá onde o analista também não consegue avançar. Por isso suas suposições têm certa probabilidade. Seu filho tem obviamente um grande complexo de mãe, que o proíbe de abandonar o círculo materno mágico e confiar nos próprios pés. Afinal, cada um deve ser capaz de resistir ao seu próprio pânico. De sua parte, a senhora precisa da certeza interior do instinto que possui. O animal, por exemplo, quando chegou a época, expulsa com mordidas sua cria para longe do cocho de comida. Está claro que seu filho deveria arriscar seu exame, mas só pode fazê-lo se sacrificar de uma vez por todas sua dependência infantil. Ele se trata a si mesmo com sentimentos maternos imitados; agarra-se a si mesmo com luvas macias, quando deveria ter a coragem de se pegar com certa crueldade. Tratamento em demasia desse tipo tem efeito narcótico e prejudica sua moral. Ele precisa de um tratamento mais à base de água fria. Solicitude terna solapa sua fortaleza.

Seria isto mais ou menos o que eu diria à senhora ou a seu filho no meu consultório.

Com saudações cordiais,

Sinceramente seu
(C.G. Jung)

A uma destinatária não identificada
EUA

Küsnacht-Zurique, 09.03.1959

Prezada N.,

Sinto muito que esteja tão atormentada. "Depressão" significa em geral "pressão ou coação para baixo". Isto pode acontecer mesmo que não se tenha o sentimento de estar "em cima". Por isso não gostaria de abandonar esta hipótese sem mais. Se eu tivesse de viver num país estrangeiro, procuraria alguma ou mais pessoas, que me parecessem amáveis, e me tornaria de certa maneira útil a elas, para receber libido de fora, ainda que de uma forma algo primitiva como o fez, por exemplo, o cachorro, sacudindo o rabo. Criaria animais e plantas que me dessem alegria com o seu desenvolvimento. Eu me cercaria de coisas belas – não importa se primitivas ou simplórias –, objetos, cores, sons. Comeria e beberia coisas gostosas. Quando a escuridão viesse, não descansaria até penetrar em seu cerne e chão e até que aparecesse uma luz no meio do sofrimento, porque a própria natureza se inverte *in excessu affectus*. Eu me voltaria contra mim mesmo com raiva, para que no calor dela se derretesse meu chumbo. Renunciaria a tudo e me dedicaria à atividade mais humilde, caso minha depressão me forçasse à violência. Lutaria com o deus sinistro até que me deslocasse o quadril, pois ele também é a luz e o céu azul que retém diante de mim.

Seria isto o que *eu* faria. O que outras pessoas fariam é uma questão que não sei responder. Mas também para a senhora existe um instinto: arrancar-se para fora disso, ou entrar até as profundezas. Mas nada de meias-medidas ou meio entusiasmo. [...]

Com votos cordiais,

Sinceramente seu
(C.G.)

Ao Dr. Erich Neumann
Tel Aviv/Israel

10.03.1959

Prezado amigo!

Muito obrigado por sua longa e pormenorizada carta do dia 18 de fevereiro. O que a Senhora Jaffé lhe mandou foi um primeiro esboço, ainda não revisado por mim, de uma tentativa de amarrar minhas ideias voláteis[1]. Infelizmente o cansaço de minha idade avançada não me permite tão longo excurso quanto sua carta.

I

A questão: *an creator sibi consciens est*?[2] não é uma "ideia cativante", mas uma experiência dolorosa, de consequências quase incalculáveis, difícil de traduzir em palavras. Se alguém, por exemplo, projeta o si-mesmo, trata-se de um ato inconsciente, pois a projeção resulta empiricamente só da inconsciência.

"Incarnatio" designa antes de tudo o nascimento de Deus ocorrido em Cristo, psicologicamente, portanto, a realização do si-mesmo, como algo novo, que antes não existia. O ser humano criado antes disso é uma "criatura", mesmo que "à imagem e semelhança", onde não aparece explicitamente a ideia da "filiatio" e do "sacrificium divinum". Trata-se, como o senhor diz, de uma "experiência nova".

"Aconteceu certa vez quase por acaso que..."[3]. Esta frase poderia caracterizar muito bem todo o processo da criação. O arquétipo não constitui exceção. O evento inicial foi que massas indistintas se organizaram em forma esférica. Assim aparece o tipo mais primitivo como a primeira forma de um gás amorfo, pois tudo o que é amorfo só pode manifestar-se sob determinada forma ou ordem.

O conceito de "ordem" não é idêntico ao conceito de "sentido[4]". Mesmo um ser orgânico, apesar de sua ordem significativa em si, não é necessariamente significativo no contexto geral. Se o mundo tivesse chegado ao fim, por exemplo, no oligoceno, não teria tido sentido algum para a humanidade. Sem a consciência reflexiva do ser humano o mundo seria de uma falta gigantesca de sentido, pois, segundo nossa experiência, o ser humano é o único ente capaz de constatar o "sentido".

Não sabemos em que consiste o fator construtivo do desenvolvimento biológico. Mas sabemos que o sangue quente e a diferenciação cerebral foram necessários para o surgimento da consciência e, assim também, para a revelação de um sentido. É impossível imaginar as casualidades e riscos que, durante milhões de anos, transformaram um habitante lemuroide de árvores em pessoa humana. Neste caos de acaso atuaram sem dúvida fenômenos sincronísticos que puderam realizar, contra as leis conhecidas da natureza e com a ajuda delas, em momentos arquetípicos, sínteses que nos parecem maravilhosas. Aqui não funcionam causalidade nem teleologia, pois os fenômenos sincronísticos se comportam como acasos. Sua essência consiste em que um processo objetivo coincide significativamente com um acontecimento psíquico, isto é, que, por exemplo, um processo físico e um processo endopsíquico tenham um sentido comum. Isto pressupõe não só um sentido (difundido em geral?) *latente*, que pode ser reconhecido pela consciência, mas um processo psicoide com o qual coincide significativamente um processo físico durante aquele tempo pré-consciente. Mas aqui o sentido não pode ser reconhecido ainda por nenhuma consciência. É pelo arquétipo que estamos mais próximos desse estágio prévio psicóide; o arquétipo está diretamente ligado a um estágio prévio, invisível e psicoide. Sabemos pela experiência que também são possíveis sincronicidades inconscientes, ainda que na maioria dos casos estejamos inconscientes de suas ocorrências, ou tenhamos que ter nossa atenção atraída para elas por alguém de fora.

II

Uma vez que a probabilidade da lei natural não dá nenhum ponto de apoio para se pressupor que do acaso sozinho possam surgir sínteses mais elevadas como a psique, por exemplo, precisamos da hipótese de um sentido latente para explicar não só os fenômenos sincronísticos, mas também as sínteses mais elevadas. A significância sempre aparece como inconsciente em primeiro lugar e por isso só pode ser descoberta *post hoc*; por esta razão persiste também sempre o perigo de a significância ser colocada lá onde nada existe do que a ela se assemelhe. Necessitamos das experiências sincronísticas para fundamentar a hipótese de um sentido latente, independente da consciência.

Uma vez que a criação não tem sentido reconhecível sem a consciência reflexiva da pessoa humana, a hipótese do sentido latente atribui ao ser humano um significado cosmogônico, uma verdadeira *raison d'être*. Se, portanto, for atribuído ao criador o sentido latente como plano consciente de criação, surge então a pergunta: Por que o criador haveria de organizar todo este fenômeno mundial, se já sabe onde se espelhar, e por que haveria de se espelhar, se já está consciente de si mesmo? Para que haveria de criar, ao lado de sua onisciência, uma segunda consciência inferior – bilhões de espelhos turvos dos quais sabe de antemão como será a imagem que haverão de reproduzir?[5]

Depois dessas considerações todas cheguei à conclusão de que a "imagem e semelhança" não se aplica só ao ser humano, mas também ao criador: Ele é semelhante ou igual ao ser humano, isto é, tão inconsciente quanto este ou mais ainda, pois, de acordo com o mito da encarnação, se sente forçado a tornar-se humano e oferecer-se como sacrifício pelos seres humanos.

Devo terminar aqui, sabendo que só toquei de leve nos pontos principais (ao que me parece) de sua carta, que tive dificuldade de compreender. Não é leviandade, mas é a *molesta senectus*[6] que me impõe economia.

Com saudações cordiais,

Sinceramente seu
(C.G. Jung)

1. Trata-se de um esboço do capítulo "Últimos pensamentos" do livro *Memórias*.
2. O criador tem consciência de si mesmo?
3. Cf. *Memórias*, p. 293: "A história da natureza nos conta a metamorfose fortuita e ao acaso das espécies que, através de centenas de milhões de anos..." Dr. Neumann criticou nesta formulação um resto de darwinismo e propôs outra hipótese em que as concepções junguianas do arquétipo e de um "saber transcendental absoluto" tivessem sua razão de ser. As ideias de Neumann

encontram-se também em seu ensaio "Die Psyche und die Wandlung der Wirklichkeitsleben", *Eranos-Jahrbuch*, 1952, Zurique, 1953.

4. Sobre as diversas concepções do conceito de sentido em Jung, cf. A. Jaffé, *Der Mythus vom Sinn im Werk von C.G. Jung*, Zurique, 1967.

5. Jung se refere à frase de Neumann: "Esta é a única coisa que permanece problemática: para que a criação? A resposta: para que brilhe em infinita multiplicidade o que brilha sem espelhar-se em si mesmo, é antiquíssima, mas me satisfaz".

6. Velhice incômoda.

To Cary Baynes
Morris (Conn.)/EUA

12.04.1959

Dear Cary,

[...]

A ansiedade do senhor X. com relação ao problema psicológico é um fato que conheço bem. Já tive experiência dela diversas vezes. Em mulheres ela é mais rara. Parece que elas têm pouca noção das implicações da psicologia; ela constitui para elas principalmente meio para um fim, ao passo que o homem, apesar de saber bem menos do que a mulher, possui uma intuição incomparavelmente mais profunda sobre ela. A mulher acredita estar se movendo numa esfera mais ou menos conhecida de fatos, ao passo que o homem se espanta com a certeza de estar lidando com os bem conhecidos "desconhecidos" – como diz Wagner em *Fausto*: "Não convides a conhecida multidão". Na vida do homem os "desconhecidos" são um fator bem determinado. Ele os conhece bem, e tão bem que garante sempre a si mesmo e aos outros que eles não existem. Assim constrói para si uma lamentável superioridade. Este é o homem médio, e ele tem toda a razão com sua ansiedade, pois se trata dos pais e mães de todo o pavor que ele está colocando neste mundo na forma do comunismo, bomba H e, não por último, na forma de sua fecundidade e inevitável superpopulação. Ele ainda pensa em termos de higiene das massas e é atormentado pelo pesadelo do assassinato em massa. Por que deveria aprender algo sobre o inconsciente, a mãe do futuro? Sempre espera à maneira dos primitivos que o não saber, o não dar nome e o não olhar afastem o perigo. Por que ocupar-se com a psicologia que poderia ajudá-lo numa situação declarada não existente? A psicologia de X. corresponde à atitude de cada um, e eu sou o palhaço que falo de tempo ruim quando lá fora brilha o maior sol. [...]

Cordially yours,
(C.G. Jung)

To Werner Bruecher
Tucson (Arizona)/EUA

12.04.1959

Dear Mr. Bruecher,

Sua carta foi uma surpresa para mim, uma vez que contém uma mensagem de um grupo de pessoas de cuja existência eu não tinha a menor ideia[1]. Isto me traz a agradável esperança de que haja grupos semelhantes em outros lugares remotos do mundo, interessados em minha psicologia. Muitas vezes me pergunto para onde vão os meus livros e como são aceitos. A única coisa que sei é que têm uma venda razoável se comparados com outros que tratam de assuntos igualmente difíceis.

Além disso, sempre me impressionou a opinião aparentemente geral de que meus livros são difíceis de ler e, com tantas críticas desfavoráveis, eu mesmo comecei a achar que havia algo neles que não descia bem. Por tudo isso fiquei mais surpreso ainda com a sua aceitação e compreensão tão positiva e amável. Há mais de meio século estou tentando atingir os ouvidos de meus contemporâneos, mas com pouquíssima repercussão. Não posso me queixar das honras acadêmicas com que fui distinguido na Europa, América e mesmo na remota Índia, mas tenho minhas dúvidas quanto aos efeitos que meus livros tiveram sobre aqueles que me concederam estas honras.

Suponho que meus livros esperam uma compreensão humana da qual o mundo intelectual ou o mundo do intelecto tem medo, e eu posso entender facilmente porque isto acontece. É uma grande satisfação saber que tal compreensão existe, porque sei a partir do trabalho com meus pacientes e dos meus alunos o quanto a mente moderna precisa de certa orientação e quão desamparadas estão as pessoas para enfrentar as monstruosidades que o tempo presente e o futuro próximo nos trarão. Estou firmemente convencido de que o real problema daqui para frente até o futuro imprevisível será o psicológico. A psique é o pai e a mãe de todas as dificuldades aparentemente insolúveis que estão se levantando até os céus diante de nossos olhos. Temos premente necessidade de nova orientação, e acredito que meu pequeno esforço e o de vocês serão uma contribuição para resolver a grande charada.

Agradeço ao senhor e a seus amigos a gentileza e generosidade que inspirou sua carta.

Sincerely yours,
(C.G. Jung)

1. O destinatário havia escrito a Jung em nome de um grupo de amigos de Tucson, manifestando gratidão pela obra de Jung. Conforme suas palavras, tratava-se de "a group of friends who live in

central Arizona as the types of souls whose main urge it is to try to understand themselves, the world around them, and the relation between the two". Chamou Jung de "one of the great souls who help to usher in a new age when its time has come".

Ao Dr. med. Wilhelm Bitter
Stuttgart

17.04.1959

Prezado colega,

Muito obrigado por me informar sobre a publicação do relatório do congresso[1].

Como pode imaginar, sua pergunta sobre curas milagrosas não pode ser respondida em poucas palavras[2]. A melhor resposta deveria ser dada na forma de exemplos de casos, pois é muito difícil estabelecer princípios gerais em assunto tão complexo. A primeira coisa é distinguir entre curas aparentes, isto é, aquelas que parecem milagrosas aos leigos e curas que parecem milagrosas também aos iniciados. Suponho que grande número das curas ditas milagrosas se baseiam em associações psíquicas que, para nós, nada têm de miraculoso. Lembro-me, por exemplo, do caso de uma senhora de 60 anos que durante 17 anos andou de muletas por causa de uma dor inexplicável no joelho esquerdo. Foi no tempo em que eu dirigi a clínica Forel de tratamento com hipnose e sugestão, antes da Primeira Guerra Mundial. Quando lhe disse que a hipnotizaria, ela caiu imediatamente, sem intervenção minha, num sonambulismo hipnótico do qual consegui tirá-la só com muito empenho. Quando voltou a si, levantou-se e disse: "Estou curada". Quando a acompanhante lhe estendeu as muletas, ela as recusou e caminhou feliz, sem apoio de nada e ninguém, para casa. Meus alunos ficaram profundamente impressionados com o "milagre". O motivo da cura foi que ela tinha um filho no qual colocara todas as suas ambiciosas esperanças; mas este filho tivera uma doença mental e se encontrava inclusive nesta clínica em minha secção, fato que eu desconhecia, porque ela se casara de novo neste meio-tempo e assumira outro sobrenome. Ela havia descoberto em mim seu filho bem-sucedido e feito uma correspondente transferência para mim. A cura fora uma demonstração a meu favor *ad maiorem gloriam filii*. Podia renunciar a suas dores neuróticas em troca dessa feliz transferência[3].

O mesmo acontece também na Igreja, onde vale a pena ser curado diretamente pela mãe de Deus e ser admirado pelo público por esta predileção. Mas, tratando-se de um mal orgânico como, por exemplo, de tuberculose etc., quando, segundo os padrões médicos, não se deve esperar processo de cura relativamente rápido, mas assim mesmo a cura acontece, então o caso já é diferente. Tratei de vários casos que sofriam de tuberculose pulmonar crônica e que precisavam anualmente passar certo tempo em Davos; e observei que dentro de poucas semanas a lesão sarava e não havia mais necessidade de temporadas de cura. Isto é milagroso para o leigo, mas para o médico é algo compreensível. O mesmo vale para os tumores. Observei vários casos em que acontecimentos psíquicos ou um tratamento psíquico não só fez desaparecer diversas metástases, mas também o tumor primário, sem que estas observações me levassem a crer na cura psicoterapêutica de tumores. Num caso desse tipo de tratamento, o contato com a esfera dos arquétipos pode produzir aquela constelação que está na base da sincronicidade. Sob essas circunstâncias pode ser esperado naturalmente algo que toca os limites do milagroso ou é simplesmente milagroso, porque, com a melhor das boas vontades, não conseguimos descobrir os caminhos e meios de um resultado sincronístico. Obviamente exige-se a máxima cautela, pois curas que são psiquicamente compreensíveis em si podem operar-se de modo tão refinado que é preciso ter muita experiência para reconhecê-las como tais. Contudo, há certo número de casos, cuja cura é incompreensível dentro de nossos conceitos, assim como é incompreensível a conexão entre um sonho e o escaravelho real[4]. Sempre que entramos na esfera do arquetípico, podemos contar com certa probabilidade de fenômenos sincronísticos que, como o senhor diz muito bem, acontecem com crentes e não crentes. Esses fenômenos são relativamente raros e ocorrem num plano além de crença e não crença. É claro que estas coisas acontecem não só sob condições arquetípicas interiores, mas também precisam muitas vezes de um ambiente exterior para sua superveniência como, por exemplo, lugares numinosos. No caso de Lourdes, onde Maria aparece como uma espécie de mãe-terra que dá um novo nascimento, o ambiente exterior é a gruta e a fonte. Esta é inclusive um cognome de Maria: πηγὴ πηγῶν[5].

Estas são as considerações que fiz sobre o capítulo “Curas milagrosas”.

Com minhas saudações especiais,

Sinceramente seu
(C.G. Jung)

1. *Gut und Böse in der Psychotherapie, ein Tagunsbericht*, ed. por W. Bitter, Stuttgart, 1959. O congresso aconteceu no outono de 1958 em Zurique. A contribuição de Jung, “O bem e o mal na psicologia analítica” está no vol. X das OC.

2. Dr. Bitter preparava na época o relatório de mais dois congressos (Stuttgart, maio e outubro de 1958). Foi publicado sob o título *Magie und Wunder in der Heilkunde*, Stuttgart, 1959. Esta carta de Jung foi publicada (com algumas omissões) como a primeira contribuição.

3. Cf. sobre este caso *Memórias*, p. 110s. e OC, vol. IV, par. 581s.

4. Quando uma paciente contava a Jung um sonho com um escaravelho, veio voando janela a dentro um besouro semelhante a um escaravelho. Após este acontecimento sincronístico, melhorou o estado de saúde da paciente. Cf. Jung-Pauli, *Naturerklärung und Psyche*, p. 22s. e OC, vol. VIII, par. 843.

5. Fonte das fontes.

To Joseph F. Rychlak, Director[1]
State College of Washington
Pullman (Washington)/EUA

27.04.1959

Dear Mr. Rychlak,

A influência filosófica que prevaleceu na minha educação foi a de Platão, Kant, Schopenhauer, Ed. v. Hartmann e Nietzsche. Estes nomes caracterizaram ao menos meus estudos principais em filosofia. O ponto de vista aristotélico nunca exerceu grande influência sobre mim; nem Hegel que, na minha opinião bem incompetente, não é propriamente um filósofo, mas um psicólogo camuflado[2]. Sua linguagem, tão impossível quanto a de seu irmão de sangue, Heidegger, denota que sua filosofia é uma confissão altamente racionalizada e prodigamente decorada de seu inconsciente. O fato de eu usar a expressão "procedimento dialético"[3] ou algo semelhante faz com que eu seja malcompreendido no sentido de estar me referindo a um procedimento intelectual. Mas isto não é o caso; na verdade emprego um método prático para lidar com as proposições bem concretas que o inconsciente nos apresenta. Este é um capítulo muito importante da psicoterapia. Uma vez que a neurose consiste numa dissociação da personalidade, a pessoa se defronta sempre com um oposto ou um *vis-à-vis* com o qual tem que contar. Isto só é desconhecido das pessoas que só conhecem os conteúdos de seu inconsciente. Acresce que a ciência de todos os corpos que se movem e vivem está baseada no conceito de energia. A própria psique é uma tensão entre opostos. Nossa psicologia não é exceção ao princípio que abrange quase toda a ciência natural.

No mundo intelectual em que cresci, o pensamento de Hegel não teve importância; pelo contrário, foi Kant e sua epistemologia, por um lado, e um crasso materialismo, por outro, que desempenharam algum papel. Nunca partilhei das ideias materialistas, pois conhecia muito bem sua ridícula mitologia. Se me conheço bem, posso dizer que a dialética de Hegel não exerceu influência nenhuma sobre mim. O termo alemão "Auseinandersetzung" foi usado por mim em seu sentido coloquial. Sendo eu um empírico e não um pensador filosófico, os termos que escolho têm sua origem verdadeira na experiência; por isso, quando falo de "Auseinandersetzung", poderia tratar-se também de uma discussão entre o senhor A. e sua esposa. Outro mal-entendido muito comum é que eu teria derivado minha noção de "arquétipo" de Filo, ou de Dionísio Areopagita, ou de Santo Agostinho. Mas ela se baseia na verdade apenas em dados empíricos, ou seja, sobre o fato surpreendente de que os produtos do inconsciente nos indivíduos modernos podem coincidir quase literalmente com os símbolos que ocorrem em todos os povos em todos os tempos, sem que houvesse a possibilidade da tradição ou migração. Já apresentei muitas provas disso.

Nunca estudei propriamente Hegel, isto é, suas obras originais. Há que se excluir uma dependência direta, mas, como já disse, a confissão de Hegel contém (alguns dos) conteúdos muito importantes do inconsciente e por isso pode ser chamado de "un psychologue raté". Naturalmente há uma coincidência notável entre certos pontos da filosofia de Hegel e minhas descobertas sobre o inconsciente coletivo.

Espero ter respondido satisfatoriamente às suas perguntas.

Yours faithfully,
(C.G. Jung)

1. Dr. Joseph L. Rychlak era, na época, diretor de uma "Mental Health Clinic", ligada à Washington State University e depois foi professor de Psicologia na Purdue University, Lafayette, Indiana. As perguntas do professor Rychlak se referiam à influência da filosofia de Hegel sobre a obra de Jung e suas ideias sobre dialética. Numa carta explicativa, de 16.01.1970, escrevia ele, entre outras coisas: "As with most dialecticians in history Jung has had to bear the unfounded criticisms of being vague, mystical and even sophistical – precisely because we have no appreciation of dialectical reasoning today". A carta de Jung foi publicada no livro do Professor Rychlak, *A Philosophy of Science for Personality Theory*, Boston, 1968.

2. Quanto à opinião de Jung sobre Hegel, cf. *Von der Wurzeln des Bewusstseins*, Zurique, 1954, p. 514s. (OC, vol. VIII, par. 358s.). Ele classifica a filosofia de Hegel como uma "autorrevelação de panos de fundo psíquicos".

3. A análise no sentido da psicologia de Jung é um "procedimento dialético", um diálogo ou uma discussão entre o analista e o analisando, bem como uma discussão entre o analisando e os conteúdos que surgem do inconsciente, provocados e apoiados pelo analista. Cf. OC, vol. XVI, par. 1, 7 e 239s.

A Jean Vontobel-Ruosch
Winterthur

28.04.1959

Prezado Senhor Vontobel,

O senhor tem razão, e eu também me pergunto por que não utilizo os meios que aparentemente estão à minha disposição para fazer a minha parte, combatendo as atrocidades que acontecem no mundo?[1] Não saberia dar nenhum motivo racional.

Em casos semelhantes costumo esperar por uma ordem de dentro. Não percebi nada disso. A situação do mundo chegou a tal ponto que nem as palavras mais comovedoras significam alguma coisa ainda. Parece-me que o que importa agora é cada um estar seguro de sua atitude. Alguém que presume que sua voz tenha grande repercussão, expõe-se apenas à probabilidade de pertencer àqueles que disseram alguma coisa para provar a si mesmos que fizeram algo, ainda que na verdade não tenham feito nada. As palavras se tornaram baratas demais. Ser é bem mais difícil e por isso mesmo é prazerosamente substituído por palavras. Infelizmente é tudo o que tenho a dizer sobre o assunto.

Com elevada consideração,

Sinceramente seu
(C.G. Jung)

1. O destinatário havia perguntado a Jung por que ele não protestava contra a ocupação chinesa do Tibet.

Ao Dr. G. Krönert
Oberfischach, Württemberg/Alemanha

28.04.1959

Prezado senhor superintendente,

Se a intenção do pai for um fato único e isolado – como a gente costuma supor – seria realmente espantoso que o embrião o tivesse percebido e pudesse ter tido um ressentimento correspondente contra o pai[1]. Mas a intenção do pai nunca é um fato isolado e único, mas uma ação com uma história anterior, cuja consciência se estende por muitos anos até o presente. O pai não o *fez*, mas ele o *foi* durante a maior parte de sua vida. Nenhuma ação cai do céu ou pode ser apagada. É parte de sua substância. A isto reage a criança, isto é, ao pai que é assim, sem saber que este ser-assim se expressou uma vez numa ação. Nada há em nós que já não existiu antes, e nada pode desaparecer daquilo que já existiu.

Se vier algum dia à Suíça, gostaria de conhecê-lo pessoalmente.

Com especial consideração,

Sinceramente seu
(C.G. Jung)

1. O destinatário havia perguntado se um embrião poderia ficar lesado pelo desejo do pai de a mãe fazer aborto e se a relação futura da criança com o pai ficaria prejudicada.

A Sandor Török
Budapeste

29.04.1959

Prezado senhor,

Sua pergunta sobre saudade só posso respondê-la do ponto de vista de quem pratica a psicologia de modo empírico. Saudade é um fenômeno especial, eventualmente um sintoma, que tem dois aspectos: ou se está preso ainda à lembrança da pátria original; ou pensa-se que ainda se está preso a esta imagem da lembrança, mas projetou-se inconscientemente para dentro dela uma concepção do objetivo pelo qual se anseia. Este é o caso de todas aquelas pessoas que, quando chegam à verdadeira pátria ou àquela situação da qual tinham muita saudade, ficam profundamente desapontadas. Há pessoas que não conseguem adaptar-se a nenhuma nova situação devido à sua saudade. Mas também nunca se adaptariam em sua própria pátria. Outros, que identificam a pátria com juventude e origem, consideram-na como o paraíso perdido e anseiam por ela. Um cabalista disse certa vez que, depois do pecado dos primeiros pais, Deus removeu o paraíso para o futuro. Eles anseiam por voltar e não sabem que sua saudade deve voltar-se para o futuro. Outros, ainda, têm sua saudade invertida e sucumbiram à ilusão de que o futuro será bem melhor do que o presente. Mas todos têm a mesma ilusão de que a meta está de alguma forma nas coisas e condições exteriores e não sabem que já a trazem psicologicamente dentro de si. Se soubessem disso, a resposta sobre a saudade estaria dada definitivamente.

Com elevada consideração,
(C.G. Jung)

A um destinatário não identificado
Suíça

09.05.1959

Prezado Senhor N.,

Ao mesmo tempo que agradeço o envio de sua interessante separata[1], aproveito a oportunidade para responder às suas perguntas, à medida que é possível fazê-lo por escrito.

No sentido clínico, uma transferência não precisa necessariamente ter como ponte o conhecimento pessoal; pode acontecer também através de um livro, de um ouvir-dizer ou de uma lenda. No seu caso, houve certamente um afluxo de conteúdos do inconsciente que o colocaram naquela bem conhecida situação do aluno que no Oriente, por exemplo na Índia, recebe do guru (mestre) a necessária orientação. Como eu era a possibilidade mais próxima, fui assimilado por este arquétipo, com base no modelo oriental.

Parece que ao menos um ponto essencial – o conceito de arquétipo – se transferiu para o senhor. Pode ser um preconceito pensar que o mundo das ideias humanas está condicionado por arquétipos, mas também é um meio de captar alguma coisa da psicologia de outro ser. A pessoa pode fazer um sem-número de experiências sobre a diferença que existe entre ela e um outro ser, mas teoricamente nunca chegará a ter uma ideia da cosmovisão de uma salamandra. "Teorias" são instrumentos, mas não verdades; são pontos de vista que colocamos de lado quando se mostram imprestáveis. É preciso evitar pressupostos esquemáticos. Andaríamos em círculos com cada teoria se não encontrássemos sempre de novo o caminho para libertar-nos deles. Assim, o meio ambiente nos liberta do poder dos arquétipos e os arquétipos nos salvam da influência opressora do meio ambiente.

Como o animal, também o ser humano está sempre num conflito entre tendências arquetípicas e condições ambientais. A solução é sempre um compromisso. Eu tenho receio de todas as generalizações antecipatórias. O arquétipo significa para mim: imagem de um constante fluir, uma espécie de sistema de corrente. Enquanto isso, o arquétipo pode ser equiparado ao esquema biológico de comportamento. Se uma observação mais atenta – digamos do esquema do susto – mostrar que o esquema humano é igual ao do animal, não temos razão alguma, segundo o princípio "principia explicandi non sunt multiplicanda praeter necessitatem[2]", para supor que se trate de algo diferente pelo fato de se referir a um animal e não a um ser humano (excetuados sempre os erros). Seria um preconceito supor que o comportamento de um peixe não pode ser comparado de forma nenhuma ao de outro ser vivo. Razões cogentes deveriam ser apresentadas para isso.

Se alguém prolongar qualquer modo de ver, mesmo o mais condizente com a práxis, isoladamente ao infinito, acabará num absurdo. Isto é um intelectualismo mórbido que só um filósofo pode permitir-se, mas não um empírico, pois ele sabe que todas as suas concepções são provisórias, não podendo jamais ter validade infinda. Por isso não há vantagem nenhuma em especular sobre o que aconteceria se todas as projeções fossem desmentidas. Isto é obviamente uma verdade que só serve para um uso bem determinado. É bastante certo que só se pode desmentir projeções à medida que se tem consciência. Até que ponto o ser humano pode tornar-se consciente, isto ninguém sabe. É fato que conseguimos corrigir bom número de projeções. Se isto é muito ou pouco, ou seja, se é um verdadeiro progresso ou só aparente, sobre isso só os anjos sabem pronunciar-se. O que seria a consciência absoluta, disso não temos noção nem em sonhos.

Minhas observações sobre a tradução da linguagem alquímica figurada para uma terminologia científica moderna e sobre o fato de que também esta última é uma linguagem figurada são, por um lado, observações *ad hoc*, mas, por outro, a manifestação de uma dúvida se realmente atingimos o ápice com nossas realizações atuais – o que me parece altamente improvável. Normalmente acontece que aquilo que vale como o mais profundo conhecimento e como verdade última no primeiro grau, no grau seguinte é entendido e desprezado como ignorância ridícula, pois acredita-se que agora se chegou ao entendimento correto. Quando chega o próximo grau, tudo acontece como antes. Não dá para vislumbrar como chegar com tais meios a alguma certeza geral das concepções. Se quisermos, podemos considerar essas concepções como um jogo intelectual com a natureza, mas a natureza tem a desagradável qualidade de às vezes fazer um jogo também conosco – mas neste caso não temos vontade nenhuma de chamar isto de "jogo".

Apesar dessa dúvida, seria totalmente errôneo cair num niilismo impaciente e, numa antecipação intelectualista, declarar inútil toda a ciência humana. Consegue-se realmente alguma coisa com a ciência, ainda que não os últimos conhecimentos filosóficos. Nunca alcançamos as "verdades últimas", mas no caminho para lá descobrimos uma boa quantidade de verdades parciais surpreendentes. Pode-se chamar isto de progresso, e na verdade o é dentro do espaço limitado da ânsia humana por conhecimento. Se conhecêssemos o sentido do todo, saberíamos o quanto ou quão pouco isto é. Mas, como não possuímos este conhecimento, temos de contentar-nos com nosso sentimento de satisfação que sempre nos recompensa pelo menor aumento possível de conhecimento.

Com saudações cordiais,

Sinceramente seu
(C.G. Jung)

1. O destinatário, estudante de zoologia na época, havia mandado a Jung alguns de seus trabalhos. Sua carta tratava do condicionamento das concepções humanas pelos arquétipos: o pesquisador não se ocuparia propriamente da observação de fatos objetivos, mas de uma "aparência em seu próprio meio ambiente", na qual se enquadrasse sua "representação arquetípica". Desse modo seria, por exemplo, interessante a psicologia animal do ponto de vista da psicologia humana, "na medida em que alguém projetasse algo para dentro do animal".

2. Os princípios explicativos não devem ser multiplicados além do necessário. Guilherme de Occam.

To Carleton Smith
President, National Arts Foundation
Nova York

12.05.1959

Dear Mr. President,

Em resposta à sua carta, gostaria de sugerir um tópico que diz respeito a cada um de nós em todas as situações de nossa vida[1]:

O que impede o ser humano de viver em paz nesta terra?

Será difícil conseguir o consenso desses nomes díspares, que o senhor mencionou como convidados do simpósio, sobre uma questão tão fundamental, mas acho que o que estou propondo vai tocar profundamente o coração de todos eles.

Espero que o senhor e sua família estejam bem de saúde.

I remain, dear Mr. President,

Yours sincerely
(C.G. Jung)

1. Mr. Smith havia pedido a Jung que sugerisse um tema para um simpósio que seria promovido pela *National Arts Foundation*, de Nova York, da qual era presidente. Entre os possíveis convidados mencionava: Adlai Stevenson, Mrs. Eleanor Roosevelt, Nelson Rockefeller, Ernest Hemingway, J. Robert Oppenheimer e André Malraux. O simpósio não se realizou.

Ao Dr. med. Ignaz Tauber
Winterthur

22.05.1959

Prezado colega,

A crítica do Dr. Jacobsohn é certamente uma martelada fatal, mas era previsível[1]. Lamento ter de ser eu a ave agourenta a transmitir-lhe esta experiência negativa. Mesmo sem Jacobsohn, eu poderia ter-lhe dito que o senhor usa de modo incorreto o método da amplificação, mas não quis ocultar a opinião especializada de um egiptólogo cientificamente bem-fundamentado e que está mais bem-preparado do que eu para mostrar-lhe alguma coisa no material. Eu reconheço minha total incompetência em egiptologia, ao contrário do senhor, que passa rapidamente demais por sobre o conhecimento positivo da egiptologia e com um sofisma. O senhor emprega de modo acrítico as amplificações, pois não amplifica a partir do conhecimento do egiptólogo, mas a seu bel-prazer, isto é, a partir da mente medieval e moderna.

Quando nós empregamos amplificações num sonho moderno, cujo conteúdo não entendemos de imediato, elas não são tomadas ao acaso, mas garantidas pelo material associativo do sonhador, ou pela tradição acessível ao sonhador, ou, numa consideração mais remota, pela tradição de seu meio ambiente histórico e, finalmente, por concepções fundamentais de natureza mais geral como, por exemplo, trindade, quaternidade ou outros motivos míticos universais. Tratando-se de um texto definitivamente histórico, é indispensável que se conheça a língua e toda a tradição disponível do respectivo ambiente, e não que se aduzam amplificações a partir de um ambiente cultural posterior. Isto só é possível depois que o sentido foi suficientemente bem estabelecido com ajuda de métodos garantidos pelo ambiente histórico. Só então é permitido aduzir para comparação amplificações de outros tempos e lugares, mas de forma nenhuma pode-se explicar o texto a partir dessas amplificações. Dessa maneira é possível explicar tudo e nada. Neste aspecto toda precaução é pouca.

Agora vamos aos seus sonhos. O sonho com os arames de prata que estão enrolados nos dentes pode ser assim interpretado: dentes como órgãos para agarrar (o que eles são, por exemplo, nos predadores) representam os conceitos pelos quais as coisas são aprendidas e esmiuçadas, isto é, discernidas[2]; são impedidos desnecessariamente por "arames de prata", que nada têm a fazer na boca. Trata-se de uma mistura estranha e indevida que não faz parte da função natural, mas que foi trazida de fora impropriamente. É exatamente isto que eu tenho a criticar em seu método.

O outro sonho[3] indica o choque que está para chegar, um abalo completo de sua imagem do mundo, resultando disso que o senhor e sua *anima* caem num lugar mais profundo – catacumbas. Estas, como os templos pagãos, são as origens do cristianismo, cujas torres da igreja continuam inabaláveis. Com esta queda na profundeza o senhor pode chegar ao fundamento histórico seguro sobre o qual está construído o cristianismo. Estando sobre este fundamento, o senhor alcançou chão firme, ou seja, a continuidade histórica da qual o senhor se separou ostensivamente, enganado por sua intuição. Com isso entrou num sistema de especulação sem fundamento que ruirá sempre de novo.

Se quiser converter sua dissertação num poema, nada posso dizer em contrário, pois lá a liberdade poética estará a seu favor e sua intuição poderá ter livre-curso; já não exigirá validade científica. A intuição é um dom perigoso e desvia sempre de novo para uma especulação sem fundamento. Uma intuição precisa de muita crítica lúcida, caso contrário expõe as pessoas facilmente a experiências catastróficas como aquelas que aconteceram.

O sonho com as catacumbas tem um final cheio de esperança e por isso, creio eu, esta experiência negativa e dolorosa vai ser-lhe de utilidade.

Com saudações cordiais e amigas,

Sinceramente seu
(C.G. Jung)

1. Com a anuência do autor, Jung submeteu para parecer um trabalho do destinatário sobre mitologia egípcia ao Dr. H. Jacobsohn, egiptólogo da Universidade de Marburgo.

2. Cf. carta a Kotschnig, de 16.04.1936.

3. O sonhador está em Roma e contempla as duas torres da Igreja S. Trinità dei Monti. Diante dela está o obelisco egípcio. De repente acontece um forte tremor de terra. Abre-se uma fenda e ele cai nas profundezas, mas uma mocinha se agarra a ele. A igreja não oscilou. Para sua surpresa pousam ilesos nas catacumbas e estavam salvos.

A Traugott Egloff
Zurique

08.06.1959

Prezado Senhor Egloff,

Receba meu especial agradecimento por seu gentil presente[1]. Com ele despertou antigas recordações, quando na minha juventude li o livro de Kügelgen. O livrinho que me enviou é um documento precioso do tempo em que se tornaram visíveis os inícios de uma psicologia mais nova. O senhor tem razão quando diz que a "verdade" está próxima de nossos olhos e que muitas vezes estamos como que cegos para percebê-la. Na verdade, poderíamos dizer tudo de maneira mais simples, mas é exatamente desta simplicidade que a gente sente falta e que os outros também não têm, de modo que, quando se fala com simplicidade, é preciso fazer um esforço muito maior do que quando se fala de modo complicado. O mais simples é o mais difícil, porque no processo da conscientização ele se fragmenta em muitos aspectos individuais, onde a mente se confunde e não encontra a expressão fácil e adequada. Isto pode estar na própria linguagem que também não possui a necessária simplicidade, como é o caso de nossa capacidade de raciocinar. Somente as impressões numinosas conservaram sua simplicidade original, ou seja, sua unidade, que nos dá ainda uma noção do "unus mundus"[2].

A androginia que se destaca na *anima* aparece numa fase determinada na *anima*, mas procede da unidade do si-mesmo que está além dela. Assim como nossa consciência masculina é um aspecto concretizador do masculino, também a *anima* é um aspecto do feminino. O aspecto masculino se expressa muito bem na figura da *anima* do *Cântico dos Cânticos*: "terrível como esquadrão com bandeiras desfraldadas"[3]. Mas a unidade desses opostos é na verdade o si-mesmo irrepresentável, porque transcendente, que em sua conscientização se divide em seus opostos, e isto através de uma dicotomia progressiva.

Com renovado agradecimento, permaneço

Sinceramente seu
(C.G. Jung)

1. Tratava-se do livro de W. Kunz, *Johann Georg Schröpfer, ein Magier des 18. Jahrhunderts*, Zurique, 1957. Schröpfer, 1730-1774, maçom, era considerado "necromante". Wilhelm von Kügelgen, 1802-1867, descreveu sua personalidade em *Jugenderinnerungen eines alten Mannes*, 1870.

2. Conceito alquímico de "um só mundo" no qual se unem os opostos. No sentido de Jung, o inconsciente coletivo como pano de fundo comum do microcosmo (psique) e macrocosmo (physis). Cf. *Mysterium coniunctionis, passim.*

3. Ct 6,10.

To Peter de Brant
Londres

20.06.1959

Dear Sir,

Ao lidar com o espaço, o homem produziu – desde tempos imemoriais – o círculo e o quadrado[1], que estão ligados à ideia de abrigo e proteção, lareira, lugar de reunião da família e de pequenos animais e, num nível mais elevado, ao símbolo da *quadratura circuli*, como lugar de moradia do "homem interior", a morada dos deuses etc. Esta concepção original sofreu muitas mudanças desde que o homem se viu removido da unidade com a natureza e separado dos deuses; construiu templos de forma alongada, entendendo que os deuses estavam de um lado e os homens de outro. Esta forma ficou mais acentuada nas igrejas cristãs, com exceção dos batistérios antigos[2], onde se reafirma a identidade original do ser humano com Deus. Todo desenvolvimento que se afasta do redondo e quadrado torna-se aos poucos neurótico e insatisfatório, sobretudo quando os elementos da construção, isto é, os espaços individuais perdem sua aproximação ao redondo ou ao quadrado. Parece que certa combinação de redondo e quadrado é indispensável.

Isto é quase tudo o que posso dizer sobre "arquétipos arquitetônicos".

Sincerely yours,
(C.G. Jung)

1. Peter de Brant, estudante de arquitetura havia perguntado a Jung sobre "formas arquetípicas de espaço", bem como sobre a reação psíquica das pessoas a formas arquitetônicas.

2. O desenho da maioria dos batistérios é um mandala com a pia batismal no centro.

To Dr. Edward A. Bennet
Londres

28.06.1959

Dear Bennet,

Escolhi o título *Aion* porque os conteúdos da edição alemã estão conectados principalmente com as mudanças psicológicas características da transição de um éon histórico, isto é, de uma era ou segmento histórico de tempo, para outro. O outro ensaio é de M.-L. von Franz, "Passio S. Perpetuae", que descreve os fenômenos psicológicos que acompanham a transformação do antigo mundo pagão na mentalidade cristã primitiva. Minha contribuição ao livro refere-se às transformações históricas peculiares que ocorreram dentro do cristianismo até os dias de hoje. É evidente que a história assume um novo aspecto quando olhada não só do ponto de vista da razão consciente, mas também sob o ponto de vista dos fenômenos devidos ao processo inconsciente que nunca deixam de acompanhar a *peripeteia* da consciência.

A parte da Dra. von Franz está mais voltada para a transformação cristã do paganismo, ao passo que meu trabalho aborda sobretudo a transformação dos conceitos básicos do cristianismo dentro da era cristã. Assim como estamos profundamente influenciados em nossa vida prática por nossa educação cristã, estamos também expostos a mudanças seculares nos conceitos básicos do cristianismo, por exemplo o cisma da Igreja cristã e o desenvolvimento de tendências anticristãs[1]. Desenvolvimentos em tal dimensão só são possíveis quando o indivíduo, isto é, muitos indivíduos estão fazendo uma transformação em sua vida psicológica pessoal; um fato que não pode acontecer sem um abalo profundo da paz mental. É isto que acontece hoje em dia, e aqui entra o psiquiatra. Esta é a razão por que tento explicar a situação desconcertante da mente moderna mostrando sua própria anamnese.

Agradeço sua disponibilidade de dizer algumas palavras proveitosas no *British Medical Journal*[2].

Yours sincerely,
(C.G. Jung)

P.S. Acabo de receber uma carta do Dr. Fordham, dizendo que havia pedido do senhor uma recensão de *Aion* para *Journal of Analytical Psychology*[3]. Não preciso dizer-lhe que apreciaria muito que uma mente equilibrada escrevesse uma recensão sobre o livro que despertou principalmente emoções subjetivas, mas quase nenhuma avaliação objetiva. Sei que o senhor está muito ocupado, e eu detesto sobrecarregar alguém com uma tarefa incômoda. [...]

1. Jung alude aos movimentos heréticos que surgiram dentro do cristianismo por volta do ano 1000 e aos quais pertenciam, entre outros, os cátaros, albigenses, valdenses e também os alquimistas. Cf. *Aion*, p. 219s. e OC, vol. IX/2, par. 233s.
2. A recensão de Bennet, "Archetype and Aion" foi publicada em *British Medical Journal*, Londres, 14.05.1960. Cf. carta a Bennet, de 22.05.1960.
3. A recensão de Bennet de *Aion* apareceu em *Journal of Analytical Psychology* (ed. por Dr. Michael Fordham), vol. V, 02.07.1960.

To Lloyd W. Wulf
c/o American Embassy
Quito/Equador, América do Sul

27.07.1959

Dear Sir,

Posso entender que as pessoas achem difícil responder às suas proposições[1]. O senhor usa termos que são muito controversos em si mesmos.

1. Por exemplo, "Deus", depois "mágico", "religioso" etc. Em vez das palavras "mágico", e "religioso", que têm um sentido bem determinado, eu proporia o conceito de "numinoso".

2. Todo cristão convicto de hoje contestaria a afirmação de que sua religião não é dinâmica. Ainda que eu ache que a afirmação sobre a fraqueza de nossa religião não seja injusta.

3. É estranho que os criadores da arte moderna não tenham consciência do sentido de suas criações.

4. É questionável o que as formas modernas de arte representam. É certamente algo que transcende toda forma de compreensão válida até agora.

É discutível sua conclusão geral de que os artistas contemporâneos do Ocidente representem inconscientemente a imagem de Deus; nem tudo o que é inconcebível pode ser chamado "Deus", a não ser que chamemos tudo "Deus", pois em última análise tudo acaba sendo inconcebível. Se alguém chama "Deus" tudo o que é inconcebível, então o termo "Deus" perde todo sentido. Segundo penso, dever-se-ia dizer que o termo "Deus" só pode ser aplicado no caso de inconceptibilidade numinosa. Uma vez que o termo "Deus" sempre inclui o significado de uma emoção coletiva de força insuperável, não me parece que toda peça de arte moderna corresponda a este pressuposto. Muitas vezes é fácil ver que estiveram atuando fatores de ordem bem inferior.

Desculpe a demora de minha resposta.

Sincerely yours,
(C.G. Jung)

1. Mr. Wulf, um artista, expôs a Jung sua ideia sobre o conteúdo mágico ou religioso da arte primitiva e moderna, bem como sua definição de Deus. As discussões até aqui sobre estes temas teriam sido insatisfatórias.

To H. Richard Mades
Lexington (Mass.)/EUA

03.08.1959

Dear Sir,

Muito obrigado por sua interessante carta[1]. Eu concordo com o senhor que o melhor seria se pudéssemos nos unir todos e dizer: "Agora vamos ser razoáveis". Mas, infelizmente, não é isto que acontece, e não vejo possibilidade de realizar tal evento por meios artificiais. O triste é que as pessoas de hoje não são razoáveis. Sabendo disso, não seria razoável esperar por uma solução razoável que, sabemos, não pode ser realizada de maneira razoável. Tente de todos os modos!

Não acredito que o ser humano, assim como se apresenta hoje, seja capaz de fugir do círculo vicioso no qual se move, enquanto permanecer imaturo como é. A única coisa que posso fazer é tentar ao menos ser tão razoável quanto possível em minha própria vida e ajudar alguns outros a também serem razoáveis. Mesmo que o grande desastre nos atinja, podem sobreviver alguns que aprenderam a ser razoáveis e que foram ajudados pela tentativa séria de se tornarem um pouco mais conscientes do que seu meio ambiente sonambúlico. Acho que é melhor estar preparado para a grande catástrofe do que pensar que ela não acontecerá e que poderemos continuar no estado de sonolência de nossa imaturidade. Talvez eu seja pessimista demais, mas as coisas não parecem estar muito boas, não é?

Sincerely yours,
(C.G. Jung)

1. Em aditamento à leitura de *The Undiscovered Self* (*Presente e futuro*), Mr. Mades propôs, em vista da ameaçadora catástrofe mundial e com base em ponderações razoáveis, que as funções do Estado fossem formuladas de modo novo e limitadas com o objetivo de garantir, o quanto possível, a paz mundial e o máximo de liberdade pessoal e justiça para todos.

To Susan M. Margulies[1]
Esquire Magazine
Nova York

15.08.1959

Dear Madam,

Sendo um cientista, prefiro não ser profeta enquanto possível. Não estou em condições de prognosticar o futuro.

Faithfully yours,
(C.G. Jung)

1. A revista americana *Esquire* preparou uma pesquisa entre personagens importantes "with the idea of attempting to pinpoint the most dramatic development of the coming decade". Solicitou a Jung que prognosticasse o desenvolvimento no campo da psicologia.

Ao Dr. Wilhelm Bitter
Stuttgart

23.08.1959

Prezado colega,

Devolvo-lhe em anexo seu manuscrito com os comentários à margem que você pediu[1]. O arquétipo no comunismo é, por um lado, a comunhão primitiva dos bens e, por outro, o poder ilimitado do chefe. Pretensamente todos os bens são de todos. Cada um tem sua parte. Mas como todos são representados por um, isto é, pelo chefe, só um tem o controle sobre tudo. Praticamente cada revolução procura refúgio nessas duas imagens primordiais, porque parece indestrutível a fé da humanidade de que tudo foi outrora paradisíaco.

Com saudações cordiais,

Sinceramente seu
(C.G. Jung)

1. Wilhelm Bitter, "Das Gewissen in der Tiefenpsychologie", publicado em *Gut und Böse in der Psychotherapie*. Ein Tagungsbericht, Stuttgart, 1959.

To Dr. J.O. Pearson
Constantia, Cape/África do Sul

29.08.1959

Dear Dr. Pearson,

A ausência de sonhos tem razões diversas: a mais comum é que a pessoa não se interessa pela vida psíquica em que eles ocorrem e não presta atenção a nada que se refira a eles. Outra razão é que a pessoa não se ocupou suficientemente com seu problema consciente e espera por sonhos, isto é, que o inconsciente intervenha; uma terceira razão é que os sonhos emigraram, por assim dizer, para uma pessoa da vizinhança, cujos sonhos assumem um caráter incomum[1]. Finalmente uma quarta razão pode ser uma condição mental em que os sonhos são redundantes, uma vez que há necessidade de compensar a atitude consciente. Um sono leve é certamente uma condição favorável para lembrar-se dos sonhos.

Há sem dúvida grande diferença entre os sonhos. Segundo uma classificação primitiva há grandes e pequenos sonhos. O exemplo que o senhor descreve é evidentemente um grande sonho de especial importância[2]. Os pequenos sonhos são a matéria comum das fantasias inconscientes que se tornam perceptíveis sobretudo no sono leve.

Sincerely yours,
(C.G. Jung)

1. Jung cita como o exemplo o caso de um menino de oito anos que sonhava a problemática erótica e religiosa do pai. O pai, que estava em tratamento analítico com Jung, não conseguia lembrar-se de nenhum sonho. Jung analisa por isso os sonhos do filho. Quando o pai começou a lembrar-se de seus próprios sonhos, os do filho cessaram. Cf. OC, vol. XVII, par. 106.

2. Trata-se de um sonho de intensidade assustadora, em que o sonhador de 28 anos não era só o próprio tempo e espaço, mas era também o teatro, a música, a plateia, os atores, todos os integrantes da orquestra. "Marvellous, exciting, terrifying in that one felt what an atom must feel like before it is split..."

A uma destinatária não identificada
Suíça

Bollingen, agosto de 1959

Prezada N.!

Conforme prometido, tentarei fazer um esboço de minha "reação"[1]: Fui arrebatado para dentro do sonho – que a gente mesmo é e onde já não existe eu nem você. Ele começa com os grandes pais: o senhor rei e a senhora rainha que possuem muitas florestas, campos, prados e vinhedos. Bem tarde na vida a gente encontra sua herança, um pedacinho de chão onde cresce sua videira e árvore da vida (*vita* = vida, *vitis* = videira, *vinum* = vinho). Ele precisa adquiri-lo, pois foi expulso do paraíso; ele não possui mais nada, isto é, ele possui, mas não o sabe. Está murado como um lugar santo. Lá pode ver aquilo que sempre lhe aconteceu: sol e chuva, calor e frio, doença, ferimentos, lágrimas e sofrimentos, mas também fecundidade e crescimento, doçura e embriaguez, e com isso acesso ao todo, ao inteiro. Ele ainda não o sabe, mas há ali um outro, um velho, que sabe mas não fala. Quando se contemplou e acompanhou por longo tempo, a gente sabe por si mesmo e envelheceu. O "segredo da vida" é minha vida, que transcorre ao redor de mim, minha vida e minha morte, pois também a videira será arrancada com as raízes quando ficar velha. Todos os rebentos que não quiseram tornar-se uvas são cortados. Sua vida é inexoravelmente reduzida à sua essência, e também a doçura da uva deve ser transformada em vinho adstringente e embriagante, um filho da terra que reparte seu sangue entre muitos e causa aquela embriaguez que une o dividido e traz de volta a memória da posse de tudo e do reinado, um tempo de libertação e de paz.

Ainda segue muita outra coisa que não se pode mais dizer.

Cordialmente seu
(C.G.)

1. A carta de Jung parafraseia uma história que lhe foi enviada sobre uma videira.

To Mrs. P.
Inglaterra

24.09.1959

Dear Mrs. P.,

[...] Seu sonho com X. quer dizer principalmente que a senhora deveria dedicar a si mesma aquela atenção amorosa e tudo aquilo que X. significa para a senhora interiormente. Em outras palavras: preocupe-se mais consigo mesma do que com os outros; veja e entenda mais aquilo que a senhora faz do que aquilo que julga que os outros estão fazendo. Caso contrário será acusada de imiscuir um impulso de poder, o que seria a compensação de um sentimento incômodo de inferioridade. Por isso, seja gentil, paciente e compreensiva consigo mesma. Se não se sentir autossuficiente, faça um esforço de considerar-se assim, mesmo que não acredite nisso, mas faça esta gentileza a si mesma. Não pode mostrar gentileza e compreensão aos outros se não mostrá-las a si mesma. Isto é muito sério. Nós nunca nos bastamos a nós mesmos. Este é o fardo que cada um deve carregar: viver a vida que recebeu para viver. Seja, pois, gentil com a menor de suas irmãs, que é a senhora mesma.

Sincerely yours,
(C.G. Jung)

A Georges Duplain
Gazette de Lausanne/Bureau de Berne
Berna

Setembro de 1959

Prezado Senhor Duplain,

Desculpe a demora de minha resposta. Estive ausente de casa e necessitado urgentemente de descanso. É impossível para mim escrever um prefácio mais longo para sua excelente série de artigos, porque minha idade me coloca limitações intransponíveis[1].

Voici mon propos:

Sou grato de modo especial ao Senhor Duplain que publicou na *Gazette de Lausanne* uma série de artigos que são notáveis para melhorar a compreensão e alargar horizontes. Em geral, meus livros são tratados apenas superficialmente pela imprensa, e não só por ela, mas também por parte de cientistas, sem que haja preocupação com seu conteúdo. Este tipo de abordagem não é do feitio do senhor Duplain. Ele se interessa pelo conteúdo de meus livros e do possível sentido para o nosso tempo. Sou grato por esta atitude não só a ele, mas também à *Gazette de Lausanne,* que sempre procurou entender o conteúdo de minhas obras.

O principal conteúdo do qual trata a série de artigos é muito especial. São as aparições estranhíssimas e altamente duvidosas de corpos que aparentemente se movimentam em nossa atmosfera. Supõe-se que provenham de outros planetas. É dificílimo conseguir provas de sua existência objetiva, mas apenas isso pedem insistentemente: que sejam levados em consideração.

É indiferente que sejam realidades físicas ou não; o que importa é que sejam realidades psíquicas que já ensejaram amplas discussões e vasta literatura. Mesmo que não haja nada de fisicamente palpável por detrás disso tudo, fica o boato de sua existência como fato indubitável. Não importa muito ao psicólogo se o boato no sentido físico é verdadeiro ou não, pois para ele interessa saber como o espírito humano cria tais produtos e assim obter certa luz sobre a atividade de nosso inconsciente. O boato em si é uma fonte de importância ímpar da qual podemos tirar conclusões sobre o acontecer psíquico inconsciente. Tais experiências são de suma importância, porque a parte inconsciente da psique ainda é negada por muitos e, mesmo onde se reconhece sem dificuldade a existência do inconsciente, ainda existe grande perplexidade sobre como deve ser entendido. Uma formação tão universal desse boato fornece uma possibilidade inestimável para maiores investigações sobre a natureza, ainda bastante controversa, dos fenômenos psíquicos.

Com suas reflexões profundas o Senhor Duplain prestou um grande serviço não só ao público interessado, mas também ao conhecimento psicológico em geral.

Espero que estas poucas palavras lhe bastem.

Com elevada consideração,
(C.G. Jung)

1. A série de artigos do Senhor Duplain, com o título "Aux Frontières de la Connaissance", foi publicada em nove números da *Gazette de Lausanne* (24.08. até 03.09.1959). O tema foi o livro de Jung *Um mito moderno. Sobre coisas vistas no céu* (em OC, vol. X). De 04. a 08.09.1959, a *Gazette de Lausanne* publicou uma entrevista de Duplain com Jung. A série de artigos e a entrevista foram publicadas mais tarde em livro, figurando esta carta de Jung como prefácio.

To the Mother Prioress of the Contemplative Order
Inglaterra

Setembro de 1959

Reverend Mother Prioress,

Espero que desculpe minha grande demora em responder à sua gentil carta de 24 de julho[1]. Ela chegou num tempo em que eu andava muito cansado e, desde então, vinha esperando por um momento propício. Estou muito velho e há muitas pessoas que me querem ver.

Sou muito grato pela ajuda espiritual que me oferece. Estou precisado dela neste imenso mal-entendido que me cerca. Todas as riquezas que pareço possuir são também minha pobreza, minha solidão neste mundo. Quanto mais pareço possuir, tanto mais devo perder quando estiver pronto para me aproximar do portão escuro. Eu não escolhi minha vida com seus fracassos e êxitos. Ela me sobreveio com uma força que não era a minha. Tudo o que consegui serviu a algum objetivo que eu não previ. Tudo deve ser transmitido, nada permanece sendo meu. Concordo com a senhora: não é fácil atingir o máximo de pobreza e simplicidade. Mas isto vem ao encontro da gente sem ser convidado, no caminho para o fim desta existência.

Fico feliz por me haver dado notícias sobre as atividades do Padre White[1]. Sei ao menos que não desaprova de todo minha obra[2]. Ouvi falar de seu terrível acidente[3]. Mas desde então não tive mais notícias. Ficaria grato se pudesse manter-me informado sobre o estado de saúde dele.

Agradeço a espontânea gentileza de sua carta. Há tanto mal e tanta amargura neste mundo que não se pode agradecer o suficiente pelo bem que acontece de vez em quando.

Yours devotedly,
C.G Jung

1. A Prioresa conhecia há longos anos o Padre White; ele mantinha estreito contato com seu mosteiro. Em julho ela escreveu a Jung, felicitando-o pelo aniversário e falando da grande influência que sua obra exerceu sobre ela e seu mosteiro, por intermediação sobretudo do Padre White.

2. Cf. carta a White, de 31.12.1949, nota 10 e 02.04.1955, nota 1.

3. Em abril de 1959 o Padre White sofreu um grave acidente de motocicleta. Não se sabe como e quanto Jung soube do acidente. Cf. carta a White, de 21.10.1959.

A Günter Wittwer
Berna

10.10.1959

Prezado Senhor Wittwer!

Sua pergunta é legítima: Quem está realmente por detrás dos livros que eu escrevi?[1]

Responder a esta pergunta, porém, é bem mais difícil do que você imagina. Para respondê-la satisfatoriamente eu precisaria em primeiro lugar conhecer muito bem a mim mesmo, depois apresentar-lhe uma imagem condizente de mim e, finalmente, provar-lhe que meu relato não é mero palavreado. Mesmo que você limite sua pergunta à minha "religião" ou "cosmovisão", ela atinge o todo de minha personalidade, pois estou convencido de que a "cosmovisão" só pode dizer-se autêntica quando ela se origina do entendimento do ser humano todo com o seu mundo. Se não for isto, ou enquanto não for isto, não passa de tagarelice. Mas, devido à estreiteza de minha consciência, que é incapaz de reconhecer uma totalidade em todas as suas partes, qualquer afirmação permanece sendo obra malfeita. Infelizmente nós somos sempre apenas partes de um todo, ainda que o pressentimento de um todo seja possível.

Eu não consigo acreditar em coisas que não conheço. Julgaria isto indiscrição e injustiça. [...] Não professo nenhum credo. *Sei* que há experiências às quais se *deve* tributar atenção "religiosa". Há vários tipos dessas experiências. À primeira vista, a única coisa que têm em comum é sua *numinosidade*, isto é, sua emocionalidade comovente. Mas num exame mais exato descobre-se também *comunhão de sentido*. Segundo opinião antiga, a palavra *religio* provém de *religere* e não do termo patrístico *religare*[2]. A primeira palavra significa "considerar ou observar cuidadosamente". Esta derivação dá a *religio* a correta base empírica, isto é, a *condução religiosa da vida*, em contrapartida à mera credulidade e imitação, que significam religião de segunda mão ou são substitutos da religião. Este ponto de vista é bastante incômodo para o "teólogo", e ele o acusa de simples psicologismo, mas evidencia-se com isso que ele pouco entende da psique, esta peça central da experiência religiosa. Ele prefere o ponto de vista de Freud ao meu, porque lhe permite varrer intelectualmente para debaixo do tapete experiências desagradáveis. Eu, no entanto, me sinto comprometido intelectual e eticamente com tal experiência. A natureza dessa experiência é diversa, como já ficou dito. Meus livros falam disso com frequência. Você também pode perceber neles que não faço jogo intelectual, estético ou edificante com o problema religioso.

Com elevada consideração,

Sinceramente seu
(C.G. Jung)

1. Após ter lido alguns livros de Jung, que o impressionaram, o destinatário, aluno do ensino médio, fez a Jung a pergunta sobre quem como personalidade e quais convicções estariam por detrás da obra.

2. Ligar de novo ou religar. Cf. carta a Cogo, de 21.09.1951, nota 3.

To Father Victor White
Blackfriars
Oxford

21.10.1959

Dear Victor,

Por sua carta percebo, para grande satisfação minha, que está bem e ativo de novo. Espero que não tenha sofrido nenhum dano irreparável.

Quanto às minhas dúvidas sobre sua atitude em geral, devo mencionar em autodefesa que o senhor se manifestou publicamente de maneira tão negativa sobre as minhas obras[2], que eu não consegui saber qual era exatamente sua postura diante delas.

Agradeço muito sua amável carta.

Espero e desejo sua perfeita recuperação.

Yours,
C.G.

1. Numa carta de 18 de outubro, o Padre White agradecia a Jung pelos votos de melhoras que lhe haviam sido transmitidos pela madre prioresa. Ele referiu-se à dúvida de Jung sobre sua postura com relação às obras de Jung (cf. carta à Madre Prioresa, de setembro de 1959) e falou que sua postura positiva colocava em perigo seu futuro. "But I think you will agree that your work itself will be moribund if there is not some disagreement about it, and some *Auseinandersetzung* from those with different backgrounds and experiences – and perhaps different typologies".

2. Cf. cartas a White, de 02.04.1955, nota 1 e 25.03.1960, notas 2 e 3.

To Charles E. Scanlan
Cambridge (Mass.)/EUA

05.11.1959

Dear Sir,

Muito obrigado por sua carta informativa[1]. É evidente que meu ponto de vista não é teológico. Não faço afirmações metafísicas. Minha posição é exclusivamente empírica e examina essas afirmações pelo lado psicológico.

Concordo plenamente com a afirmação de que Deus não é limitado, porque se fosse limitado não seria Deus. A ausência de limitação é consequência lógica da suposição de um ser supremo sobre o qual não podemos fazer nenhum julgamento. Só podemos fazer afirmações com maior ou menor fundamento, que respondem a certas necessidades da própria natureza. Também estamos inclinados a supor que Deus conhece o futuro. Mas se fizermos tal afirmação, então tudo tende para o futuro. Em outras palavras: tudo seria necessário e inevitável. Com isso declaramos que o mundo em processo não contém problemas, já que tudo está no seu caminho predestinado, e estamos assim em plena contradição com o postulado do livre-arbítrio[2].

O *pecado original* significou mudança considerável no *status* humano, de tal forma que o ser humano antes da queda é diferente do ser humano após a queda. Por isso Cristo e sua mãe pertencem a outra ordem de ser do que o ser humano após a queda. Se os chamarmos de humanos, este termo terá duplo sentido. Uma vez que meus pacientes são tão ignorantes *in theologicis* quanto eu, tentamos em primeiro lugar entender as questões teológicas como afirmações psicológicas e tentamos também evitar contradições flagrantes como as acima mencionadas.

Sabemos que as afirmações metafísicas são indiscutíveis, porque nenhum ser humano pode conhecer além de si mesmo, e só Deus pode conhecer a verdade.

Uma vez que o mal não tem fim neste mundo e que ele é a contrapartida indispensável da antítese bem-mal, seria limitação arbitrária do conceito de Deus supor que Ele é somente bom e, assim, negar ao mal sua existência real. Se Deus é exclusivamente bom, então tudo é bom. Não há sombra em parte alguma. O próprio mal não existiria. O ser humano seria bom e não poderia fazer nada de mal. Isto é outro paradoxo que a psicologia deve explicar para o nosso bem, porque os flagrantes sofismas conectados à discussão de coisas como a *privatio boni* prejudicam a compreensão e a aceitação das doutrinas religiosas. Uma vez que os conceitos metafísicos não são atingidos em parte nenhuma pelo argumento psicológico – porque são indiscutíveis – eu prefiro continuar no âmbito das coisas discutíveis.

Sincerely yours,
C.G. Jung

1. Mr. Scanlan criticou a posição de Jung, uma vez que do ponto de vista católico nem Cristo, nem Maria eram propriamente pessoas humanas, pois não tiveram parte no pecado original. Além disso, esclareceu que, segundo a concepção católica, Deus é ilimitado, infinito, todo-poderoso, infinitamente bom e onisciente em vista do futuro.

2. Segundo as considerações de Scanlan, Deus sabia de antemão a livre-vontade da Virgem Maria.

Ao Dr. James Kirsch
Los Angeles/EUA

12.11.1959

Prezado Kirsch,

[...]

Fico satisfeito em saber de sua atividade no rádio. Este é hoje o caminho para atingir o público. Eu pessoalmente não gosto disso, mas também pertenço sobretudo ao passado e já não consigo adaptar-me à agitação e superficialidade da vida hodierna. Ultrapassa minha compreensão como é possível falar no rádio sobre *Jó*[1] sem suscitar mal-entendidos, uma vez que seu argumento pertence ao que de mais sutil já me ocorreu. Desejo-lhe muita sorte neste empreendimento imprevisível. Não menosprezo, porém, uma coisa: a *intuição* admirável e inesperada do público americano, da qual tive uma prova impressionante por ocasião de minhas preleções na Universidade de Yale[2]. O livrinho tem uma venda constante, ainda que limitada, nos Estados Unidos. Estou ansioso por suas experiências. Provavelmente o senhor iniciará uma "guerra" que rebentará quando o céu político ficar mais escuro. Meu aparecimento na televisão inglesa[3] parece que foi um sucesso considerável e inesperado.

Com os meus melhores votos,
C.G. Jung

1. Dr. Kirsch estava preparando quatro conferências radiofônicas em Los Angeles sobre "Psicologia e religião". A última incluía um longo comentário sobre o livro de Jung *Resposta a Jó*. As conferências foram ao ar em abril e maio de 1960.

2. *Psychology and Religion*, Terry Lectures, 1937, dadas na Universidade de Yale. Em OC, vol. XI.

3. Foi uma entrevista na série "Face-to-Face" na BBC de Londres. Cf. carta a Brooke, de 16.11.1959, nota 1.

To Valentine Brooke
Worthing, Sussex/Inglaterra

16.11.1959

Dear Sir,

Na opinião de Mr. Richardson[1], sou uma pessoa irritante. Ocupo-me com dúvidas e pontos de vista que inquietam a mente moderna consciente e inconscientemente. Piso em calos à direita e à esquerda. Por isso tenho de gastar bastante tempo pedindo desculpas e dando explicações por dizer coisas que se referem a fatos e ideias que o leitor desconhece. Além disso, o leitor está ofuscado pela premissa positivista de que a verdade é simples e pode ser expressa numa frase bem curta. Mas, como diz Multatuli, "nada é totalmente verdadeiro, nem mesmo esta frase". Um psicólogo que trata de distúrbios mentais deve lembrar-se constantemente que nossas formulações verbais são enganosas. Mas, apesar de todas as dificuldades que juncam meu caminho, tentarei expor meu ponto de vista.

Tudo o que percebo externa e internamente é representação ou imagem, uma entidade psíquica, causada, segundo penso, por um correspondente objeto "real". Mas devo admitir que minha imagem subjetiva só é idêntica *grosso modo* com o objeto. Todo pintor de quadros concordará com esta afirmação, e o físico acrescentará que aquilo que nós chamamos "cores" são na verdade comprimentos de ondas. A diferença entre imagem e objeto real mostra que a psique, ao perceber um objeto, altera-o acrescentando ou excluindo certos detalhes. Por isso a imagem não é causada inteiramente pelo objeto; também é influenciada por certas condições psíquicas preexistentes, que nós podemos corrigir apenas em parte (não podemos, por exemplo, remover a percepção da cor). Além disso, sabemos pela experiência que todos os atos de apercepção são influenciados por padrões preexistentes de perceber objetos (por exemplo, a premissa da causalidade), muito óbvios em casos patológicos (sendo exageros ou distorções do comportamento dito "normal"). São pressuposições válidas para toda a humanidade. A história da mente humana oferece uma infinidade de exemplos (folclore, contos de fadas, simbolismo religioso etc.). A teoria da migração é insuficiente para explicar a origem espontânea desses paralelismos. Eu os chamo de arquétipos, isto é, formas instintivas de funcionamento mental. *Não são ideias hereditárias, mas instintos expressos mentalmente*; são formas e não conteúdos.

Elas influenciam nossa formação de imagens. Conforme mostra a experiência, os arquétipos possuem uma energia específica sem a qual não teriam efeitos causais. Por isso, quando tentamos formar uma imagem do fato que as pessoas chamam "Deus", dependemos muito das maneiras inatas ou preexistentes de perceber, ainda mais que é uma percepção a partir de dentro, sem a ajuda da observação de fatos físicos que poderiam emprestar suas formas visíveis para nossa imagem de Deus (mesmo que isto também aconteça com frequência).

Por isso "Deus" é em primeiro lugar uma imagem mental, dotada de "numinosidade" instintiva, isto é, um valor emocional confere à imagem a autonomia característica do afeto.

Esta é a minha afirmação principal. Mas as pessoas não acostumadas a um pensar correto acham que isto é uma afirmação definitiva. Nenhuma afirmação científica é definitiva: é uma formulação provável com base na observação e na análise. Ela tem o alcance de uma afirmação científica. Mas ela não diz nem pode dizer o que "Deus" é; só pode definir o que Ele é em nossa mente. A mente não é o mundo em si nem reproduz com exatidão sua imagem. O fato de termos uma imagem do mundo não significa que só exista uma imagem e não o próprio mundo. Mas este é exatamente o argumento daqueles que acham que, quando falo da imagem de Deus, eu acho que Deus não existe, *já que Ele é apenas uma imagem*.

Nossas imagens são geralmente imagens de *alguma coisa*, e mesmo as delusões são "imagens" de alguma coisa, conforme ficou demonstrado cabalmente pela psicologia moderna. Se eu, por exemplo, imaginar um animal que não existe em nossa realidade, crio o quadro de uma entidade mitológica e sigo o procedimento milenar de nossos antepassados que imaginavam bestas fantásticas e "animais doutores". Eu estou funcionando dentro do quadro de um arquétipo. E estou fortemente influenciado por ele neste caso. (O arquétipo tem eficácia.) Mas, ainda que possamos estar quase certos de que tais animais não existem na realidade física, há uma causa real que motivou a criação do dragão. A imagem do dragão é sua expressão.

A imagem de Deus é a expressão da *experiência subjacente de algo* que eu não posso atingir por meios intelectuais, isto é, pelo conhecimento científico, a não ser que cometa uma transgressão injustificável.

Quando digo que não preciso crer em Deus porque eu "sei", quero dizer que sei da existência de imagens de Deus em geral e em particular. Eu sei que é assunto de experiência universal e, como não sou exceção, sei que também tenho tal experiência que eu chamo Deus. É a experiência de minha vontade contra uma outra vontade, muitas vezes mais forte, que cruza meu caminho com resultados aparentemente desastrosos, colocando ideias estranhas em minha cabeça e manobrando meu destino às vezes para uma direção indesejável ou dando-lhe desvios inesperadamente favoráveis, sem meu conhecimento ou intenção. A força estranha contra ou a favor de minhas tendências conscientes me é bem conhecida. E por isso eu digo: "Eu sei". Mas por que chamar este algo "Deus"? Eu perguntaria: "Por que não"? Sempre foi chamado "Deus". Um nome excelente e muito apropriado. Quem poderia dizer em sã consciência que sua vida e destino foram obra exclusiva de seu plano consciente? Temos nós um quadro completo do mundo? Milhões de condições estão na verdade além de nosso controle. Em várias ocasiões nossas vidas poderiam ter tomado um rumo bem diferente. As pessoas que acreditam que dirigem seu destino são em geral escravas dele. Um Hitler ou um Mussolini podiam acreditar que dirigiam seu destino. *Respice finem*[2]. Eu sei o que quero, mas tenho dúvidas e incertezas se o Alguma Coisa é da mesma opinião ou não[3].

Espero ter conseguido explicar a confusão.

Sincerely yours,
(C.G. Jung)

1. No dia 22 de outubro de 1959, no âmbito da série "Face-to-Face" da BBC de Londres, foi apresentada na televisão uma entrevista com Jung. O entrevistador, John Freeman, faz a Jung a pergunta se ele acreditava em Deus. Após curta hesitação Jung respondeu: "I don't need to believe, I know". Esta resposta provocou uma enxurrada de cartas e foi muito discutida na imprensa inglesa. Mr. Brooke enviou a Jung algumas cartas de leitores, publicadas no jornal dominical de Londres, *The Observer*, entre as quais uma do nome mencionado por ele no início desta carta, Maurice Richardson (25.10.1959). Era uma carta bem crítica que perguntava pelo sentido da resposta de Jung. Cf. também carta a Burnett, de 05.12.1959 e Leonard, de 05.12.1959.

2. Pondere a finalidade.

3. O último parágrafo em A. Jaffé, *Der Mythus vom Sinn im Werk von C.G. Jung*, Zurique, 1967.

To Hugh Burnett
The British Broadcasting Corporation
Londres

05.12.1959

Dear Mr. Burnett,

Recebi tantas cartas sobre minha afirmação "eu sei" (I know), referindo-me a Deus[1], que escrevi uma resposta a um homem cuja carta me pareceu especialmente bem articulada neste sentido (junto segue uma cópia[2]). Expliquei minha opinião sobre "conhecimento de Deus". Sei que é uma maneira não convencional de pensar e entendo perfeitamente se ela dá a entender que não sou cristão. Mas eu me julgo cristão, pois me baseio totalmente em conceitos cristãos. Apenas tento fugir de suas contradições internas, introduzindo uma atitude mais modesta que leva em consideração a imensa escuridão da mente humana. A ideia cristã prova sua vitalidade através de contínua evolução, como acontece no budismo. Nosso tempo reclama sem dúvida alguns pensamentos novos neste sentido, pois não podemos continuar pensando de modo antigo ou medieval no tocante à esfera da experiência religiosa.

Muito obrigado pelas belas fotografias. Faz bem à autoeducação ver alguma inegável evidência de estupidez na expressão facial.

Yours sincerely,
(C.G. Jung)

1. Cf. carta a Brooke, de 16.11.1959, nota 1.
2. Trata-se da carta a Leonard (05.12.1959) que, juntamente com esta carta a Burnett, foi publicada em *The Listener*, Londres, 21 de janeiro de 1960.

To Mr. Leonard
King's College
Newcastle upon Tyne/Inglaterra

05.12.1959

Dear Sir,

Com sua maneira característica, o senhor Freeman lançou-me a pergunta[1], a que o senhor se refere, de modo surpreendente, e eu fiquei perplexo por um momento e disse a primeira coisa que me veio à mente. Assim que a resposta ultrapassou o "limite de meus dentes" percebi que havia dito algo controvertido, embaraçoso e inclusive ambíguo. Por isso fiquei à espera de cartas como a sua. Note bem que eu não disse: "Há um Deus". Eu disse: "Eu não preciso crer em Deus, *eu sei*". Isto não significa que eu sei de um certo Deus (Zeus, Alá, Javé, Deus-trino etc.), mas antes que eu sei que sou confrontado obviamente com um fator desconhecido em si mesmo, que eu chamo "Deus" *in consensu omnium (quod semper, quod ubique, quod ab omnibus creditur)*[2]. Eu me lembro dele, eu o invoco sempre que uso seu nome, tomado de angústia ou medo, sempre que digo involuntariamente "meu Deus". Isto acontece quando encontro alguém ou alguma coisa mais forte do que eu. É um nome adequado para todas as emoções dominadoras em meu próprio sistema psíquico, que subjugam minha vontade consciente e usurpam o controle sobre mim. Este é o nome que dou a todas as coisas que atravessam de maneira violenta e temerária o meu caminho voluntariamente traçado, a todas as coisas que frustram meus pontos de vista subjetivos, meus planos e intenções e que mudam o curso de minha vida para melhor ou pior. De acordo com a tradição, chamo "Deus" o poder do destino neste aspecto positivo ou negativo, ainda mais que sua origem está além de meu controle; chamo-o de um "Deus pessoal", pois meu destino significa na verdade eu mesmo, sobretudo quando aquele poder se aproxima de mim, na forma da consciência, como a *vox Dei* com a qual posso até mesmo conversar e discutir. (Nós agimos e, ao mesmo tempo, sabemos que agimos. Somos ao mesmo tempo sujeitos e objetos.)

Contudo, consideraria intelectualmente imoral admitir que minha concepção de Deus fosse igual à do Ser universal e metafísico das confissões ou "filosofias". Não cometi a impertinência de uma *hipóstase* e não me atrevi a uma qualificação arrogante como: "Deus só pode ser bom". Só minha experiência pode ser boa ou má, mas sei que a vontade superior se baseia num fundamento que transcende a imaginação humana. Desde que *sei* de minha colisão com uma vontade superior no meu próprio sistema psíquico, eu *sei de Deus*, e se eu ousasse a hipóstase ilegítima de minha imagem, eu diria que sei de *um Deus para além do bem e do mal*, que mora em mim como em toda outra parte: *Deus est circulus cuius centrum est ubique, cuius circumferentia vero nusquam*[3].

Espero ter respondido à sua pergunta.

I remain, dear Sir,

Yours sincerely,
(C.G. Jung)

1. A pergunta foi: "Do you believe in God"? Cf. carta a Brooke, de 16.11.1959, nota 1.
2. O que é crido sempre, em toda parte e por todos. Cf. carta a destinatário não identificado, de 06.01.1943, nota 2.
3. Cf. carta a Frischknecht, de 08.02.1946, nota 8.

Ao Dr. med. Ernst Jung
Winterthur

30.12.1959

Prezado primo!

Finalmente consigo saldar minha dívida de gratidão. Muito obrigado pelas duas fotografias do retrato do meu bisavô[1]; elas apresentam uma semelhança bem nítida com nossa família, ao menos na minha opinião. Em contraste com meu avô C.G. Jung[2], parece ter sido um introvertido, o que certamente concorreu para a discórdia entre pai e filho e provavelmente para o problema matrimonial entre Sofia, nascida Ziegler, e Franz Ignaz. A conversão de meu avô parece ter acontecido sob a influência de Schleiermacher[3]. Muito obrigado pela fotografia Reimer-Jung[4]. A tia

Ana conservou sua beleza até à velhice. Tinha um ar aristocrático, temperamento e inteligência vivazes e olhos fulgurantemente azuis. Sempre enfeitava meus natais com "pão de mel". Eu a visitei em 1900 em Stuttgart e nesta ocasião conheci o tio Reimer, um psiquiatra.

Li com grande interesse o livrinho sobre G.A. Reimer[5]. A doença psíquica de Sofia Jung-Ziegler me absorveu de novo. Os únicos documentos a respeito são algumas cartas em meu poder. A caligrafia não indica sinais de esquizofrenia, mas percebe-se em todo seu caráter certa confusão emocional como nos casos de melancolia psicógena. A relação cordial de meu avô com ela é uma total contraindicação da esquizofrenia. Indica muito mais uma firme relação mãe-filho que, por sua vez, é ocasião de discórdia com o marido. As irmãs Ziegler foram personalidades artísticas bem atraentes que fizeram muito pelo Teatro Mannheim ao tempo da memorável première da peça *Die Räuber*, de Schiller. Naquele tempo também não era impossível uma transferência para Goethe; poderia mesmo ter prejudicado seu casamento com Franz Ignaz e dado ocasião a todo tipo de boatos[6], a não ser que houvesse uma contaminação com Marianne Willemer, nascida *Jung*. Um estudo do retrato de Franz Ignaz torna plausível sua ancestralidade. Estou devolvendo a foto Reimer-Jung, mas gostaria de ficar um pouco mais com o livro sobre G.A. Reimer, porque desejaria fazer cópia de algumas passagens referentes a meu avô.

Estou me recuperando aos poucos do muito trabalho e dos incômodos do Föhn (vento do sul dos Alpes) que dessa vez me atingiu mais do que nos anos anteriores.

Com renovados agradecimentos e com todos os meus melhores votos de um ótimo ano-novo para você e para sua esposa, permaneço de coração,

Seu primo
Carl

1. Franz Ignaz Jung, 1759-1831, médico em Mainz e Mannheim.

2. O avô de Jung, C.G. Jung, 1794-1864, professor de Medicina na Universidade da Basileia. Cf. *Memórias*, p. 342s.

3. Sob a influência de Schleiermacher, o avô de Carl Gustav Jung passou para o protestantismo. Cf. carta a Corbin, de 04.05.1953.

4. Anna Reimer-Jung, "Tia Ana", filha do primeiro casamento do avô de Jung, Carl Gustav com Virginie, nascida de Lassaulx (1804-1840). Casou-se com o psiquiatra Dr. Hermann Reimer, filho do editor e livreiro Georg Andreas Reimer.

5. Dr. Hermann Reimer, *Georg Andreas Reimer, Erinnerungen aus seinem Leben, insbesondere aus der Zeit der Demagogen-Verfolgung*. Publicado por Georg Reimer, Berlim, 1900.

6. Tratava-se do boato de que o avô de Jung, Carl Gustav, fosse filho ilegítimo de Goethe com Sophie Jung, nascida Ziegler, casada com Franz Ignaz.

Pormenores sobre as pessoas mencionadas nesta carta estão em "Dados sobre a família de C.G. Jung", em *Memórias*, p. 342s.

Ao Prof. Eugen Böhler
Zollikon-Zurique

Bollingen, 01.01.1960

Prezado Senhor Böhler,

Minha primeira carta neste novo ano, que abre nova década, deve ir para você, meu prezado amigo. Ela quer levar-lhe minhas saudações, mas também meus votos cordiais não só pelo novo ano, mas também pela nova época de 1960-1970 que agora começa e no seio da qual estão depositadas as esperanças negras e claras de nosso destino incerto. O destino da década que passou foi pródigo comigo. Ele me presenteou com todo tipo de coisas pesadas: a morte de bons amigos e a perda mais dolorosa ainda de minha esposa, o fim de minha atividade científica e os incômodos da idade avançada, mas também muitas honrarias e sobretudo sua amizade que eu aprecio tanto mais quanto há homens que parecem não me suportar com o passar do tempo. Como não atribuo a mim a semelhança com Deus para fazê-los diferentes do que são, devo colocar inteiramente na minha conta o referido fato e encompridar minha sombra de acordo com ele. A compreensão e interesse que o senhor sempre me demonstrou serviram para restaurar em grande medida a autoconfiança abalada em boa parte pela luta constante com contemporâneos difíceis. Não é pouca coisa quando se recebe a feliz prova de que a gente pode ser "possível" de alguma forma e de que se produziu alguma coisa, cujo sentido alguém, independentemente de mim, conseguiu perceber. Ser conhecido, ou mesmo "famoso", pouco significa quando se sabe que aqueles que têm meu nome em suas bocas não têm no fundo ideia alguma do que se trata. A satisfação de saber que somos essencialmente póstumos é efêmera. Por isso sua amizade me é tão cara e minha velhice tão bem-vinda, pois me trazem a prova viva de que não caí fora do âmbito da humanidade e entrei no campo impreciso das curiosidades. Que esta carta seja a expressão sincera de minha gratidão por tudo de bom que fez por mim. Ainda que os anos e dias passem mais depressa do que antes, espero que o novo ano traga um pouco mais de luz e calor.

Seu sempre devotado
C.G. Jung

A Walther e Marianne Niehus[1]
Küsnacht-Zurique

03.01.1960

Prezado Walther e querida Marianne!

Por ocasião do novo ano e ao início da nova década quero concentrar-me, nesta quietude de Bollingen, para recordar tudo o que fizeram por mim no ano que passou.

Não posso deixar passar a oportunidade de agradecer de coração e dizer que sua atitude prestativa causou em mim profunda impressão. Na balbúrdia de Küsnacht raramente ou nunca posso concentrar meus pensamentos sobre mim mesmo e então expressá-los por escrito. Mal uma coisa termina, outra já começa em seu lugar. Mas aqui é como nos anos de minha juventude, quando o tempo era tão longo que a gente podia perguntar-se: O que posso fazer agora? Agora tenho tanto lazer que posso recordar e fazer desfilar o passado diante de meus olhos.

Além dos fardos pesados que o capricho cego do destino nos impôs, surgem quadros amáveis e felizes que me enchem de terno sentimento de gratidão para com vocês. Queria que vocês soubessem disso.

Com os melhores votos para o Ano-novo,
Seu pai

1. Walther Niehus, nascido em 1902, arquiteto, marido da filha de Jung, Marianne, falecida em 1965. Cf. carta a ela, de 01.07.1919.

À Emma von Pelet
Moscia-Ascona

06.01.1960

Prezada e digna senhora,

Muito obrigado por sua gentil carta que me lembrou de que faz muito tempo que nada ouço da senhora.

Meus parabéns pelos êxitos em suas interessantes tarefas.

Quanto a mim, não planejo nova publicação e nada tenho em andamento. Parece que a senhora foi atingida pelos boatos de que escrevo minha biografia. Sempre jurei a mim mesmo que nunca escreveria uma autobiografia, mas saí um pouco chamuscado disso, pois a Senhora Jaffé está escrevendo uma biografia minha, e eu dei algumas contribuições. Por isso nada mais tenho a ver com o caso e estou na vantajosa posição de deixar que os outros quebrem a cabeça e usufruir do *otium cum dignitate*, como convém à minha idade avançada. Se tudo correr como espero, não serei importunado por mais nenhuma ideia nova e poderei retirar-me de coração sereno para plagas protegidas por nuvens de sonhos.

Com meus votos de Feliz Ano-novo também à Senhora Von Keller, permaneço

Sinceramente seu
C.G. Jung

To Hugo Charteris[1]
Murthly, Perthshire/Inglaterra

Bollingen, 09.01.1960

Dear Mr. Charteris,

O senhor acertou em cheio ao mencionar "Sócrates como compositor de música"[2]. A história começa com seu *daimon* sussurrando em seu ouvido: "Você deveria fazer mais música, Sócrates!" Depois disso o bom, velho e bem-intencionado Sócrates foi comprar uma flauta e começou exercícios lamentáveis. Ele certamente entendeu mal o conselho, mas de maneira bem característica que me fez lembrar seu irmão mais velho em espírito, Confúcio, que declara enfaticamente em seu comentário ao *I Ching*: "Grande é o *I Ching*!" O *I Ching* está sempre correto, mas uma vez apenas ele disse algo que Confúcio não entendeu. O hexagrama dizia "Bi, o charme"[3]. Isto não pode ser, pensou Confúcio. Sua pedagogia o havia confundido[4] e ele não podia aceitá-lo, mesmo sabendo que "forças espirituais movimentam as hastes"[5]. Mas Sócrates foi maior, deu ouvidos ao seu *daimon* e comprou uma flauta. Apesar de sua maiêutica (arte da parteira)[6], obedeceu humildemente à suave voz do interior, entendendo-a literal e concretamente como uma pessoa moderna. O *daimon* significou "música", a arte do sentimento, em oposição à sua constante preocupação com a "ratio" da idade adolescente, o problema de seu homossexual Platão. Onde estava sua *anima*? Obviamente em Xantipa e escondida em seu *daimon*, evidentemente um neutro. Ele também a encontrou uma vez em Diotima, sem tirar conclusões que não fossem as piores. Pois é, ele viveu numa época em que a oscilante pólis ainda precisava da massa homossexual[7]. Mas ao menos nos mostrou a única coisa valiosa: "Para o inferno com o mundo-ego! Escute a voz de seu *daimon*. Ele tem a palavra agora, não você".

Com o existencialismo, nossas palavras acabam em total falta de sentido, nossa arte termina em total inexpressividade e nosso mundo adquiriu os meios de nos explodir em poeira cósmica. Mas quem escuta o *daimon*? *Nós* falamos, mas *ele* não diz nada; ele nem mesmo existe; e, se existisse, não passaria de um erro patológico. A "ingenuidade" de Sócrates é sua grandeza que supera a nossa. Sua humildade é um ideal que ainda não atingimos. Consideramos seu *daimon* como uma peculiaridade individual, se não algo pior. Estas pessoas, diz Buda, "após sua morte chegam ao caminho errado, seguem a direção errada para a profundeza, ao mundo infernal". Não estamos muito longe disso.

Cordial greetings!

Yours sincerely,
C.G. Jung

P.S. Se seu caminho o levar outra vez à Suíça, ficaria feliz em vê-lo.

1. Hugo Charteris, 1928-1970, escritor inglês.
2. No *Fedon*, de Platão, fala-se do sonho de Sócrates: "Tive várias vezes o mesmo sonho em que me aparecia a vida passada, ora de uma forma, ora de outra, e me dizia: Ó Sócrates, faça e pratique música" (na tradução de F. Schleiermacher).
3. Trata-se do hexagrama 22 do *I Ching*: "O charme" (Bi). No comentário de Richard Wilhelm lê-se, entre outras coisas: "Este hexagrama mostra a beleza em repouso [...], o repouso da pura contemplação [...]. Mas através da pura contemplação a vontade não é levada definitivamente ao repouso [...]. Por isso, este ainda não é o verdadeiro caminho para a salvação. Por esta razão Kungtse sentiu-se muito desconfortável quando recebeu o hexagrama 'Charme' por ocasião de uma conversa".
4. Confúcio e Sócrates "disputam a primazia em questões de racionalidade e pedagogia, mas é difícil dizer que se tivessem preocupado em cuidar da 'barbicha', como aconselha a segunda linha do hexagrama. Infelizmente, acontece muitas vezes que a razão e a pedagogia nada têm de 'charmoso' e é por isto que não se pode dizer que neste caso o oráculo esteja necessariamente errado" (De "Prefácio ao I Ching", OC, vol. XI, par. 994).
5. A resposta oracular do *I Ching*, isto é, o hexagrama indicado, acontece através de um processo de divisão mais ou menos aleatório de 50 hastes de uma planta, dando assim espaço ao irracional, às "forças sobrenaturais".
6. No diálogo de Platão, *Teeteto*, Sócrates designa seu método de interrogação insistente e aprofundado de seus alunos como *maieutiké* (arte da parteira). Sua mãe Fainarete havia sido parteira.
7. Cf. OC, vol. X, par. 203 e *Memórias*.

Ao Dr. J.A.F. Swoboda
"Wellcare"
Londres

23.01.1960

Prezado Doutor,

A tuberculose[1] já me interessou antigamente, à época de meu experimento de associações[2], como doença possivelmente psíquica, pois havia observado que reações devidas a complexos causavam frequentemente uma diminuição mais longa do volume de respiração. Esta inibição causa uma ventilação deficiente das pontas dos pulmões e provoca eventualmente uma infecção. A respiração superficial devida a complexos se caracteriza por inspirações profundas (suspiros) que se repetem com frequência. Também observei que bom número de meus pacientes neuróticos, que eram ao mesmo tempo tuberculosos, uma vez "libertos" de seus complexos pelo tratamento psicoterapêutico, aprenderam a respirar corretamente de novo e, com o tempo, ficaram curados. Chamei por isso jocosamente a tuberculose de "doença pneumática", porque a libertação da psique significava uma mudança profunda na atitude mental.

Sou, portanto, inteiramente favorável à sua opinião de que não apenas aos doentes de tuberculose, mas a muitos outros pacientes e, inclusive, aos normais, deveria ser administrada uma salutar dose de psicologia. Mas o "como" dessa administração é um problema cabeludo, pois há falta de pessoal, sobretudo pessoal médico para realizar esta operação. As universidades são visceralmente contra e não animam os jovens a adquirir conhecimentos psicológicos, pois os próprios professores não os têm. É perfeitamente compreensível que não se possa adquirir esses conhecimentos, uma vez que se evita fazê-lo com afinco.

Pode-se aplicar qualquer método na medicina sem por ele ser influenciado pessoalmente. Na psicologia isto é impossível, pois aqui se trata do entendimento dialético entre duas personalidades. Dar conferências, fazer prescrições, incutir conhecimentos, todos esses procedimentos comuns na universidade não valem nada aqui. A única coisa que realmente vale é o autoconhecimento e a mudança que daí decorre da atitude mental e moral. Há bem poucas pessoas dispostas a assumir uma tarefa aparentemente ingrata para o bem de seus semelhantes e, além disso, encontram o preconceito e a desconfiança das organizações e instituições oficiais. Seria preferível uma ciência sem a pessoa humana para esquecer completamente que a psique individual é a verdadeira fonte de toda ciência. Sob este aspecto, qualquer organização que apresente como proposta métodos coletivos me parece imprópria, porque corta o galho em que está sentada. Em última análise, o efeito salutar só pode ocorrer de pessoa a pessoa. Contudo, muita coisa já se teria conseguido se tivesse sido possível corrigir o intelectualismo, o racionalismo e os preconceitos daí provenientes, de modo que se criasse um clima mais propício ao enfoque psicológico. Eu fiz o máximo possível nesse sentido e agora, nos meus 85 anos, não sou mais o homem indicado para assumir esta tarefa hercúlea[3].

Com elevada consideração,

Sinceramente seu
(C.G. Jung)

1. Dr. med. J.A.F. Swoboda, diretor de uma clínica de Londres, informou Jung sobre observações que fez sobre fatores psíquicos na tuberculose.

2. Cf. "Estudos diagnósticos de associação", de Jung, Leipzig, 1906-1909; OC, vol. II.

3. O Dr. Swoboda havia pedido a Jung que apoiasse a fundação de uma organização internacional para pesquisa da tuberculose.

To the Mother Prioress of a Contemplative Order
Inglaterra

06.02.1960

Reverend Mother Prioress,

Foi muita gentileza sua dar-me notícias de Victor White, mesmo que sejam piores do que eu esperava. Suponho que na operação foi detectado um tumor maligno. Esperemos que pela graça de Deus e pela ajuda humana do médico seja aliviada sua passagem desta vida.

Meus sonhos me preveniram dessa virada inesperada. As últimas notícias que tive dele eram bem mais alentadoras, de modo que eu não esperava uma piora de seu estado. Sou-lhe profundamente grato por me dizer a verdade. A senhora esclareceu vários pontos do que observei e experimentei recentemente. Como há poucas pessoas capazes de entender as implicações mais profundas de nossa psicologia, eu nutri a esperança, aparentemente vã, de que o Padre White levaria adiante a *opus magnum*. Mas é curioso que a maioria das pessoas inteligentes que eu conheci e que começaram a desenvolver uma compreensão incomum chegaram a um fim inesperado e antes do tempo[1]. Parece que apenas aqueles que estão relativamente perto da morte são sérios ou maduros o suficiente para entender alguma coisa de essencial em nossa psicologia, como alguém que, para superar um obstáculo, procura uma escada.

É uma triste verdade sabermos tão pouco sobre os aspectos mais importantes de nossa vida. Se o Padre White recuperar a consciência, diga-lhe que tive notícias dele e que me lembro sempre dele.

Yours devotedly,
C.G. Jung

1. Jung nunca assimilou totalmente a morte prematura de pessoas próximas a ele como Richard Wilhelm, Heinrich Zimmer, Erich Neumann e Wolfgang Pauli.

Ao Prof. Karl Schmid
Bassersdorf-Zurique

09.02.1960

Prezado Professor,

Muito obrigado por sua amável carta!

Será evidentemente grande honra para mim se quiser dedicar-me seus ensaios sobre Goethe e Schiller[1]. Agradeço-lhe de coração. Estou curioso para ver o que o senhor entende por "complemento".

O senhor é muito modesto! Na verdade o senhor cria imagens e pontos de vista que se mostram úteis para algumas de minhas ideias. Isto me dá grande satisfação porque sempre me interessou saber se meus pontos de vista concordavam com a vida ou não. Em caso afirmativo, eles continuam a existir e exprimem algo da vida. Se alguma coisa já me espantou foi a conceituação da morte.

Com renovado agradecimento,
C.G. Jung

1. Karl Schmid, *Geheimnis der Ergänzung*, Zurique, 1960, "Carl Gustav Jung gewidmet" (dedicado a Carl Gustav Jung).

Ao Prof. Eugen Böhler
Zollikon-Zurique

25.02.1960

Prezado amigo!

Já é hora de lhe dar notícias minhas. Estou novamente em condições de poder escrever cartas. No dia 23 de janeiro sofri um pequeno infarto, seguido de um leve espasmo cardíaco. Fui obrigado a 4 semanas de prisão domiciliar com proibição de qualquer atividade mental, isto é, de concentração ativa. Isto não me impediu de ler textos budistas (um plano meu antigo), cujo conteúdo deixei fermentar dentro de mim. Pelo meu isolamento saí por assim dizer do mundo e entabulei conversas não com pessoas de hoje, mas com vozes que desapareceram há muito tempo. Na minha volta ao século XX percebi que não havia ouvido nada de você. Por isso quis fazer-me notar, pois fui eu que saí do presente e fui transportado para perto do Bardo, o que sempre acontece quando ouço um bem claro *memento mori*.

Agora já estou tão bom, que neste sábado irei a Lugarno, na esperança de um belíssimo sol e de dias tranquilos.

Esperando revê-lo na minha volta para casa, permaneço

Seu fiel amigo,
C.G. Jung

To Father Victor White
Oxford

25.03.1960

My dear Victor,

Mesmo que esteja na situação de Jó sofredor[1], não quero fazer o papel de seus amigos, nem do sábio Eliú. Com toda humildade sugiro que aplique sua interpretação pessoal[2] à sua própria pessoa e ao seu próprio caso e não à desconhecida pessoa de Jó. Então poderá ver como isto atua sobre o senhor e também sobre mim – se puder me apresentar como indivíduo.

Jó é o respeitável hebreu de seu tempo. Ele observa a lei e, por força da aliança, seu Deus deve fazer o mesmo. Digamos que Jó seja neurótico, o que se pode facilmente presumir de alusões do texto: sofre de lamentável falta de visão de sua própria dissociação. Ele sofre uma espécie de análise quando segue, por exemplo, o sábio conselho de Eliú; o que ele quer ouvir e o que quer saber são os conteúdos descartados de sua mente subconsciente, de sua sombra, mas não a voz divina, como pondera Eliú. O senhor insinua levemente que também eu cometo o mesmo erro de Eliú, recorrendo antes de tudo a arquétipos e omitindo a sombra[3]. *Não se pode evitar a sombra*, a não ser que se fique neurótico; e, enquanto se é neurótico, a sombra é omitida. A sombra é o empecilho que nos separa mais eficazmente da voz divina. Por isso Eliú, apesar de sua verdade fundamental, faz parte daqueles junguianos que, como o senhor diz, evitam a sombra e procuram os arquétipos, isto é, os "equivalentes divinos" que nada mais são do que fugas camufladas, segundo a teoria personalista.

Se Jó conseguir engolir sua sombra, ficará profundamente envergonhado do acontecido. Ele verá que só deverá acusar a si mesmo, pois foi sua complacência, sua honestidade, sua crença literal etc. que trouxeram todos os males sobre ele. Ele não viu suas imperfeições, mas acusou Deus. Certamente cairá num abismo de desespero e sentimento de inferioridade, seguido, se ele sobreviver, de profundo arrependimento. Duvidará inclusive de sua sanidade mental: de que ele, em sua vaidade, tenha causado uma agitação emocional, inclusive uma delusão de interferência divina – obviamente um caso de megalomania.

Depois dessa análise estará menos inclinado do que nunca (a pensar) que escutou a voz de Deus. Será que Freud, com toda sua experiência, nunca chegou a semelhante conclusão? Se Jó deve ser considerado um neurótico e interpretado do ponto de vista personalista, então terminará onde termina a psicanálise, isto é, na desilusão e resignação, lá onde terminou seu criador.

Como achei este resultado insatisfatório e também injustificável do ponto de vista empírico, sugeri a hipótese dos arquétipos como resposta ao problema levantado pela sombra. Esta ideia aparentemente desordenada, também favorecida, mas produzida no momento errado pelo sábio Eliú, é uma *petra scandali* da pior espécie. Em minha ingenuidade imaginei que fosse algo melhor do que simples desespero e resignação, também algo mais verdadeiro que mero racionalismo e irreflexão. Sua crítica agressiva me atingiu pela retaguarda. É tudo.

Não se preocupe. Penso no senhor numa amizade sem fim. *Ultra posse nemo obligatur*[4]. Peço perdão, como deve fazê-lo quem foi causa de escândalo e afronta.

É difícil não ser esmagado pela inexorável verdade: *Le Vray en forme brute est plus faux que le faux*, ou: a montanha que alguém levantou torna-se sua tumba mortal.

My best wishes in every respect!

Yours ever,
C.G.

Postscriptum. Tive uma leve embolia no coração, cujas consequências me mantiveram em casa por 4 semanas. Por sua carta percebo que publicou um novo livro *Soul and Psyche*[5], mas nem eu, nem minha secretária vimos um exemplar. Eu estaria muito interessado em conhecer sua opinião sobre as complicações da terminologia psicológica neste campo, discutido pelo empirismo de um lado e pela metafísica de outro.

Se tivesse conhecido a mulher de Mr. X. (como eu a conheci), o senhor teria sabido tudo a seu respeito. Quando João Hus, amarrado ao poste, viu uma pequena e velha mulher trazendo um último feixe de lenha ao monte, disse: *O sancta simplicitas*!

1. Em 18.03.1960, o Padre White escreveu a Jung sobre uma cirurgia a que se submetera de um tumor maligno. Cf. carta à Madre Prioresa, de 06.02.1960.

2. Numa recensão ao livro de Jung *Psychology and Religion* (Coll. Works II), em *The Journal of Analytical Psychology*, IV: 1 (janeiro de 1959), o Padre White fez severas críticas a *Resposta a Jó*. Segundo sua opinião, para entender o livro bíblico de Jó e sua figura de Deus, precisaríamos partir da personalidade neurótica e dividida de Jó.

3. Na mesma recensão escrevia o Padre White: "(can we) legitimately transfer our personal splits and ills to our gods and archetypes, and put the blame on them? [...] or are the critics right who consider that Jungians have become so possessed by archetypes that they are in danger of abandoning elementary personal psychology altogether?"

4. Ninguém está obrigado a fazer mais do que o possível.

5. Londres, 1960. A edição alemã: V. White, *Seele und Psyche. Theologie und Tiefenpsychologie*, Salzburgo, 1964.

To the Mother Prioress of a Contemplative Order
Inglaterra

26.03.1960

Reverend Mother,

Muito obrigado por suas notícias sobre o Padre Victor! Estou chocado com o golpe do destino que o atingiu. Segundo a experiência e conhecimento da ciência médica, o veredicto parece ser definitivo, mas, para fazer jus à sua fé, devo dizer que conheço (e eu pessoalmente vi) alguns casos semelhantes em que ocorreu uma recuperação aparentemente miraculosa. Há uma probabilidade de 1 : 10 de cura.

Eu partilharia sua fé inabalável se não me perturbasse o pensamento de que esta vida terrena não é a suprema, mas sujeita aos decretos de um plano superior. Tento aceitar a vida *e* a morte. Se não estiver disposto a aceitar uma ou outra, haveria de interrogar-me sobre os meus motivos pessoais.[...] É a vontade de Deus? Ou é o desejo do coração humano que recua assustado diante do vazio da morte? [...]

Deveríamos ter não só uma compreensão mais ou menos completa de nós mesmos, mas também da maneira como estamos relacionados com os nossos semelhantes e de sua natureza. Nossa liberdade moral chega tão longe quanto nossa consciência; ela nos liberta da compulsão e dependência. Nas situações extremas da vida e da morte, a compreensão total e visão profunda são da maior importância, do mesmo modo que é indispensável para nossa decisão ir ou ficar e deixar ir ou deixar ficar.

Depois que recebi sua carta, soube que contaram a verdade a Victor White (o que desejei que fosse feito) e, pelo que soube, o efeito foi para melhor.

Existe algo assim como *tempus maturum mortis* (um tempo maduro para morrer) e cabe a nós satisfazer suas condições.

Sincerely yours,
C.G. Jung

À Margaret Sittler
Nova York

29.03.1960

Prezada e digna senhora,

Muito me alegrei por receber da senhora notícias tão interessantes[1]. Como acontece com todo autor, a gente não vive apenas de ar e pão, mas precisa de vez em quando de um incentivo moral.

Infelizmente sou pouco versado nas belas-letras inglesas, pois a língua inglesa só veio até mim num tempo em que a ciência já se havia apoderado de mim. Na minha juventude a literatura francesa estava bem mais próxima e o "inglês" estava longe e era estranho. Vinham pelo mar pessoas da Inglaterra, mas eram tão diferentes dos franceses! Eram todos lordes ou excêntricos.

No que se refere à problemática, *Fausto* e Nietzsche me deram muito mais trabalho do que aquilo que eu conhecia da literatura inglesa. Nunca li no original o *Prometheus Unbound*, de Shelley, mas vou reparar esta omissão por ordem sua.

Ainda que não duvide que *Jó* se tenha tornado uma questão palpitante também para outras pessoas, parece que em nossos abençoados dias seu número é bem limitado, a julgar pelas reações que conheço a meu pequeno livro. O que ouvi do lado teológico me prepara um cantinho especial no inferno. Outros parece que pouco se interessam pelo assunto. A senhora é exceção, e a data de sua carta merece ser sublinhada em vermelho no calendário.

Com elevada consideração,

Sinceramente seu
(C.G. Jung)

1. A Senhora Sittler havia agradecido a Jung o livro *Resposta a Jó*. Trabalhava numa tese sobre o drama de Percy Bysshe Shelley, *Prometheus Unbound* (1819) e chamou a atenção de Jung para seu conteúdo simbólico e mítico.

A uma destinatária não identificada
Inglaterra

30.02.1960

Dear Mrs. N.,

Muito obrigado por sua gentil atenção[1]. O livro vai interessar-me muito; e também o que me contou sobre a "Buddhist Society" veio bem a propósito, pois estive estudando durante vários meses os sermões de Buda na Middle Collection do Cânon páli[2].

Eu tento chegar mais perto da admirável psicologia da figura de Buda, ou ao menos da personalidade que seus contemporâneos viam nele.

São principalmente as questões do carma e do renascimento que reavivaram meu interesse por Buda.

With my very best thanks, I remain,

Yours cordially,
(C.G. Jung)

1. A carta da destinatária não foi encontrada nos arquivos.

2. Cf. Jung, "Die Reden Gotamo Buddhos" (em OC, vol. XI, p. 646s.) para o prospecto de *Reden Gotamo Buddhos*, Zurique-Stuttgart-Viena, 1955 (transcrito do Cânon páli por Karl Eugen Neumann). O prospecto contém também palavras de Thomas Mann, Albert Schweitzer e Hermann Hesse sobre sua atitude com relação a Buda.

To His Excellency
Mr. Miguel Serrano, Ambassador of Chile[1]
Nova Délhi/Índia

31.03.1960

Dear Mr. Serrano,

Muito obrigado por sua interessante carta. Concordo com o senhor de que no nosso mundo ocidental melhor seria que as pessoas de visão e boa vontade se preocupassem com suas próprias "almas" do que pregar às massas ou tentar encontrar o melhor caminho para elas. Elas só fazem isto porque não conhecem a si mesmas. É uma triste verdade que a maioria daqueles que não sabem o suficiente para si queiram ensinar os outros, ainda que saibam que o melhor método de ensino é o bom exemplo.

É fato que a arte moderna está tentando acostumar o ser humano com um mundo cheio de obscuridades, mas os próprios artistas não sabem o que fazem.

O simples pensamento de que a humanidade deve dar um passo avante, alargar e diferenciar a consciência do ser humano, parece tão difícil que ninguém tem a coragem de fazê-lo. Cada progresso no desenvolvimento da psique humana foi pago com sangue.

Fico preocupado e atemorizado ao pensar nos meios de autodestruição que foram acumulados pelos importantes poderes do mundo. Enquanto isso cada qual ensina o outro e ninguém parece entender a necessidade de que o caminho para o progresso começa nele mesmo. Esta verdade é simples demais. Cada um procura organizações e técnicas, onde um pode seguir o outro e onde as coisas podem ser feitas com segurança em comum.

Gostaria de perguntar a Toynbee: Onde está sua civilização e onde está sua religião?[2] O que ele diz às massas ficará – temo eu – estéril, a não ser que se tenha tornado verdadeiro e real dentro dele. As meras palavras perderam em grande parte seu encanto. Foram deturpadas e mal-empregadas por muito tempo.

Espero com alegria e interesse por seu novo livro[3]. Desejo-lhe muita saúde.

I remain,

Yours sincerely,
(C.G Jung)

1. Miguel Serrano, nascido em 1917, foi por longos anos embaixador do Chile em Belgrado e, desde 1953, em Nova Délhi. Fez longas viagens até a Antártica, interessava-se pelo estudo dos mitos e na Índia estudou ioga. Obras, entre outras, *The Visits of the Queen of Sheba*, Asia Publishing House, 1960, com uma carta de Jung (14.01.1960) como prefácio (em OC, vol. XVIII). A presente carta (resposta à carta de Serrano, de 24.02.1960) está em M. Serrano, *El Círculo Hermético de Hesse a C.G. Jung*, 1966.

2. Na carta de 24.02.1960, Serrano informou a Jung sobre uma conversa que tivera com o historiador Arnold Toynbee (1889-1975) que havia dado uma conferência em Nova Délhi sobre "A World Civilization" e "A World Religion".

3. *The Visits of the Queen of Sheba*, Bombaim/Londres/Nova York, 1960.

A Walther Niehus
Küsnacht-Zurique

05.04.1960

Prezado Walther,

Gostaria de agradecer-lhe o interesse em minha chamada "autobiografia" e dizer-lhe mais uma vez que não considero este livro obra minha, mas expressamente como livro da autoria da senhora A. Jaffé. As partes que podem ser consideradas minhas[1] são uma contribuição ao trabalho da Senhora Jaffé. O livro aparecerá com o nome dela e não com o meu, pois não se trata de uma autobiografia redigida por mim[2].

Saudações cordiais de seu sogro
C.G. Jung

1. Cf. "Introdução" de A. Jaffé a *Memórias*.

2. Mais tarde Jung concordou com o título neutro: *Memórias, sonhos, reflexões de C.G. Jung*, compilação e edição de Aniela Jaffé.

To the Mother Prioress of a Contemplative Order
Inglaterra

29.04.1960

Reverend Mother,

Estou muito triste pelo fato de as notícias sobre Victor White serem tão ruins e o fim estar próximo. Se houver alguma possibilidade de lhe dar notícias minhas, ficaria agradecido se lhe dissesse que estou em paz com ele e que não se preocupe de modo algum[1]. Estou absolutamente convencido de sua lealdade sincera e humana. Lamento muito se o incomodei ao explicar-lhe as razões de minhas críticas. Na carta a ele, onde consta a explicação, falei que não levasse tudo tão a sério e que não se preocupasse. Não sei o que mais poderia ter dito para assegurar-lhe meus sentimentos de amizade. Se eu fosse jovem e pudesse confiar no meu físico, iria agora à Inglaterra para expressar-lhe minha afeição. Infelizmente, extravagâncias estão fora de cogitação. Assim, ficaria muito grato se lhe falasse desta minha carta à senhora.

Ele enviou-me seu novo livro[2] que começarei a ler a partir de agora (tive que acabar de ler outro antes[3]). Este livro dele me interessa muito, e pensei em escrever-lhe somente depois de ter acabado a leitura. Mas temo que isto demore bastante. Devido às circunstâncias atuais, talvez seja melhor que lhe escreva imediatamente.

Sincerely yours,
C.G. Jung

1. Cf. carta a V. White, de 25.03.1960.
2. V. White, *Soul and Psyche*, Londres, 1960. Edição alemã: *Seele und Psyche. Theologie und Tiefenpsychologie*, Salzburgo, 1964.
3. J. Rudin, *Psychotherapie und Religion*, Olten/Friburgo na Br. 1960. Cf. carta a Rudin, de 30.04.1960.

Ao Dr. Josef Rudin
Zurique

30.04.1960

Prezado Doutor!

Agora mesmo terminei a leitura de seu livro[1]. Eu o li com o maior interesse desde o começo até o fim, pois sempre foi desejo meu lançar uma ponte – ou, ao menos, ousar uma tentativa neste sentido – entre as duas disciplinas que assumem a responsabilidade prática pela *cura animarum*: a teologia e a psicologia médica. Por mais diverso que seja seu ponto de partida, ambas convergem na psique empírica do indivíduo humano. No lado protestante consegui alguma coisa com o Professor Hans Schär, de Berna; no lado católico encontrei extraordinária compreensão de sua parte, o que lhe agradeço de coração. O senhor circum-navegou com maestria o recife epistemológico e assim criou para a psicologia empírica um espaço vital na esfera da intelectualidade católica, num contraste louvável aos teólogos ingleses e franceses que desconhecem o problema epistemológico e por isso negam à psicologia empírica o direito à existência. O grande mérito de seu trabalho é que ele tornou possível que andássemos juntos outro bom pedaço de caminho para benefício mútuo, segundo creio. Nós dois estamos convencidos de que nossa época ameaçada precisa de uma iluminação psicológica e de alguém para dar o início, mas que sozinho não poderá fazê-lo. Por isso sua atitude positiva significa não só para mim, mas sobretudo para a boa causa um grande incentivo e um passo importante para frente.

A diferença de nosso *point de départ*, de nossos clientes e de suas necessidades espirituais implica uma diferença "exterior" de nossas metas. Sua orientação teológica se pauta pelos eixos de sua Igreja, enquanto eu me vejo forçado a seguir as linhas imprevisíveis do caminho da individuação e de seu simbolismo; isto é, onde o senhor fala especificamente de Cristo, eu, como simples empírico, devo empregar cautelosamente o termo *anthropos*, pois este possui uma história de mais de 5.000 anos como arquétipo. Este termo é menos específico como ideia e por isso mais apropriado para uso geral. Eu lido principalmente com pessoas que perderam sua cristianidade, ou nunca a tiveram, ou com adeptos de outras religiões, mas todos pertencentes à grande família humana. Eu jamais poderia aceitar a posição de um amigo teólogo que disse: "Os budistas não nos dizem respeito". No consultório médico eles nos dizem respeito sim e são dignos de merecer a mesma atenção dispensada ao ser humano em geral.

Entendo perfeitamente, pois, que o processo de individuação e seu simbolismo seja menos discutido pelo senhor do que por mim.

Mais uma pergunta: É num tom de leve censura (referente a *Resposta a Jó*) que o senhor diz que não levo em consideração a "teologia bíblica"? Se eu tivesse feito isto, teria escrito a partir do ponto de vista teológico, e o senhor teria toda a razão de me acusar de blasfêmia. Pelo lado protestante me foi feita acusação semelhante, de que não teria levado em consideração a crítica textual mais recente. Mas por que estes senhores não publicaram um Jó cuja leitura correspondesse a seus anseios? Eu sou um leigo e só disponho do texto de Jó (traduzido) como é servido ao público leigo, *cum consensu auctoritatis*. É sobre este Jó que o leigo medita e não sobre especulações de crítica textual, das quais nunca toma conhecimento e que não são relevantes para o espírito do meu livro.

Isto foi apenas uma digressão. Alegro-me deveras com a consonância que encontrei em seu livro, e espero que ele tenha grande divulgação.

Com meus efusivos agradecimentos,

Sinceramente seu
C.G. Jung

1. J. Rudin, *Psychotherapie und Religion*, Olten/Friburgo na Br. 1960. Esta carta foi publicada na segunda edição do livro em 1964.

To Father Victor White
Oxford

30.04.1960

My dear Victor,

Ouvi falar de sua doença[1] e teria gostado de ir à Inglaterra para vê-lo, mas devo cuidar da minha própria saúde e evitar todo excesso.

Prestes a completar 85 anos, estou realmente velho; minhas forças estão bem limitadas. Em fevereiro tive uma leve embolia cardíaca, e meu médico é muito severo.

Agradeço o belo presente de seu livro *Soul and Psyche*. É certamente um tema de larga discussão na "Auseinandersetzung" entre teologia e psicologia. Eu apenas comecei a lê-lo. Tive de terminar primeiro o livro de Josef Rudin, S.J., *Psychotherapie und Religion*. O pouco que li é sumamente interessante e prometedor; continuarei a estudá-lo com muita atenção.

Entrementes espero que não se aborreça com minha carta[2]. Quero assegurar-lhe minha leal amizade. Não esquecerei todas as coisas úteis que aprendi em nossas muitas conversas e com sua paciência comigo. Muitas vezes lamentei ter sido *petra scandali*. Mas é meu destino, não minha escolha, e eu tive de desempenhar este papel inconveniente. As coisas tinham que ser postas em movimento na grande crise de nossa época. Vinho novo exige odres novos. Não precisamos de outras grandes catástrofes – ao menos é o que me parece. A "cortina de ferro" é suficiente para demonstrar a enorme ruptura na "alma" (ou ψυχῇ) do ser humano moderno, mas a maioria de nós está dormindo. Há necessidade de algum barulho para acordar os adormecidos.

Saudações e votos cordiais![3]

Yours ever,
C.G.

1. Cf. carta à Mother Prioress, de 06.02.1960.

2. Cf. carta a Father White, de 25.03.1960.

3. No dia 8 de maio, Father White ditou uma resposta e agradeceu a Jung a "wonderful and conforting letter". Anexou outra carta do dia 6 de maio pela qual respondera à de Jung de 25 de março. Ali escrevia mais uma vez sobre a "strange misunderstanding – or non-understanding – [which] has arisen between us" e tentou pela última vez um esclarecimento de seus pontos de vista antagônicos. Ele acrescentou: "And such are our several conditions that it seems unlikely that we shall be able to meet and talk again in this world". A carta de 8 de maio termina assim: "May I add that I pray with all my heart for your well-being, whatever that may be in the eyes of God. Ever yours cordially and affectionately, sgn. Victor White". O Padre White morreu em 22.05.1960. No mesmo dia a Madre Prioresa escreve a Jung: "My dear Dr. Jung, Father Victor's beloved soul has returned to God. He died this morning between 11-12 a.m. from a sudden thrombosis. He was fully awake, and praying before he became unconscious, and they say he had no great pain..."

To Mrs. P.
Inglaterra

03.05.1960

Dear Mrs. P.,

Li sua carta com grande interesse. É verdade que certo tipo de resistência tem um efeito quase homicida, como se fosse um assalto físico. Parece até que o agressor não está plenamente consciente da violência do ataque, mas que ela está no ar ao redor dele. E assim o ataque não visa diretamente a ninguém, mas todos que estão nesta atmosfera ficam expostos a seu efeito violento. Quem por acaso estiver num estado mais debilitado será ferido, ao passo que o forte estará em condições de aparar o golpe. Isto será mais fácil se houver entre os presentes quem ofereça uma válvula de escape pela qual a intensidade da força maligna possa sair. Este acontecimento mostra sua força que me parece suficiente para lidar com situações incomuns. Se usada com sabedoria, será uma defesa poderosa. Mas não pense que é uma propriedade pessoal; é antes uma graça do que outra coisa.

My best wishes,

Yours sincerely,
(C.G. Jung)

A um destinatário não identificado
EUA

07.05.1960

Dear Sir,

Uma vez que sua carta não só me divertiu, mas também me instruiu, merece uma atenção especial[1]. É típica do leitor inteligente de hoje e segue a regra notável: nunca leia prefácios, introduções ou notas de rodapé; são enfeites desnecessários. É melhor começar pelo final ou, no máximo, no meio do livro. Assim já terá uma ideia de toda a tolice. Como eu fui burro em não perceber que a coisa era tão simples: *Deus é amor*. Isto basta, e toda a teologia pode ir para a cesta do lixo. A mineralogia são pedras; a zoologia, simples animais; a tecnologia, coisas que fazem funcionar; a mitologia, antigas fábulas sem sentido. Não sabia que as coisas eram tão simples para um cristão feliz. Realmente um evangelho, uma boa-nova! Para o inferno com todas as *logias*. Por que tanta preocupação com a história dos símbolos quando tudo é tão claro e pode ser resumido na curta fórmula "Deus é amor"? O senhor parece conhecê-lo. Eu sei bem menos de Deus, pois tudo o que poderia dizer desse supremo Desconhecido é, a meu ver, antropomorfismo arrogante.

Se tivesse dado uma rápida olhada no meu prefácio e introdução, teria percebido que meu livrinho não está nada interessado no que o senhor ou eu acreditamos sobre Deus, mas única e modestamente naquilo que a história dos símbolos tem a dizer sobre Ele. Não tendo percebido esta pequena diferença, o senhor entendeu mal toda a minha linha de pensamento, como se eu estivesse discutindo a natureza de Deus. Eu estou tratando de representações antropomórficas da divindade e andando pela lama do fundo do mar, como o senhor diz muito bem. Esta lama, porém, é a psique humana, como ela se apresenta há milhares de anos. Na condição de médico, preocupo-me com os sofrimentos do mundo e com suas causas e procuro ao menos fazer algum bem. Mas o senhor é um cristão feliz, bem acima do fundo lamacento, e exulta em sua maravilhosa confissão de que Deus é amor, a que ninguém dá ouvidos. O senhor se importa tão pouco com a "lama" que nem percebe aquilo que me preocupa. Eu devo ajudar a pessoa que está presa na lama. Para ajudar o sofredor, preciso compreender sua "lama". A recusa pretensiosa da loucura humana não vale para mim. É prerrogativa do senhor não interessar-se pelas pessoas, mas naquele seu amor que, como afirma, é Deus.

Mas o que dizer dele? Se o amor é seu valor máximo, como o aplica? Ele nem chega a ser um interesse compassivo pela lama insuportável em que está preso e sofre o ser humano. O cristão feliz nos diz como as coisas devem ser, mas toma cuidado para não tocar nas coisas como elas são. Elas são simplesmente deploráveis. Esta superioridade admirável é quase de causar inveja: deixar as coisas entregues a si mesmas e deixá-las contorcer-se em sua lama confortável.

Sim, o que dizer de seu amor? Na segunda página de sua carta o senhor diz: "Que direito tem Jó de lamentar-se perante Deus sobre a perda de simples coisas"? Caso for casado, pergunte à sua esposa como ela se sente em ser considerada como "simples coisa", um móvel, por exemplo, que alguém despedaça. Ela certamente apreciará tal amorosa compreensão. O uso involuntário de sua linguagem esclarece e denuncia o modo como funciona o seu "amor". Não é encantador?

O senhor nega o direito de alguém se lamentar perante Deus. A dor precisa perguntar se tem direito de lamentar-se em sua necessidade ou desespero? O cristão feliz não tem direito de lamentar-se diante de seu pai amoroso ou "Deus de amor" ou "Deus-amor" por um pouco de consideração ou paciência ou, ao menos, por mera justiça?

O "não direito" de Jó mostra seu ponto de vista legalista e superior, mas de nenhum sentimento humano.

Eu sou muito fraco e estúpido por considerar que certa porção de compreensão, humildade, amor e sentimento são indispensáveis para entender a alma humana e sua lama miserável, isto é, o limo e o lodo em seu fundo que parecem desaparecer quando se olha das velhas fábulas para as vistas agradáveis da "realidade" simplificada.

Sou muito grato à sua benévola honestidade. Ela me permitiu entender mais e melhor por que meu livro *Resposta a Jó* é tão mal-interpretado em todos os sentidos. Considere, por favor, minha carta como uma nova tentativa de explicar a intenção deste livro.

Sincerely yours,
C.G. Jung

1. O destinatário havia exposto longamente sua reação negativa ao livro *Resposta a Jó*, de Jung. Segundo ele, tudo seria mais fácil se as pessoas parassem de atribuir qualidades humanas a Deus e reconhecessem que Ele é amor. Também não conseguia entender como alguém se ocupava com velhos mitos "like monkeys with a picture-puzzle of parts that don't fit anyway".

To Dr. Edward A. Bennet
Londres

22.05.1960

My dear Bennet,

Muito obrigado por sua gentil recensão de *Aion*[1]. Há apenas uma observação sua que não entendi bem.

Falando da hipótese de arquétipos, o senhor diz que ainda não há prova científica deles[2]. Uma hipótese científica nunca se prova absolutamente enquanto for possível algum aperfeiçoamento. A única prova é sua *aplicabilidade*. O senhor mesmo atesta que a ideia do arquétipo explica mais do que qualquer outra teoria que prova sua aplicabilidade. Admira-me, pois, que deseje melhor prova. Quando se supõe a existência de um instinto de migração, nada melhor do que aplicá-lo, por exemplo, a pássaros e demonstrar que há realmente pássaros que migram. O arquétipo mostra que há formações de pensamentos de natureza paralela ou idêntica em todo o mundo (por exemplo, a santa comunhão na Europa e Teoqualo[3] no México Antigo) e que, além disso, elas podem ser encontradas em indivíduos que nunca ouviram falar de tais paralelos. Eu dei ampla evidência desses paralelos e com isso evidenciei a aplicabilidade de meu ponto de vista. Alguém deve provar agora que minha ideia *não* é aplicável e mostrar qual é o outro ponto de vista mais aplicável. Estou curioso em saber como o senhor vai arrumar provas para a existência dos arquétipos a não ser em sua aplicabilidade. Existe melhor prova de uma hipótese do que sua aplicabilidade? Ou consegue provar que a ideia do "arquétipo" é uma bobagem em si mesma? Por favor, ilumine minha escuridão.

Yours cordially,
C.G. Jung

1. "Archetype and Aion", *British Medical Journal*, Londres, 14.05.1960. Cf. carta a Bennet, de 28.06.1959.

2. Em seu livro sobre Jung, Bennet cita (p. 115) da mencionada recensão o seguinte: "A hipótese de Jung do inconsciente coletivo (impessoal, objetivo) e seu modo de funcionar, o arquétipo, é uma teoria ousada. [...] Ainda que falte a esta hipótese base científica, fornece uma explicação mais satisfatória para certos fatos psicológicos do que qualquer outra disponível até agora".

3. Teoqualo ou "comer deus" era um rito asteca em que a figura do deus Uitzilopochtli era moldada com semente moída de papoula e entregue como comida aos participantes do rito. Jung viu nisso um paralelo arquetípico da ceia cristã. Cf. *Von den Wurzeln des Bewusstseins*, 1954, p. 247s. e OC, vol. XI, par. 339s. A presente carta é a primeira de uma correspondência mais longa com E.A. Bennet sobre o mesmo tema, publicada em: Bennet, *C.G. Jung*, Londres 1961.

A uma destinatária não identificada
Luxemburgo

30.05.1960

Prezada Senhora N.,

Minha idade avançada e a necessidade de repouso me fazem evitar as muitas visitas e por isso devo limitar-me o quanto possível a respostas por cartas.

Quanto à sua pergunta sobre a vida depois da morte, posso responder-lhe tão bem por escrito como oralmente. Na verdade, esta pergunta ultrapassa a capacidade da mente humana, que nada sabe dizer que vá além dela mesma. Além disso, qualquer afirmação científica é apenas provável. Só é possível formular a pergunta assim: Existe alguma probabilidade de a vida continuar após a morte? É fato que – como todos os nossos conceitos – também o tempo e o espaço não são axiomas, mas basicamente verdades estatísticas. Evidencia-se assim também que a psique não está sujeita até certo ponto a estas categorias. Ela é capaz, por exemplo, de percepções telepáticas e precognitivas. E enquanto isso, ela está num *continuum*, fora do espaço e do tempo. Pode-se esperar então que ocorram fenômenos *post-mortem* que devem ser considerados autênticos. Sobre a duração da intemporalidade não se pode dizer nada[1]. A relativa raridade desses fenômenos sugere em todo caso que as formas de existência dentro e fora do tempo estão de tal forma separadas, que a ultrapassagem desses limites apresenta as maiores dificuldades. Mas isto não impede que paralelamente à existência dentro do tempo corra uma fora do tempo, isto é, que existamos simultaneamente nos dois mundos, tendo às vezes algum pressentimento disso. Mas o que está fora do tempo não pode mudar mais, segundo nossa concepção. Isto tem relativa eternidade.

Talvez a senhora conheça meu ensaio "Seele und Tod" no volume *Wirklichkeit der Seele*[2]. Para a fundamentação científica chamo sua atenção para meu escrito "Sincronicidade: um princípio de conexões acausais", em OC, vol. VIII, p. 437.

Estas são as minhas ideias principais que, oralmente, também não exporia de outra maneira.

Com elevada consideração

Sinceramente seu
(C.G. Jung)

1. Isto se refere a uma pergunta da destinatária.
2. Em OC, vol. VIII. Cf. também o capítulo "Sobre a vida depois da morte", em *Memórias*.

À Dra. Elisabeth Herbrich
Salzburgo

30.05.1960

Prezada Doutora,

Sua carta me trouxe a inesperada e dolorosa notícia da morte do Prof. Betschart[1], ao qual me ligam recordações muito agradáveis. Eu o conheci em Einsiedeln por ocasião das comemorações de Paracelso[2], e me lembro das muitas conversas que tivemos sobre a filosofia e psicologia do velho mestre.

Infelizmente não nos vimos mais depois que ele se tornou professor em Salzburgo. Somente trocamos algumas poucas cartas, de modo que não soube de sua morte.

Naquele tempo, o principal foco da discussão era a concepção filosófica de Paracelso e sua relação com a filosofia hermética, conforme se evidenciavam no tratado *De Vita Longa*, de Adam von Bodenstein[3], ao qual consagrei um estudo bastante aprofundado. Neste contexto foram abordados, evidentemente, muitos outros temas psicológicos, especialmente os chamados arquétipos, que são tantas vezes malcompreendidos. O Padre Betschart me ouvia com muita atenção e admirei a abertura com que acompanhava meus argumentos. A filosofia platônica nos dava uma boa base comum em que podíamos concordar com relativa facilidade sobre o lado ideal do problema. A partir daí podíamos passar também com algum sucesso para a discussão do aspecto científico. A maior dificuldade aqui está em que as ideias eternas são arrancadas de seu "lugar supracelestial" e colocadas num ambiente biológico, o que pode causar certa confusão e até mesmo um choque para a mente de formação filosófica. Isto, na verdade, não deveria acontecer, pois os protótipos celestes de Platão se estendem através de todas as esferas do cosmos até as coisas mais concretas. Por isso não é de admirar que os encontremos – e de modo bem peculiar – no campo biológico. Aqui eles aparecem – talvez inesperadamente – na forma de "behaviour pattern", isto é, nas formas instintivas típicas e hereditárias como, por exemplo, no instinto migratório e de construção do ninho. Neste caso, a ideia não é mais intelectual, mas uma forma instintiva psíquica. Existem também formas instintivas no ser humano. Elas ilustram os modos de reação típicos do ser humano. Elas se manifestam não só em atividades instintivas, inconscientemente motivadas, mas também em formas de pensar e intuir que se apresentam de modo involuntário e inconsciente, cujos numerosos paralelos podem ser observados em todo mundo. Se não fosse assim, as pessoas nem poderiam comunicar-se. Elas são o pressuposto da afinidade interna de todas as raças humanas. Elas se expressam sobretudo em motivos mitológicos, cuja existência se deve não só ao fato de se terem espalhado através da migração e tradição, mas bem mais também no fato de que – sem considerar os fatores mencionados – surgem espontaneamente sempre de novo nos produtos do inconsciente dos indivíduos modernos. Este fenômeno não é de pouca monta para o teólogo e filósofo e seria até mesmo digno de seu maior interesse, se não houvesse no meio do caminho inúmeros preconceitos. O Padre Betschart, no entanto, não se deixou prender por eles e seguiu de boa vontade meu argumento.

Quando se considera que determinada concepção do inconsciente já perdura por mais de 50 anos, baseada em fatos empiricamente demonstráveis, é no mínimo estranho que a filosofia não tenha encontrado tempo até agora para uma atitude diferente do que a simples recusa. Neste ponto o Professor Betschart é uma grande e louvável exceção. Foi um dos primeiros e poucos que se colocaram este problema de modo positivo. Em todo caso, aqui na Suíça foi o primeiro filósofo com o qual pude conversar sensatamente sobre este tema e por isso lhe serei eternamente grato.

Sendo meu tempo e minha capacidade de trabalho muito limitados, devido à minha idade, pediria que utilizasse talvez esta carta, se a senhora pensa em publicar um livro comemorativo ao Professor Betschart. Estarei pouco tempo em casa neste verão, inclusive para fugir da ameaça de muitas visitas. Elas me tomam muito tempo e muitas energias – perdão.

Com elevada consideração,

Sinceramente seu
(C.G. Jung)

1. Prof. Ildefons Betschart, falecido em 1959. Estudioso de Paracelso, professor de Filosofia e psicologia em Einsiedeln e na Universidade de Salzburgo. Cf. seus escritos *Paracelsus-Bibliographie* e *Theophrastus Paracelsus. Der Mensch an der Zeitenwende*, 1941.

2. Cf. carta a Kerényi, de 10.03.1941, nota 4.

3. Adam von Bodenstein, aluno de Paracelso, editou sua obra *De Vita Longa*, Basileia, 1562. Cf. *Paracelsica*, 1942, p. 153s.; OC, vol. XIII. par. 214s.

A carta foi publicada em *Der Mensch als Persönlichkeit und Problem*, livro comemorativo a Ildefons Betschart, editado por Elisabeth Herbrich, Munique, 1963.

To Dr. Edward A. Bennet
Londres

03.06.1960

My dear Bennet,

Muito obrigado por sua gentil resposta[1] e interessante artigo sobre "Individualism in Psychotherapy"[2] – um ensaio realmente útil nas atuais circunstâncias.

Parece haver certo mal-entendido sobre alguns termos: por "aplicabilidade de uma teoria" não entendo sua aplicação prática na terapia, mas sua aplicação como um princípio de compreensão e como um meio heurístico para um fim, característica de toda teoria científica.

Não existe algo como "prova absoluta"; nem a prova matemática é absoluta, pois só se refere ao *quantum* e não ao *quale*, que é tão importante quanto aquele, se não mais ainda. Fiquei surpreso, pois, com sua afirmação de que faltava prova científica para a concepção do arquétipo e pensei que tivesse algo especial na manga quando a fez. Como não existe algo como "prova absoluta", eu me pergunto qual a diferença que o senhor faz entre a aplicabilidade de uma teoria e aquilo que o senhor chama de "prova científica"?[3]

Parece-me que a única prova de um ponto de vista teórico é sua aplicabilidade no sentido acima mencionado, isto é, que dê uma explicação adequada ou satisfatória e tenha valor heurístico. [...][4]

Se isto não for evidência científica, devo esperar que o senhor me mostre em que consiste neste caso a evidência científica. Em outras palavras: Qual a prova que o senhor acha que está faltando? Não pode ser uma "prova absoluta" porque tal coisa não existe. Deve ser aquilo que o senhor chama de "prova científica", um tipo especial de comprovação que o senhor conhece, pois afirma que ela está faltando. [...]

Não consigo satisfazer-me com a afirmação de que algo está faltando, porque é muito vaga. Eu sei que há sempre alguma coisa faltando. Por isso ficaria muito agradecido se pudesse dizer-me o que está faltando, uma vez que deve ter uma ideia formada de como tal coisa deve ser provada sem que seja pela observação de fatos relevantes.

Por favor, não fique impaciente comigo. Não se trata de sutilezas, mas tem muito a ver com o que eu chamo de "realidade psíquica", um conceito muitas vezes não entendido.

Aprecio muito uma resposta sua, pois estou sempre disposto a rever e melhorar o que pensei até agora.

Cordially yours,
(C.G. Jung)

1. À carta de Jung, de 22.05.1960, Dr. Bennet respondeu, no dia 27.05.1960, entre outras coisas, o seguinte: "Talvez eu me engane, mas acho que a aplicabilidade de uma teoria não seja necessariamente sua *prova científica*. A importância da aplicabilidade é indiscutível. Mas as provas científicas ou as bases científicas de determinados fenômenos parecem postular uma ordem imutável na natureza. [...] Estou de acordo com o senhor de que a aplicabilidade é a mais ampla fundamentação de sua teoria dos arquétipos. Não creio, porém, que seja uma *prova científica*..." Em: E.A. Bennet, *C.G. Jung*, Zurique, 1963, p. 116s.

2. "Individualism in Psychotherapy", *The British Journal of Medical Psychology*, vol. XVII, 3/4, 1938.

3. Dr. Bennet respondeu em 08.06.1960, entre outras coisas: "Por prova científica entendo uma explicação de fenômenos que podem ser observados e comprovados também por outras pessoas e nos quais é possível constatar uma regularidade imutável e predizível. Isto pressupõe uma concordância geral [...] sobre os fatos em discussão. Neste sentido podem ser encontradas provas científicas para fenômenos nas ciências inorgânicas experimentais como química e física. Mas não é possível apresentar semelhante prova, segundo minha opinião, na psicologia. Naturalmente isto não contradiz o emprego de uma teoria ou hipótese científica". Cf. l.c., p. 119.

4. Nesta e nas outras frases omitidas, trata-se da repetição das mesmas ideias.

To Mrs. C.K. Ginsberg
Londres

03.06.1960

Prezada Senhora Ginsberg,

Muito lhe agradeço as notícias sobre o fim do Padre Victor White[1]. São para mim valioso complemento dos pensamentos que me moveram desde quando percebi que nossos caminhos se haviam separado. Minhas possibilidades haviam se esgotado e eu tive de deixar *nolens volens* a decisão entregue a seu destino. Percebi que seus argumentos eram válidos para ele e que não permitiam outro desenvolvimento. Eu aceitei isso em silêncio, pois só nos cabe respeitar tais razões, ainda que se tenha a convicção de que – se as circunstâncias tivessem sido favoráveis – era possível ir além delas. Em casos semelhantes, costumo dizer a meus pacientes: aqui só o destino pode decidir. Para mim pessoalmente isto é cada vez uma questão de vida e morte, em que apenas a respectiva pessoa tem a palavra. Depende exclusivamente da decisão dela o que vai acontecer. Sabendo que muita coisa dependia do fato de o Padre White entender ou não os argumentos, tentei expor a ele as dificuldades em minha penúltima carta[2]. Mas com o sentimento de que não me seria facultado chegar à sua compreensão.

Foi aí que eu pequei contra minha melhor intuição, mas ao menos serviu de pretexto para pedir-lhe perdão e oferecer-lhe um toque de sentimento humano, na esperança de que isto lhe trouxesse algum alívio.

Como eu partilhei seriamente de sua vida e de seu desenvolvimento, sua morte tornou-se para mim outra experiência trágica. São colocadas linhas limítrofes para nós e que não podemos ultrapassar, ao menos não em nossos dias. O que veio a ser no curso dos séculos também não deixará de ser atuante talvez pelo mesmo período de tempo. Pode levar centenas de anos para que amadureçam certas ideias.

Estou feliz e agradecido que a senhora cuidou tão bem dele. Sempre temi que ele terminasse seus dias na frieza profissional de um hospital ou na atmosfera de uma cela conventual. Isto, graças a Deus, lhe foi poupado. Também devemos agradecer a bondosa intervenção do enfarto cardíaco.

Agradeço muito sua gentil oferta de me deixar ver as pinturas. Espero que a senhora entenda que prefiro manter em minha memória a imagem da pessoa viva e de olhar voltado para frente[3].

Com muita gratidão,

Sinceramente seu
(C.G. Jung)

1. O Padre Victor White havia falecido no dia 22.05.1960.
2. Carta de Jung a White, de 25.03.1960.
3. As pinturas representavam o Padre White no leito de morte.

A Kurt Hoffmann
Stuttgart

03.06.1960

Prezado Senhor Hoffmann,

É impossível responder à sua pergunta sobre quem inventou as lendas das estrelas. Faltam aqui todas as fontes, mas desde tempos imemoriais, isto é, desde os tempos dos antigos egípcios e babilônios, os astros e constelações tiveram nomes. Este conhecimento pode retroceder até a época megalítica, como se pode pressupor com algum fundamento.

Dos autênticos primitivos de hoje sabemos apenas que os astros desempenhavam um papel muito pequeno, o que nos leva a pressupor que as projeções das constelações e interpretações coincidem com os começos de uma consciência reflexa, isto é, com os primeiros passos da civilização. Mas esses começos estão naturalmente encerrados em profunda escuridão. É fato notável que nós não *fazemos* projeções, mas elas nos acontecem. Isto nos permite a conclusão de que lemos nossos primeiros conhecimentos físicos e sobretudo psicológicos nos astros. O que significa, em outras palavras, que o que está mais distante é o que está mais perto. Segundo a concepção dos gnósticos, nós nos recolhemos de certa forma a partir do cosmos. Por isso desempenhou em seus sistemas até os maniqueus tão grande importância a ideia do "recolhimento da semente da luz"[1].

Incluo algumas indicações de literatura, que lhe podem ser de alguma serventia.

Com elevada consideração,

Sinceramente seu
(C.G. Jung)

1. Cf. *Von den Wurzeln des Bewusstseins*, 1954, p. 305 (OC, vol. XI. par. 400): "O recolhimento da substância luminosa na gnose barbeliota e no maniqueísmo... corresponde, em termos psicológicos, à integração do si-mesmo mediante a conscientização dos conteúdos divididos".

To Mr. Robert L. Kroon
Time-Life
Genebra

09.06.1960

Dear Sir,

Dificilmente há uma afirmação psicológica da qual não se possa provar o contrário. Uma afirmação como a do Dr. Eysenck pode ser verdadeira[1], mas apenas *grosso modo*, uma vez que é difícil fazer um diagnóstico exato. Assim que houver sintomas de neurose, o diagnóstico se torna incerto, uma vez que não se reconhece *prima vista*, se nos confrontamos com a imagem do verdadeiro caráter ou do contracaráter compensador. Além do mais, não são poucos os introvertidos que sentem pesarosamente as desvantagens de sua atitude de terem aprendido a imitar os extrovertidos e de comportar-se de acordo com eles; e vice-versa há extrovertidos que gostam de se dar o ar de introvertidos porque acham que assim serão mais interessantes. Nunca fiz uma estatística desse tipo, mas sempre achei que fumadores de cachimbo eram pessoas introvertidas. O típico extrovertido é demais "busybody" para lidar muito tempo com o cachimbo que requer bem mais cuidado do que um cigarro que pode ser aceso ou jogado fora num segundo. Isto não me impediu de haver encontrado fumadores inveterados de cigarros entre meus introvertidos e não poucos fumadores de cachimbo entre os extrovertidos, mas geralmente com cachimbos vazios. No caso desses, fumar cachimbo era um dos maneirismos introvertidos que eles cultivavam. Devo notar também que em muitos casos o diagnóstico é dificultado pelo fato de os extrovertidos levarem a mal serem chamados extrovertidos, como se isto fosse um rebaixamento. Conheço inclusive o caso de um famoso extrovertido que desafiou a um duelo o homem que o chamou de extrovertido.

Faithfully yours,
(C.G. Jung)

1. O destinatário havia enviado a Jung um artigo da revista *Newsweek*, de 30.05.1960, em que se discutia a afirmação do psicólogo e behaviorista H.J. Eysenck de que os extrovertidos preferiam fumar cigarros e os introvertidos, cachimbo.

To Dr. Edward A. Bennet
Londres

11.06.1960

Dear Bennet,

Muito obrigado por sua carta esclarecedora. Percebo que o senhor entende por "evidência científica"[1] algo como uma prova química ou física. Mas o que dizer da evidência numa corte de justiça? Lá dificilmente se aplica o conceito de prova científica, mas a corte aceita uma evidência que basta para cortar a cabeça de uma pessoa, o que significa bem mais do que a mera universalidade de um símbolo. Penso que existe algo como "comensurabilidade da evidência". É claro que a maneira de provar um fato não é o mesmo e não pode ser o mesmo nos diferentes ramos do saber. Por exemplo, o método matemático não é aplicável na psicologia nem na filosofia e vice-versa. A questão deveria ser formulada assim: O que é evidência física, biológica, psicológica, legal e filosófica? Por qual princípio poderia alguém mostrar que a evidência física é superior a qualquer outra? Ou, como poderia alguém dizer que não há evidência psicológica para a existência de uma quantum ou de um próton? É óbvio que nenhum ramo do saber pode ser expresso em termos de outro ramo, assim como não é possível medir peso em quilômetros, ou distância em litros, ou ohms em volts. Também não há "prova científica" da existência do instinto de migração, por exemplo, mas ninguém duvida dela. Seria demais querer uma prova química num caso de homicídio, pois pode ser provado satisfatoriamente pelo método legal. Por que a psicologia deve ser medida pela física – já que não somos membros da Academia de Leningrado?

Muito obrigado.

Yours cordially,
(C.G. Jung)

1. Cf. carta a Bennet, de 03.06.1960, nota 3.

To Rev. Kenneth Gordon Lafleur
Castine (Maine)/EUA

11.06.1960

Dear Sir,

Muito obrigado por sua gentil carta. Fico feliz em saber que minhas ideias encontraram eco no senhor.

Uma frase em sua carta me deixou curioso. O senhor escreve: "Espero que não desanime diante da possibilidade de a religião desempenhar um papel no processo necessário da individuação da personalidade".

Não sei de onde o senhor tirou a impressão de que eu desanimasse neste aspecto, uma vez que fui eu o primeiro a enfatizar o enorme papel que a religião desempenha particularmente no processo da individuação, e fui o primeiro a levantar a questão da relação entre psicoterapia e religião em seus aspectos práticos. Eu me ocupei tanto e tantas vezes com o problema da religião que fui acusado alternativamente de agnóstico, ateu, materialista e de misticismo. Eu não teria assumido todos esses mal-entendidos se estivesse desanimado. Posso dizer-lhe, além do mais, que precisei de muita coragem para abordar o problema religioso. Ficaria grato se pudesse explicar-me o sentido da frase que citei acima.

Yours sincerely,
(C.G. Jung)

To Dr. Edward A. Bennet
Londres

23.06.1960

Dear Bennet,

Posso subscrever perfeitamente sua afirmação em "Methodology in Psychological Medicine"[1], p. 3: "Seu instrumento (do método científico) é a observação objetiva dos fenômenos. Então vem a classificação dos fenômenos e por último a derivação das relações e sequências mútuas entre os dados observados, tornando assim possível predizer futuras ocorrências que, por sua vez, precisam ser testadas pela observação e pela experiência" – se, devo acrescentar, a experiência for possível. (Não é possível, por exemplo, fazer experiência com as camadas geológicas!)

O que o senhor afirma é exatamente o que eu faço e sempre fiz. Os acontecimentos psíquicos são fatos observáveis e podem ser tratados de maneira "científica". Ninguém me provou até agora que meu método não tenha sido científico. Alguns se contentaram em gritar "anticientífico". Sob essas circunstâncias eu reclamo a conotação de "científico[2]", porque faço exatamente o que o senhor descreve como "método científico". Eu observo, eu classifico, eu estabeleço relações e sequências entre os dados observados e também mostro a possibilidade de predição. Quando falo do inconsciente coletivo, não o considero um princípio, mas dou apenas um nome à totalidade de fatos observáveis, isto é, os arquétipos. Não derivo nada disso, pois é apenas um *nomen*.

A questão é o termo "científico" que no ambiente anglo-saxão parece significar apenas evidência química, física e matemática. No continente, porém, qualquer espécie de abordagem lógica e sistemática adequada é chamada "científica"; por isso métodos históricos e comparativos são científicos. História, mitologia, antropologia, etnologia são "ciências" como geologia, zoologia, botânica etc.

É evidente que a psicologia tem o direito de ser "científica", mesmo que não esteja ligada apenas a métodos físicos e fisiológicos (altamente inadequados). A psique é a mãe de todas as nossas tentativas de entender a natureza, mas, em contraste com todas elas, tenta compreender a si mesma por si mesma – uma grande desvantagem, por um lado, mas grande prerrogativa, por outro.

Agradeço toda esta preocupação que o senhor assumiu por minha causa.

Yours sincerely,
(C.G. Jung)

1. E.A. Bennet, "Methodology in Psychological Medicine", *Journal of Mental Science*, LXXXVI, n. 361, Londres, março de 1960.

2. Em sua última carta (07.07.1960) escreveu o Dr. Bennet, entre outras coisas: "O senhor mencionou diferenças no uso do conceito 'científico'. Sou da opinião que também no ambiente anglo-saxão este termo tenha o mesmo significado que em outras partes do mundo, quando se trata da aplicação de um método. Tanto no continente, como aqui, o modo de ver "adequado, lógico e sistemático" – para usar suas palavras – é científico. Por isso o seu método deve ser considerado indubitavelmente científico. [...] Suas explicações terminaram por esclarecer definitivamente minha opinião.

À Olga Fröbe-Kapteyn
Ascona (Tessin)

28.06.1960

Prezada e digna senhora,

Lamento saber que teve de submeter-se a uma cirurgia de catarata. Mas fico feliz em saber também que tudo correu bem.

Como sabe, acontecimentos físicos desse tipo são sempre ao mesmo tempo psíquicos, e aquilo que é chamado de choque cirúrgico com certa razão pelos médicos, é na verdade a liberação de epifenômenos psíquicos já presentes. À medida que a catarata causa cegueira, representa psicologicamente uma inconsciência daqueles conteúdos que se manifestam apenas no choque. Quanto mais desses conteúdos houver e quanto mais fortes forem, tanto mais a percepção consciente se aproxima de um estado de delírio.

As substâncias presentes na receita que mencionou não causam delírio por si, mas podem fazer surgir um *abaissement du niveau mental* que ajuda os conteúdos inconscientes a se tornarem visíveis.

A primeira visão[1] descreve o que vem à consciência na noite da cegueira. A catedral é a expressão do cristianismo coletivo em que a senhora, enquanto cristã, está crucificada (*imitatio Christi*)[2]. Esta visão indica que a senhora, como pessoa humana do tempo presente e como todo, ainda está firmemente pregada à forma cristã. A catedral, no entanto, está destruída. Devido a isso – pode-se dizer – a senhora chegou à parte subterrânea, isto é, do alto foi para a profundeza em que está aparentemente presa[3]. A presença da freira indica que está no período pós-operatório, isto é, no período do chamado choque cirúrgico, quando a senhora ainda não sabe reconhecer onde está presa, ou ao menos teme estar presa. Lá a senhora se sente tão sozinha consigo mesma, que ansiosamente precisa assegurar a si mesma que a freira está presente. Isto mostra claramente que o inconsciente tem uma forte tendência de enclausurá-la dentro de si mesma, de modo que lhe é tirada qualquer comunicação com o mundo exterior.

Quem cai do telhado ou do teto da catedral cristã, cai em si mesmo. Pense uma vez na situação do Jesus histórico que na cruz sentiu-se abandonado por Deus e nada mais era do que Ele sozinho! Isto nós acreditamos e afirmamos como certo por tanto tempo, que uma vez teve que se tornar realidade.

Agora começou também a reconstrução[4]. Precisamos reconstruir-nos com os meios à nossa disposição (o templo que no terceiro dia é construído de novo). Isto cabe a nós mesmos fazer, e eu a aconselharia a continuar com suas tentativas de formar e construir ao menos em imagens o que a senhora gostaria de fazer de si mesma. Aí a senhora está no caminho certo. Daquilo que faz dará para ver quem a senhora é. Nas tentativas mais novas torna-se visível o mais velho e o mais primordial.

Com os melhores votos,

Sinceramente seu
C.G. Jung

1. Em sua carta a Jung (24.06.1960), a Senhora Fröbe descreveu a seguinte visão: "Em alguma parte, numa noite interminável, com pouca iluminação, havia ruínas de uma catedral. [...] Bem no alto, sob as ruínas do telhado, havia uma espécie de armação de madeira. Sobre esta armação estava eu presa, em forma de cruz, com o rosto para baixo. [...] Eu sabia que haveriam de me transpassar o coração com uma lança pelas costas".

2. Para o problema da "imitatio", cf. *Psicologia e alquimia*, introdução.

3. O conteúdo de uma segunda visão: "Eu estava em minha cama na clínica em Bellinzona. Ao meu redor estavam as "irmãzinhas" (freiras). Uma delas deveria dormir num colchão ao lado de minha cama. Eu tive medo porque a superiora disse que nos trancaria até que ela voltasse pelas 11 horas. Fiquei tomada de pavor e o quarto se transformou num porão no qual estava minha cama [...]. A freira estava dormindo ao lado de minha cama [...] e eu toquei em sua cabeça para certificar-me de que ela estava ali. [...] Tive medo a noite toda por causa do fato de estar trancada".

4. Na carta diz: "Agora (na quarta semana depois da operação) não vejo mais visão alguma, mas procuro todo dia reconstruir alguma coisa".

À senhora Profa. Cornelia Brunner[1]
Presidente do Clube de Psicologia de Zurique

28.06.1960

Prezada Professora,

Agora que terminou a magnífica celebração no Dolder[2], gostaria de agradecer-lhe tudo o que fez pelo sucesso da festa. Foi extraordinariamente bela, e pude alegrar-me com tudo. Em especial fiquei obviamente muito surpreso com a apresentação de Elsie Attenhofer[3], cuja arte venho admirando há décadas por assim dizer.

Mas, acima de tudo, gostaria de expressar minha particular gratidão à senhora e também ao Clube pelo surpreendente e valioso presente[4] que me foi dado, evidentemente na suposição psicologicamente correta de que minha fantasia sempre alerta estará à disposição para converter a energia concentrada nas formas mais variadas de fogos de artifício – o que será sem dúvida o caso.

Agradeça, por favor, em meu nome, ao Clube este presente. Espero que o grande êxito da festa lhe tenha trazido também alguma satisfação.

Com as saudações mais cordiais,

Sinceramente seu
C.G. Jung

1. Cornelia Brunner, nascida em 1905, Presidente do Clube de Psicologia de Zurique desde 1953, professora no Instituto C.G. Jung, autora de *Die Anima als Schicksalsproblem des Mannes*, Zurique, 1963, Estudos do Instituto C.G. Jung, n. XIV.

2. Uma festa pelos 85 anos de Jung, em 25 de junho de 1960.

3. Atriz suíça de teatro de revista.

4. O Clube de Psicologia de Zurique deu a Jung uma soma em dinheiro para satisfazer o desejo que tivesse.

To Robert C. Smith[1]
Villanova (Pa.)/EUA

29.06.1960

Dear Mr. Smith,

Buber e eu partimos de bases totalmente diferentes[2]. Eu não faço afirmações transcendentais. Sou essencialmente empírico, como já disse mais de uma vez. Eu trato de fenômenos psíquicos e não de afirmações metafísicas. Entre os fenômenos psíquicos encontro o fato da fé em Deus. A fé *diz*: "Deus existe". Este é o fato com o qual me ocupo. Não estou preocupado com a verdade ou não verdade da existência de Deus. *Estou preocupado apenas com a afirmação*, e estou interessado em sua estrutura e comportamento. É um complexo com "acento" emocional, como o complexo de pai, ou de mãe, ou de Édipo. É óbvio que se não existisse a pessoa humana também não existiria esta afirmação, nem poderia alguém provar que a afirmação "Deus" existe numa esfera não humana.

O que Buber confunde com gnosticismo é *observação psiquiátrica*, da qual ele obviamente nada entende. E certamente não é invenção minha. Buber foi enganado por um poema em estilo gnóstico que fiz 44 anos atrás para comemorar o aniversário de um amigo (uma edição particular), uma paráfrase poética da psicologia do inconsciente[3].

"Todo pioneiro é monologuista", até que outras pessoas tenham experimentado seu método e confirmado seus resultados. O senhor chamaria de monologuistas todas as grandes inteligências que não foram populares em seu tempo, mesmo a "voz daquele que clama no deserto"?

Não tendo experiência prática em psicologia profunda, Buber não conhece nada sobre a *autonomia dos complexos*, um fato da mais fácil observação. E, assim, Deus, como complexo autônomo[4], é um *sujeito* com o qual eu me defronto. Alguém que não consegue ver isto nos meus livros deve ser realmente cego. Também o *si-mesmo* é uma realidade assustadora. Isto experimenta cada um que tenta ou é forçado a relacionar-se com ele. E mesmo assim eu defino o si-mesmo como um *conceito-limite*. Isto deve ser um enigma para pessoas como Buber que não conhecem a epistemologia do empírico.

Por que não entra na cabeça de Buber que eu me ocupo com fatos psíquicos e não com afirmações metafísicas? Buber é um teólogo e tem muito mais informações sobre a verdadeira existência de Deus e sobre suas outras qualidades do que eu jamais sonharia adquirir. Minhas ambições não vão até as alturas teológicas. Estou apenas preocupado com o problema prático e teórico de "como os complexos se comportam". Por exemplo, como se comporta um complexo de mãe numa criança e num adulto? Como se comporta o complexo de Deus nos diversos indivíduos e nas sociedades? Como se pode comparar o complexo do si-mesmo com a *lapis philosophorum* da filosofia hermética e com a figura de Cristo das alegorias patrísticas, com Al Chadir da tradição islâmica, com Tiferet da cabala, com Mitra, Átis, Odin, Krishna etc.?

Como vê, eu me preocupo com *imagens*, fenômenos humanos, dos quais só os ignorantes podem dizer que estão sob nosso controle ou que podem ser reduzidos a meros "objetos". Todo psiquiatra e psicoterapeuta pode dizer o quanto a pessoa está entregue ao terrível poder de um complexo que assumiu o domínio sobre sua mente (cf. neurose compulsiva, esquizofrenia, drogas, tolices políticas e privadas etc.). Possessões mentais são o mesmo que espíritos, demônios e deuses.

É tarefa do psicólogo estudar esses assuntos. Certamente o teólogo ainda não o faz. Desconfio que seja puro preconceito contra a ciência que impede os teólogos de entender meu ponto de vista empírico. Vista por este ângulo, a "experiência de Deus" é *nolens volens* o fato psíquico com o qual estou confrontado, um fator em mim mesmo (mais ou menos representado também por circunstâncias externas) que se mostra como um poder insuperável. Um exemplo: um professor de Filosofia bem racionalista está completamente dominado pelo medo do câncer, mesmo sabendo que não tem câncer nenhum. Tente livrar semelhante ser infeliz de seu sofrimento e terá uma ideia do que é "autonomia psíquica".

Lamento que X. o perturbe com a questão da base em que "se assenta a religião". Isto é uma questão metafísica, cuja resposta desconheço. Estou preocupado com a *religião como fenômeno*, com seus fatos observáveis, aos quais tento acrescentar algumas observações psicológicas sobre eventos básicos no inconsciente coletivo, cuja existência eu posso provar. Além disso nada sei e jamais fiz afirmações a respeito.

Como sabe Buber de algo que não pode "experimentar psicologicamente"? Como seria isto possível? De onde viria o conhecimento, se não pela psique? O senhor vê que é sempre a mesma coisa: *a completa incompreensão do argumento psicológico.* No âmbito da psicologia, "Deus" é *um complexo autônomo, uma imagem dinâmica, e isto é tudo o que a psicologia pode dizer.* Não pode saber mais sobre Deus. Não pode provar sua existência ou não existência, mas sabe quão falíveis são as imagens na mente humana.

Quando Niels Bohr compara o modelo da estrutura atômica com um sistema planetário, ele sabe que é apenas o modelo de uma realidade transcendente e desconhecida, e quando eu falo da imagem de Deus não nego uma realidade transcendente. Eu apenas insisto na realidade psíquica do complexo de Deus ou da imagem de Deus, assim como Niels Bohr propõe a analogia do sistema planetário. Ele não seria tão tolo a ponto de supor que seu modelo fosse uma réplica exata e fiel do átomo. Nenhum empírico em seu perfeito juízo suporia que seu modelo fosse a verdade eterna. Ele sabe perfeitamente quantas mudanças sofre todo tipo de realidade para tornar-se uma representação consciente.

Todas as minhas ideias são nomes, modelos e hipóteses para um melhor entendimento dos fatos observáveis. Nunca sonhei que pessoas inteligentes pudessem confundi-las com afirmações teológicas, isto é, com hipóstases. Fui ingênuo demais neste aspecto e, por isso, não fui cuidadoso o suficiente para de novo e expressamente repetir: "Mas o que eu quero exprimir é apenas a imagem psíquica de um *noumenon*" (a coisa em si, de Kant, que, como o senhor sabe, não significa nenhuma negação).

Meu ponto de vista empírico é tão desapontadoramente simples, que basta uma inteligência média e um pouco de senso comum para entendê-lo, mas é preciso haver uma quantidade incomum de preconceito ou mesmo de má vontade para compreendê-lo mal, ao que me parece. Lamento chateá-lo com meus lugares-comuns, mas o senhor me perguntou por eles. Pode encontrá-los na maioria dos meus livros, a começar pelo ano de 1912[5], há quase meio século, e ainda não notados por autoridades como Buber. Passei uma vida inteira em pesquisas psicológicas e psicopatológicas. Buber me critica num campo em que ele é incompetente e do qual nada entende.

Sincerely yours,
(C.G. Jung)

1. Robert C. Smith, professor do Departamento de Filosofia e Religião do Trenton State College, Trenton, N.J., EUA.

2. Mr. Smith trabalhava à época numa dissertação de doutorado: "A Critical Analysis of Religious and Philosophical Issues between Buber and Jung" (Temple University, 1961, não publicada). O ponto de partida é constituído pela discussão publicada na revista *Merkur* entre ambos (em inglês em *Spring*, Nova York, 1957). Cf. carta a White, de 30.04.1952, nota 5. Em sua carta, Mr. Smith fala de uma conversa que teve com Martin Buber sobre Jung, e pediu que Jung respondesse a algumas acusações de Buber: que Jung era um "monologuista", que tinha reduzido Deus a um objeto, que sua declaração de que "sem a pessoa humana não poderia ser feita nenhuma afirmação sobre Deus" era uma negação ontológica de Deus.

3. Trata-se dos *Septem Sermones ad Mortuos*, edição particular de 1916. Agora apêndice de *Memórias*. Cf. OC, vol. XI, p. 615: "Para apoiar o seu diagnóstico, Buber se utiliza até mesmo de um pecado que cometi em minha juventude, há cerca de quarenta anos e que foi o de perpetrar uma poesia na qual eu expunha certos conhecimentos psicológicos em estilo 'gnóstico', pois na época estava estudando os gnósticos com grande entusiasmo".

4. Cf. carta a White, de 05.10.1945, nota 4.

5. *Transformações e símbolos da libido*, publicado em 1912, em Leipzig; reelaborado como *Símbolos da transformação*, 1952 (OC, vol. V).

To Hugh Burnett
The British Broadcasting Corporation
Londres

30.06.1960

Dear Mr. Burnett,

Sua carta e convite[1] chegaram num momento em que é difícil para mim decidir-me por alguma coisa. Estou cansado do trabalho de todo um ano e não devo fazer outros esforços mais. Não quero dizer um "não" definitivo, mas gostaria de protelar minha resposta para depois de um devido descanso. Meu desejo seria que o senhor voltasse ao assunto em setembro, quando estarei novamente mais seguro de minhas possibilidades.

Sua proposta, muito compreensível, de confrontar-me com um interlocutor que não conheço pessoalmente não simplifica a situação, pois o que me horroriza em relação a meus colegas é antes de mais nada o grande número de experiências desagradáveis como mal-entendidos desnecessários e preconceitos. Menciono apenas alguns poucos exemplos: os arquétipos são ideias metafísicas, ideias místicas, não existem; eu sou um filósofo, tenho um complexo de pai com relação a Freud; etc. É ingrato e cansativo lidar com pessoas que não leram meus livros, nem têm a menor noção dos métodos que uso e sua justificação. Não consigo mais dialogar com pessoas que não estão familiarizadas com o mundo de problemas que me preocupa. Evito o máximo possível conversas com colegas meus que ainda precisam de informações básicas. Evito também as pessoas que têm uma atitude contrária logo de saída, que só querem saber de suas próprias ideias e não querem conhecer as minhas. Considero indispensável para uma entrevista certa abertura de espírito. Posso explicar meu ponto de vista, mas recuso lutar contra a correnteza. Essas lutas de gladiadores são boas para os chamados congressos científicos, mas são o pior obstáculo para um verdadeiro entendimento. Não tenho mais paciência com a ignorância crassa. Se o senhor tiver certeza de que seu homem tem abertura de espírito, está disposto a pesar objetivamente minha argumentação e é capaz de fazê-lo, posso pensar com simpatia numa tal entrevista.

Peço desculpas por essas medidas de precaução, porque minha idade avançada só me deixou um pequeno resto de minhas antigas energias. Não consigo explicar e lutar ao mesmo tempo contra a ignorância e incompetência. Para o bem de minha saúde, preciso perguntar primeiro ao meu interlocutor: O senhor leu nos últimos 30 anos algum de meus livros? O senhor o entendeu? – Se não, calarei a boca. Estou farto de falar com pessoas que não conhecem nem ao menos o *abc* da psicologia. Há tantas pessoas que se dizem meus discípulos ou que estão convencidas de conhecer meu "sistema", que sempre fico um pouco desconfiado quando devo encontrar uma pessoa desconhecida. Confio que o senhor esteja ciente dessa questão séria. Toda a entrevista vai depender disso. Alguns anos atrás, a Universidade de Houston forçou uma entrevista comigo e mandou um professor de Psicologia que não tinha noção de nada e com o qual nem uma conversa inteligente foi possível[2]. Naquela época eu ainda tinha forças suficientes para puxá-lo para um canto e falar-lhe abertamente de alguns conceitos básicos de minha psicologia. Não posso mais fazer isso. Em todo caso, ficaria sumamente grato se me desse a oportunidade de conhecer meu interlocutor psiquiatra antes de começar a entrevista, para que eu fizesse uma ideia do nível em que será possível a conversa.

Muitas desculpas por minhas hesitações e ansiedades!

Yours sincerely,
(C.G. Jung)

1. Depois do êxito da entrevista na BBC com John Freeman, no programa "Face to Face" (cf. carta a Brooke, de 16.11.1959, nota 1), foi solicitada a Jung uma segunda entrevista com um psiquiatra, sobre questões médicas. A entrevista não se realizou.

2. Cf. Richard I. Evans, *Conversations with Carl Jung and Reactions from Ernest Jones* (van Nostrand Insight Books, 1964). Trata-se de uma reunião feita posteriormente às declarações de Jung. Uma reprodução literal da gravação foi publicada sob o título "Four Filmed Interviews with Richard I. Evans", em *C.G. Jung Speaking.*

Monsieur le Pasteur Oscar Nisse
Bruxelas

02.07.1960

Cher Monsieur le Pasteur,

Foi precisamente em meu trabalho terapêutico que comecei a entender a essência da fé cristã. Tornou-se claro para mim que a preocupação com a ansiedade na psicanálise[1], onde, como o senhor sabe, ela tem papel importante, não deve ser explicada pela presença da doutrina religiosa, mas antes por sua ausência.

Para Freud – conforme pude observar claramente durante muitos anos – a ansiedade tinha um papel relevante. Não é difícil ver que nele a fonte era o medo de Javé que está sempre presente no inconsciente, sobretudo dos judeus. Na mentalidade judaica esta impressão é tão profunda, que o judeu individualmente considerado dela se liberta apenas com muita dificuldade. Isto se dá porque ele é judeu, porque pertence e pertenceu por milhares de anos a um povo caracterizado por sua íntima conexão com Javé.

Para o cristão esta ansiedade é menos importante, graças ao fato de que foi apenas anteontem que ele se libertou dos deuses que representavam os aspectos numinosos do ser transcendente em sua pluralidade.

Asseguro-lhe que foi precisamente através de meu trabalho analítico que cheguei a uma compreensão não só da religião cristã, mas também, eu diria, de todas as religiões.

A ideia freudiana de que a religião nada mais é do que um sistema de proibições, é muito limitada e se baseia num desconhecimento das diferentes religiões.

Para ser exato, devo dizer que me considero cristão, mas também estou convencido de que a situação caótica atual mostra que o cristianismo de nossos dias não é a verdade última. O estado atual das coisas me parece insuportável, por isso acho que há necessidade absoluta de um desenvolvimento ulterior do cristianismo. Acho também que as contribuições da psicologia do inconsciente deveriam ser levadas em consideração. Mas, obviamente, é impossível para mim expor este ponto de vista numa carta. Peço licença para recomendar-lhe meu pequeno livro *Psychologie et Religion*

(Edition Corréa, Paris, 1958) ou a introdução ao meu livro *Psychologie und Alchemie* (Zurique, 1952, ainda não traduzido para o francês).

Agréez, Monsieur, l'expression de ma plus haute considération.

Votre
(C.G. Jung)

1. O Pastor Nisse informou Jung, em sua carta de 16.06.1960, sobre uma conferência de um psiquiatra e psicanalista em que o conferencista considerava a religião como fonte da ansiedade das pessoas. Na discussão, o conferencista havia afirmado que das obras de Jung não era possível concluir que Jung se considerasse cristão. Mas o Pastor Nisse era de opinião que Jung havia chegado a uma atitude religiosa através da psicologia.

A uma destinatária não identificada
EUA

Bollingen, 06.07.1960

Prezada N!

Sua experiência com o zen interessou-me muito. Sei muito pouco da prática dessa arte para poder formar uma clara imagem dela. Também não posso conceber bem o objetivo de seu método. Eu tenho, talvez erroneamente, diante de mim sempre a imagem do monge cristão que procura alcançar a sobre-humanidade, portanto alguma coisa que ele não é; o mesmo se dá com o mestre zen: ele é um grande arqueiro, pode entender os koans e levar sinos a tocar. Mas a mim só interessa saber como posso viver bem como ser humano. Isto já é difícil o bastante, de modo que não me resta tempo para outros koans. Recitar sutras me parece sem atração. Assim como a filosofia hindu, o zen me parece medieval e pouco apetecível para o ocidental.

[...]

As diversas comemorações de meu aniversário cortaram minhas férias. A festa no Dolden, no dia 25 de junho, foi bonita e bem-sucedida. Também fui nomeado cidadão honorário de Küsnacht, sem nunca ter havido algum mérito político de minha parte. Esta honra foi por "usucapião". [...]

Saudações cordiais de seu
(C.G. Jung)

Ao Embaixador da Suíça
Exmo. Dr. Beat von Fischer
Viena

11.07.1960

Senhor Ministro!

Agradeço sinceramente sua gentil carta de parabéns por meu aniversário. Ela me honra e me alegra. Fico sensibilizado por suas palavras elogiosas sobre o trabalho de toda a minha vida; elas são música que não se ouve com frequência em nossa querida pátria. [...]

Um trabalho de toda uma vida é como um navio que a gente mesmo construiu, equipou, lançou à água, confiou ao mar, dirigiu a um destino e, então, como um passageiro que perdeu a viagem, ficou sentado à beira do cais, vendo a nave perder-se no horizonte. O que permanece é o que foi.

Com respeito e gratidão,
(C.G. Jung)

À Presidência do
Clube de Psicologia de Zurique
Sra. Profa. Cornelia Brunner, Presidente

02.08.1960

Prezada senhora Presidente,

Preciso agradecer emocionado o maravilhoso e fantástico presente que voou para dentro de minha casa no dia de meu aniversário. A senhora dotou este aniversário de tamanha generosidade e magnificência, que fico envergonhado e sentido de não poder proporcionar ao Clube o que gostaria de fazer.

Com muito esforço preciso assumir o papel de recebedor, no qual já me encontro há 15 anos. O vinho é neste sentido uma grande ajuda, e agradeço a belíssima escolha das marcas.

Peço que transmita meus agradecimentos também aos membros do Clube.

Saudações cordiais de seu
C.G. Jung

To E.L. Grant Watson
Petersfield/Inglaterra

08.08.1960

Dear Watson,

Muito obrigado pela enxurrada espantosa de material com que me inundou. O senhor sabe que a ruína de 85 anos de um homem antes bem capaz não se dispõe mais a isso. Tenha pena!

Tenho conhecimento dos interessantes desenhos dos labirintos. Talvez tenham o sentido fundamental dos mandalas, isto é, lugares de refúgio, de recintos sagrados, de renascimento, renovação, iniciação etc., como os círculos de pedra neolíticos. [...]

Não me confunda, por favor, com seu inconsciente que se projeta sobre tudo o que é escuro e incompreensível. É muito difícil identificar a verdadeira natureza do inconsciente que está no objeto. Antes de mais nada é preciso considerar todo tipo de impressão como de origem subjetiva. Somente então pode-se distinguir o que pertence à pessoa e o que é objetivamente universal. Se minha distinção for insuficiente, estarei no melhor caminho de me tornar um verdadeiro museu de monstros metafísicos. Não esqueça que em 1960 ainda não estamos livres da mata virgem. Há bem poucos seres capazes de fazer a diferença entre a imagem psíquica e a coisa em si mesma. Este primitivismo está envenenando nosso mundo humano. Formou-se uma névoa tão densa, que apenas a minoria conseguiu perceber a existência dessa diferença.

Meu 85º aniversário, ricamente comemorado, me deixou um caco, e este miserável verão não deixa ninguém otimista, sem considerar a situação política do mundo, que me lembra a Torre de Babel e seu destino. Eu penso no poeta alemão Hölderlin, contemporâneo de Goethe[1]:

> Mas a nós foi dado
> não descansar em parte alguma.
> Desaparecem, caem
> os homens sofredores,
> cegamente, hora após hora,
> como a água, de penhasco
> em penhasco, abismados,
> ao longo dos anos, no incerto.

Sincerely yours,
(C.G. Jung)

1. Esses versos fazem parte da "Canção do destino de Hypérion".

The Right Hon. Earl of Sandwich
Huntington/Inglaterra

10.08.1960

Dear Lord Sandwich,

Foi uma grande satisfação receber sua gentil carta e congratulações pelo meu 85º aniversário.

Passaram-se realmente muitos anos desde a nossa conversa em 1938, quando recebi um diploma honorário em Oxford, por ocasião de um congresso de psicoterapeutas, no qual dei palestras[1]. Estávamos às vésperas da guerra, e eu me lembro do ar cheio de pressentimentos e antecipações ansiosas. Lembro-me vivamente de como contemplei os belos prédios e gramados da Universitas Oxonensis como se os estivesse vendo pela primeira e última vez. Oxford foi poupada da destruição bárbara, mas para mim foi a primeira e última vez que a vi. Nunca mais voltei, ainda que tivesse sonhado e desejado mergulhar mais profundamente nos tesouros dos manuscritos alquimistas da Bodleian Library. O destino quis diferente.

Tive de seguir as loucuras inexoráveis que nos fornecem os passos para a verdadeira sabedoria. Uma vez que a natureza humana está caprichosamente estabelecida contra a sabedoria, é obrigação nossa pagar o preço disso com aquilo que nos parece louco.

A velhice tem apenas a metade da graça que se costuma atribuir-lhe. De qualquer modo é a gradual sucumbência da máquina corporal, com que nos identifica a loucura. Exige de fato um esforço gigantesco – a *magnum opus* – escapar a tempo do aperto de seu abraço e libertar nossa mente para a visão da imensidade do mundo do qual constituímos uma parte infinitesimal. Apesar da enormidade de nosso conhecimento científico, estamos apenas ao pé da escada, mas ao menos já chegamos ao ponto de reconhecer a insignificância de nosso saber.

Quanto mais velho fico, mais me impressiona a fragilidade e incerteza de nosso conhecimento e tanto mais procuro refúgio na simplicidade da experiência imediata, para não perder o contato com as coisas essenciais, isto é, as dominantes que governam a existência humana durante os milênios.

Há duas ciências em nossos dias que estão envolvidas diretamente com os problemas básicos: a física nuclear e a psicologia do inconsciente. Aqui as coisas começam a ficar difíceis, pois quem tem uma vaga ideia de uma delas é impressionantemente incapaz de entender a outra; e, ao que parece, é aqui que começa a grande confusão de línguas que outrora já conseguiu destruir uma torre de Babel.

Eu procuro manter unidos esses dois mundos, enquanto meu maquinismo suportar o esforço; mas parece que a situação tem uma semelhança desesperadora com o mundo político, cuja solução ninguém pode prever. É bem possível que estejamos olhando o mundo do lado errado e que poderíamos encontrar a resposta certa, mudando nosso ponto de vista e olhando o mundo pelo lado correto, isto é, não pelo lado de fora, mas de dentro.

Agradeço mais uma vez sua gentil carta!

I remain, dear Lord Sandwich,

Yours very sincerely,
(C.G. Jung)

1. X Congresso Internacional de Psicoterapia, Oxford, 1938, sob a presidência de C.G. Jung.

To the Mother Prioress of a Contemplative Order
Inglaterra

12.08.1960

Dear Mother Prioress,

Muito obrigado por sua carta com todas as informações sobre o fim de Fr. Victor.

Agradeço também o quadro que vai enviar. O mistério vivo da vida está sempre oculto entre Dois, e é o verdadeiro mistério que palavras não podem trair e argumentos não podem esgotar.

Sincerely yours,
(C.G. Jung)

Ao Pastor Werner Niederer
Zurique

13.08.1960

Prezado Pastor,

Seu esforço, que transparece claramente em seu manuscrito, levanta um problema muito delicado[1]. O senhor se arrisca a ter dificuldades não só com seus colegas, mas também – o que é mais sério – com a Faculdade de Medicina.

Naturalmente não é possível evitar correr riscos, pois sem eles nada de novo haveria de ocorrer. Mas é preciso colocar-se sinceramente a pergunta se se trata de dificuldades que comprometem toda a iniciativa, ou de dificuldades que podem ser superadas. É totalmente inimaginável que todos os teólogos se submetam a uma análise de treinamento, como o senhor corretamente advoga que o façam. Mas não basta esta análise de treinamento; é preciso adquirir grande quantidade de conhecimentos especializados, e o Instituto C.G. Jung foi criado para isso. Um diploma deste Instituto é o mínimo de preparo exigido para a atividade que o senhor tem em mente. A maturidade psíquica e moral que o senhor exige é recomendável, mas dificílima de conseguir na prática. Por isso normalmente se une, por boas razões, a psicoterapia com algum estudo de medicina, que é demorado e caro e que oferece certa garantia de perseverança das intenções, confiança e responsabilidade daqueles que abraçam esta profissão, ou com um estudo acadêmico completo que garante ao menos uma boa cultura geral.

Os psicólogos leigos são obrigados a colaborar com os médicos devido às muitas e inevitáveis complicações, quando os estados neuróticos são acompanhados de fenômenos psicóticos e, portanto, perigosos, aos quais só pode e deve expor-se aquele que está protegido por um diploma médico.

Se quiser tentar uma quebra de braço tão radical, minha aposta é de 1.000 contra 1 que vai perder. Neste assunto é preciso contentar-se com tentativas tateantes que consistem em submeter-se ao grande e sacrificado esforço de mudar aos poucos a profunda aversão da mentalidade teológica em relação à psicologia e transformar seu preconceito contra a psique humana em interesse positivo. Infelizmente nunca se tentou nada neste sentido no mundo da teologia. O primeiro passo seria afastar todos os tipos de preconceitos que impedem o entendimento. Em segundo lugar, grande número de teólogos teriam de adquirir um conhecimento mais profundo da psicologia, o que seria possível inicialmente só no plano teórico. Mas nada se consegue estimulando pessoas despreparadas e preconceituosas, ainda que de muito boa vontade, para assumir uma atividade prática de cuja finalidade, significado e risco não têm a mínima ideia. Não só essas pessoas correm perigo, mas também colocam em perigo os "pacientes" a seus cuidados. Primeiro deve-se educar o educador, e não entregar um educando a um incompetente que, se for pessoa decente, vai auferir sua formação do educando. Seria uma delusão supor que toda pessoa poderia satisfazer a exigência da maturidade moral. Pela minha experiência, o contrário é em geral o caso.

Segundo minha opinião, seria mais recomendável que houvesse uma tentativa séria na Faculdade de Teologia, o celeiro dos teólogos, para um entendimento dos fatos da psicologia numa base de real conhecimento e para dar ao estudante alguma noção dos problemas contemporâneos que encontrará na vida paroquial. Eu sugeriria até mesmo que pedisse a algum membro conceituado da Faculdade de Teologia uma opinião sincera sobre a proposta do senhor, após ter ele estudado com muita atenção o seu manuscrito. A reação dele vai mostrar-lhe suas chances reais e qual o *modus procedendi* no futuro. Provavelmente o senhor encontrará muita dificuldade de convencer qualquer autoridade que seu projeto vale a pena ser levado a sério. Ficará então por sua conta a tarefa de provar que vale a pena. [...]

Com saudações cordiais,

Sinceramente seu
(C.G. Jung)

1. O Pastor Niederer queria uma nova orientação na formação dos pastores, em que fossem necessários não só o conhecimento da psicologia junguiana, mas também submeter-se a uma análise de treinamento.

To Robert C. Smith
Villanova (Pa.)/EUA

16.08.1960

Dear Mr. Smith,

Por que não consegue entender que o procedimento terapêutico é um processo vital, que eu chamo de "processo de individuação"? Ele se dá objetivamente, e é esta experiência que ajuda o paciente e não a interpretação mais ou menos competente ou maluca do analista[1].

O melhor que o analista pode fazer é não perturbar a evolução natural desse processo. Meus pontos de vista sobre ele são apenas pobres meios de expressar o processo bem misterioso de transformação na forma de palavras, que não têm outra finalidade que a de descrever sua natureza.

O processo consiste em tornar-se todo ou integrado, e isto nunca se efetua por palavras ou interpretações, mas unicamente com a ajuda da natureza da própria psique. Quando digo "psique", entendo algo desconhecido a que dou o nome de "psique". Há uma diferença entre hipótese e hipóstase. Minha hipótese é que todos os produtos psíquicos referentes a pontos de vista religiosos são comparáveis na base de uma similaridade fundamental da mente humana. Isto é uma hipótese científica. O gnóstico, de que Buber me acusa, não faz hipóteses, mas hipóstases, isto é, afirmações metafísicas.

Quando procuro estabelecer uma similaridade fundamental entre produtos psíquicos individuais e *noumena* alquímicos ou mesmo gnósticos, evito cuidadosamente fazer uma hipóstase, ficando bem dentro dos limites da hipótese científica.

O fato de eu tentar explicar-lhe meu ponto de vista pode provar-lhe que não sou contra a crítica. Quero apenas defender-me contra premissas falsas. Se eu não suportasse a crítica, já teria morrido há muito tempo, pois só recebi críticas durante 60 anos. Além do mais, não consigo entender o que minha suposta incapacidade de suportar críticas tem a ver com a acusação de ser eu um gnóstico. À arbitrária suposição de ser eu gnóstico o senhor acrescenta simplesmente a censura da inferioridade moral, e não percebe que alguém poderia dirigir a mesma censura contra o senhor.

Não acuso ninguém, mas, quando me atacam, tenho o direito de defender-me e de explicar meu ponto de vista. Sob estas circunstâncias, não há nenhuma necessidade de acusar-me de intolerância.

Sincerely yours,
(C.G. Jung)

1. Em sua resposta à carta de Jung, de 29.06.1960, Mr. Smith defendeu a opinião de que a teoria do terapeuta exercia influência sobre as ideias do paciente. Jung não entrou na questão, colocada por ele, se é a ciência ou a fé que mais contribuem para a cura.

To Rev. W.P. Witcutt
Southend-on-Sea/Inglaterra

24.08.1960

Dear Sir,

Preciso desculpar-me por não ter respondido à sua carta de 18 de julho[1]. Por isso me apresso a fazê-lo agora mesmo. Fiquei muito interessado em sua carta, como o senhor bem pode imaginar. Desde 1924 fiz alguns trabalhos com o *I Ching* e o discuti com meu amigo, já falecido, Richard Wilhelm, que tinha conhecimentos de primeira mão sobre ele.

Como o senhor mesmo pôde constatar, o *I Ching* consiste de arquétipos legíveis e muitas vezes apresenta não só um quadro da situação atual, mas também do futuro, exatamente como os sonhos. Poder-se-ia mesmo definir o oráculo do *I Ching* como um sonho experimental, assim como se pode definir um sonho como um experimento de natureza quadridimensional. Nunca tentei descrever este aspecto dos sonhos, muito menos dos hexagramas, porque sabia que nosso público atual não entenderia nada. Considerei, por isso, minha primeira obrigação falar e escrever sobre as coisas que podiam ser entendidas; elas deveriam colocar as bases sobre as quais se explicariam as coisas mais complicadas. Concordo plenamente com o senhor que o simbolismo do *I Ching* pode ser interpretado como o dos sonhos.

A propósito, devo chamar sua atenção para o fato de eu não ter nenhuma teoria sobre Deus como quaternidade. Toda a questão da quaternidade não é nenhuma teoria, mas um fenômeno. Há grande número de simbolizações quaternárias da divindade, e isto é um fato, não uma teoria. Não cometeria semelhante crime contra a epistemologia. Esta é a pedra de tropeço sobre a qual caiu o Padre Victor White e tantos outros. Não sou responsável de modo algum por haver fórmulas de quaternidade.

Agora vamos ao seu novo livro[2], que estou esperando com grande interesse. Infelizmente meu médico é radicalmente contra um esforço mental muito grande de minha parte, pois aumenta minha pressão sanguínea. Por isso, preciso evitar todo esforço mental. Teria gostado de escrever um prefácio a seu livro, sem dúvida de grandes méritos, mas não poderia fazê-lo sem estudar com cuidado e digerir o seu manuscrito – sem falar da formulação de meu próprio ponto de vista neste assunto tão complicado. *Sunt certi denique fines*[3] – esta é precisamente a situação em que me encontro agora. Já não posso travar a batalha e me recuso a produzir coisa superficial e barata. Espero que entenda esta dolorida confissão do *non possumus*. Ninguém mais do que eu lamenta ser derrotado pela idade.

Yours very sincerely,
(C.G. Jung)

1. A carta de Mr. Witcutt tratava sobretudo da relação entre os oráculos do *I Ching* e os sonhos.
2. O manuscrito de seu livro não publicado "The Prophetic Dream".
3. Há limites fixados (Horácio, Sátiras, I, I, 106).

À Dra. Jolande Jacobi
Zurique

25.08.1960

Prezada Doutora,

Fiquei impressionado e satisfeito em saber que meus esboços biográficos lhe transmitiram algo que minha aparência externa lhe havia escondido. Era preciso que ficasse escondido, pois não suportaria as brutalidades do mundo exterior. Mas agora estou tão velho que pude largar a amarra do mundo e a gritaria dissonante se perde no longínquo.

O sonho que a senhora me recorda antecipa maravilhosamente o conteúdo e o tempo da análise[1]. Quem sabia disso e arranjou isso? Quem o viu e entendeu e o expressou poderosamente numa grande imagem de sonho? Quem tem introspecção nesta questão sabe do que fala quando tenta interpretar a psique.

Com saudações cordiais,

Sinceramente seu
C.G. Jung

1. Trata-se de um "grande sonho" de 1927, que tem o caráter de uma iniciação. Está publicado no livro de J. Jacobi, *Der Weg zur Individuation*, Zurique, 1965, p. 93s.

A Heinrich Berann
Innsbruck-Lans

27.08.1960

Prezado Senhor Berann,

Agradeço o amável envio das amostras de seus quadros.

O senhor talvez não saiba que é difícil para mim, tanto como psicólogo quanto como pessoa humana, estabelecer alguma relação com a arte abstrata moderna. Uma vez que o sentimento parece ser um órgão altamente inapropriado para julgar esta arte, apela-se necessariamente para a razão ou a intuição a fim de encontrar algum acesso. Mas parece que também aqui está ausente a maioria dos sinais e acenos com os quais a pessoa se comunica. Parece-me que a razão disso é que naquela profundeza da qual provêm as expressões do artista moderno o fator individual tem um papel tão pequeno que fica abolida a comunicação humana. "Eu continuo eu e você continua você"– uma alienação e incompatibilidade definitivas dos indivíduos.

Essas mensagens estranhas servem bem para o nosso tempo que se caracteriza pela massificação e extinção do indivíduo. Neste sentido nossa arte parece desempenhar papel importante: compensar uma deficiência vital e antecipar a solidão imprevisível do ser humano.

A pergunta que sempre me vem à cabeça quando contemplo um quadro moderno: o que ele não pode exprimir?

Com elevada consideração,

Sinceramente seu
(C.G. Jung)

To Sir Herbert Read
Londres

02.09.1960

Dear Sir Herbert,

Acabei de ler as palavras de um *Homem*, isto é, a exposição de seu ponto de vista sobre minha obra[1]. O que se percebe é coragem e honestidade, duas qualidades cuja ausência em meus críticos até agora impediram qualquer forma de entendimento. Suas palavras abençoadas são os raios de um novo sol sobre um pântano escuro e modorrento no qual eu me sentia enterrado. Muitas vezes pensei em Mestre Eckhart que ficou esquecido por 600 anos. Eu me pergunto sempre de novo por que não havia pessoas em nossa época que ao menos pudessem ver a minha luta. Acho que não é mera vaidade e desejo de reconhecimento de minha parte, mas genuína preocupação com meus concidadãos. Trata-se possivelmente da antiga relação funcional do curandeiro para com sua tribo, a *participation mystique* e a essência do etos médico. Eu vejo o sofrimento da humanidade na situação dolorosa do indivíduo e vice-versa.

Na qualidade de psicólogo e médico eu não só acho, mas estou plenamente convencido de que *nil humanum a me alienum esse*[2] é inclusive meu dever. Eu incluo nisso a "arte moderna" – e com paixão – ainda que eu veja o seu sorriso indulgente. Lamentei muito não ter tido a oportunidade de uma boa conversa com o senhor sobre seu livro[3], que trouxe de volta para mim todos os meus pensamentos sobre arte. Eu nunca os manifestei abertamente, porque me bloqueava a certeza crescente da incompreensão geral que encontraria. Como o problema é sutil, sua solução exige sutileza de espírito e experiência concreta do funcionamento da mente. Após 60 anos de trabalho de campo, pode-se supor que eu conheça ao menos algo da minha profissão. Mas até o asno mais incompetente sabe tudo melhor, e eu não recebi nenhum incentivo. Ao contrário, fui malcompreendido ou totalmente ignorado. Num tal cenário, tive receio de multiplicar o caos de opiniões e acrescentar considerações que não podiam ser entendidas.

Dei muita atenção a dois grandes inovadores: Joyce e Picasso[4]. Ambos são mestres da fragmentação de conteúdos estéticos e acumuladores de cacos geniais. Parece que eu entendi o que significou aquele bilhete amassado que desceu o Liffey[5], apesar de Joyce. Conheci sua dor que se tinha estrangulado por sua própria força. Não presenciei eu esta tragédia sempre de novo com meus pacientes esquizofrênicos? Em *Ulisses* o mundo entra em colapso num caudal quase infindo e sem fôlego de destroços, um mundo "católico", isto é, um universo cheio de lamentos não ouvidos e lágrimas não derramadas, porque o sofrimento extinguiu a si mesmo e um imenso monte de cacos começou a revelar seus "valores" estéticos. Mas nenhuma língua vai dizer-lhe o que aconteceu em sua alma.

Vi o mesmo processo desenvolver-se em Picasso, numa personalidade totalmente diferente. Aqui havia força que levou à dissolução de uma obra. Ele viu e entendeu o que significava a profundeza emergente. Quase conscientemente ele aceitou o desafio do espírito todo-poderoso do tempo. Ele transformou seu "Können" ("Kunst" vem de "können") na arte da fragmentação genial: "Há de ser por este caminho, se não der pelo outro". Eu tive a honra de formular minha opinião sobre Picasso, como fiz com Joyce. Poderia facilmente ter feito coisa pior, enfatizando sua não autenticidade. Ele estava servindo de instrumento à morbidade de seu tempo, como ele mesmo admitia. Longe de mim diagnosticar nele uma esquizofrenia. Apenas levantei a hipótese de uma analogia com um processo esquizofrênico, segundo minha opinião. Não encontrei sinais de verdadeira esquizofrenia em sua obra, mas apenas analogia, o que não tem nenhum valor diagnóstico, pois há inúmeros casos desse tipo, mas nenhuma prova de que sejam esquizofrênicos.

Picasso é força implacável que agarra o impulso inconsciente e o grita com ressonância, usando-o inclusive para fins monetários. Por esta lamentável fragmentação, mostra que pouco entende o impulso primordial que não significa um monte de cacos por mais atrativos e tentadores que pareçam, mas um mundo novo, depois que o antigo ruiu. A natureza tem *horror vacui* e não acredita em montes de cacos e decadência, mas ervas e flores cobrem todas as ruínas, bastando que do céu caia chuva sobre elas.

O grande problema de nosso tempo é a incompreensão daquilo que acontece no mundo. Somos confrontados com a escuridão de nossa alma, o inconsciente. Dele saem impulsos escuros e irreconhecíveis. Eles quebram nossas formas culturais juntamente com suas dominantes históricas e as esvaziam. Não temos mais dominantes; elas estão no futuro. Nossos valores vacilam, tudo perde sua certeza, inclusive a *sanctissima causalitas* desceu do trono do axioma e transformou-se num simples campo de probabilidades. Quem é o hóspede que inspira medo e bate à nossa porta de modo agourento?[6] O temor o precede, mostrando que os valores máximos já fluem a seu encontro. Nossos valores, nos quais acreditamos até agora, decaem na mesma medida e nossa única certeza é que o novo mundo será algo diferente daquele a que estávamos acostumados.

Se algum de seus impulsos mostrar certa tendência para encarnar numa forma conhecida, o artista criativo não confiará nele. Ele dirá: "Você não é o que parece ser", e esvaziará e despedaçará as formas. É nesse ponto que nos encontramos agora. Eles ainda não aprenderam a distinguir entre sua vontade e a manifestação objetiva da psique. Ainda não aprenderam a ser objetivos com sua própria psique, isto é, (a distinguir) entre o que alguém faz e o que acontece a alguém. Quando alguém tem um palpite feliz, pensa logo que é esperto ou que alguma coisa que ele não sabe não existe. Nós estamos ainda num estado de espírito assustadoramente primitivo, e esta é a razão principal de não sermos objetivos em assuntos psíquicos. Se o artista de hoje quisesse ver somente aquilo que a psique está produzindo espontaneamente e aquilo que ele, enquanto consciência, está inventando, perceberia que o sonho, por exemplo, ou o objeto está anunciando (através de sua psique) uma realidade da qual ele nunca se livrará, porque ninguém transcenderá jamais a estrutura da psique.

Nós temos de ouvir simplesmente o que a psique nos diz espontaneamente. O que o sonho diz é *como ele é*, pois nós não o fabricamos. Repita-o do melhor modo possível. *Quod Natura relinquit imperfectum, ars perficit*[7]. Foi o grande sonho que sempre falou pela boca do artista. Todo seu amor e paixão (seus “valores”) fluem ao encontro do hóspede que vem, para anunciar sua chegada.

Os aspectos negativos da arte moderna[8] mostram a intensidade de nosso preconceito contra o futuro que obstinadamente queremos que seja de acordo com a nossa expectativa. *Nós* decidimos como se soubéssemos. Nós sabemos apenas o que sabemos, mas há muito mais que poderíamos saber se deixássemos de insistir naquilo que sabemos. O sonho nos contaria algo mais, por isso desprezamos o sonho e continuamos na dissolução *ad infinitum*.

O que é o grande sonho? Ele consiste dos vários pequenos sonhos e dos muitos atos de humildade e submissão às suas indicações. É o futuro e a imagem do novo mundo, que ainda não entendemos. Não podemos saber melhor do que o inconsciente e suas insinuações. Lá existe uma boa chance de encontrarmos o que procuramos em vão em nosso mundo consciente. Onde mais poderia ser?

Temo jamais encontrar a linguagem para transmitir estes argumentos tão simples aos meus contemporâneos. Desculpe o comprimento exagerado desta carta.

Sincerely yours,
C.G. Jung

1. Herbert Read, *Carl Gustav Jung*, Zurique, 1960. O ensaio foi tirado do livro de Read, *The Art of Art Criticism*, Londres, 1957. Foi publicado por Rascher-Verlag (*Die Kunst der Kunstkritik*, Gütersloh, 1957) como brochura por ocasião do 85º aniversário de Jung.

2. Literalmente: "Homo sum, humani nil a me alienum puto" (Terêncio, 190-159 aC). Sou uma pessoa humana e acho que nada me é estranho daquilo que se refere aos seres humanos.

3. Herbert Read, *The Form of Things Unknown*, Londres, 1960.

4. Cf. ensaio de Jung: "Ulisses, um monólogo" e "Picasso", em OC, vol. XV.

5. Para interpretar o "bilhete amassado" que, no romance, "é jogado fora em seguida" e que está ligado ao anúncio de um Elias, feito por um pregador ambulante, cf. o ensaio "Ulisses", de Jung, em OC, vol. XV, par. 190. Dublin, a cidade em que James Joyce (1882-1941) nasceu, está às margens do Liffey que forma o pano de fundo de muitas obras dele.

6. Figura das imaginações ativas de Jung, "o estranho hóspede" é uma personificação dos impulsos autônomos, destrutivos e também criativos do inconsciente. Anos mais tarde encontrou uma figura paralela, "the Pilgrim of Eternity", no livro *The Candle of Vision*, de A.E. (George W. Russell), Londres, 1920, que o comoveu muito. Possivelmente trata-se também de uma alusão ao livro de Maurice Maeterlinck, *L'Hôte Inconnu*, Paris, 1917. Encontra-se na biblioteca de Jung. Deduz-se da formulação no texto da carta que ele contava com a compreensão de Read, que ele já lhe havia falado dessa figura.

7. O que a natureza deixa imperfeito, a arte aperfeiçoa.

8. Sir Herbert Read respondeu à carta de Jung em 19.10.1960. Com relação à fragmentação ele disse: "O processo global de fragmentação, como o senhor o chama corretamente, não é, na minha opinião, intencionalmente destrutivo: o objetivo sempre foi (desde o começo do século) destruir a imagem consciente da perfeição (o ideal clássico da objetividade) para liberar novas forças a partir do inconsciente. Este 'voltar-se para dentro'... é precisamente um desejo de ser posto em contato com o sonho, isto é (como o senhor diz) com o futuro. Mas na tentativa o artista tem seus 'impulsos escuros e irreconhecíveis' e eles o dominaram. Ele luta como alguém dominado por uma correnteza. Ele se agarra a fragmentos, a tábuas e detritos flutuantes de toda espécie. Mas ele tem que abandonar esta correnteza para chegar mais perto do sonho. Minha defesa da arte moderna sempre se baseou nesta compreensão: a arte precisa morrer para viver, novas fontes de vida precisam ser abertas sob a crosta da tradição".

To His Excellency
Mr. Miguel Serrano, Ambassador of Chile
Nova Délhi/Índia

14.09.1960

Dear Sir,

Sua carta de 7 de maio de 1960 é tão abrangente que não sei por onde começar a resposta. O caminho que eu pareço propor para a solução de nossos problemas contemporâneos é na verdade o processo para o qual fui forçado como indivíduo moderno, confrontado com as insuficiências sociais, morais, intelectuais e religiosas de nosso tempo. Reconheço que só posso dar uma resposta, a minha, que certamente não é válida para todos, mas pode ser suficiente para certo número de pessoas contemporâneas, ainda mais que meu principal enfoque não contém mais do que isto: siga aquela vontade e aquele caminho que a experiência confirma serem os seus próprios, isto é, a verdadeira expressão de sua individualidade.

Ninguém pode ficar consciente de sua individualidade sem um relacionamento íntimo e responsável com os outros. Por isso ninguém que procura encontrar-se vai retirar-se egoisticamente para um deserto. Somente através de um relacionamento profundo e incondicional com alguns ou, melhor, com muitos, pode encontrar a si mesmo, pois só assim tem a chance de comparar-se com os outros e deles distinguir-se. Quem por sumo egoísmo se retira para a solidão do Monte Everest descobrirá muita coisa sobre as vantagens de sua grandiosa moradia, mas nada sobre si mesmo, isto é, nada que não tivesse podido saber antes. Sua situação corresponde à da humanidade. O ser humano é uma criatura capacitada para a autorreflexão, mas falta-lhe a capacidade de comparação com outras criaturas, igualmente dotadas de consciência. Ele está no topo dos animais e exilado num pequeno grãozinho da Via Láctea. Esta é a razão por que não se conhece a si mesmo: está cosmicamente isolado. Só consegue afirmar com certeza que não é macaco, nem pássaro, nem peixe e nem árvore. Mas permanece obscuro o que ele realmente é.

A humanidade de hoje sonha com comunicações interplanetárias. Se pudéssemos contactar a população de outro planeta, encontraríamos um meio de aprender algo de essencial sobre nós mesmos. E, por falar nisso, vivemos numa época em que o *homo homini lupus*[1] ameaça tornar-se uma realidade terrível, sendo por isso de urgente necessidade conhecermos algo para além de nós. A ficção científica sobre viagens à Lua, Vênus ou Marte e os boatos sobre os discos voadores são manifestações de nossa necessidade difusa, mas não menos intensa, de alcançar uma nova base física e espiritual de nosso mundo consciente de agora.

Filósofos e psicólogos dos séculos XIX e XX tentaram suprir-nos com uma terra nova em nós, isto é, o *inconsciente*. É na verdade uma descoberta que poderia dar-nos uma nova orientação em muitos aspectos. Enquanto nossa ficção sobre marcianos e venusianos se baseia exclusivamente em especulações, o inconsciente está dentro do alcance da experiência humana. Ele é quase palpável e, por isso, mais ou menos familiar a nós, mas, por outro lado, uma existência estranha, difícil de entender. Suponhamos que aquilo que eu chamo de arquétipos seja uma hipótese verificável, então somos confrontados com *animalia* autônomos, dotados de uma espécie de vida consciente e psíquica própria, que podemos observar, ao menos parcialmente, não só nos seres humanos, mas também no curso histórico de muitos séculos. Não importa que os chamemos deuses, demônios ou ilusões; eles existem, atuam e nascem de novo com cada geração. Eles têm uma influência enorme sobre a vida individual e também coletiva e, apesar de sua familiaridade, são curiosamente não humanos. Esta última característica é a razão de terem sido chamados deuses e demônios no passado e de serem entendidos em nossa era "científica" como manifestações psíquicas dos instintos, visto que representam atitudes e formas de pensamento que ocorrem habitual e universalmente. São formas básicas, mas não imagens manifestas, personificadas ou concretizadas de outro modo. Têm alto grau de autonomia que não desaparece quando as imagens manifestas mudam. Se, por exemplo, acabar a crença no deus Wotan e ninguém mais se lembrar dele, o fenômeno chamado originalmente Wotan permanece[2]; nada muda a não ser o nome, como o demonstrou em grande escala o nacional-socialismo. Um movimento coletivo consiste de milhões de indivíduos, cada um deles mostrando sintomas de wotanismo e provando assim que Wotan na verdade nunca morreu, mas reteve sua vitalidade e autonomia originais. Nossa consciência só imagina que perdeu seus deuses; na verdade eles ainda estão lá e basta uma determinada condição geral para trazê-los de volta com força total. Esta condição é uma situação que exige nova orientação e nova adaptação. Se esta questão não for bem-entendida e não receber resposta adequada, então o arquétipo que expressa esta situação – neste caso Wotan – começa a atuar e traz de volta a reação que sempre caracterizou esses tempos. Como apenas alguns indivíduos são capazes de ouvir e aceitar bons conselhos, é muito provável que ninguém preste atenção a uma voz premonitória de que Wotan está outra vez aqui. Preferem cair de cabeça para baixo na armadilha.

Uma vez que perdemos em grande parte nossos deuses e que a atual condição de nossa religião não oferece uma resposta eficaz para a situação do mundo em geral e para a "religião" do comunismo em particular, estamos na mesma e difícil situação da Alemanha pré-nacional-socialista dos anos de 1920, isto é, estamos expostos ao risco de uma nova experiência wotanista, só que desta vez de âmbito mundial. Isto significa epidemias mentais e guerra.

Ainda não nos damos conta de que, quando um arquétipo é inconscientemente constelado e não entendido conscientemente, a pessoa *possuída por ele* é forçada a seu objetivo fatal. Então Wotan representa e formula nosso princípio fundamental de comportamento, mas isto obviamente não resolve o nosso problema.

O fato de um deus arcaico formular e expressar a dominante de nosso comportamento significa que precisamos encontrar uma nova atitude religiosa, uma nova noção de nossa dependência de dominantes superiores. Não sei como isto seria possível sem uma renovada autocompreensão do ser humano, que inevitavelmente tem de começar pelo indivíduo. Temos os meios de comparar o ser humano com outros *animalia* psíquicos e dar-lhe novo ordenamento que lança uma luz objetiva sobre sua existência, isto é, como um ser operado e manobrado por forças arquetípicas, em vez de sua "livre-vontade", isto é, seu egoísmo arbitrário e sua consciência limitada. Deveria aprender que ele não é o senhor de sua própria casa e que deveria estudar cuidadosamente o outro lado de seu mundo psíquico que parece ser o verdadeiro soberano de seu destino.

Sei que tudo é apenas um "desejo piedoso", cuja realização precisa de séculos. Mas em cada éon há ao menos alguns indivíduos que entendem qual é a verdadeira tarefa do ser humano e guardam sua tradição para as gerações futuras, num tempo em que a introspecção atingirá um nível mais profundo e mais geral. Primeiro só poucos terão seu caminho mudado, mas depois de algumas gerações serão mais. É bem improvável que haja uma mudança perceptível de mentalidade geral nesta ou mesmo na próxima geração, pois o ser humano ainda não reconhece que ele é de certa forma um estranho para si mesmo. Mas quem for capaz dessa introspecção, não importando quão isolado esteja, deveria lembrar-se da lei da sincronicidade. Um velho ditado chinês soa assim: "O homem reto em sua casa, que pensa o pensamento correto, será ouvido em até mais de 100 milhas ao seu redor"[3].

Não há necessidade de propaganda nem de confissões exibicionistas. O arquétipo é universal, isto é, sempre e em toda parte idêntico a si mesmo. Se for tratado corretamente, nem que seja num lugar apenas, ele é influenciado como um todo, isto é, simultaneamente e em toda parte. Por isso um velho alquimista consolou assim um de seus discípulos: "Não importa o quão isolado esteja e o quão solitário se sinta; se fizer seu trabalho fiel e conscienciosamente, virão procurá-lo amigos desconhecidos".

Parece-me que nada de essencial jamais foi perdido, porque sua matriz está sempre presente dentro de nós e a partir dela pode e será reproduzido se for necessário. Mas só podem recuperá-lo aqueles que aprenderam a arte de desviar seus olhos da luz cegadora das opiniões correntes e fechar seus ouvidos ao barulho dos *slogans* efêmeros.

O senhor diz corretamente, seguindo o filósofo holandês Multatuli: "Nada é totalmente verdadeiro" e poderia acrescentar com ele: "E nem isto é totalmente verdadeiro". O intelecto pode fazer a profunda afirmação de que não existe verdade absoluta. Mas se alguém perde seu dinheiro, o dinheiro está perdido e isto equivale a uma verdade absoluta, o que significa que ele não se consolará com uma profundidade intelectual. Existe algo como uma verdade convincente, mas nós a perdemos de vista, graças sobretudo ao nosso intelecto brincalhão. A ele sacrificamos nossa certeza moral e ganhamos com isso nada mais do que um complexo de inferioridade que, aliás, caracteriza a política ocidental.

Ser significa fazer e produzir. Mas como nossa existência não depende apenas de nossa vontade do eu, também nosso fazer e produzir dependem em grande parte das dominantes do inconsciente. Meu querer não brota só do meu eu, mas também eu fui feito para ser criativo e ativo, e estar quieto só é bom para alguém que foi demais – ou perversamente – ativo. Caso contrário isto é um artifício que interfere desnecessariamente em nossa natureza. Nós crescemos, florescemos, murchamos e morremos em paz perpétua – ou ao menos parece. Mas muito depende do espírito, isto é, do sentido ou significado com que fazemos e produzimos, ou – em outras palavras – vivemos. Este espírito se expressa ou se manifesta numa verdade que é sem dúvida e absolutamente convincente para o todo do meu ser, apesar de o intelecto em suas intermináveis incoerências continuar para sempre com seus "mas e "se" que, no entanto, não devem ser suprimidos e, sim, saudados como ocasiões de aprofundar a verdade.

O senhor escolheu dois bons representantes do Oriente e Ocidente. Krishnamurti[4] é totalmente irracional e deixa a solução para a quietude, isto é, deixa-a como fazendo parte da mãe natureza. Toynbee, por outro lado, acredita em fazer e moldar opiniões. Nenhum dos dois acredita no florescimento e desdobramento do indivíduo como um experimento e uma obra duvidosa e desconcertante do Deus vivo. A ele devemos emprestar nossos olhos, ouvidos e nosso espírito perspicaz, pois foi para este fim que foram desenvolvidos durante milhões de anos e trazidos à luz há mais ou menos 6.000 anos, ou seja, no momento em que a continuidade histórica da consciência tornou-se visível através da invenção da escrita.

Nós precisamos urgentemente de uma verdade ou de uma autocompreensão semelhante à do Antigo Egito, como eu a encontrei ainda viva entre os taos-pueblo. O chefe de seu culto, o velho Ochwiäh Biano (lago da montanha), me disse: "Nós somos o povo que vive no teto do mundo, nós somos os filhos do Sol que é nosso pai. Nós o ajudamos todo dia a nascer e a atravessar o céu. Não o fazemos só por nós, mas também por todos os americanos. Por isso não deveriam interferir em nossa religião. Mas se continuarem a fazê-lo (por meio de missionários) e nos perturbarem, então verão que em dez anos o Sol não mais se levantará"[5].

Ele supõe corretamente que o dia, a luz, a consciência e o sentido deles vão morrer se forem destruídos pela estreiteza mental do racionalismo americano, e o mesmo acontecerá ao mundo todo se submetido a tal tratamento. Por isso tentei encontrar a melhor verdade e a luz mais clara possível. Eu alcancei o meu ponto mais alto e não posso ultrapassá-lo; eu guardo minha luz e meu tesouro; sei que não aproveitará a ninguém e eu próprio ficaria muito ferido, talvez sem esperanças, se o perdesse. Isto é a coisa mais preciosa não só para mim, mas sobretudo para a escuridão do criador que precisa do ser humano para iluminar sua criação. Se Deus tivesse previsto seu mundo, seria mera máquina sem sentido e a existência humana, um capricho inútil.

Meu intelecto pode considerar tal possibilidade, mas todo o meu ser diz "não" a isto.

Sincerely yours,
(C.G. Jung)

1. O homem é o lobo do outro homem (T. Hobbes, 1588-1679, *Leviatã*).
2. Cf. "Wotan", em OC, vol. X.
3. Cf. *I Ching*, o livro das mutações, p. 232: "O Mestre falou: O nobre está em seu quarto. Se pronunciar boas palavras, encontrará repercussão numa distância de mais de mil milhas..."
4. Krishnamurti, nascido em 1897, brâmane do sul da Índia, foi declarado novo mestre mundial pela teósofa Anni Besant. Ele resolveu a "ordem dos astros" que para ele foi instituída, uma vez que não considerava a verdade como organizada. Em sua carta de 07.05.1960 a Jung, Mr. Serrano citava o pensamento de Krishnamurti que a única coisa importante está na quietude.
5. Cf. o capítulo "Os índios pueblo", em *Memórias*, p. 218.

A Hans Seifert
Schaffhausen

14.10.1960

Prezado Senhor Seifert,

Muito obrigado por me contar sua experiência tão interessante[1]. É um tipo de experiência muito rara hoje em dia. Talvez possa surgir de novo, já que o tempo se tornou favorável a isso.

Talvez a visão tenha sido provocada pelo aparecimento repentino de um veado. Normalmente uma ocasião dessas é prevista. Mas o mais importante é o que virá através da ocasião. É o motivo arquetípico dos dois animais que lutam entre si. É o motivo que surgiu no século XI-XII e frequentes vezes encontrado no estilo românico da luta entre dois animais. Podemos encontrar isto em iluminuras de manuscritos, bem como em esculturas de capitéis e frisas de construções sacras romanas, onde se apresenta como a luta do homem contra o animal ou o homem entre dois animais.

Não é difícil perceber que o veado de sua visão é um aparentado do veado de Santo Humberto ou de Santo Eustáquio[2], que é uma alegoria de Cristo, porque ele esmagou a serpente (já o deus-veado céltico Kerunnus[3] segura uma cobra pelo pescoço). Vice-versa, também Cristo é a serpente suspensa num poste[4], o que indica a identidade dos opostos. O cachorro, ou o que quer que ameace o veado, é um oposto a ele – ao branco, o preto; ao animal de caça, o lobo.

Os dois representam um ser unitário, sobre-humano, contraditório em si mesmo. A forma de animal indica que o conflito – simbolizado por este ser unitário paradisíaco – é em sua maior parte inconsciente. Isto quer dizer que o senhor vê provavelmente sua situação de conflito como algo pessoal, ao passo que a visão mostra que se trata de um efeito produzido por um par de opostos extrapessoal. O senhor não provoca seu conflito, mas é a vítima inconsciente, ou seu ator. A visão é mais ou menos coletiva, porque expressa a situação coletiva e não a vontade individual. Seu filho pequeno, do qual o senhor diz que estava muito distante da situação de conflito, só vê algo marrom-claro, o que provavelmente corresponde ao motivo real da visão. Apesar de sua capacidade de fantasia, as crianças veem muitas vezes as coisas mais exatamente do que os adultos. Elas são adaptadas natural e instintivamente à realidade; sua próxima tarefa é virar-se dentro dela. Os adultos, porém, principalmente aqueles que se aproximam da meia-idade, começam a sentir que existe também uma realidade psíquica sobre a qual nossa cultura sabe muito pouco e pouco quer saber. As pessoas preferem aferrar-se a velhos dogmas do que deixar a experiência falar.

O veado está, como diz sua visão, um pouco triste e esgotado. Também parece ter os chifres um pouco chanfrados. Em contrapartida, o cachorro age de forma algo sinistra e bem mais viva.

Não sei o quanto o senhor sabe da psicologia do inconsciente. Não gostaria, pois, de entrar em muitos detalhes, mas chamar apenas a atenção para o fato de que a visão coletiva é por assim dizer um fenômeno do tempo, representando o grande problema de nossos dias na forma individual.

Com elevada consideração,
(C.G. Jung)

1. Seifert contou uma "experiência coletiva com um animal" de que participaram ele, sua mulher, sua filha de 13 anos e seu filho de 8. Ele mesmo acreditou ver um animal, parecido com um porco do mato. Sua mulher viu nele um lobo, a filha viu um veado. Então o "animal" transformou-se diante de seus olhos num veado branco, que vinha sendo perseguido por um cachorro preto. Ambos os "animais" desapareceram rapidamente no mato. O filho só havia percebido o dorso marrom de um animal.

2. Segundo a lenda, estava Santo Humberto (século VIII) a caçar em dia santo, quando lhe apareceu um veado com uma cruz de ouro entre os chifres. Santo Eustáquio (século I) era um comandante do exército romano que se deixou batizar depois que teve a visão de um veado com uma cruz entre os chifres. Ambos são considerados os santos padroeiros dos caçadores.

3. Kerunnus era um deus celta da fertilidade e do submundo. Em geral é representado com chifres de veado ou com três cabeças.

4. Jo 3,14. Cf. *Psicologia e alquimia*, par. 217.

To Melvin J. Lasky
Encounter
Londres

19.10.1960

Dear Mr. Lasky,

Não fiquei satisfeito com o comentário a Koestler que o senhor recebeu de Zurique através de minha secretária[1]. Estou me recuperando de uma séria doença e estive impossibilitado de cuidar de minha correspondência por várias semanas. A impressão que teve de minha mensagem deve ter sido de confusão. Este efeito desagradável é difícil de ser evitado quando se precisa tratar de um fenômeno tão paradoxal como o zen (e a menos complicada ioga).

No essencial eu concordo plenamente com a opinião desfavorável de Koestler. Agradecemos a ele um esclarecimento dos fatos, que era necessário e que é meritório. O quadro que ele traça de ioga e zen, como vistos pela mente ocidental, é racional, distanciado e, sob este aspecto, sem preconceito e correto.

Até aonde esta mentalidade ocidental alcança e o espírito ocidental tem validade, o julgamento de Koestler é verdadeiro. Mas a pergunta que deve ser feita é esta: Será que o ponto de vista ocidental é realmente imparcial? O que dizer de seu racionalismo e de seu costume de formar opiniões somente a partir de fora, a partir da extroversão? Uma concepção racionalista é apenas um aspecto do mundo e não cobre todo o campo da experiência. Os acontecimentos psíquicos não são causados apenas de fora e os conteúdos mentais não são meros derivados das percepções dos sentidos. Existe uma vida irracional, psíquica interior, uma chamada "vida espiritual" da qual a maioria nada sabe ou nada quer saber, com exceção de alguns "místicos". Esta "vida interior" é geralmente considerada bobagem e deve, por isso, ser eliminada – e curiosamente tanto no Oriente como no Ocidente. E, no entanto, é a origem e fonte inesgotável da ioga, do zen e de muitas outras correntes espirituais, não só do Oriente, mas também do Ocidente.

Mas assim como o budismo em suas várias diferenciações se sobrepõe à aventura espiritual original, o racionalismo cristão se sobrepôs à filosofia alquimista medieval, que ficou esquecida por quase 200 anos. Esta filosofia está tão perdida para nós quanto o *I Ching* para a China. Também a alquimia desenvolveu o simbolismo do alvo, do mirar e do atirar, não com o arco, mas com a besta[2], e não como uma prática real, mas como uma metáfora puramente pictórica. Ela usava este simbolismo para exprimir a ideia de que seu procedimento tinha um propósito, um objetivo, um alvo, ainda que nunca concretizasse o símbolo, a ponto de fazer um ritual de tiro com a besta – continuou sendo uma metáfora. Mas a tentativa química real na alquimia foi resultado da mentalidade literal do adepto que tentou cozinhar, fundir e destilar substâncias "simbólicas".

Mesmo a vida interior genuína e original tem uma tendência de sucumbir sempre de novo ao materialismo e racionalismo da consciência, isto é, à mentalidade literal. O resultado é que se tenta repetir um acontecimento espontâneo e irracional através de um arranjo deliberado e imitativo das circunstâncias análogas que levaram aparentemente ao acontecimento original.

A grande esperança, o *êxtase* libertador da experiência primordial, logo se transforma na pertinácia de um esforço intelectual que tenta, através da aplicação de um método, alcançar o efeito da experiência primordial, isto é, uma espécie de transformação espiritual. A profundidade e intensidade da emoção original se convertem num anseio apaixonado, num esforço contínuo que pode durar centenas de anos para restaurar a situação original. É curioso que não se perceba que isto foi um estado de emoção ou êxtase espontâneo e natural e, portanto, totalmente oposto a uma imitação construída com método.

Quando o velho mestre chinês perguntou ao discípulo, com o qual passeava no tempo dos loureiros em flor, "você sente o cheiro?"[3], e o discípulo experimentava *satori*[4], podemos presumir e compreender a beleza e plenitude do momento da iluminação. Está mais do que claro que tal *kairós* jamais poderá ser reproduzido por um esforço voluntário, por mais cuidadoso e metódico que seja. Não há dúvida de que a aplicação paciente e pertinaz produz efeitos de um tipo, mas é mais que duvidoso se eles representam o *satori* original ou não.

Maior distância ainda parece haver entre o *satori* dos koans significativos e a arte zen de manejar o arco. É comparável à diferença entre os acontecimentos descritos nos evangelhos ou a iluminação de São Paulo e os *Exercitia Spiritualia* de Santo Inácio de Loyola.

A concepção gnóstica original da alquimia é visível ainda em Zósimo de Panópolis (século III dC) e pode-se entender, a partir da profundidade e poder dessas ideias, a pertinácia subsequente da procura alquimista que durante 1.700 anos não perdeu a esperança de produzir a panaceia ou o ouro artificial, apesar de todas as decepções e "desmascaramentos" durante os séculos.

Eu concordo com Koestler quando ele põe o dedo na grande quantidade de disparates do zen-budismo, assim como concordo com os antigos críticos da alquimia. Mas quero acentuar ao mesmo tempo que, assim como a química obviamente absurda da alquimia foi um pretexto semiconsciente de um anseio espiritual muito real, a paixão secreta que mantém viva o zen e outras técnicas espirituais através dos séculos está ligada a uma experiência original de totalidade – talvez a mais importante e singular de todas as experiências espirituais.

Uma vez que não há aparentemente condições externas, racionais, controláveis e repetíveis para provar ou justificar a existência ou validade de uma vida interior, tende-se a pensar que tal quantidade incomum de absurdos teria matado qualquer movimento espiritual no decorrer do tempo, ou o mataria ao menos agora na nossa época mais esclarecida. Mas esta expectativa ocidental muito compreensível não se realizou, porque ela tem em mira tão só o não essencial, e não o essencial, que é omitido em nosso julgamento. Nós em nossa ignorância ocidental não vemos, ou esquecemos, que o ser humano tem, ou é visitado por experiências interiores subjetivas de natureza irracional que não podem ser tratadas com argumentos racionais, com evidência científica e diagnóstico depreciativo.

O Ocidente – pelo fato de se ter despojado de seus próprios métodos irracionais originais, mas deles precisar muito, e pelo fato de sua vida interior só poder ser reprimida, mas não ajudada pelo racionalismo – tenta, pelas vias ocidentais, adotar a ioga e o zen. É patético ver um homem como Herrigel aprendendo a arte zen de manejar o arco[5] – uma arte não essencial, se é que existe alguma – com a maior aplicação. Mas, graças a Deus, é claro que isto nada tem a ver com a vida interior de uma pessoa.

Nós temos inclusive medo de aceitar a existência de uma vida interior, porque poderia ser algo "patológico". Isto é a seta venenosa no arco do cético, a dúvida suicida numa mente fraca. É estranho que a gente não se dê conta de que a única existência viva que contactamos imediatamente é nossa vida subjetiva espontânea e não nossa vida opinativa, que está distanciada um passo da realidade. A vida opinativa deveria ser talvez uma vida feliz de acordo com os nossos padrões, mas não é. Ao contrário, somos inesperadamente felizes quando realizamos um trabalho árduo, como Till Eulenspiegel[6], quando deveríamos estar tristes, ao menos de acordo com todas as expectativas razoáveis. Odiamos e tememos a irracionalidade do mundo interior e por isso nunca aprendemos a arte de viver com as coisas como elas são. Preferimos opiniões em vez da vida real e acreditamos em palavras em vez de acreditar em fatos, resultando disso que nossa experiência é bidimensional quando deveria ser tridimensional.

Quanto mais isto for o caso, mais se intensifica o anseio pela totalidade. Mas em vez de considerar sua própria irracionalidade, a pessoa prefere estudar avidamente zen e ioga, se possível as partes mais óbvias e palpáveis de ambos. Se alguém for paciente o bastante (por exemplo, levando muitos anos no aprendizado da arte zen de manejar o arco), receberá sua recompensa, assim como é recompensado sempre aquele que faz algo desagradável com a maior paciência e disciplina. Estas já são recompensas em si mesmas, mas não haverá mais do que isto.

Sincerely yours,
(C.G. Jung)

1. Devido a uma doença, Jung pediu à secretária para redigir uma resposta provisória.

2. Cf. *Psicologia e alquimia* (OC, vol. XII), par. 48.

3. Cf. "Prefácio à obra de Suzuki: A grande libertação", em OC, vol. XI, p. 544.

4. Satori significa no zen-budismo a experiência da iluminação interior.

5. Eugen Herrigel, *Zen in der Kunst des Bogenschiessens*, Planegg bei München, 1953.

6. Uma figura popular no folclore alemão, representando a superioridade do esperto camponês sobre os moradores das cidades e comerciantes. A primeira coletânea de seus feitos e brincadeiras foi publicada em 1515. Na história aqui mencionada, Till Eulenspiegel, ao contrário de seus companheiros, se alegra ao subir morro acima, pensando nas delícias da descida.

A presente carta foi publicada como posfácio à edição alemã do livro de Arthur Koestler, *Von Heiligen und Automaten*, Scherz-Verlag, Berna/Stuttgart/Viena, 1961 (edição inglesa, *The Lotus and the Robot*, 1961). A editora acrescentou (p. 363): "Este posfácio não consta da edição original inglesa. Foi originalmente escrito como carta à revista inglesa *Encounter*, na qual havia trechos do livro de Koestler ("Yoga Unexpurgated" e "A Stink of Zen", agosto e outubro de 1960). A carta de Jung foi publicada no número de fevereiro de 1961. Pouco antes de sua morte, o Professor Jung autorizou-nos a incluir a carta – uma de suas últimas publicações como posfácio na edição alemã. [...]" Com a gentil permissão de Scherz-Verlag a tradução foi feita do inglês.

To the Mother Prioress of a Contemplative Order
Inglaterra

19.10.1960

Dear Reverend Mother,

Conforme seu desejo[1], tão logo recebi sua carta, escrevi ao Dr. Rudin, S.J. (diretor do Institutum Apologeticum de Zurique), que conheceu Victor White, pedindo sua colaboração. Espero, pois, que seu desejo se concretize.

Talvez tenha sido bom que minha mensagem não tenha chegado mais a V.W.[2] Talvez o tivesse chateado. Quando lhe escrevi minha explicação[3], eu ainda não sabia da gravidade de seu estado; só percebi por sua reação que não entendeu o que eu quis dizer, o que não é de admirar, dadas as circunstâncias. No geral, prefiro que as pessoas saibam tudo o que possam sobre si mesmas quando *in conspectu mortis*. Mas o momento foi mal-escolhido. Não se preocupe muito, pois quando V.W. recebeu minha verdadeira mensagem, ele não era mais capaz de entendê-la. Minha mensagem à senhora foi apenas uma tentativa de apaziguar sua mente sobre as minhas intenções. Eu temia que ele ficasse aborrecido à toa por causa da carta que não conseguia entender.

Eu vi agora boa quantidade de pessoas morrerem num tempo de uma grande transição, chegando por assim dizer ao fim de sua peregrinação diante dos portões onde o caminho se bifurca para a terra do além-mundo e para o futuro da humanidade com sua aventura espiritual. A senhora teve uma fugidia visão do *Mysterium Magnum*.

Yours sincerely,
(C.G. Jung)

P.S. Acabei de receber a resposta do Dr. Rudin. Ele mesmo celebrará a missa.

1. Em sua carta de 13.10.1960, a Madre Prioresa havia pedido que se celebrasse em Zurique uma missa no dia 21 de outubro, dia do 58º aniversário do Padre Victor.

2. Cf. carta de Jung, de 29.04.1960 à destinatária, pedindo-lhe que transmitisse a Victor White "that I am in peace with him". Como não soubesse que o fim estava tão próximo e seguindo o conselho de alguns amigos não transmitiu a mensagem de Jung.

3. Cf. carta a White, de 25.03.1960.

A René A. Kipfer
Köniz-Berna

21.10.1960

Prezado Senhor Kipfer,

É muito gentil de sua parte ter-me presenteado com um quadro tão interessante de sua autoria[1].

Ao contemplar esses quadros abstratos, sempre me coloco o seguinte raciocínio: não é nada que deva ser encontrado na experiência exterior, nem se pretende que o seja. Se, apesar disso, surgirem algumas indicações de algo reconhecível, isto é de certa forma contra a intenção, um lapso ou uma condescendência irrecusável à compreensão do observador ou à vontade de comunicar.

A percepção interior tem como objeto a indicação do pano de fundo psíquico que em si mesmo é tão indefinido ou tão multifacetado que pode ser expresso numa variedade infinda de formas. Não vamos deter-nos nos borrões falsificados e comerciais e só considerar os quadros que transmitem um propósito sério. Esses quadros estão geralmente sob o encanto de um arquétipo clássico como se pode ver não só nos sonhos, mas também nos mitos e no folclore em todos os tempos e lugares. Seu quadro está sob o motivo do signo do dragão. O azul significa ar e água, e disso pode-se construir facilmente a imagem de um dragão chinês. Mas esta intenção concretizadora é frustrada por sua técnica: o dragão é oco e tem a aparência de uma fita. Esta perda de substância quer significar que ele não possui nenhuma matéria, e por isso é "espiritual" (espírito = ar em movimento).

Em chinês o tao é descrito como "espírito do vale" e representado como dragão, isto é, como um curso de água agitado pelo vento.

Quando Henry Moore esculpe figuras humanas, ele também as escava o máximo possível para mostrar que não são pessoas concretas, mas coisas sem substância, isto é, divindades sagradas como, por exemplo, rei e rainha[2].

Outro arquétipo é expresso, por exemplo, pela mãe e filho.

Seu dragão entra na categoria dos grandes animais de pano de fundo, que parecem reger o universo. Por isso os símbolos são sobretudo teriomorfos para os signos como dominantes dos processos psíquicos.

Naturalmente os fenômenos observados no pano de fundo nem sempre são arquétipos, mas podem também ser complexos pessoais que alcançaram uma importância excessiva. Pai e mãe são não apenas entidades pessoais, mas possuem também importância suprapessoal e por isso são usados muitas vezes como símbolos da divindade. Dessa forma volta pela porta dos fundos a cosmovisão espontaneamente religiosa que foi jogada pela porta da frente da casa. Mas volta tão mudada que ninguém a percebeu até agora, e assim a arte moderna festeja o grande carnaval da divindade.

Com saudações cordiais,

Sinceramente seu
(C.G. Jung)

1. O destinatário, um jovem artista suíço, mandou de presente a Jung um quadro a óleo em agradecimento à sua obra. Era uma figuração abstrata que podia ser interpretada como figura de dragão.

2. Para uma interpretação psicológica da obra de Henry Moore, cf. Erich Neumann, *Die archetypische Welt Henry Moores*, Zurique, 1961. Os corpos "Rei e Rainha", de Moore, são quase bidimensionais e não "escavados" como outras esculturas suas.

A Peter Birkhäuser[1]
Binningen bei Basel

02.11.1960

Prezado Senhor Birkhäuser,

Gostaria de dizer-lhe que seu monstro cavalo-porco deixou alguns efeitos em mim[2]. Como prelúdio de minha doença tive o seguinte sonho:

Em lugar e tempo desconhecidos, como que no ar, estávamos eu e um chefe primitivo que poderia ter vivido há uns 50.000 anos passados. Nós dois sabíamos que finalmente havia chegado o grande acontecimento: aconteceu que finalmente o javali, um animal mitológico gigantesco, foi caçado e morto. Foi-lhe tirado o couro, teve a cabeça cortada, o corpo foi aberto ao comprido como o de um porco, estando as duas partes unidas apenas pelo pescoço.

Nós dois estávamos ocupados em levar a grande quantidade de carne para a nossa tribo. A tarefa é difícil. Uma vez a carne caiu num rio caudaloso que a levou para o mar. Tivemos de tirá-la de lá novamente. Finalmente chegamos à nossa tribo.

O acampamento ou aldeia está montado sobre um retângulo no meio da mata virgem ou numa ilha no mar. Deveria ser celebrada uma grande refeição ritual.

A base desse sonho é: no começo de nosso Kalpa (idade cósmica), Vishnu criou o novo mundo como bela virgem que boiava sobre a água. Mas a grande serpente conseguiu afundar a nova criação, donde Vishnu a tirou de novo, transformando-se num porco macho. (Um paralelo a este sonho é a ideia cabalística de que no fim dos dias Javé matará o Leviatã e o servirá como refeição aos justos.)

Ao final dessa idade cósmica, Vishnu se transmutará num cavalo branco e vai trazer um novo mundo. Isto se refere ao Pégaso que abre a era de Aquário[3].

Eu queria dar-lhe a conhecer este desenvolvimento.

Com saudações cordiais,

Sinceramente seu
C.G. Jung

1. Peter Birkhäuser, nascido em 1911, pintor, casado com Sibylle, filha do Dr. Albert Oeri. Cf. carta a Sibylle Birkhäuser, de 13.07.1950.

2. Isto se refere a uma figura que apareceu mais vezes no sonho do pintor e que ele representou em dois quadros. Jung analisou com ele os sonhos e os quadros. Cf. ilustrações em *Der Mensch und seine Symbole*, Olten/Friburgo na Br. 1968, p. 199. O aspecto da morte que aparecia nos sonhos ocupou Jung por certo tempo.

3. Cf. carta a Tauber, de 13.12.1960.

A um destinatário não identificado
Suíça

02.11.1960

Prezado Senhor N.,

Não gosto de proceder a análises de sonhos por carta, mas em seu caso faço uma exceção porque seu sonho[1] é muito claro.

A igreja determina a situação religiosa do senhor. A direita é o lado consciente, a esquerda é o lado inconsciente. Por isso o senhor está consciente de que possui um vaso que contém água e uma espécie de planta. Esta planta é um crescimento interior, espiritual, o desenvolvimento de uma árvore da vida e do conhecimento que já teve um grande papel na alquimia.

O sacerdote é o católico positivo dentro do senhor que interrompe este processo de crescimento, derrama a água para a esquerda, isto é, deslocando-a novamente para o inconsciente, porque por razões compreensíveis não pode aprovar o processo.

Mas é aconselhável em geral observar estes desenvolvimentos interiores inconscientes e não deixá-los escorregar para dentro do inconsciente, pois neste caso entram na esfera fisiológica ou ao menos no campo do respectivo inconsciente, onde causam formações patológicas que um homem sábio evita o quanto possível.

Com elevada consideração,

Sinceramente seu
(C.G. Jung)

1. No sonho, o destinatário faz experiências no lado direito de uma igreja com um vaso verde de vidro, que contém água e uma planta. Um sacerdote toma o vaso e derrama a água numa bacia de pedra no lado esquerdo da igreja.

To Leo Holliday
Hackensack (N.J.)/EUA

06.11.1960

Dear Sir,

Certamente está muito impressionado com a atual situação mundial não política, moral e psicológica[1]. Ao que posso ver, trata-se de um problema psicológico por excelência. O homem se defronta com poderes aparentemente criados por ele, mas que não consegue controlar.

No fundo é a situação do primitivo, apenas com a diferença de que este não imagina que seja ele o criador de seus demônios.

Os próprios objetos e métodos que guiaram o homem civilizado para fora do jângal chegaram agora a tal autonomia que o aterrorizam, mais ainda porque não vê caminhos e meios de lidar com eles. Ele sabe que seus ogros são produtos do homem e por isso vive sob a ilusão de que pode e deve controlá-los, mas não entende por que isto não acontece. Ele é como o aprendiz de feiticeiro, de Goethe, que, usando a mágica de seu mestre, deu vida à sua vassoura e não conseguiu mais pará-la. Naturalmente esta ilusão aumenta as dificuldades. Em certo sentido a situação seria bem mais simples se o ser humano pudesse entender seus monstros incontroláveis segundo o modo dos primitivos, como demônios autônomos. Eles não são demônios objetivos; são meras estruturas racionais que escaparam simples e inexplicavelmente ao nosso controle. E assim mesmo ainda nos encontramos no mesmo velho jângal, onde o indivíduo ainda é ameaçado por fatores perigosos – por máquinas, métodos, organizações etc., mais perigosos do que os animais selvagens.

Alguma coisa não mudou de forma nenhuma: nós carregamos o velho jângal conosco e é isto que ninguém parece entender. O jângal está em nós, em nosso inconsciente, e nós tivemos êxito em projetá-lo para o mundo exterior, onde os sáurios estão outra vez jogando prazerosamente seus jogos na forma de carros, aviões e foguetes.

Se um psicólogo devesse participar de sua organização mundial, caber-lhe-ia a ingrata tarefa de mostrar a seus colegas de outras disciplinas onde estavam seus pontos cegos. O senhor acha isto possível? Eu tentei fazê-lo por quase 60 anos, e houve poucas pessoas dispostas a ouvir-me. A mente humana, ainda muito jovem, sacrifica tudo por um novo avanço técnico, mas se previne cuidadosamente de lançar um olhar para dentro de si mesma.

O senhor precisa julgar por si mesmo se meu ponto de vista é pessimista ou otimista, mas estou quase certo de que algo drástico tem de acontecer para acordar os sonhadores que já estão a caminho da Lua.

Sincerely yours,
(C.G. Jung)

1. Mr. Holliday planejara a criação de um centro internacional de pesquisa e deliberação em que os diversos ramos de pesquisa, em trabalho conjunto, fomentassem a ciência e tentassem resolver os problemas gerais do mundo. Outro objetivo seria a luta contra a predominância da técnica.

To Robert M. Rock
St. Louis (Mo.)/EUA

11.11.1960

Dear Sir,

Concordo com o senhor: sem relacionamento a individuação é quase impossível. O relacionamento começa em geral com a conversa. Por isso a comunicação é sem dúvida importante.

Por 60 anos pratiquei esta verdade simples. Também concordo com o senhor que a experiência religiosa depende do relacionamento humano até certo ponto. Não sei até que ponto. Temos, por exemplo, o lógion apócrifo: "Quando dois estão juntos, estão com Deus, e quando um está sozinho, eu estou com ele"[1]. E o que dizer dos eremitas?

Se alguém procurar, encontrará certamente o interlocutor conveniente. É sempre importante ter um conteúdo para trazer para um relacionamento; e muitas vezes é na solidão que podemos encontrá-lo.

Sincerely yours,
(C.G. Jung)

1. "Onde estão dois, estão com Deus, e onde está um consigo sozinho, eu digo: eu estou com ele..." Papiro Grenfeld & Hunt, logion, I, 5. Cf. *Die versprengten Worte Jesu*, Munique, 1922.

To Eugene M.E. Rolfe
St. Alban, Herts./Inglaterra

19.11.1960

Dear Sir,

Tendo lido o seu livro[1] de cabo a rabo, estou agora melhor preparado para dar-lhe as minhas impressões ou, ao menos, algumas delas. O tema é tão rico que é impossível uma explicação completa. Descobri no livro um bom número de velhos amigos e admiro sua sabedoria e cautela em não ligá-los ao meu nome de mau augúrio. Posso dizer: o senhor realizou sua tarefa de demonstrar o acesso ao cristianismo a um agnóstico de mentalidade cristã. Mas se este não fosse de "mentalidade cristã" e, sim, totalmente escurecido pelos fogos do inferno que ardem na Europa já por 20 anos, o que dizer então? É bonito ouvir novamente falar do amor de Deus, mas onde fica o temor de Deus, a mensagem ameaçadora do *Evangelium Aeternum*?[2] Numa palavra: πόϑεν τὸ κακόν?[3] Os agnósticos de hoje nem de longe têm todos mentalidade cristã. Há um terror que vai mais fundo.

O senhor evoca de novo a *anima* cristã de Tertuliano dos primeiros séculos romanos, que pretendeu ser a luz que brilhou na escuridão. O que dizer da *anima* de nossos dias cheios de trevas? Esperemos que seus leitores encontrem o caminho de volta para os primeiros séculos, para os batistérios lindos, repletos de espírito e com seus mistérios, para a eucaristia e suas primeiras emoções, para o παντοκράτορ[4], que governa o universo espiritual. Mas aqui começa de novo a história nefasta do mundo com a terrificante questão da escuridão não redimida, que ele não compreende. O sofisma da *privatio boni* é por demais diáfano.

Seja como for, o senhor procura em vão em Delfos o enigmático oráculo: "Vocatus atque non vocatus deus aderit"[5]. Está gravado em pedra acima da porta de entrada de minha casa em Küsnacht perto de Zurique. Além disso, encontra-se na coletânea dos "Adagia", de Erasmo (séc. XVI)[6]. Contudo, é um oráculo délfico e quer dizer: Sim, o deus estará no local, mas sob que forma e para qual finalidade? Coloquei esta inscrição lá para lembrar a mim e a meus pacientes: "Timor dei initium sapientiae"[7]. Aqui começa um outro e não menos importante caminho, não o acesso ao "cristianismo", mas a Deus mesmo, e esta parece ser a questão definitiva.

Sincerely yours,
(C.G. Jung)

1. Eugene Rolfe, *The Intelligent Agnostic's Introduction to Christianity*, 1959.
2. Cf. Ap 14,6s. Cf. carta a Kotschnig, de 30.06.1956, nota 8.
3. Donde o mal?
4. Dominador de tudo.
5. Chamado ou não chamado, Deus estará presente.
6. Desiderius Erasmus, 1466-1536, *Collectanea Adagiorum*, uma relação de provérbios e sentenças de autores antigos.
7. Sl 111,10: O temor do Senhor é o princípio da sabedoria.

À Dra. Olga Freifrau von Koenig-Fachsenfeld
Gollenhofen/Alemanha

30.11.1960

Prezada Senhorita Doutora,

Muito obrigado pela gentil carta com as notícias fantásticas[1].

Estamos naturalmente propensos a explicar tais experiências visionárias de maneira racional. Mas a minha longa experiência me forçou a aceitar que estas tentativas são em geral insatisfatórias. Aqui entram em consideração fatores que repugnam à nossa razão, ou caçoam de nossas teorias explicativas.

A teoria da satisfação do desejo pertence a isso em primeiro plano, mas também a possibilidade de explicação histórica; também não é satisfatório, por exemplo, que um resíduo de vida vivida esteja preso às coisas.

Nessas visões, por exemplo, não cabem bem no quadro os grupos de crianças, apesar de suas vestes antiquadas; também o fato de usarem todas gorrinhos marrons indica uma uniformidade que aponta para bem outra direção, isto é, na direção de seres élficos; não ouso dizer nada sobre o que estes significam.

O fato de que a visionária desses quadros é muito idosa e está *in confinio mortis* indica a possibilidade de que foi lançado um olhar por sobre o limite, ou que alguma coisa foi filtrada do outro lado para dentro de nosso mundo tridimensional.

Funcionalmente pode ter o sentido de que existe a possibilidade de uma compensação, isto é, a compensação de um aparente nada por uma plenitude (algo parecido com o "exército selvagem", ou o "povo abençoado, ambos consagrados a Wotan).

Faz parte das autoilusões de nossa época que os espíritos não mais cavalguem ou que o "exército selvagem" não mais galope. Nós fomos apenas removidos do lugar desses acontecimentos ou levados embora por nossa loucura. Quem ainda estiver lá, ou novamente, será atingido pela experiência, tanto antes quanto depois.

Recomendaria à senhorita o livro de M.-L. von Franz, *Die Visionen des Niklaus von Flüe* (Rascher, 1959) e o de A. Jaffé, *Geistererscheinungen und Vorzeichen* (Rascher, 1958). Lá se pode ver claramente de que espécie são as experiências.

Com saudações cordiais,

Sinceramente seu
(C.G. Jung)

1. A destinatária havia escrito a Jung sobre as experiências visionárias de sua mãe, com 83 anos. Em seus passeios ela encontrava muitas vezes um bando de crianças com vestes antiquadas e gorros marrons. Ela já as conhecia bem, falava amigavelmente com elas e as crianças pareciam acenar-lhe.

To Edward Thornton
Bradford/Inglaterra

01.12.1960

Dear Mr. Thornton,

Muito obrigado por sua interessante carta[1]. Parece que as coisas vêm ao seu encontro. Escrever é uma questão difícil, uma vez que não é apenas uma bênção, mas também uma tentação ruim, pois mexe com o demônio da soberba. Se quiser escrever alguma coisa, deve estar certo de que o todo de seu ser quer este tipo de expressão. Se for realmente o todo, então é a coisa em si mesma, ou seja, o tema ou o objeto de seu esforço, e se tornará óbvio que você deseja o seu tema e não sua ambição. Isto precisa de algum autoexame e cuidadosa consideração de seus sonhos. Por isso não tenha pressa e espere até que a coisa comece a crescer por si mesma.

Creio que conheço o Dr. X. Dê lembranças minhas a ele.

Sincerely yours,
(C.G. Jung)

1. Mr. Thornton submeteu a Jung o plano de escrever um livro sobre suas experiências e pediu uma opinião. O livro foi publicado com o título *The Diary of a Mystic*, Londres, 1967. A carta de Jung é citada no prefácio.

To Ronald W. Weddell
Swanbourne/Austrália

06.12.1960

Dear Mr. Weddell,

Sua experiência com o método mágico do Oriente não é incomum[1]. As pessoas do Ocidente estão separadas de seu inconsciente, de modo que este não consegue mais participar da vida consciente e causa um estado de dissociação. O Oriente não está tão dissociado e nem na mesma medida que o Ocidente. A conexão é mantida e o Oriente desenvolveu certo número de métodos para restaurar esta conexão quando rompida.

Um desses métodos é Subud. A pessoa que consegue responder a tal método é cumulada com um novo poder de vida. É algo como o hipnotismo, que pode também curar certas dissociações através da intervenção do hipnotizador. Neste caso a cura vem como um dom. Uma porta se abre e não se sabe como algo entra, nem se sabe o que é. O perigo está naturalmente em que algum dia algo possa entrar pela porta que não seja muito bem-vindo. Nosso esforço ocidental é, pois, aprender sobre aquilo com o qual devemos lidar. Tentamos saber o que significa aquela porta aberta e o que está esperando atrás dela. Por isso aprendemos como lidar com os poderes que convidamos e como controlá-los. Isto é uma salvaguarda mais que necessária contra os conteúdos e poderes desconhecidos do inconsciente que podem sobrepujar a consciência. Esses métodos ocidentais não enriquecem a consciência e não aumentam nosso conhecimento real e nossa autocrítica, e é isto que precisamos: uma consciência com horizontes mais amplos e melhor compreensão. É isto ao menos que eu tento fazer pelo paciente: torná-lo independente e consciente das influências do inconsciente. Assim como nós, no Ocidente, estamos separados demais do inconsciente, o Oriente é propenso a ser demasiado idêntico com ele. Por isso a maioria dos métodos orientais é inventada para prender e suprimir os poderes inconscientes, que são fortes demais para eles. Certamente é bem maior a chance de controlar aquilo que a gente conhece do que simplesmente abrir-lhe as portas.

O que o senhor leu em *O segredo da flor de ouro* lhe dará uma ideia desses métodos.

Sincerely yours,
(C.G. Jung)

1. Mr. Weddell escreveu sobre sua experiência com "Subud", um movimento místico moderno, fundado por um indonésio, Pak Subud. Perguntou se a prática de semelhante mística estranha seria um perigo para a pessoa ocidental. Ele mesmo teria experimentado em sua "iniciação" uma força extraordinária "almost like a great flow of electricity flowing through my body". Seu estado havia melhorado muito desde então.

Ao Prof. Dr. med. Wilhelm Bitter
Marrakesch/Marrocos

07.12.1960

Prezado colega,

Muito obrigado por enviar-me um resumo da introdução do relatório do congresso[1].

Como o senhor supôs corretamente, interessou-me de modo especial a reação dominicana à sua questão. O senhor mexeu, por assim dizer, num ninho de marimbondos adormecidos; resta saber se os marimbondos acordaram com isso.

Chamou-me a atenção principalmente a grandiosa frase de Santo Agostinho: "Aufer meretrices de rebus humanis, turbaveris omnia libidinibus"[2]. Santo Tomás recorre, como é seu costume, a uma *petitio principii*. Gostaria de perguntar a Agostinho: Se Deus é tão poderoso e bom, que pode tirar o bem do mal, donde ele tira o mal?

O mundo, "sortant des mains de l'Auteur des choses", devia ter sido perfeito[3], mas caiu num sofrimento monstruoso pela divisão nas coisas particulares. Quem é o responsável por esta divisão? Pois ela é a causa de todos aqueles *mala et defectus*[4] de que sofre a criação.

Em vista da *omnipotentia Dei*, o mundo não poderia ter-se afastado de Deus; Ele poderia tê-lo segurado com facilidade, e segundo o próprio relato da criação as coisas foram criadas em sua diversidade pelo próprio Deus, o que nem Santo Tomás pode negar.

Até mesmo os veneráveis Padres da Igreja devem concordar que o mal não é apenas inevitável, mas inclusive necessário, para prevenir mal maior. A abordagem moderna dessa questão receberia o seu aplauso. Não há uma linha divisória clara entre prostituição e crime. Aquela é um mal como este, e por isso são necessários em certo sentido; pois uma sociedade sem crimes iria esfrangalhar-se em pouco tempo.

A nossa justiça criminal está sobre pés fracos neste sentido, porque combate por um lado o que é uma necessidade social por outro. É compreensível que tal dilema dê motivos a acrobacias silogísticas, tanto jurídicas quanto eclesiásticas. A punição também é um mal e uma transgressão semelhante à do crime. Trata-se simplesmente de crime da sociedade contra o crime do indivíduo. E também este mal é inevitável e necessário.

A psicologia tem a ingrata tarefa de esfregar no nariz do mundo esta verdade. Não admira, pois, que ninguém se entusiasme a fazê-lo, ou que esteja disposto a sacrificar seu sono para isso. O que mais me intriga é que os teólogos não conseguem tirar nenhuma conclusão de suas próprias premissas.

Saudações cordiais e os melhores votos para sua saúde,

Sinceramente seu
(C.G. Jung)

1. Wilhelm Bitter, "Einleitung" zum Bericht der Tagung "Arzt und Seelsorge". *Zur Rettung des Menschlichen in unserer Zeit*, Stuttgart, 1961.

2. Tire as meretrizes das relações humanas e contaminará tudo com libidinagem (*De ordine*, 4, 12).

3. A primeira frase no Emile, de Rousseau: "Tout est bien sortant des mains de l'Auteur des choses, tout dégénère entre les mains de l'homme".

4. Males e privações.

Ao Dr. med. Ignaz Tauber
Winterthur/Suíça

Küsnacht-Zurique, 13.12.1960

Prezado colega,

Agradeço a sugestão de escrever um comentário sobre meus símbolos em Bollingen[1]. Ninguém está mais inseguro sobre o sentido deles do que seu autor. Eles são uma representação da maneira como aconteceram.

Primeiramente vi na pedra bruta a mulher em adoração e atrás dela a silhueta do velho rei sentado em seu trono. Quando trabalhava a figura feminina, o velho rei sumiu do campo visual. Em vez dele vi de repente que a superfície não trabalhada da pedra representava diante da figura feminina a parte traseira de um cavalo, mais exatamente de uma égua para cujo leite a mulher primitiva estendia suas mãos.

A mulher significava obviamente minha *anima* na figura de uma ancestral de milhares de anos.

O leite, como "lac virginis"[2], é sinônimo de "aqua doctrinae"[3], o "leite da piedosa arte de pensar", um dos aspectos de Mercúrio, que já enfeitiçou como Trickster[4] as pedras de Bollingen.

A água vinda do alto lembrou-me o Pégaso. Pégaso é a constelação astral que está acima do segundo Peixe e que precede Aquário na precessão dos equinócios[5]. Eu o representei na figura feminina, sendo a bica de água do Aquário[6] prefigurada como leite. Este atributo feminino indica a natureza inconsciente do leite. Este tem de chegar primeiro às mãos da *anima*, sendo então equipado com energia especial.

Este afluxo de energia-*anima* liberou em mim de imediato a ideia de uma ursa, que se aproxima pela esquerda das costas da *anima*. A ursa representa a energia e força selvagens de Ártemis. Diante da ursa, ou diante de suas patas que andavam para frente, vi esboçada na pedra uma bola, à semelhança daquelas que se veem nas jaulas dos ursos. Esta bola foi obviamente trazida para perto da adoradora como símbolo da individuação. Ela indica o significado e respectivamente o conteúdo do leite.

O conjunto todo parece-me expressar eventos futuros, ainda ocultos no campo arquetípico. A *anima* tem claramente sua mente voltada para conteúdos espirituais. A ursa, porém, como emblema da Rússia, põe alguma coisa a rodar. Daí a inscrição: "Ursa movet molem"[7].

Isto é quase tudo o que posso dizer sobre o quadro. Como contribuição contemporânea gostaria de trazer a opinião de um de meus críticos. Ele me acusou de ser tão ignorante que nem mesmo sei que o Sol passa de Aquário para Peixes e não o contrário[8]. Este é o nível de meu público!

Com saudações cordiais ao senhor e à sua esposa,

Sinceramente seu

(C.G. Jung)

1. Trata-se de relevos que Jung esculpiu no muro exterior de sua torre em Bollingen. Cf. A. Jaffé, *Aus Leben und Werkstatt von C.G. Jung*, Zurique, 1968, p. 141.

2. Leite da virgem. Segundo enunciado alquimista, a *lapis* – em analogia com o menino Jesus – precisa ser alimentada com leite de virgem (por exemplo, Michael Maier, *Symbola Aureae Mensae*, 1617. Cf. *Psicologia e alquimia*, 1952, p. 553; OC, vol. XII, par. 490). Às vezes Mercúrio foi chamado também de mãe virginal da *lapis*.

3. Em Orígines, a "aqua doctrinae" tem o sentido de uma fonte que nasce no fiel ou que simboliza a sabedoria da Igreja. Os alquimistas usavam o termo para a alma, que deve ser extraída da pedra, e é um dos muitos cognomes de Mercúrio.

4. Trickster é a designação alquimista de Mercúrio em seu aspecto de um espírito bobo, mutável, sempre escapando de uma intervenção intelectual, divino, que faz um jogo de truques e acasos com as pessoas. Cf. "A psicologia da figura do Trickster", em OC, vol. IX/1. Cf. carta a Hull, de 03.08.1953, nota 4.

5. Cf. carta a Baur, de 29.01.1934, nota 1.

6. Segundo a tradição astrológica, Aquário é representado com um cântaro donde mana água.

7. A ursa move a massa. Para a figura feminina com o cavalo, Jung esculpiu duas inscrições: "Exoriatur lumen quod gestavi in alvo" (Surja a luz que eu gestei em meu ventre). E: πήγασος πεγάζων ύδρογόρ ου χοή (Pégaso saltando – uma bica consagrada ao portador da água). Alusão ao sentido da palavra "Pégaso", que vem de πηγή = fonte e πηγάζω = jorrar para fora.

8. Enquanto o Sol se movimenta contra o sentido do ponteiro do relógio através da eclíptica, portanto do signo do Aquário para o de Peixes, o ponto do equinócio da primavera se movimenta no sentido do ponteiro do relógio do signo de Peixes para o de Aquário. Cf. carta a Baur, de 29.01.1934, nota 1.

Ao PD Dr. med. Albert Jung
Friburgo/Suíça

21.12.1960

Prezado colega,

Muito agradeço o gentil envio de sua conferência[1]. Com isso o senhor me deu uma visão muito valiosa de seu trabalho de pesquisa. Quando o senhor relaciona certas ideias arquetípicas com bases fisiológicas, o senhor se move sobre uma linha que conta com meu total apoio. É simplesmente a limitação a meu objeto e ao método daí resultante que me impediram de acentuar pormenorizadamente este aspecto do inconsciente, com exceção de alguns poucos casos particulares. Receio manifestar opiniões e convicções em campos onde não me sinto competente.

Em primeiro lugar parece-me psicologicamente importante a divisão do simpático[2]. Por isso não me admiro em nada sobre a possibilidade de relacionar os pares de opostos alquímicos dos sistemas endofilático-tropotrófico e do ergotrópico-dinâmico[3].

É quase impossível à consciência encontrar uma relação consciente com o *anthropos*, isto é, com o si-mesmo natural. Pois trata-se, como o senhor diz muito bem, de um alargamento da consciência do eu no transcendente, que *per definitionem*, tanto quanto no campo empírico, está além do alcance da consciência.

Para mim não há dúvida de que a figura alquímica de Mercúrio representa uma tentativa medieval de compensação da figura de Cristo. Certamente minha tentativa de apresentar a situação histórica é insatisfatória, no sentido de que nem uma nem a outra figura, nem sua síntese podem ser apresentadas de maneira puramente abstrata e intelectual. Trata-se de uma totalidade da vida que não pode ser representada pelos meios à disposição de nossa consciência. Isto exige para sua representação não só todas as nossas capacidades de experiência, todos os nossos poderes descritivos, mas também necessita da participação ativa da própria figura de Mercúrio/Cristo, ou, para falar simbolicamente, de um *inflluxus divinus* que agarra toda a nossa vida e não só nossas forças espirituais que ficam presas nas limitações do intelecto, da intuição e do sentimento. Os alquimistas diziam muito bem: "Ars requirit totum hominem"[4]. Mas nossa consciência nunca é a totalidade.

Somente a comoção da consciência pode ser considerada uma aproximação da totalidade. O pensamento abstrato não pode levar-nos mais longe do que a sofismas intelectuais que são usados invariavelmente como escudos e subterfúgios, e por isso têm a propriedade de impedir a realização da totalidade.

Quando nós não mais podemos proceder ativamente, então sofremos a atividade; já não somos a mão que maneja o martelo, mas o martelo que é manejado, ou qualquer outro objeto que não tem controle sobre si mesmo. Uma vez que o ser humano é relativamente livre para escolher o caminho que deseja seguir, também é livre para seguir o caminho errado e, em vez de entender-se com a realidade de seu inconsciente, começa a especular sobre ele e a desligar-se da verdade da natureza. Por isso não cultivo esperanças filosóficas. A metade da verdade está na mão do ser humano e a outra metade está na mão daquilo que é maior do que nós. No primeiro caso podemos ser ativos; no segundo, somos obrigatoriamente passivos, o que significa *sofrer*. Nenhuma filosofia pode ajudar aqui, só pode enganar-nos. E o lamentável vazio espiritual que estamos vivendo hoje não pode ser preenchido com palavras, mas apenas com nosso comprometimento total ou, em termos mitológicos, com nosso autossacrifício voluntário ou, ao menos, nossa disposição para ele[5]. Nem mesmo estamos em condições de decidir sobre a natureza desse autossacrifício, pois esta decisão depende do outro lado.

O processo da individuação, isto é, o tornar-se totalidade, inclui por definição o todo do fenômeno humano e o todo do enigma da natureza, cuja divisão em aspectos físicos e espirituais é mera discriminação que serve aos interesses do conhecimento humano.

Com elevada consideração e com meus melhores agradecimentos,

Sinceramente seu
(C.G. Jung)

1. Dr. A. Jung, "Über vegetative Neurosen", conferência dada à Sociedade Suíça de Psicologia Analítica, outubro de 1960. Redação ampliada sob o título "Psychologie Vegetativer Neurosen", apresentada no Segundo Congresso Internacional de Psicologia Analítica, agosto de 1962, e publicada em A. Guggenbühl-Craig (ed.), *Der Archetyp*, Basileia/Nova York, 1964.

2. Trata-se do simpático e parassimpático como partes do sistema vegetativo nervoso.

3. O sistema funcional endofilático-trofotrópico regula a reconstrução, o crescimento e a defesa autônoma interna contra as perturbações das funções etc. Por isso tende à inércia. O sistema ergotrópico-dinâmico exige atividade, gasto de energia, disposição de produzir etc. Dr. Jung comparou os dois sistemas polares com os pares alquímicos *sal-luna* e *sulphur-sol*. Na alquimia, sal era um arcano, uma substância secreta de natureza feminina passiva, como também a lua; ao passo que ao *sulphur* (enxofre) e ao sol, também substâncias secretas, foi atribuída uma natureza ativa, masculina.

4. A arte (alquímica) exige a pessoa toda.

5. Sobre o autossacrifício, cf. *Von den Wurzeln des Bewusstseins*, p. 291s., OC, vol. XI, par. 387s.

To Fowler McCormick
Chicago (Ill.)/EUA

Dezembro de 1960

Dear Fowler,

Apenas algumas palavras de cumprimentos pelo Natal e Ano-novo. Obrigado pelo livro que ainda não recebi. Minha saúde está melhor, mas a recuperação leva tempo, pois tratou-se de uma infecção teimosa e profunda. Estive em Lugano durante quinze dias na casa de Walther e Marianne[1], mas a comida na Villa Castagnola era lamentável. Não apreciei muito minha estadia lá, ainda que tivéssemos visto muitos lugares novos, entre eles a Catedral de Monza com a célebre coroa de ferro da Lombardia, do século VI.

Espero que esteja em perfeita saúde. Não esqueça: *officia peragere iucundum*[2].

Yours cordially,
C.G.

1. Walther e Marianne Niehus, genro e filha de Jung.

2. Mr. McCormick escreveu como explicação desta carta: "This note is of interest for two reasons. In the first place it was written in the holiday season which lay between the severe illness we lived through in 1960 and C.G.'s death in 1961.

Secondly, in the last line it contains the Latin motto which C.G. originated in connection with ITCRA. ITCRA – International Touring and Culinary Research Association – was the name which I gave to our group of three as we went on our drives. (Cf. carta a McCormick, de 22.02.1951, nota 1.)

The Latin motto arose from the following sequence of events: One afternoon when I took C.G. and Ruth (Bailey) for a drive, I could see that the old man was very tired. Under such circumstances I would say nothing, and in this case, after being silent for about half an hour, C.G. suddenly declared: 'It is always a pleasure to carry out the duties of this association'. You can understand how delightful this utterance was in its spontaneity, wit and happiness.

Some weeks later I said to C. G. that I thougt we should make this utterance the motto of our association, but that I thought it was only appropriate to put it into Latin. After some thought, C.G. came out with 'Officia peragere iucundum'..."

To Rev. Arthur W. Rudolph
Los Angeles (Calif.)/EUA

05.01.1961

Dear Sir,

Seria tarefa por demais ambiciosa dar-lhe um relato detalhado da influência do pensamento de Nietzsche sobre o meu desenvolvimento. Passei minha juventude na cidade em que viveu Nietzsche como professor de Filologia Clássica. Cresci numa atmosfera ainda vibrante com o impacto de seus ensinamentos, ainda que suas investidas encontrassem sempre resistência[1]. Eu não consegui fugir da profunda impressão de sua indubitável inspiração ("Ergriffenheit" = comoção). Ele foi sincero, o que não se pode dizer de muitos professores acadêmicos para os quais a carreira e a vaidade significam infinitamente mais do que a verdade. O que mais me impressionou foi seu encontro com Zaratustra e então sua crítica "religiosa" que dá à paixão um legítimo lugar na filosofia como um motivo bem real do filosofar.[2] As *Unzeitgemässe Betrachtungen* me abriram mais os olhos do que a *Genealogie der Moral* ou sua ideia do "eterno retorno" de todas as coisas. Sua perspicácia psicológica que penetrava em tudo me deu uma profunda compreensão daquilo que a psicologia é capaz de fazer.

Em suma, para mim Nietzsche foi o único de sua época que deu algumas respostas adequadas a algumas questões prementes que eram mais sentidas do que pensadas.

Max Stirner[3], que eu li na mesma época, deu-me a impressão de um homem que procurava dizer uma verdade infinitamente importante com meios inadequados. Comparado a ele, parece-me que a figura de Zaratustra é melhor formulação. Estes são os pontos mais importantes que gostaria de aduzir sobre Nietzsche e sua influência sobre mim.

Se tiver mais perguntas e as respostas estiverem ao meu alcance, estou sempre à disposição.

Sincerely yours,
(C.G. Jung)

P.S. Chamo sua atenção para a existência de notas que foram tomadas de meus seminários sobre o *Zaratustra*[4], de Nietzsche. O senhor poderá encontrá-las na Califórnia.

1. Desde os 11 anos Jung foi à escola em Basileia e estudou, de 1895-1900, na Universidade daquela cidade. Nietzsche foi professor de Filologia Clássica em Basileia de 1869-1879. Cf. carta a Keyserling, de 02.01.1928, nota 1.

2. Em inglês *passion*. Alusão ao dionisíaco. Cf. o capítulo "O apolíneo e o dionisíaco. Nietzsche: o nascimento da tragédia", em *Tipos psicológicos* (OC, vol. VI).

3. Pseudônimo de Kaspar Schmidt, 1806-1856. Autor anarquista que destacou o papel do indivíduo na sociedade. Obra principal: *Der Einzelne und sein Eigentum*, 1845. O destinatário estava escrevendo uma dissertação de doutorado sobre a influência de Nietzsche sobre o pensamento de C.G. Jung; também havia perguntado a opinião de Jung sobre a obra de Max Stirner.

4. Cf. carta a Körner, de 22.03.1935, nota 2.

To Michael A. Ledeen
Claremont (Calif.)/EUA

19.01.1961

Dear Mr. Ledeen,

Deduzi de sua carta que seu desejo imediato é ter algumas sugestões para o seu próximo sermão sobre o problema de Jó[1]. Como o senhor mesmo já percebeu, uma hora é pouco para tratar satisfatoriamente de tão grande problema.

Sugiro que reduza a abrangência e só aborde um aspecto mais importante. Poderia ser o fato fundamental do par de opostos, unido na imagem de Deus, isto é, de Javé. São os opostos amor e medo que pressupõem uma contradição aparentemente inconciliável, ainda que tal oposição deva ser esperada onde quer que nos confrontemos com uma energia imensa. Não há manifestação dinâmica sem uma tensão inicial correspondente que forneceu a energia necessária. Se supusermos que a divindade é um fenômeno dinâmico em nossa experiência, sua origem deve ser uma oposição ou um paradoxo.

É óbvio que Jó se confronta com este problema e expressa mesmo sua convicção de que Deus o ajudará contra Deus. Como a tendência monoteísta sempre tenta postular ou construir uma unidade antropomórfica da imagem de Deus, é estranho e doloroso para nós admitir uma imagem de Deus paradoxal ou contraditória. Se tentarmos pensar o que a plena aceitação de tal imagem significa, descobriremos logo por que a maioria das pessoas tem medo dela. O problema é tão difícil, que sua discussão preenche facilmente uma hora. E isto apesar do fato de ser uma verdade antiga.

Interessou-me saber por sua carta que minhas ideias significaram alguma coisa para o senhor. [...]

Sincerely yours,
(C.G. Jung)

1. Mr. Ledeen, um estudante de medicina de 19 anos, de uma família judia liberal, havia pedido a seu rabino, após a leitura de *Resposta a Jó*, que fizesse um sermão sobre o Livro de Jó. O rabino sugeriu que o jovem mesmo fizesse o sermão. Mr. Ledeen pediu conselho a Jung para saber como enfrentar a tarefa.

To William Griffith Wilson
Alcoholics Anonymous
EUA

30.01.1961

Der Mr. Wilson,

Sua carta foi muito bem-vinda[1]. Nunca mais tive notícias de Roland H. e às vezes me pergunto como ele estaria passando. Minha conversa com ele, que corretamente lhe contou, teve um aspecto que ele não conhecia. A razão foi que eu não podia dizer-lhe tudo. Naquele tempo eu tinha que ser extremamente cauteloso em tudo o que dizia. Descobri que eu era mal-interpretado em todos os sentidos. Por isso fui muito cauteloso ao falar com Roland H. Mas o que realmente levei em consideração foi o resultado de muitas experiências com homens de seu tipo.

Sua ansiedade por álcool corresponde, num nível mais baixo, à sede espiritual do ser humano pela totalidade, expressa em linguagem medieval: a união com Deus*.

Como formular semelhante entendimento numa linguagem que não fosse mal-interpretada hoje?

O único caminho correto e legítimo para tal experiência é que ela nos acontece realmente, e só pode acontecer-nos quando caminhamos numa trilha que nos leva a uma compreensão mais elevada. Podemos ser levados a este objetivo por um ato da

* "Assim como a corça suspira pelas correntes de água, assim minha alma suspira por ti, meu Deus!" (Salmo 42,2).

graça e por meio de um contato pessoal e honesto com amigos ou através de uma educação superior da mente, além dos limites do mero racionalismo. Vejo por sua carta que Roland H. escolheu o segundo caminho que foi, sob as devidas circunstâncias, obviamente o melhor.

Estou fortemente convencido de que o princípio do mal que prevalece neste mundo leva a necessidade espiritual não reconhecida à perdição, se não contar com a contrarreação de uma atitude verdadeiramente religiosa ou com a parede protetora da comunidade humana. Uma pessoa comum, não protegida por uma ação do alto e isolada da sociedade, não pode resistir ao poder do mal, que é chamado apropriadamente de demônio. Mas o uso de tais palavras faz surgir tantos erros que é melhor manter-se longe delas ao máximo.

Eis as razões por que não pude dar a Roland H. a explicação cabal e suficiente. Mas ao senhor eu a confio porque concluo de sua carta, muito decente e honesta, que o senhor formou uma opinião sobre os chavões errôneos que se ouvem sobre o alcoolismo.

Veja o senhor: álcool em latim é *spiritus*, a mesma palavra para a experiência religiosa mais elevada e também para o veneno mais prejudicial. A fórmula benéfica é pois: *spiritus contra spiritum*.

Agradeço novamente sua gentil carta.

I remain

Yours sincerely,
(C.G. Jung)

1. William Griffith Wilson, 1896-1971, foi um dos fundadores da associação, originalmente americana, e depois mundial, dos "alcoólicos anônimos" (AA). A fundação ocorreu em 1934. Sua carta a Jung (23.01.1961) e a resposta acima foram publicadas na revista mensal *AA Grapevine. The International Monthly Journal of Alcoholics Anonymous*, em janeiro de 1963 e novamente em janeiro de 1968. Em sua carta, Mr. Wilson mencionou o caso do alcoólico Roland H., que foi analisado por Jung e cuja cura contribuiu para a fundação da associação: após tentativas frustradas de cura, a análise de um ano levou a uma cura momentânea. Após um ano, Roland H. recaiu e procurou Jung de novo (1931). Este lhe explicou a inutilidade de um tratamento psiquiátrico no seu caso; somente uma experiência religiosa ou espiritual poderia livrá-lo de sua situação desesperadora. A observação de Jung, feita com toda cautela, revelou-se correta. Após uma "conversion experience" no seio do "Oxford Group", Roland H. ficou definitivamente curado. Através de um amigo comum, curado da mesma maneira, o destinatário soube disso e teve ele mesmo uma experiência religiosa curadora, bem como a visão de um grupo de alcoólicos que contavam suas experiências espirituais uns aos outros. Isto levou à fundação da "Society of Alcoholics Anonymous". Depois da morte do destinatário descobriu-se o seu verdadeiro nome; em vida era conhecido apenas como "Bill W." Cf. tb. "Bill's Story", em *Alcoholics Anonymous*, Nova York, 1939.

To Father David
Capuchin Franciscan Friary
Ard Mhuire/Eire

11.02.1961

Dear Father David,

Depois de 60 anos de experiência posso confirmar sinceramente minhas antigas palavras sobre a cura das neuroses[1].

Uma vez que a neurose começa com um estado fragmentário da consciência humana, ela só pode ser curada através de uma totalidade aproximada do ser humano. Desde o começo da história, as ideias e convicções religiosas têm o aspecto do *pharmakon* mental. Elas representam o mundo da totalidade em que os fragmentos podem ser juntados e unidos de novo. Semelhante cura não pode ser efetuada por comprimidos ou injeções.

Agradeço sua gentil carta, que eu apreciei sumamente, já que não sou muito bem visto pelos teólogos e fiéis de minha denominação. É de admirar e não de admirar.

I remain, dear Father David

Yours very sincerely,
(C.G. Jung)

1. Father David havia perguntado se Jung ainda mantinha como válidas as frases escritas em 1932 em "relações entre a psicoterapia e a direção espiritual" (em OC, vol. XI): "De todos os meus pacientes que tinham ultrapassado o meio da vida, isto é, que contavam mais de trinta e cinco anos, não houve um só cujo problema mais profundo não fosse o da atitude religiosa [...] e nenhum se curou realmente, sem ter readquirido uma atitude religiosa própria".

To Roger Lass
Brooklyn (N.Y.)/EUA

11.02.1961

Dear Mr. Lass,

A julgar por seu *exposé*, parece que o senhor tem uma noção correta de minhas ideias principais[1]. Gostaria de observar apenas o seguinte quanto ao par. 6: muitas vezes não depende do uso que fazemos de uma imagem, mas antes do uso que os arquétipos fazem de nós, que decide a questão se será uma criação artística ou uma mudança de atitude religiosa. Acho que em muitos casos esta "escolha" é mais obra do acaso do que decisão voluntária. Sei que muitos de meus discípulos cultivam a supersticiosa crença no nosso chamado "livre-arbítrio" e prestam pouca atenção ao fato de os arquétipos serem, via de regra, entidades autônomas e não apenas material sujeito à nossa escolha. Eles são até certo ponto dominantes. Esta é a razão de sermos confrontados com um arquétipo, porque não conseguimos desfazê-lo pelo simples fato de torná-lo consciente. Ele tem de ser levado em conta, e esta é a tarefa principal de uma análise prolongada.

O desvio das dominantes causa certa dissociação, isto é, uma perda de vitalidade, o que os primitivos chamam de "perda da alma". O primitivo tem uma percepção intensa disso. Quero mencionar a história de um negro primitivo que foi convidado a andar de carro. Após meia hora pediu que o motorista parasse. Ele desceu e se prostrou no chão. Perguntado se estava passando mal, respondeu que não, que estava bem, mas que precisava esperar por sua alma que havia ficado para trás, uma vez que haviam andado rápido demais para ela. Lembrei-me de meus visitantes americanos, que em seis horas de voo estão aqui e após alguns dias estão de volta, sem quase o perceberem.

De resto, seu *exposé* está muito claro e pode servir para suas pesquisas ulteriores.

Sincerely yours,
(C.G. Jung)

1. Mr. Lass havia enviado um resumo de seu projeto da dissertação de doutorado em literatura sobre o tema "The dynamics of the creative process". No par. 6, mencionado por Jung, constava: "[...] the differentiation between artistic and religious expression [...] depends on the use to which the (archetypal) image is put".

A um destinatário não identificado
EUA

14.02.1961

Dear Sir,

Não é fácil responder à sua pergunta[1]. Eu deveria dar-lhe a mesma resposta que Shri Ramana Maharshi[2], mas vejo que é muito difícil aplicá-la na prática.

Se quiser fazer algo de proveitoso, só poderá ser lá onde o senhor vive, onde conhece as pessoas e as circunstâncias. Procurando entre elas, o senhor achará uma possibilidade de ajudar. É certo que encontrará alguma, mas não é raro que o inconsciente o ofuscará porque ele não quer que o senhor encontre uma aplicação para suas energias em circunstâncias externas. A razão de tal resistência está no fato de o senhor mesmo precisar de alguma reconstrução que gostaria de aplicar aos outros. Muitas coisas têm de ser colocadas em ordem dentro de nós mesmos antes de querermos aplicar nossas imperfeições aos outros.

Por isso, se não encontrar uma possibilidade real, significa que deve primeiro cultivar o próprio jardim. É como água num vale. Ela não pode correr e estagna, mas se o lago estiver numa colina, é impossível evitar que transborde. Talvez o senhor tenha que alcançar o seu próprio nível.

Sincerely yours,
(C.G. Jung)

1. O destinatário, um homem de quase 60 anos, perguntava "if there was a spot where he could use his knowledge in helping the world".

2. Shri Ramana Maharshi, o santo hindu de Tiruvannamalai, havia respondido ao destinatário a esta mesma pergunta: "Help yourself and you help the world, for you are the world". Cf. "O santo hindu". Introdução a H. Zimmer, *Der Weg zum Selbst*, 1944 e OC, vol. XI.

A Walter Schaffner
Wettingen/Suíça

16.02.1961

Prezado Senhor Schaffner,

Quanto à sua pergunta sobre a levitação[1], gostaria de dizer que pessoalmente nunca observei a levitação de um corpo vivo. Mas parece que estes casos existem.

Já observei a movimentação de objetos sem que fossem tocados diretamente e sob condições cientificamente satisfatórias. Poderíamos dizer que se trata de levitação, se considerarmos que as coisas se movimentam por si mesmas. Mas isto parece não ser o caso, pois todos os corpos aparentemente automovidos moveram-se como se tivessem sido levantados, sacudidos ou atirados por alguma mão.

Nesta série de experimentos eu, com outros observadores mais, vimos uma mão e sentimos sua pressão – aparentemente foi esta mão que causou todos os outros fenômenos desse tipo.

Esses fenômenos não têm nada a ver com "vontade", pois só aconteciam quando o médium estava em transe e não comandava sua vontade. Parecia que estavam na categoria das manifestações *poltergeist*.

As experiências que mencionei aqui foram realizadas na clínica de Burghölzli[2] e não na Eidgen. Techn. Hochschule (ETH).

Francamente não vejo conexão nenhuma entre esses fenômenos e os OVNIs. Infelizmente este fenômeno, se é que ele existe, é sumamente complicado por causa das fantasias e fraudes diretas. Preciso alertar contra pessoas como Desmond Leslie e George Adamski[3].

Ainda que me tenha ocupado há mais de 12 anos com o fenômeno dos OVNIs e conheça quase toda a literatura a respeito, não estou em condições de me fazer um quadro satisfatório sobre o assunto, ou dizer que se saiba algo definitivo sobre a natureza desses objetos. Nem mesmo sei se eles existem ou não.

É uma pergunta sem resposta se a chamada levitação tem algo a ver com a antigravidade.

Com saudações cordiais,

Sinceramente seu
(C.G. Jung)

1. Um seminarista, de nome Schaffner, perguntou a Jung sobre a levitação e uma possível conexão com o aparecimento de OVNIs.

2. Trata-se de experiências que foram feitas, nos anos de 1920, com o médium Schneider, em Burghölzli, na presença do parapsicólogo Albert Schrenck-Notzing e do Prof. Eugen Bleuler. Nos inícios dos anos de 1930, Jung e Bleuler estiveram presentes a sessões semelhantes com o médium O. Schl., na casa do Prof. Rudolf Bernoulli. Fanny Moser, em seu livro *Der Okkultismus – Täuschung und Tatsache* (1935), informa sobre aquelas sessões com base em registros feitos na ocasião. Cf. também *Memórias*, no capítulo "Sobre a vida depois da morte".

3. Desmond Leslie e George Adamski, *Flying Saucers have landed*, Londres, 1953.

A G. Krüger
Berlim-Neukölln

17.02.1961

Prezado senhor,

Desculpe o atraso de minha resposta. Minha idade já não suporta pressa. E também só posso responder sua carta com brevidade insatisfatória. Uma resposta detalhada ultrapassaria em muito os limites de uma carta. Por isso vou limitar-me às suas perguntas diretas.

Sua primeira pergunta: O que eu considero ser mérito meu na moderna psicologia? Acho que não faz sentido analisar minhas próprias opiniões a este respeito. Tudo está nos meus livros. Se alguém encontrar neles algo de valor, pode formar o seu julgamento.

Sua segunda pergunta: Como avalio a linha de minhas obras, se algumas estão ultrapassadas etc.? Só posso dizer que escrevi cada um dos meus livros com a responsabilidade que me é própria, que fui honesto e apresentei fatos que em si não estão ultrapassados. Não gostaria de refazer nenhuma de minhas publicações e mantenho tudo o que disse.

Não tenho uma concepção básica geral, pois sou um empírico como todos que se dão ao trabalho de estudar minhas obras podem ver. Não sou filósofo. É natural que muitos aspectos do fenômeno psíquico que eu salientei tenham propiciado mudanças em minhas primeiras formulações. Mas elas não são contraditórias em si e, sim, perfeitamente compreensíveis quando se conhece a matéria.

Sua terceira pergunta se refere ao emprego de terminologia estrangeira. O senhor não encontrará nenhuma pesquisa científica que não se sirva de palavras estrangeiras, não apenas na terminologia – quando ainda não existem conceitos correspondentes no vernáculo – mas também no estilo – que deve ser imprescindivelmente especializado e não destinado a satisfazer o gosto estético de uma exposição literária.

Não é verdade que a minha concepção e a de meus discípulos quando à arte moderna seja de mera perplexidade[1]. Mas está fora de propósito falar disso aqui, uma vez que os fatos psicológicos – de que estamos tratando – ainda não foram entendidos pelo público. Ninguém se preocupa em estudar seriamente minhas contribuições à psicologia científica. Ao médico falta tempo e treinamento, ao psicólogo filosófico ou acadêmico falta conhecimento prático do material. O teólogo, a única pessoa, além do psicoterapeuta, a declarar-se responsável pela *cura animarum*, tem medo de ter de pensar psicologicamente sobre os objetos de sua crença. Ele prefere a fé simples da criança e se exime assim de qualquer discussão.

Por isso encontro-me isolado entre as faculdades e só posso esperar que alguém prossiga seriamente nesta linha de pesquisa, o que até agora só aconteceu em poucos casos. Os teólogos que se aprofundaram em minhas ideias foram o Prof. Haendler[2] e o Prof. Hans Schär[3]. Ambos são protestantes. Em geral, os teólogos católicos têm mais interesse na abordagem psicológica do que os protestantes. Há uma série de publicações anglo-saxãs[4], mas a maioria delas têm uma deficiência: entendem mal o ponto de vista empírico por falta das necessárias premissas epistemológicas.

Conheço muito bem a obra de Klee. Nós psicoterapeutas temos bom conhecimento dessas pinturas porque, durante décadas, lidamos com os quadros pintados por nossos pacientes sobre os conteúdos do inconsciente, conforme demonstrei há muito tempo em meu ensaio sobre Picasso.

Com elevada consideração,

Sinceramente seu
(C.G. Jung)

1. Cf. carta a Read, de 02.09.1960 e, entre outros, E. Neumann, *Kunst und schöpferisches Unbewusstes*, Zurique, 1954, e A. Jaffé, "Bildende Kunst als Symbol", em *Der Mensch und seine Symbole*, Olten e Friburgo na Br. 1968.

2. Friedrich Haendler, professor de Teologia na Universidade Livre de Berlim. Cf. seu *Grundriss der praktischen Theologie*, 1957.

3. Cf. cartas a Schär.

4. Cf. carta a Philp, de 26.10.1956, nota 4.

To Rev. John A. Sanford
Trinity Episcopal Church
Los Angeles (Calif.)/EUA

10.03.1961

Dear Mr. Sanford,

Muito obrigado pela gentileza de me enviar o seu sermão[1]. Eu o li com interesse e satisfação. Ele é um fato histórico, e o senhor é – ao que me consta – o primeiro que chamou a atenção da comunidade cristã para o fato de que a voz de Deus pode ser ouvida sempre que formos suficientemente humildes.

O exemplo que o senhor deu[2] é muito bonito e cheio de sentido, conforme mostra a intenção benevolente e a alusão significativa a uma continuidade de nossa existência – dois postulados importantes do credo cristão.

A compreensão dos sonhos deveria ser levada a sério pela Igreja, já que a *cura animarum* é um de seus deveres que foi tristemente negligenciado pelos protestantes. Mesmo que a confissão seja uma versão relativamente pobre da *cura*, a Igreja Católica conhece ao menos a função do *directeur de conscience*, uma função muito importante que é desconhecida dos protestantes.

Eu admiro sua coragem e desejo sinceramente que não se torne extremamente impopular por mencionar um tema tão odiado e desprezado pela maioria dos teólogos. Isto ao menos é o que acontece aqui. Há poucas pessoas que arriscam lutar para sobreviver. O caminho do peregrino está semeado de espinhos em toda parte, mesmo que seja um bom cristão, ou então por isso mesmo.

Yours sincerely,
(C.G. Jung)

1. O sermão tratava do sentido dos sonhos. O mesmo tema foi tratado por Sanford em seu livro *Gottes vergessene Sprache*, estudos do Instituto C.G. Jung, XVIII, Zurique, 1966 (traduzido do inglês).

2. O exemplo encontra-se no livro acima mencionado, p. 45s. Trata-se de um sonho mais longo que o pai do autor havia contado pouco antes de sua morte. O fim era assim: "[...] Desvaneceram-se então os outros presentes, ele vê o relógio sobre a lareira. Os ponteiros que há pouco ainda se moviam, estavam parados. Agora uma janela se abria atrás do relógio e luz brilhante invadia a sala. A abertura da janela transformou-se numa porta, e a luz num caminho iluminado. Neste caminho de luz ele foi andando e desapareceu. Meu pai sabia naturalmente que este sonho significava sua morte próxima, mas não teve mais medo dela. Morreu uma semana depois em plena paz".

Apêndice:

Lista dos destinatários das cartas

Damos apenas os nomes dos destinatários e as datas das cartas. Os dados biográficos, quando disponíveis, foram informados na nota de rodapé da primeira carta ao respectivo destinatário. As cartas escritas em inglês ou francês estão assinaladas com um "I" ou um "F", respectivamente.

Abrams, Stephen I. 20.06.1957, 21.10.1957, 05.03.1959 (todas I)

Adler, Dr. Gerhard 03.06.1958

Ballmer-Suter, Verena 24.01.1959

Barrett, H.J. 12.10.1956, 27.12.1956, 26.03.1957 (todas I)

Bash, Dr. Kenover W. 12.12.1958

Baynes, Cary F. 24.01.1958, 12.04.1959 (ambas I)

Bender, Prof. Hans 12.02.1958, 06.03.1958, 10.04.1958

Bennet, Dr. E.A. 28.06.1959, 22.05.1960, 03.06.1960, 11.06.1960, 23.06.1960 (todas I)

Berann, Heinrich 27.08.1960

Birkhäuser, Peter 02.11.1960

Bitter, Prof. Wilhelm 12.07.1958, 17.04.1959, 23.08.1959, 07.12.1960

Böhler, Prof. Eugen 08.01.1956, 23.02.1956, 16.05.1956, 25.03.1957, 12.05.1957, 01.01.1960, 25.02.1960

Bowman, Dr. Herbert E. 18.06.1958 (I)

Brant, Peter de 20.06.1959 (I)

Brody, Dr. Daniel 18.03.1958

Brooke, Valentine 16.11.1959 (I)

Bruecher, Werner 12.04.1959 (I)

Brunner, Cornelia 28.06.1960

Bruno de Jésus-Marie, Père, OCD 20.11.1956 (F)

Burland, Cotti A. 07.04.1958 (I)

Burnett, Hugh 05.12.1959, 30.06.1960 (ambas I)

Charteris, Hugo 09.01.1960 (I)

Cimbal, Dr. Walter 28.03.1957

Clarites, Gus 23.02.1957 (I)

David, Father 11.02,1961 (I)

Índice de pessoas, autores e títulos

O índice refere-se apenas ao texto das cartas (não às notas). Os números em itálico indicam os destinatários mencionados no cabeçalho da carta e as páginas em que começa a carta. Textos e documentos como apócrifos, Bíblia, I Ching, Gilgamesch, etc. constam do índice analítico.

Índice analítico

O índice refere-se apenas ao texto das cartas (não às notas). Se Jung mencionar um assunto no texto da carta, que é mais bem esclarecido na nota, assim mesmo a indicação do índice refere-se sempre ao texto.

EDITORA VOZES LTDA.
Rua Frei Luís, 100 – Centro – Cep 25689-900 – Petrópolis, RJ
Tel.: (24) 2233-9000 – Fax: (24) 2231-4676 – E-mail: vendas@vozes.com.br

UNIDADES NO BRASIL: Belo Horizonte, MG – Brasília, DF – Campinas, SP – Cuiabá, MT
Curitiba, PR – Fortaleza, CE – Goiânia, GO – Juiz de Fora, MG
Manaus, AM – Petrópolis, RJ – Porto Alegre, RS – Recife, PE – Rio de Janeiro, RJ
Salvador, BA – São Paulo, SP